本书撰稿人（以姓氏笔画为序）

王美秀　文　庸　石明培　乐　峰
张小青　段　琦　颜昌友

任继愈 总主编

基督教史

JIDUJIAOSHI

王美秀 段琦 文庸 乐峰 等著

江苏人民出版社

图书在版编目(CIP)数据

基督教史/王美秀等著.—南京:江苏人民出版社,2006.1(2025.9重印)

(新版宗教史丛书/任继愈总主编)

ISBN 978-7-214-04120-3

Ⅰ.基... Ⅱ.王... Ⅲ.基督教史 Ⅳ.B979

中国版本图书馆CIP数据核字(2005)第099214号

书　　名	基督教史
著　　者	王美秀　段琦　文庸　乐峰等
责任编辑	汪意云
装帧设计	刘葶葶
责任监制	王　娟
出版发行	江苏人民出版社
地　　址	南京市湖南路1号A楼　邮编:210009
照　　排	南京凯建文化发展有限公司
印　　刷	江苏凤凰通达印刷有限公司
开　　本	652毫米×960毫米　1/16
印　　张	27.5　插页2
字　　数	350千字
版　　次	2006年1月第1版
印　　次	2025年9月第10次印刷
标准书号	ISBN 978-7-214-04120-3
定　　价	82.00元

(江苏人民出版社图书凡印装错误可向承印厂调换)

新版总序

任继愈

距离组织编写这套宗教史书至少有15个年头了。15年来,我们国家发生了值得骄傲的变化,世界格局也发生了巨大的变化。在这样形势下,出版社还要求再出新版,说明这套读物还有读者群,还有社会需要。

最初编写的目的比较简单:我们对于宗教缺乏知识,尤其是对于世界性宗教,缺乏系统的、客观的知识;而通过对宗教史的基础研究,可以是补上这一课的一个好方法。因此,在研究和写作过程中,参加编写的同志普遍注意到社会史与宗教史的关系,宗教信仰与宗教神学的关系,同时也探讨了诸多宗教派别的各自特色,以及它们得以形成的原因。在语言上,尽可能简练明晰,争取蕴涵的内容充实一些,可读性强一些。虽然在方向上是这样定的,但具体做起来,各本书的风格还是有差异的。

研究世界宗教,学习宗教知识,是当年毛泽东同志的提议。而今国内外宗教形势的演变,证明这一提议是多么的富有远见。我们当年编写这套宗教史书,主要是给大学文科学生作选修课教材用的。到了现在,我感到一些有关的领导也不妨翻翻,或许有助于更全面地了解当前世界奇谲多变的局势,认识宗教在社会历史和文化发展中的实际作用。

据我所知,这几本宗教史著作总体反应是好的。出版了十多年,经历了考验。这期间,本书的作者和有些读者指出了书中的某些错误、欠妥或不足之处,这次新版大都作了改正,藉此机会,我代表编者、作者一并致谢,希望继续得到读者指正。另外,经出版社提议,将原本不属于这个系列的《道教史》(卿希泰、唐大潮著),这次也一并纳入进来,希望给读者提供更全面的关于我国的宗教知识。

2005 年 3 月

序

任继愈

　　社会发展的历史表明,宗教是人类社会发展到一定阶段才会产生的一种社会现象。人类社会的初期,还不可能产生宗教。[①] 从没有宗教到产生宗教标志着人类社会的进步。宗教是历史的产物,它历史地产生,也将历史地消亡,它也受历史发展规律的支配。

　　宗教是社会的产物,它不能悬空地存在着,它有具体的表现形式。宗教也必须生存(传播)在一定的民族和地区。宗教的发展变迁与社会历史的发展变迁息息相关,社会历史变化了,宗教也发生变化。宗教生活要受社会生活的制约,尤其是政治生活的制约。历史上有些民族原先共同信仰某一种宗教,由于政治的原因,有的被迫,有的自动改信了另一种宗教,这类实例很多,中国有过,外国也有过。那种认为宗教是永恒不变的说法,是没有根据的。认为宗教信仰与民族风俗习惯牢固结合,永远不可改变的观点也是没有根据的,宗教信仰与民族风俗习惯有关,但不能等同。

　　宗教存在于民族中间,有全民族信奉同一个宗教的,也有一个民族有多种宗教信仰的。有一个国家只信仰一种宗教的,也有一个国家有多种宗教信仰的。有同一个民族,早先信奉一种宗教,后来又改信了另一种宗教的。在阶级对抗的社会里,有的信仰流行于社会上层,有的信仰流行于社会下层。这种种差异,都不是宗教

[①] 动物没有宗教,儿童,如果不是由家庭、社会的影响,也不会自己产生宗教意识。

本身造成的。因此,科学地认识宗教,研究宗教,唯一正确的方法是用历史说明宗教,而不是用宗教说明历史。

迄今为止,我们还没有发现有哪一个国家或民族没有宗教的。为了全面了解一个国家、一个民族的文化结构,如果不了解它的宗教,那是不可能的。世界上的宗教种类繁多,若一一介绍,比较困难。佛教、基督教、伊斯兰教已成为世界性的宗教,它们的影响已远远超出了原先起源地区的范围,对全世界广大地区的群众起着影响。这三大宗教在世界各地的传播,又各具特点。读者学习了某一两种具体的宗教活动的历史,不仅可以学到某些知识,如果能举一反三,从中学习到历史唯物主义的思想方法,对我们编写者将是最大的鼓励。

现代高等教育为国家培养的人才,如果他们对祖国传统文化及世界传统文化了解得不多、不够,就无法满足当前面向世界、面向未来的新局面的需要。过去我们对宗教学科注意不够,现在补上这一空白,很及时,也很必要。国家组织人力,为高等院校文科选修科编写一系列宗教学教材,是一项重大改革,这一创举令人鼓舞。

世界宗教研究所接受国家教委的委托,承担了《佛教史》、《基督教史》、《伊斯兰教史》、《宗教学原理》的编写任务,这几部书的主编都具有高等院校教学经验,内容力求简明,立论力求稳妥,以期适合我国大学生水平。希望各校在使用过程中,发挥教师课堂讲授的主动性,积累经验,发现问题,以便进一步修改,使它进一步得到完善。

1988 年 10 月

目 录

第一章 基督教的渊源 …………………………………………… (1)
  第一节 基督教产生的历史背景 ……………………………… (1)
    一 希伯来民族的早期历史 ……………………………… (1)
    二 民族灾难深重的以色列人 …………………………… (2)
  第二节 基督教产生的宗教背景 ……………………………… (10)
    一 犹太教 ………………………………………………… (10)
    二 犹太教的经典 ………………………………………… (11)
    三 弥赛亚 ………………………………………………… (12)
  第三节 古希腊罗马哲学是基督教产生的文化背景
       之一 ……………………………………………………… (14)

第二章 耶稣 …………………………………………………… (17)
  第一节 犹太民族解放斗争内部的分化 ……………………… (17)
    一 撒都该派 ……………………………………………… (17)
    二 法利赛派 ……………………………………………… (17)
    三 艾赛尼派 ……………………………………………… (18)
    四 奋锐党 ………………………………………………… (18)
  第二节 史料中的耶稣 ………………………………………… (19)
    一 现存重要史料中缺少关于耶稣的确切记载 ………… (19)
    二 《死海古卷》中的"拿撒勒人" ……………………… (21)
  第三节 《福音书》中的耶稣 ………………………………… (21)
    一 耶稣的诞生 …………………………………………… (22)
    二 耶稣开始布道活动前的准备 ………………………… (23)

三　耶稣的布道活动 …………………………………… (25)
　　四　耶稣的基本主张 …………………………………… (25)
　　五　耶稣的受难与复活 ………………………………… (29)
第三章　基督徒社团时期 ………………………………………… (31)
　第一节　基督徒社团 ………………………………………… (31)
　　一　基督徒社团的产生 ………………………………… (31)
　　二　基督徒社团的组织与活动 ………………………… (31)
　第二节　保罗 ………………………………………………… (34)
　　一　保罗皈依基督 ……………………………………… (34)
　　二　旅行布道 …………………………………………… (35)
　第三节　基督教的产生 ……………………………………… (37)
　　一　《新约圣经》的形成 ……………………………… (37)
　　二　基督徒社团脱离犹太教成为一个独立的新宗教 … (39)
第四章　早期教会 ………………………………………………… (41)
　第一节　早期教会的发展与变化 …………………………… (41)
　　一　早期教会生活状况与发展壮大的原因 …………… (41)
　　二　早期教会的组织 …………………………………… (42)
　　三　早期教会领导集团的内部斗争与日渐腐化 ……… (42)
　第二节　早期教会与政府的关系 …………………………… (44)
　　一　教会争取罗马政府的承认 ………………………… (44)
　　二　罗马政府对基督教实行镇压与怀柔的两手政策 … (45)
　第三节　基督教成为罗马帝国的国教 ……………………… (48)
　　一　《宽容敕令》 ……………………………………… (48)
　　二　《米兰敕令》 ……………………………………… (49)
　　三　国家教会 …………………………………………… (49)
　第四节　七次大公会议 ……………………………………… (49)
　　一　第一次大公会议——尼西亚公会议 ……………… (50)
　　二　第二次大公会议——君士坦丁堡第一次公会议 … (52)
　　三　第三次大公会议——以弗所公会议 ……………… (52)

四　"以弗所强盗会议" ……………………………………(54)
　　五　第四次大公会议——卡尔西顿公会议 …………………(54)
　　六　第五次大公会议——君士坦丁堡第二次公会议 …(55)
　　七　第六次大公会议——君士坦丁堡第三次公会议 …(57)
　　八　五六会议——君士坦丁堡第四次公会议 ……………(57)
　　九　圣像破坏运动与第七次大公会议——尼西亚
　　　　第二次公会议 …………………………………………(57)
　第五节　古代教父 …………………………………………………(60)
　　一　哲罗姆 ……………………………………………………(60)
　　二　奥古斯丁 …………………………………………………(61)
　　三　罗马主教格列高利一世 …………………………………(64)
第五章　基督教的传播与东西方教会的分裂 …………………………(66)
　第一节　东派教会的形成与发展 …………………………………(66)
　　一　君士坦丁堡牧首区 ………………………………………(66)
　　二　安提阿牧首区 ……………………………………………(67)
　　三　亚历山大里亚牧首区 ……………………………………(68)
　　四　耶路撒冷牧首区 …………………………………………(69)
　第二节　西方(罗马)教会在欧洲的发展 …………………………(69)
　　一　基督教在不列颠诸岛的传播 ……………………………(69)
　　二　基督教在法兰克等地的传播 ……………………………(72)
　　三　罗马教会在欧洲其他地区的活动 ………………………(73)
　第三节　东西方教会大分裂 ………………………………………(74)
第六章　中世纪的罗马天主教会 ………………………………………(78)
　第一节　教皇的由来及其地位的巩固 ……………………………(78)
　　一　教皇的由来 ………………………………………………(78)
　　二　罗马教皇与法兰克人 ……………………………………(79)
　第二节　教皇权势发展的顶峰 ……………………………………(81)
　　一　主教叙任权之争 …………………………………………(81)
　　二　教皇与德皇腓特烈一世的斗争 …………………………(85)

三　教皇权势的进一步扩大 ………………………… (86)
　　四　教皇权势的顶峰 ………………………………… (87)
　　五　教会法与《教会法典》 ………………………… (89)
　第三节　教皇权势的没落 …………………………………… (90)
　　一　皇权对教权的初步胜利 ………………………… (90)
　　二　阿维农教廷 ……………………………………… (91)
　　三　西方教会大分裂 ………………………………… (93)
　第四节　经院哲学 …………………………………………… (94)
　　一　经院哲学的一般特点及唯名论与唯实论的争论 … (94)
　　二　早期的唯名论者贝伦加里、洛色林和阿伯拉尔 …… (96)
　　三　经院哲学的典型代表安瑟伦和托马斯·阿奎那 … (98)
　　四　中世纪晚期的唯名论者罗吉尔·培根、司各脱
　　　　和奥卡姆的威廉 ………………………………… (102)

第七章　十字军 …………………………………………………… (106)
　第一节　十字军战争的由来 ………………………………… (106)
　第二节　十字军东侵 ………………………………………… (108)
　　一　第一次东侵 ……………………………………… (108)
　　二　第二次东侵 ……………………………………… (109)
　　三　第三次东侵 ……………………………………… (110)
　　四　第四次东侵 ……………………………………… (110)
　　五　儿童十字军 ……………………………………… (111)
　　六　第五至第八次东侵 ……………………………… (112)
　第三节　十字军东侵的后果 ………………………………… (113)

第八章　修道制度的兴起与异端运动 …………………………… (115)
　第一节　克吕尼改革运动与西多会 ………………………… (115)
　　一　克吕尼改革运动的兴起 ………………………… (115)
　　二　西多会 …………………………………………… (117)
　第二节　异端教派 …………………………………………… (119)
　　一　阿尔诺德与阿尔诺德派 ………………………… (119)

二　阿尔比派（卡塔尔派） …………………………………… （120）
　　三　韦尔多派 ………………………………………………… （120）
　第三节　教会对异端教派的镇压　托钵修会与宗教
　　　　　裁判所 ……………………………………………… （122）
　　一　讨伐异端十字军 ………………………………………… （122）
　　二　托钵修会 ………………………………………………… （123）
　　　（一）方济各会 ……………………………………………… （123）
　　　（二）多明我会 ……………………………………………… （125）
　　　（三）奥斯定会 ……………………………………………… （126）
　　　（四）加尔默罗会 …………………………………………… （126）
　　三　宗教裁判所 ……………………………………………… （127）

第九章　东正教的传播 ………………………………………… （129）
　第一节　希腊正教的发展变化及其传教活动 ………………… （129）
　　一　希腊正教的发展变化 …………………………………… （129）
　　二　东正教在巴尔干及中亚地区的传播与发展 …………… （132）
　第二节　俄罗斯正教会的形成与发展 ………………………… （133）
　　一　俄罗斯正教会的建立 …………………………………… （133）
　　二　尼康牧首与俄罗斯正教改革 …………………………… （135）
　　三　彼得一世与教会的关系 ………………………………… （138）
　　四　18世纪后半期至19世纪俄罗斯正教会的状况 ……… （139）
　第三节　其他地区独立的东派教会 …………………………… （141）
　　一　叙利亚、波斯的聂斯托利派 ……………………………… （141）
　　二　埃及、埃塞俄比亚和叙利亚等地的基督一性论派
　　　　教会 ……………………………………………………… （143）
　　三　亚美尼亚教会（格列高利教会） ………………………… （144）
　第四节　东正教的特点 ………………………………………… （145）
　　一　东正教的基本特点 ……………………………………… （145）
　　二　东正教与天主教的差异 ………………………………… （147）

第十章　文艺复兴时期的西欧教会 (149)
第一节　文艺复兴时期的意大利教会 (149)
第二节　文艺复兴时期西欧其他国家的教会 (151)
　　一　西欧各国教会中的人文主义者 (151)
　　二　"重新发现《圣经》" (154)
第三节　欧洲宗教改革运动的先驱 (155)
　　一　约翰·威克里夫 (155)
　　二　约翰·胡斯 (157)

第十一章　宗教改革 (160)
第一节　宗教改革运动的酝酿 (160)
第二节　马丁·路德与德国宗教改革运动 (163)
　　一　马丁·路德的早期活动 (163)
　　二　《九十五条论纲》 (164)
　　三　马丁·路德的改革活动 (168)
　　四　德国宗教改革运动的分化 (170)
　　五　路德派新教在德国的确立 (172)
第三节　托马斯·闵采尔与德国农民战争 (174)
第四节　瑞士的宗教改革运动与再洗礼派 (176)
　　一　茨温利与苏黎世的宗教改革 (176)
　　二　加尔文在日内瓦的宗教改革 (178)
　　三　加尔文的神学思想 (180)
　　四　加尔文宗教会的体制 (183)
　　五　再洗礼派 (183)
第五节　法国的宗教改革运动 (185)
　　一　法国宗教改革运动的形成与发展 (185)
　　二　胡格诺战争与《南特敕令》 (187)
第六节　尼德兰的宗教改革运动 (190)
　　一　尼德兰宗教改革运动的形成与发展 (190)
　　二　在加尔文宗旗帜下进行的资产阶级革命 (191)

三　《根特协定》和联省共和国的建立 …………………… (192)
　　第七节　英国的宗教改革运动 …………………………… (194)
　　　　一　英国宗教改革运动的兴起 …………………………… (194)
　　　　二　英国国教会的建立 …………………………………… (195)
　　　　三　清教徒运动 …………………………………………… (197)
　　　　四　苏格兰的宗教改革 …………………………………… (199)
　　　　五　加尔文宗在苏格兰的确立 …………………………… (200)
　　第八节　北欧国家的宗教改革 …………………………… (201)
第十二章　罗马教会的反改革运动及其内部整顿 …………… (203)
　　第一节　罗马教会内部要求整顿的呼声 ………………… (203)
　　第二节　耶稣会 …………………………………………… (204)
　　　　一　罗耀拉与耶稣会 ……………………………………… (204)
　　　　二　耶稣会的组织与活动 ………………………………… (205)
　　第三节　特兰托公会议 …………………………………… (206)
　　第四节　教皇反对宗教改革的措施 ……………………… (209)
　　　　一　教皇的审书制度 ……………………………………… (209)
　　　　二　意大利的宗教裁判所 ………………………………… (210)
　　　　三　西班牙的宗教裁判所 ………………………………… (210)
第十三章　宗教改革后期的新教与天主教 …………………… (212)
　　第一节　新教各派间的神学纷争和罗马教会势力的
　　　　　　发展 ……………………………………………… (212)
　　　　一　新教各派间的神学纷争 ……………………………… (212)
　　　　二　三十年战争和《威斯特伐利亚和约》 ……………… (213)
　　　　三　詹森派 ………………………………………………… (214)
　　　　四　阿明尼乌派 …………………………………………… (215)
　　第二节　英国对清教徒的镇压与浸礼宗的产生 ………… (217)
　　　　一　浸礼宗的产生 ………………………………………… (217)
　　　　二　英王对清教徒和苏格兰长老会的镇压 ……………… (218)
　　　　三　英国资产阶级革命与清教徒内部的分化 …………… (219)

四　贵格会 …………………………………………… (221)
　　五　英国王朝复辟时期的教会 ……………………… (222)
第十四章　英国和美国的福音运动 ……………………… (224)
　第一节　英国的福音运动 ………………………………… (225)
　　一　卫斯理宗的形成与发展 ………………………… (225)
　　二　圣公会内的福音派 ……………………………… (227)
　第二节　北美的福音运动 ………………………………… (229)
　　一　殖民时期教会的建立和发展 …………………… (229)
　　二　18世纪上半叶的福音运动 ……………………… (234)
　　三　18世纪下半叶的宗教复兴运动 ………………… (239)
第十五章　近代天主教 …………………………………… (241)
　第一节　法国的天主教会 ………………………………… (242)
　　一　路易十四的宗教改革 …………………………… (242)
　　二　法国大革命对天主教的影响 …………………… (243)
　　三　罗马天主教的反动时期 ………………………… (246)
　第二节　19世纪的天主教 ………………………………… (247)
　　一　浪漫主义与教皇至上 …………………………… (247)
　　二　罗马天主教会与自由主义思想 ………………… (250)
第十六章　近代传教运动 ………………………………… (254)
　第一节　16世纪前后罗马天主教会的传教活动 ………… (254)
　　一　新航路的开辟与海外传教组织的建立 ………… (254)
　　二　传教活动 ………………………………………… (256)
　第二节　天主教会传教的衰退与新教传教活动的兴起 ………
　　……………………………………………………… (261)
　　一　天主教会的传教活动 …………………………… (261)
　　二　天主教传教活动衰退的原因 …………………… (262)
　　三　基督教新教传教活动的开始 …………………… (264)
　第三节　近代传教活动的高潮 …………………………… (265)
　　一　19世纪传教活动的新变化 ……………………… (265)

二　基督教在19世纪的广泛传播 …………………………（268）

第十七章　19世纪德国和欧洲大陆其他国家的基督教新教 …………………………………………………（272）

第一节　德国的新教神学思想 …………………………（273）

一　康德 ……………………………………………（273）
二　施莱尔马赫 ……………………………………（275）
三　鲍尔、施特劳斯与圣经评断学 ………………（277）
四　利舍尔及其学派 ………………………………（279）
五　特劳赤与宗教史学派 …………………………（281）

第二节　新教在德国和欧洲大陆其他国家的活动 ………（282）

一　德国教会的复兴 ………………………………（282）
二　德国教会的联合与分化 ………………………（284）
三　欧洲大陆其他国家的新教 ……………………（286）

第十八章　19世纪英国和美国的基督教 …………………（288）

第一节　19世纪基督教在英国的发展变化 ……………（288）

一　福音运动的继续 ………………………………（289）
二　牛津运动 ………………………………………（291）
三　基督教社会主义与教会的社会改良活动 ……（292）
四　19世纪英国基督教的主要思潮 ………………（293）
五　19世纪英国天主教会 …………………………（296）

第二节　美国的基督教 …………………………………（296）

一　新教的"第二次大觉醒运动" …………………（297）
二　主要宗派的分化与新教派的出现 ……………（298）
三　社会福音派与教会的社会改良运动 …………（301）
四　教会在黑人中的发展 …………………………（303）
五　19世纪美国的天主教会 ………………………（304）
六　19世纪美国基督教的主要思潮 ………………（305）
（一）圣经评断学及其影响 …………………（306）
（二）进化论的影响 …………………………（306）

（三）基要主义 ………………………………………… (307)

第十九章　20世纪的基督教 …………………………… (308)

第一节　20世纪的天主教会 …………………………… (309)
一　现代主义 ………………………………………… (309)
二　第二届梵蒂冈大公会议 ………………………… (312)

第二节　普世教会运动 …………………………………… (317)
一　普世教会运动的酝酿 …………………………… (318)
二　世界基督教协进会的成立与发展 ……………… (320)

第三节　20世纪基督教的主要神学思想 ……………… (323)
一　新正统派神学 …………………………………… (324)
二　"上帝已死"派神学 ……………………………… (326)
三　解放神学 ………………………………………… (331)

第四节　基督教新教的主要教派 ……………………… (334)
一　路德宗 …………………………………………… (334)
二　加尔文宗 ………………………………………… (334)
三　安立甘宗 ………………………………………… (334)
四　公理宗 …………………………………………… (335)
五　浸礼宗 …………………………………………… (335)
六　卫斯理宗 ………………………………………… (335)
七　公谊会 …………………………………………… (336)
八　基督复临派 ……………………………………… (336)
九　五旬节派教会 …………………………………… (336)
十　新教的边缘教派 ………………………………… (337)

第五节　20世纪的东正教会 …………………………… (337)
一　20世纪的俄罗斯正教会 ………………………… (338)
二　20世纪的其他东正教会 ………………………… (340)

第二十章　中国早期的基督教 …………………………… (344)

第一节　唐代的景教 ……………………………………… (344)
一　景教在唐代的传播 ……………………………… (344)

二　唐代景教的典籍、教义及教会组织 …………… (346)

第二节　元代的也里可温教 ……………………………… (348)

　一　元代的景教 ………………………………………… (349)

　二　元代的天主教 ……………………………………… (352)

第三节　明末和清朝的天主教 …………………………… (356)

　一　明代末年的天主教 ………………………………… (357)

　二　清代初年的天主教 ………………………………… (361)

　三　"中国礼仪之争"与清朝后期的禁教政策 ……… (363)

　四　东正教在中国的活动 ……………………………… (367)

　五　传教活动与中西文化交流 ………………………… (368)

第二十一章　中国近现代的基督教 ……………………… (371)

第一节　基督教新教的早期传播 ………………………… (371)

第二节　不平等条约和19世纪后半叶基督教在华的活动 …………………………………………………… (375)

第三节　太平天国运动与基督教 ………………………… (378)

第四节　反洋教斗争与义和团运动 ……………………… (379)

第五节　20世纪初基督教在中国的发展 ………………… (381)

　一　20世纪初的天主教 ………………………………… (381)

　二　20世纪初的新教 …………………………………… (382)

　三　20世纪初的东正教 ………………………………… (383)

第六节　自立教会与本色教会运动 ……………………… (383)

附录 …………………………………………………………… (386)

　一　基督教大事记 ……………………………………… (386)

　二　天主教来华部分传教士名录 ……………………… (392)

　三　新教来华部分传教士名录 ………………………… (395)

　四　参考文献 …………………………………………… (397)

　五　人名索引 …………………………………………… (400)

新版后记 ……………………………………………………… (421)

第一章 基督教的渊源

第一节 基督教产生的历史背景

一 希伯来民族的早期历史

巴勒斯坦濒临地中海东岸,北接腓尼基、叙利亚,南邻西奈半岛、埃及,东为阿拉伯沙漠。据考证,这个地区的人类文化可以追溯到旧石器时代。公元前3000多年以前,居住在这里的迦南人已经进入了农业社会,创造了青铜文化。迦南人居住的地区就被称为"迦南"(Canaan)。大约公元前2000年以前,居住在阿拉伯沙漠的亚摩利人曾一度侵入这一地区,所以,埃及、亚述的一些历史文献曾把这里称为"亚摩利人之国"。约公元前18世纪时,北方的西克索斯人征服迦南并南下侵入埃及。公元前1580年,埃及人驱逐了西克索斯人,进而兼并了迦南和叙利亚。约公元前14世纪上半叶,东方沙漠的一个游牧部落趁埃及衰弱之机,自北方侵入迦南,当地的迦南人认为他们来自东方的幼发拉底河(《圣经》中称之为"大河"),所以称他们为"希伯来人"(亚兰文 Ebrai),意思是"来自大河彼岸的人"。希伯来人侵入迦南后,以武力获得了定居地。公元前13世纪末,埃及人重新征服了这块地方。公元前1223年(中国殷商末年),埃及法老梅尼普塔在炫耀自己战功的碑文中记有:"以色列已化为废墟,但它的种族并未灭绝。"这是现存历史文献中第一次提到"以色列"(希伯来文 Yisrā'ēl)这个名字。

起初,希伯来人只不过是由几个部落聚集在一起的混合部族,不能算是一个单一的民族。《圣经》中把这些部落描绘成雅各的12个儿子分别繁衍成的十二支派。其实,各部落之间并不一定有必然的血缘关系。这些部落侵入迦南后,首先在地中海与约旦河之间夺来的土地上划分势力范围,强迫当地的迦南人为奴隶,自愿臣服的则可以保留其财产。这些希伯来人的部落虽然各自为政,不相统属,但可以分为两个集团:占据北部和中部平原地带的多数部落统称为以色列(Israel)部落,占据南部山地的少数部落统称为犹大(Juda)部落。上述公元前1223年埃及法老的纪功碑上把他们统称为以色列。《圣经》中记载的以色列民族英雄摩西率领在埃及做奴隶的以色列人逃出埃及的传说,以及以色列人在约书亚率领下征服迦南地的故事,虽无其他历史文献可资佐证,但埃及征服者掠走以色列人为奴隶,奴隶大批逃亡等都是可能发生的事。

以色列人在迦南文化的影响下,随着私有制经济的发展,逐渐向两极分化,出现了富有的奴隶主贵族家族,各部落的领导机构是贵族会议和由会议选举的"士师"(Judge,亦称"民长")。士师拥有审判的权力,既是政治、军事统帅,又是宗教领袖。士师统治阶段就是《圣经》上所记述的"士师时期"(约前1200—前1030)。

二 民族灾难深重的以色列人

公元前12世纪初,居住在克里特岛的非利士人侵入迦南,危及以色列部落的生存。涣散的以色列各部落在强大的非利士人面前明显地处于劣势,在长期艰苦的对外斗争中,以色列各部落首领不断扩大和集中权力,同时也懂得了只有各部落联合作战,才能抵挡非利士人的侵略。约公元前1030年,北部部落首领之一扫罗(Saul)开始从事统一本部族共同抵御外侮的伟大事业。扫罗成功地统一了北部各部落,并与南部各部落加强了联合,成为以色列人的第一个国王。约公元前1010年,以色列人与非利士人大战于基利波,以色列人败绩,扫罗战死。南部部落首领大卫(David)继承扫罗的事业,南征北战,经过长期斗争,终于统一了以色列各部落,把非利士人逐出巴勒斯坦地区,建立了统一的以色列王国,定都耶路撒冷,以《上帝十诫》为国家大法,统称"律法"(即法律)。

公元前970年,大卫去世,其子所罗门(Solomon)即位,继续努力加强与巩固新建立的国家,对外广泛开展外交与贸易活动,与埃及、推罗结盟,对内加强中央集权,修建耶路撒冷城及耶路撒冷圣殿。大卫和所罗门统治时期被认为是以色列民族史上的黄金时代,大卫的王国成为后世以色列人的理想国度。

所罗门统治末年,由于大兴土木,国库空虚,不得不加重人民的负担。沉重的劳役与赋税大部分都落在北部人民身上,这样一来,就使南北双方原有的矛盾更加激化。在宗教方面,所罗门晚年沉湎酒色,娶了一些外邦女子为后妃,这些后妃分别把自己国家或民族敬拜的神像带进了耶路撒冷王宫,并影响了一些以色列人也敬拜偶像,于是引起原来只敬拜耶和华上帝的大部分以色列人的不满。所以,所罗门统治末期,政局已发生动荡。以耶罗波安(Jeroboam)为首的北方集团发动了摆脱耶路撒冷统治的分裂运动,但所罗门成功地控制了局势。耶罗波安失败后流亡至埃及,得到埃及法老的庇护。公元前930年,所罗门去世,其子罗波安(Rehoboam)即位。耶罗波安在埃及的支持下返回巴勒斯坦,团结北部集团的势力反对罗波安,在示剑另立政府,于是,统一了80多年的以色列王国就正式分裂了。南部由大卫家族继续统治,以耶路撒冷为政治、宗教中心,称为犹大王国(The Kingdom of Judah);北部集团以示剑为政治中心,仍称以色列王国(The Kingdom of Israel)。

北部以色列王国的政局一直不稳定。从公元前930年建国起到公元前722年灭亡止,200多年间竟先后改换了9个王朝和19位国王,有的国王在位仅几天或几个月就被推翻。政治中心也一再迁移,先由示剑迁至得撒,又由得撒迁至撒玛利亚。由于内部政局动荡,篡弑频仍,国力衰弱,所以北部以色列王国一直处于内忧外患之中。公元前722年,亚述帝国进攻巴勒斯坦,攻陷撒玛利亚,灭北部以色列国,将其地划为亚述帝国的一个行省,把以色列王室、贵族及臣民2.7万余人掳往两河流域。

与北部相比,南部犹大国的政局比较稳定,公元前930年—前

586年300多年间,除亚他利亚(犹大王约兰的王后,北国暗利王的孙女)篡位6年(前840—前834)外,一直都是大卫家族统治。北部以色列国的灭亡对南部犹大国震动很大,犹大王希西家、约西亚曾先后奋发图强,进行政治和宗教的改革。

公元前621年,耶路撒冷圣殿的大祭司希勒家按照国王约西亚(Josiah)的部署,宣称他在修理圣殿时发现了一部摩西传下来的"律法书"。于是国王召集了一次人民大会,宣读新发现的"律法书",争取人民同意实施其中的规定。这部"律法书"就是现在的《申命记》中的一部分。约西亚的改革运动就这样揭开了序幕。

改革是激烈的,国王用行政手段强制禁止偶像崇拜,禁止用活人献祭,禁止寺庙内的卖淫敬神;禁止放高利贷,将债务奴役期限缩短为6年,规定债务奴役期满后债主必须付给一定的报酬,逃亡债奴不必送回原主,而是给予自由和重新做一个独立生产者的机会;实行志愿兵役制,新婚者缓役;国王不应是一个拥有众多后妃的独裁者,而应是一个受律法约束的人民的国王;人民缴纳给祭司的什一税,必须把一部分周济寡妇、孤儿和异乡客;最主要的是奉耶和华上帝为惟一的神,耶路撒冷圣殿为崇拜耶和华的惟一中心,试图用宗教上的一致来消除政治上的涣散。约西亚的改革是以色列历史上第一次由一位国王来强制实行一神教的行政措施。

约西亚希望通过改革来缓和国内的各种矛盾,增强抵御外侮的力量,可惜他没有赢得充分的时间,国际形势就发生了巨大变化。公元前612年,巴比伦-玛代联军攻陷尼尼微城,灭亚述帝国,然后,新巴比伦王国倾兵西征,与埃及争夺巴勒斯坦。公元前608年,埃及法老尼哥举兵北上,犹大王约西亚倾向新巴比伦,率兵阻击,不幸兵败战死。埃及人立约雅敬为犹大王,约雅敬废止了他父亲约西亚所实行的改革,恢复偶像崇拜和强迫劳役,搜刮全国的金银财宝向埃及进贡。一场轰轰烈烈的改革就这样夭折了。

公元前597年,巴比伦王尼布甲尼撒亲率大军进攻犹大,破耶路撒冷后,除大掠外,还将数千名犹大人强制迁往巴比伦。犹大王约雅敬死后,巴比伦王立西底家为犹大王。当时,犹大王朝内部分为两派,一派亲巴比伦,一派亲埃及,西底家则明亲巴比伦而暗降埃及。公元前588年,新巴比伦王尼布甲尼撒二世进兵巴勒斯坦惩罚西底家,围困耶路撒冷达18个月之久,并击退了埃及援军。公元前586年,犹大君民进行了顽强抵抗以后,终因强弱悬殊,城破投降。巴比伦人进入耶路撒冷焚毁圣殿,拆毁城墙,洗劫了全城,将犹大王室、贵族、富户、工匠等人全部掳往巴比伦,史称"巴比伦之囚"。南部犹大国就灭亡了。

公元前586年(犹大国灭亡)—前538年(部分被掳到巴比伦的犹大人返回耶路撒冷),这一时期被称为"被掳流亡时期"。尽管这一批"巴比伦之囚"都是南部犹大国人,历史上仍然统称他们为以色列人。

公元前538—前334年,波斯帝国统治巴勒斯坦200多年,被称为"波斯统治时期"。

公元前538年,波斯王居鲁士为了与埃及和新崛起的希腊人对抗,利用巴勒斯坦作为缓冲地带,释放了一批被掳到巴比伦的以色列人,让他们返回故国重建家园。于是,一部分以色列人在首领所罗巴伯的率领下首先起程回国。他们回到耶路撒冷后,立即在先知哈该和撒迦利亚的鼓励下着手修复圣殿。经历了20多年的努力,耶路撒冷圣殿终于在公元前516年重建完工。

公元前480年,波斯受到希腊的严重威胁。公元前445年,波斯王亚达薛西派侍臣犹大人尼希米回耶路撒冷任犹大省省长,重修耶路撒冷城,以巩固巴勒斯坦的防务。尼希米回耶路撒冷后,依靠基层人民的支持,挫败了以参巴拉为首的撒玛利亚人和以色列祭司贵族的反对活动,进行了一系列的政教改革,恢复一神信仰,整顿社会风气。

公元前427年(或前397),波斯王又派以色列祭司以斯拉回耶路撒冷整顿政风,从党争的混乱局面中恢复秩序。以斯拉回到耶路撒冷后,在尼希米支持下,首先发动群众,把基层人民团结在自己周围,共同反对那些祭司贵族和他们所娶的异族妻妾。人们接连集会,要求以斯拉宣读《摩西律法》,并报以欢呼:"阿门!阿门!"

以斯拉要求人民庄严宣誓批准他实施律法,重申耶路撒冷圣殿是耶和华的惟一圣所,遵守安息日,禁止高利贷,每隔7年取消一次债务等,特别是为保持以色列民族血统和宗教的纯洁,禁止和异族通婚。从此以后,一些自认为纯正信仰与纯正血统的以色列人就自称为"犹太人",从此"犹太"(Judaea)这个词就逐渐取代了"以色列"。

尼希米和以斯拉重建耶路撒冷的后果之一,就是他们把一些顽固的反对派逐往撒玛利亚,开始了犹太社会与撒玛利亚社会的分裂与对立。撒玛利亚人在基利心山上另立圣殿与耶路撒冷圣殿对抗,而犹太人则把撒玛利亚人视为异教徒,双方断绝了来往。

公元前334年,马其顿人亚历山大率军攻入亚洲,击败波斯军队,占领巴勒斯坦,从而结束了波斯对巴勒斯坦200多年的统治。公元前334—前167年的巴勒斯坦被称为"希腊统治时期"。

亚历山大大帝对东地中海周围地区的统治产生了一些意义深远的变化:(一)打破了各国、各民族间的隔绝状态,开始杂居交往,在散居于巴勒斯坦以外的犹太人中间也出现了打破民族界限的思想倾向;(二)希腊语成为这个地区希腊化城市中的流行语言,从而促进了各民族间的思想交流;(三)促进了东西方经济、文化的交流,从而扩大了西亚地区的各种宗教的影响。

公元前323年,亚历山大大帝病逝,他建立的大帝国迅即分裂,巴勒斯坦成为互相敌对的马其顿将领们的争夺目标。公元前320—前301年,仅仅20年间巴勒斯坦的统治权竟易手7次之多。公元前301年,埃及托勒密王朝征服了巴勒斯坦,把大批犹太人迁往亚历山大里亚,在那里划出了一个独立区给犹太人居住,还给他们一些自治权。

此后百余年间,埃及与叙利亚为扩张领土,争夺霸权,先后进行了5次"叙利亚战争"(前276—前195),巴勒斯坦夹在两大国之间备受蹂躏,苟延残喘地维持中立。

这期间,一些犹太人或为躲避战祸,或为谋求生计,逐渐分散到地中海沿岸小亚细亚、克里特、塞浦路斯、爱琴海诸岛、希腊、埃及和北非各国。这些散居于异国他乡的犹太人在希腊文化的影响下,逐渐抛弃民族传统,与异族杂居,比居住在巴勒斯坦的犹太人更多地接受了其他民族的文化,首先是希腊文化的影响。特别是在东西方商业交通中心的亚历山大里亚,犹太人大批聚居,成为犹太人吸收希腊文化的中心。这种情况为后来基督教的传播提供了有利条件。

公元前2世纪,罗马崛起,对东方虎视眈眈。公元前201—前195年,叙利亚安条克三世利用埃及国内政局动荡之机,发动了第五次"叙利亚战争",占据了叙利亚南部、腓尼基和巴勒斯坦。公元前198年,叙利亚军队趁战胜埃及之余威,利用犹太统治集团内讧之机,进占耶路撒冷,杀戮抵抗者,大掠圣殿。安条克三世死后其子继位,即安条克四世,他在统治期间对犹太人进行了残酷的镇压。安条克四世宣布犹太教为非法宗教,禁止犹太人行割礼,禁止安息日礼拜,焚毁《摩西律法》,把圣殿改为偶像庙宇,在其中树立宙斯的偶像,组织异教祭祀仪式来取代犹太教崇拜仪式,强迫犹太人改变宗教信仰。犹太人民陷入了水深火热之中。公元前167年,犹太祭司玛塔提雅率领5个儿子犹大·马加伯等揭竿而起,团结所有忠于耶和华上帝、热爱祖国的犹太人,展开了捍卫宗教信仰、争取民族自由的武装斗争,血战20余年,终于取得胜利,于公元前142年建立了独立的犹太政权,史称"马加伯革命"。

马加伯革命的胜利给长期遭受异族压迫的犹太人带来了民族复兴的希望。马加伯家族统治初期确也励精图治。不幸,公元前134年,犹太统治集团内部分裂,西门·马加伯被害。西门的儿子约翰·希尔坎即位,建立了哈斯蒙尼王朝(Hasmonaeans)。此后,犹太内乱不绝,国力大衰。

公元前64年,罗马统帅庞培征服叙利亚,在这里建立了行省。公元前63年,犹太贵族阿里斯托布鲁和哥哥希尔坎争夺耶路撒冷大祭司的职位,两人都向罗马求援。同时,犹太人民也派了一个代表团往见庞培,请求他协助解除阿里斯托布鲁两兄弟的统治。于是,庞培进兵耶路撒冷,屠杀了反抗的1.2万名犹太人,俘虏了阿里斯托布鲁,立希尔坎为傀儡,命令他受叙利亚总督的节制。从此,犹太人就落入了罗马统治之下。

公元前44年,恺撒被刺身亡,罗马当局恢复了对犹太的暴政。公元前43年,以东族人(居住在巴勒斯坦南方的一个犹太化民族,据说是以扫的后裔)希律(Herod)取得了犹太的统治权。公元前40年,波斯人利用罗马内战之机,占领了巴勒斯坦,扶植安提哥那为傀儡国王。希律逃往罗马组织流亡政府。公元前37年,希律带领罗马援军攻陷耶路撒冷,杀死安提哥那,重新取得政权。从此,巴勒斯坦的政局就比较稳定了。希律本人是个希腊化的人,但他并不把希腊化强加在犹太人身上,他重修了耶路撒冷圣殿,利用自己在罗马的影响来保护那里的犹太侨民。这些措施大大缓和了犹太人民对他的反对情绪。但是,到了希律晚年,矛盾又激化了。希律为了考验犹太人的忠诚,要求犹太人民宣誓效忠罗马元首奥古斯都和他本人,遭到法利赛派的拒绝,希律大怒,一部分法利赛人被罚款,一部分被处死刑。一些激进的青年犹太人为了表示反对,把希律装置在圣殿大门上面的金鹰砍了下来,希律大怒,下令把这些青年人全部活活烧死。

公元前4年,希律去世,犹太人民趁机起义。起义军由于没有统一的组织领导,很快就被叙利亚总督击败,起义城镇被烧毁,2000多名起义者被送上十字架。然后,奥古斯都把巴勒斯坦分封给希律的3个儿子,但一律不给王号。

公元6年,犹太和撒玛利亚的统治者希律·亚基老(即阿契劳斯)因民愤极大,被罗马政府废黜,将其地并入叙利亚行省。犹太国就正式灭亡了。

犹太国的灭亡又引起一次武装反抗,起义虽然失败了,但无数爱国的犹太人组成的奋锐党坚持地下斗争,使争取民族独立的革命运动渐趋沸腾。26—36年,本丢·彼拉多任犹太总督,他上任后的第一个行动就是派出一支军队高举画着罗马皇帝肖像的旗帜到耶路撒冷去,并把旗悬挂在城中。这一举动大大地侮辱了犹太人的民族感情,以法利赛派为首的犹太人代表团到彼拉多驻地该撒利亚去进行了5天请愿,最后,彼拉多被迫让步,撤掉了画着罗马皇帝肖像的旗帜。不久,彼拉多又动用圣殿的库金修建了一条从伯利恒到耶路撒冷的水渠,又引起了犹太人声势浩大的示威。彼拉多调动军队进行镇压,许多犹太人被当场击毙。犹太人民反抗罗马统治的民族解放斗争前仆后继,直到66年,爆发了犹太全境的民族解放战争,历史上称这次战争为"犹太战争"。

64—65年,罗马帝国各省发生了大饥荒。66年,罗马巡抚劫夺耶路撒冷圣殿的财库来抵偿赋税。这一行动不但进一步激怒了犹太人民,而且也引起犹太社会上层人士的不满,促使他们站在人民大众一边。罗马总督下令镇压一切反抗者。于是,反罗马的民族起义立即席卷了耶路撒冷,犹太各阶层人民全都参加了起义。起义军首先消灭了耶路撒冷城的罗马驻军,迫使罗马总督撤往该撒利亚,又大败从叙利亚开来的3万罗马援军,起义很快就在整个巴勒斯坦开展起来。68—69年,罗马帝国全境发生了骚乱,帝国当局无暇专力对付犹太民族起义,局势对起义军非常有利,可惜,犹太领导集团内部却发生了分裂。犹太祭司贵族等社会上层分子在起义阵营内部制造分裂,削弱了起义军的力量,使罗马军队获得了喘息的机会。70年,罗马统帅韦伯及其子犹托率军大举进攻犹太,围耶路撒冷。起义军在西门·巴乔拉的率领下进行了英勇的抵抗,大部分战士壮烈牺牲,最后,耶路撒冷因饥饿而陷落。罗马军队攻入城中进行疯狂的大屠杀,焚毁全城,伏尸遍地,一日之内竟有500个被俘者被钉上十字架,以至于"没有地方再立十字架,没有十字架再钉人"。除死难者外,还有7万多犹太人被卖为奴隶,西门·巴乔拉也英勇就义。耶路撒冷失陷后,起义军的残部仍然在各地坚持斗争。73年,最后一支起义军被围困在马萨达要塞中,起义者把自己的妻子儿女全部杀死,然后自杀,无一生还。轰轰烈烈的犹太民族大起义就这样被镇压下去了。全部犹太人都被迫将他们过去交纳给耶路撒冷圣殿的贡税转交给罗马神庙。

公开的民族起义虽然失败了,但犹太人民对罗马的深刻的民族仇恨却没有熄灭,反压迫的民族斗争继续不断地用各种不同的方式来进行。不过,这次大起义使犹太民族元气大伤,此后再也没有力量发动如此规模的斗争了。

犹太人一向自称是"上帝的选民",是天之骄子,可是从历史上看,他们的民族灾难深重,从有历史记录开始到公元1世纪中叶,1000多年中,只有大卫、所罗门统治的80年是他们的骄傲;马加伯革命曾给他们带来民族复兴的希望,可惜只是昙花一现,这希望就破灭了。基督教就是在这种历史条件下产生的。

第二节 基督教产生的宗教背景

一 犹 太 教

以色列人的宗教,从多神观念演变为一神观念的过程,表现为《旧约》中耶和华上帝与众巴力的斗争史,这是一个漫长的历史阶段。直到公元前6世纪以前,并没有形成一个成熟的一神观念。公元前621年犹大国王约西亚使用行政手段强制进行宗教改革,树立一神观念,但并没有达到预期的效果。

公元前6世纪初,以色列人被掳到巴比伦以后,两河流域古老而发达的文化传统,新巴比伦王国和波斯帝国的统一与强大,东方民族的宗教信仰、风俗习惯,特别是亡国奴的屈辱处境等对他们的刺激很大,使他们的政治、宗教观念发生了深刻的变化。不论是过去的祭司贵族等统治阶级还是中、下层人民,都渴望一位"救世主"降临,救他们脱离异族的压迫。他们的理想就是建立一个新的大卫的王国,它将是一个统一、富强、独立的国家,它的统治机构应当是贵族的政治权力与祭司的宗教权力的统一;耶和华不仅是以色列的保护神,而且是统治世上万国、万族、天上、人间的惟一主宰;耶路撒冷圣殿是他的惟一圣所。他们认为以色列人所遭受的民族灾难乃是耶和华对他们犯罪的惩罚,欺压他们的异国异族都是耶和华手中的惩罚工具。

这种思想起初表现在《旧约·以西结书》中,在被掳的以色列人中间传播。公元前6世纪末叶，以色列人陆续返回巴勒斯坦后，这种思想逐渐成熟，经过尼希米、以斯拉、哈该、撒迦利亚等人的努力，修复了耶路撒冷圣殿和城垣，建立了神权政体，以西结的理想基本上变成了现实。到这时，犹太人逐步形成了耶和华是"独一真神"的观念，崇奉一神、排斥其他宗教并维护祭司贵族统治的犹太教才最后形成。

二 犹太教的经典

古代以色列人的各种文献都是以宗教经籍的形式保存下来的，一些口头传说也陆续被记录了下来。起初，这些经籍一部分保存在耶路撒冷圣殿里，一部分散存在民间。在历次民族灾难中，耶路撒冷圣殿被多次洗劫，所存经籍丧失殆尽。公元前6世纪末，被掳往巴比伦的以色列人返回耶路撒冷后，陆续将残存的经籍收集起来，进行编辑整理。这些经籍内容广泛，有教义、律法、诫条、历史书、编年记、先知书等，也有民间传统史诗、小说、传奇、民歌、战歌、爱情诗歌等。这时，以色列人的一神观念已经形成，编辑者根据这一主导思想对这些断简残篇进行整理加工，编成了适合教义要求的经籍，装订成册，公布于众，作为人们宗教崇拜和立身处世的准则，它们后来被称为《希伯来圣经》(Canon，直译为《标准书》)。公元前270年，传说埃及法老组织人力在亚历山大里亚将《希伯来圣经》由希伯来文译成当时流行的希腊文，称为"七十子译本"。此后100多年，又经过不断地修订与增补，才最后奠定了现在《旧约全书》的基础。

《希伯来圣经》中最早编辑成册的是"律法书"。它包括《创世记》、《出埃及记》、《利未记》、《民数记》、《申命记》共5卷，又称"摩西五经"，内容记述了从世界的起源到摩西率领以色列人逃出埃及最后来到迦南地边境的神话与传说。这些内容是随着社会的发展而变化增减的，它反映了以色列人的宗教信仰从多神观念向一神观念的发展过程。其中的上帝"十诫"在公元前8—前7世纪先知们为确立一神观念而努力的过程中起着重要作用，成为他们进行宗教改革的纲领。"律法书"虽然不能作为完全确定的史料,但具有重要的宗教价值、文学价值和社会价值。

《希伯来圣经》中第二批编辑定型的是"历史书"和"先知书"。

"历史书"包括《约书亚记》、《士师记》、《撒母耳记》(上、下)、《列王记》(上、下)共6卷。内容是记述以色列人占领迦南地以后,经过士师时期(部落时期)、国家时期直到沦为"巴比伦之囚"的历史,特别是后4卷具有极其重要的史料价值。"历史书"又被称为"前先知书"。

"先知书"包括《以赛亚书》、《耶利米书》、《以西结书》和"十二小先知书"(有些学者认为"十二小先知书"是最早编辑成册的《希伯来圣经》;也有些学者把后来出现的《但以理书》列入"先知书"中并和前三"先知书"合称"四大先知书")。"先知书"是以色列人先知文学的代表作品,具有相当重要的宗教价值和史料价值。

《希伯来圣经》中最后编成的是《路得记》、《历代志》(上、下)、《以斯拉记》、《尼希米记》、《以斯帖记》、《约伯记》、《诗篇》、《箴言》、《传道书》、《雅歌》、《耶利米哀歌》、《但以理书》(有些学者将《但以理书》归入"先知书")、《多比传》、《犹滴传》、《马加伯传》(上、下)、《智慧篇》、《德训篇》、《巴录书》等。这些"圣著"内容复杂,又被称为"杂集",它们具有极高的文学价值与宗教价值(后7卷又被称为"次正经",因为后来基督教新教神学家们找不到它们的希伯来原文,不承认它们的权威性)。

"律法书"、"先知书"和《诗篇》是犹太教的主要经典。在犹太会堂中,每三年要通读一遍"律法书"。它是教义方面的最高权威。其他各卷也常在犹太会堂中宣读。犹太教的"圣经"后来被基督教继承下来,成为基督教《圣经》的一个组成部分——《旧约全书》。

三 弥赛亚

如前所述,以色列人是一个多灾多难的民族,从士师时期到公元1纪世中叶,1000多年的历史记录中,只有大卫、所罗门王朝统治下的大约80年(前1010—前930)是他们的独立自由的时代,其余1000多年都是在民族灾难中苦苦挣扎。但他们又骄傲地认为自己民族的保护神——耶和华上帝——是惟一的真神,统治世上万族万国,自己是上帝的"选民",是他特别宠爱的。每到民族灾难严重的时候,他们就呼求上帝向他们伸出拯救之手并严惩他们的民族敌人。这种宗教信念逐渐发展成为以色列民族复兴运动的旗帜,到"巴比伦之囚"时期,就成为对先知们预言的"弥赛亚"的期待了。

"弥赛亚"(Messiah)亦译"默西亚",源于希伯来文 māshīah,原意为"受膏者"或"受上帝祝福的人"。这个称谓源于古代以色列传统,古以色列人的国王即位时要举行一个仪式,由大祭司代表上帝将橄榄油敷在国王的前额上,表示上帝的祝福,"敷油"(或"涂油")这个动作在汉语《圣经》中译为"膏",所以国王就被称为"受膏者"——"弥赛亚"。以色列人在民族灾难严重时所日夜祈求的就是上帝给他们派遣一位"受膏者"来复兴他们的民族与国家,重建大卫的王国。后来,先知们进一步发展了"弥赛亚"的观念,使"弥赛亚"的形象更加具体明确。他们一面反复强调上帝派遣"弥赛亚"降临的应许,一面预言"弥赛亚"降临的各种细节。

公元前2世纪,《但以理书》中提出"人子"(即"弥赛亚")的国度即将来临。马加伯革命的胜利使许多犹太人欢欣鼓舞,觉得"人子的王国"已经实现了。但是,这次胜利只是昙花一现,犹太人民又陷入了民族灾难之中。公元前1世纪中叶,出现了一部"伪经"——《以诺书》。在《以诺书》中,"人子"已经成了一个超自然的人物,是上帝派来对世界执行末日审判并创造新天地的弥赛亚。

公元前48年,罗马皇帝恺撒击败庞培后,在巴勒斯坦执行的开明政策颇得犹太人的民心,这时产生了《所罗门赞美诗》,作者预言,在将来一定的时候,上帝将派遣弥赛亚——大卫的一个子孙——来除去耶路撒冷的异教统治者,让流亡各地的犹太人重返巴勒斯坦,到那时,世上万族都将皈依犹太教,并到耶路撒冷来瞻仰弥赛亚的光荣。

马加伯革命时期,曾有一个政治派别,称为"艾赛尼派"。革命失败后,这一派人消极起来,退隐到旷野里去逃避现实的民族斗争,建立自己的乌托邦。1947年,在死海附近的库姆兰山洞里发现了有关他们的资料,其中有一本书叫《先知哈巴谷书注释》。书中叙述一个暴虐的大祭司残酷地迫害艾赛尼派,杀害了他们的领袖"公义之主"。后来,上帝惩罚了这个大祭司,使西方的异族占领耶路撒冷,另立统治者。艾赛尼派相信,那位"公义之主"不久将再次降临,统治以色列和地上万国,审判一切民族,只有信他的人才能得救。显然,这位"公义之主"也与"弥赛亚"观念有一定的联系。

通观这段历史,可知公元1世纪时,在希望民族复兴的犹太人中,至少流传着三个不同版本的"弥赛亚":《以诺书》继承了《但以理书》书中的"人子"的观念,认为"弥赛亚"是一位从天而降的超自然的人物;《所罗门赞美诗》发挥了以赛亚等先知的预言,认为"弥赛亚"是一位普通的君王,是大卫的后裔,犹太民族的领袖;艾赛尼派则认为"弥赛亚"是一位特殊的受难的领袖,虽然已经被处死,但一定会再临人间,施行审判。总之,"弥赛亚"观念是犹太民族复兴思想的集中反映,随着客观形势的变化而变化,到1世纪中叶就孕育成了基督教的弥赛亚观,成为基督教产生的基本因素之一。

第三节 古希腊罗马哲学是基督教产生的文化背景之一

在古代神话背景下产生的古希腊罗马哲学一直以追寻宇宙万物的本源、探究事物的本质作为兴趣的焦点。从早期伊奥尼亚学派以有形的感性事物为宇宙本源的宇宙生成论,到中期柏拉图的"理念论"和亚里士多德的"实体说",再到晚期新柏拉图主义神秘的"流溢说",古希腊罗马哲学关于宇宙生成、存在的本质的种种构想为基督教宇宙观的形成,特别是为中世纪基督教神学体系的建构,提供了重要的思想素材。

追求普遍、绝对的智慧,是古希腊罗马众多哲学家的又一个共同点。他们认为这种智慧也是宇宙的法则和普遍规律,称之为"逻各斯"(希腊文 λογος,意为"道")。同时他们对于变动不居的感性世界和感官享受在不同程度上都持有否定性的见解。上述两方面观点结合起来形成的关于心物关系的基本看法,对于基督教神学思想中心物的矛盾冲突,追求精神超越,特别是关于"逻各斯"的观念都具有一定影响。

从古希腊罗马哲学的发展过程看,它经历了由米利都、爱非斯学派为代表的扬弃神话、崇尚理性的自然哲学阶段和以苏格拉底、柏拉图为代表的注重伦理、追求道德完满的道德哲学阶段,最后进入以怀疑派、斯多葛派为代表的不满现实生活、悲观厌世的宗教哲学阶段。伴随着希腊城邦奴隶制由兴盛、繁荣到危机、衰亡的历史,哲学所经历的这一对宗教由否定再到肯定的发展过程在意识形态领域中为基督教神学思想的形成、发展,为基督教神学占统治地位的中世纪的到来无疑起到了引导和铺路的作用。

然而,就最直接的影响而言,与基督教的产生关系最为密切的哲学思想莫过于古希腊晚期和罗马时期的斯多葛派、犹太-希腊哲学派和新柏拉图主义。

斯多葛派产生于希腊化时期,芝诺(Zenon,约前336—前264)是该派创始人和早期的代表。这一哲学派别认为世间的一切都是绝对地由被称为"命运"或天意、神的神秘的必然性所支配的。人作为宇宙体系的一部分也应该自觉地服从"命运",按照理性生活限制情欲以达到善的境界。晚期斯多葛派又称罗马斯多葛派,以塞涅卡(Seneca,前4—65)、爱比克泰德(Epictetus,50—138)和马可·奥勒留·安东尼(Marcur Aureliue Antoninue,121—180)为代表。他们把斯多葛派的上述思想发展成一种宗教神学观点,主张敬畏神,对神绝对服从,在生活上安分守己,忍让克制。他们还认为万物既然都是来自神的,人也都是神的儿女,"世界公民"彼此间都是兄弟,应当友爱互助。据《新约·使徒行传》记载,保罗曾与斯多葛派有过接触。不难设想,斯多葛派的上述宿命论、禁欲主义、博爱和世界公民等思想对早期基督教的类似观点存在着相当影响。

犹太-希腊哲学派以斐洛(Philo,前30—45)为代表,他是一位著名的犹太学者。这个学派把希腊哲学与犹太教结合起来,用希腊哲学解释犹太教经典。他们认为神是绝对超越的存在,是万物的基础和本原,他至尊、至善、至美,以"逻各斯"为中介创造了万物。人们有限的理性无法认识和理解神,也不能用语言形容神。人只有通过沉思默想、断绝情欲,才能使灵魂与神直接相通,信神,达到神人合一的最高的人生境界。犹太-希腊哲学派主要活动于亚历山大里亚,故又称犹太-亚历山大哲学,该城后来也成为早期基督教活动的重要地区之一,该学派的上述思想大都为早期基督教所接受。

新柏拉图主义是在柏拉图理念论基础上结合斯多葛派哲学和东方宗教思想而形成的一个神秘主义学派,它的实际创始人和最著名的代表是普罗提诺(Plotinos,约204—270)。他认为世界的本原是"太一",它是惟一的、绝对的,它超越精神与物质,无法言说和形容。万物是从太一中流溢出来的,依先后顺序形成了"诺斯"(nous,亦译"宇宙理性")、灵魂和物质世界。物质世界是最后产生的,离太一最远,所以是恶的、卑贱的。在人生中灵魂被囚禁于恶的肉体(物质)中,只有静思默想、消除物欲、达到"出神"境地才能摆脱肉体的羁绊,使灵魂回归太一。新柏拉图主义对早期基督教的思想影响是多方面的,对"正统"神学思想的形成固然有重要作用(如关于"太一"的超越性,"诺斯"、禁欲等观念),但它的心物二元论思想也为基督教最早的"异端"——诺斯替派所利用。

第二章 耶 稣

第一节 犹太民族解放斗争内部的分化

自公元前1世纪中叶,巴勒斯坦被罗马帝国征服以后,到1世纪中叶,犹太民族解放斗争前仆后继接连不断,但都遭到了镇压。在激烈的民族斗争中,犹太民族内部也不断地进行着斗争与分化,不同的经济利益导致对罗马统治者的不同政治态度,逐渐形成四个政治集团。

一 撒都该派

这是个代表犹太祭司贵族利益的政治集团。按照犹太教的教规,犹太人民每年都要向耶路撒冷圣殿缴纳什一税及各种祭品,这些财物实际上都归祭司贵族占有,他们又用这些税收去放高利贷,剥削犹太劳苦大众,所以他们都非常富有。犹太人又是一个政教合一的民族,教权就是政权,会堂就是法庭,在罗马统治之下,犹太祭司仍然享有一部分司法权以解决民事纠纷。作为犹太人内部的统治阶级,他们维护律法,但不遵守律法,身为祭司,却专以世俗为务。这些人为了维护本阶级的既得利益,本能地站在罗马统治者一边,破坏并镇压犹太民族起义斗争。

二 法利赛派

这是公元前2世纪马加伯革命斗争的中坚力量,被称为哈西丁党。"哈西丁"意思是"虔诚的人们"或"圣徒们",他们是犹太教的积极维护者与宣传者,在犹太人中影响很大。犹太人的公开武装斗争失败后,哈西丁党改变了斗争策略,他们拒绝与罗马统治者合作,生活上严格遵守律法,并以此来标榜自己维护民族传统,所以后来被称为"法利赛派",意思是"隔离者",即与众不同的人。他们是犹太中产阶级和宗教知识分子的代表,很受一般群众的尊敬,但他们却看不起一般群众,认为后者没受很多教育,不熟悉律法。法利赛人把民族解放的希望寄托在犹太人历来期望的弥赛亚身上,相信只要严格遵守传统律法,就能得到上帝的眷顾,最终必蒙拯救。

三 艾赛尼派

这是革命时期的一个小派别,亦译"以西尼派"。革命失败后,他们丧失了信心,退隐到巴勒斯坦的偏僻地区组织自治社团,建立乌托邦社会。他们对祭司贵族奴隶主强烈不满,实行严格的财物公有,禁止蓄奴,遵守律法,实行比法利赛派更为严格的禁欲生活,除一部分人为传宗接代而结婚外,其余的人都放弃结婚。他们宣誓敬奉上帝,互相帮助,对人正直忠实,仇视恶人,保守本派秘密。他们把一切都归于命运,把民族复兴和希望寄托在弥赛亚身上,只消极地等待。法利赛派讥笑他们是"破坏世界的蠢人",犹太统治者则把他们当做危险人物而加以镇压。

四 奋锐党

这是由犹太下层民众组成的一个派别,成分相当复杂,包括游民、乞丐、贫苦手工业者、小商贩等,是民族解放运动中的激进派。他们狂热地宣称弥赛亚即将来临,主张用暴力推翻罗马帝国及犹太奴隶主祭司贵族的统治,建立富强独立的新的大卫的王国。公元6年,罗马帝国正式把巴勒斯坦改为行省后,撒都该派投降,艾赛尼派退隐,法利赛派转为不合作的消极抵抗,只有奋锐党坚持斗争。公元66年,在奋锐党的努力下,终于爆发了"犹太战争"。

这些政治集团的政治态度虽然不同,但他们都是犹太教徒,一切政治活动都是在宗教形式下进行的。他们认为罗马帝国过于强大,只有上帝亲自进行干预,派遣弥赛亚降临,才能实现民族解放的愿望。到那时,弥赛亚要摧毁罗马的统治,建立一个由大卫的子孙治理的王国,分散在各地的犹太人都将返回家园过幸福的生活,犹太教将成为世界上惟一的宗教。

对于弥赛亚的信念在犹太人中形成了一个"弥赛亚运动",居留在巴基斯坦的犹太人和分散在地中海沿岸各大城市的犹太侨民都加入了这个运动。他们以犹太会堂为活动中心,除举行犹太教崇拜仪式外,还对下一代进行民族传统教育。于是,"弥赛亚运动"就成了维系犹太民族团结的一条纽带。

公元2世纪中叶,犹太人对弥赛亚的信念起了变化。大部分人坚信弥赛亚终必降临。这部分人都是正统的犹太教徒;另一部分人认为弥赛亚已经降临了,他不是来复兴地上的强大的以色列王国,而是来建立一个"不属这世界"的天国,他就是拿撒勒人耶稣,这部分人就是后来的基督徒。

第二节 史料中的耶稣

一 现存重要史料中缺少关于耶稣的确切记载

关于耶稣其人是否真的存在过,一直是历代有关学界争论不休的问题。现据有关史料,作如下考证。

斐洛:亚历山大里亚的犹太思想家,足迹几乎遍及罗马全国,到公元1世纪上半叶才去世,与《圣经》中的耶稣应是同时代人,而且公元39年时还曾到巴勒斯坦去访问过。但在他的著作中却从未提到过基督教或耶稣其人。

约瑟弗斯(Flavius Josephus,约37—约98):稍晚于斐洛的犹太历史学家,他所著的《犹太古事记》是现存惟一一部作于1世纪的犹太史。约瑟弗斯在书中曾两次提到耶稣:一次称耶稣"是一个有智慧的人,如果我们敢说他是人的话",他是"一个行神迹的人,一个全心信奉真理的教师",他就是"救世主基督","关于他的千万奇迹",先知们早有预言等等。这段描述完全是一个基督教徒的口吻。然而,据记载约瑟弗斯是一个虔诚的犹太教徒,犹太教徒激烈地反对以弥赛亚自居的耶稣,并把他送上十字架,3世纪时的基督教护教学者奥利金(Origenes,约185—254)甚至还称约瑟弗斯"不信耶稣是救世主基督"。因此很难相信约瑟弗斯会如此称颂耶稣。16世纪时,学者们对约瑟弗斯这段描述就提出了怀疑。到19世纪,有学者经考证认为它是3世纪下半叶时的基督徒添加进约瑟弗斯的书中去的。在同一本书的另一处提到,公元62年,犹太大祭司阿那努斯处死了"被称为基督的耶稣的兄弟雅各以及其他人"。这段记录的可靠性同样也有争议,有的学者将其作为历史上确有耶稣其人的证据之一,但也有学者认为这也是后人篡改的。

塔西佗(Tacitus,约60—120):罗马历史学家,他在他的《编年史》中描述公元64年罗马城大火、尼禄皇帝迫害基督徒时曾说:"那些通常被称为基督徒的,因有种种恶行受到痛恨,尼禄把他们定为罪犯,予以严刑惩罚,那个使他们有基督徒之称的人,基督,已在提庇留时期为总督彼拉多所杀。"这段贬斥基督教的文字,可确信出自罗马人手笔,但塔西佗在这里只提到"基督",没有提到"耶稣",因此无法直接断定这个基督就是拿撒勒人耶稣。但由于塔西佗这段文字与《新约圣经》中有关耶稣的某些记载相符合,所以也有部分学者把它视为证明历史上确有耶稣其人的重要史料。

苏艾托尼乌斯(Suetonius,亦译随东尼,约75—160):罗马历史学家,他在《尼禄皇帝生平》一书中提到尼禄迫害基督徒的事,称基督徒是"信仰一种新而有害的迷信的人"。他在《克劳狄乌斯皇帝生平》一书中提到,公元49(或52)年,克劳狄乌斯(亦译革老丢)曾驱逐犹太人出罗马,因为那些犹太人"在一个基督的煽动下多次闹事"。有些学者认为这是罗马历史上第一次出现"基督"的名字。但这两条记载中都没有提到耶稣的名字。

小普林尼(赛西琉·普林尼,Gaius Plinius Caecilius Secundus,约61—约113):罗马帝国的政治家兼著作家。约107年,他曾上书皇帝图拉真请示如何处置当时的基督徒,书中提到基督徒和基督,也没有提到耶稣的名字。

二 《死海古卷》中的"拿撒勒人"

自1947年《死海古卷》被发现以来,历史学家们对公元纪元前后巴勒斯坦的历史研究有了长足的发展。史学家们对艾赛尼派的情况有了更深刻更明确的了解,发现他们与初期基督徒社团有惊人的相似之处。

早在4世纪时,埃庇法尼乌斯(Epiphanius,约315—403)主教曾提到,从1世纪直到4世纪,在叙利亚和巴勒斯坦一带有一个犹太教派别,称为"拿撒勒派"。他们与艾赛尼派使用同样的经书,同样信仰弥赛亚的拯救和世界末日即将降临。有的学者认为这个拿撒勒派很可能是艾赛尼派的一个分支,耶稣可能是这一派的创始人,因为据《新约圣经》记载耶稣曾在拿撒勒长期生活过。

2世纪初,有一些被犹太文献称为拿撒勒人耶稣的门徒的人,在犹太和加利利一带活动。他们人数众多,发展极快,以致使犹太教领导集团深感不安,把他们当做异端分子,采取严厉措施加以防范,限制他们的活动与发展。

可见,拿撒勒人耶稣是个历史上确实存在过的人物,这个"拿撒勒人"反对犹太教祭司贵族的腐化生活,倡议改革,获得了一批追随者,成为犹太教的一个小宗派——拿撒勒派。后来,他的门徒可能出于虔诚的信仰或宣传上的需要,根据犹太先知们的有关弥赛亚的预言,认定他就是弥赛亚,把他描绘成一个神奇人物,进而逐渐视其为崇拜对象——耶稣基督。

第三节 《福音书》中的耶稣

基督教信仰的耶稣不是史料中的耶稣,而是《福音书》中记载的耶稣。信徒们综合了先知们有关弥赛亚的预言,认为耶稣的一生全都可以从先知预言中找到根据,这就证明耶稣就是上帝应许的弥赛亚。有些学者则主张《福音书》中的耶稣是信徒们塑造的。

下面就是《福音书》中有关耶稣的记载。

一　耶稣的诞生

由圣灵受孕："天使加百列奉上帝的差遣往加利利的一座城去（这城名叫拿撒勒），到一个童女那里，是已经许配大卫家的一个人，名叫约瑟。童女的名字叫马利亚……天使对她说：'马利亚，不要怕！你在上帝面前已经蒙恩了。你要怀孕生子，可以给他起名叫耶稣。他要为大，称为至高者的儿子；主上帝要把他祖大卫的位让给他。他要作雅各家的王，直到永远；他的国也没有穷尽。'马利亚对天使说：'我没有出嫁，怎么有这事呢？'天使回答说：'圣灵要临到你身上，至高者的能力要荫庇你，因此所要生的圣者，必称为上帝的儿子……'"（《路加福音》第1章第26—38节）这段叙述揭开了《福音书》——甚至整个《新约》——的第一页，表明了几个问题：第一，耶稣是上帝的儿子，是童贞女马利亚由圣灵怀孕而生的。这一点对后来基督教教会（特别是天主教会）的历史、神学、礼仪都有极大的影响，由此，马利亚成为无玷圣母，成为天主教的崇拜对象。第二，耶稣的名字是他降生以前由上帝命名的。"耶稣"这个名字的希伯来文原义与"约书亚"是一个词，意思是"上帝拯救"。约书亚是古以色列人的一位民族领袖，在《旧约》的传说中，是他继承摩西未竟之业，率领以色列人征服迦南人占领这块"应许之地"。第三，耶稣将恢复大卫王朝的统治，建立一个永远的普世性国度。

降生在伯利恒："当那些日子，凯撒奥古斯都有旨意下来，叫天下人民都报名上册……约瑟也从加利利的拿撒勒城上犹太去，到了大卫的城，名叫伯利恒……他们在那里的时候，马利亚的产期到了，就生了头胎的儿子……"（《路加福音》第2章第1—7节）。

天使报信："在伯利恒之野地里有牧羊的人，夜间按着更次看守羊群。有主的使者站在他们旁边……那天使对他们说：'不要惧怕！我报给你们大喜的信息，是关乎万民的；因今天在大卫的城里，为你们生了救主，就是主基督。你们要看见一个婴孩，包着布，卧在马槽里,那就是记号了。'忽然有一大队天兵同那天使赞美上帝说:'在至高之处荣耀归于上帝,在地上平安归于他所喜悦的人。'"(《路加福音》第2章第8—20节)

博士来朝:《马太福音》第2章第1—12节记述说,耶稣降生时,东方有几位博士(即哲士)发现天上有一颗新星,据他们占算,这颗星表示有一位新的犹太人之王降生,于是他们就千里迢迢地从东方到耶路撒冷来寻找这位新生的犹太王,向他表示敬意。当时的犹太统治者希律听到这个消息,非常不安,因为一位新的犹太王降生就意味着他的统治的终结。他召见了这几位东方的博士,向他们询问有关新犹太王的信息,并嘱咐博士们在找到新犹太王后向他报告。博士们在那颗星的引导下来到伯利恒,找到了婴儿耶稣,对他顶礼膜拜,献上礼物:黄金、乳香、没药(后人根据这三件礼物而推断朝拜耶稣的博士共有三位)。上帝在梦中指示博士不要回耶路撒冷去见希律,他们就绕道回东方去了。

逃亡埃及:东方的博士走后,天使在梦中向约瑟显现,指示他立即带上马利亚和婴儿耶稣逃往埃及去,因为希律要杀耶稣。于是约瑟全家逃往埃及,直到希律死后,才返回巴勒斯坦,住在加利利的拿撒勒。耶稣在拿撒勒长大成人,所以他被称为"拿撒勒人"。这段故事是要应验先知何西阿所说的话:"(我)从埃及召出我的儿子来。"(《何西阿书》第11章第1节)

希律在耶路撒冷等待博士们向他报告,以便向耶稣下毒手,后来发现博士们绕道回国去了,便勃然大怒,下令将伯利恒一带两岁以内的男孩全部杀尽,以绝后患。这是为了应验先知耶利米的话:"在拉玛听见号啕痛哭的声音,是拉结哭她儿女,不肯受安慰,因为他们都不在了。"(《耶利米书》第31章第15节)

二 耶稣开始布道活动前的准备

受洗:耶稣的父亲约瑟是个木匠,耶稣在进行布道活动以前很可能也从事这种工作。由于家庭寒微,他不大可能受过系统的希伯来经书教育,但他从小生活在传统的犹太教环境中,犹太会堂的宗教教育使他熟悉了"律法书"和"先知书"的内容,也熟悉了经书的传统解释以及律法师、文士们根据传统所宣讲的教义与教规。这些知识分子一般都属于法利赛派,是当时公认的宗教权威。很显然,耶稣对法利赛派的主张和活动是很熟悉的,这对他的思想和信仰以及后来的主张都产生了巨大的影响。

当施洗约翰在约旦河边宣传悔改的洗礼的时候,耶稣也来了,并且和其他人一样接受了约翰的洗礼。约翰似乎认出了耶稣就是未来的弥赛亚,对他说:"我当受你的洗,你反倒上我这里来吗?"耶稣说:"我们理当这样尽诸般的义。"耶稣受了洗,从水里上来,看见天开了,圣灵仿佛鸽子落在他身上,从天上有声音说:"这是我的爱子,我所喜悦的。"(《马太福音》第3章第13—17节,《马可福音》第1章第9—11节)

受试探:《马太福音》第4章第1—11节,记述耶稣在旷野禁食40昼夜后,3次受魔鬼的试探。

1. 石头变饼:魔鬼见耶稣饿了,就试探他,让他把石头变成饼。耶稣拒绝说:"人活着不是单靠食物,乃是靠上帝口里所出的一切话。"(《申命记》第8章第3节)——耶稣认为他将要宣传的天国不仅要解决人的肉体生活问题,更主要的是解决宗教生活问题、精神生活问题。

2. 从殿顶跳下:魔鬼又试探耶稣,让他从圣殿顶上跳下去,以证明经书上所记的话:"因他要为你吩咐他的使者,在你行的一切道路上保护你。他们要用手托着你,免得你的脚碰在石头上。"(《诗篇》第91篇第11—12节)耶稣拒绝说:"不可试探主你的上帝。"耶稣认为实现天国的方式不能铤而走险,不能靠运气。

3. 最后魔鬼要耶稣向他下拜,它就答应让耶稣做世上万国的君王。耶稣回答:"当拜主你的上帝,单要事奉他。"耶稣认为自己作为弥赛亚不是像一般犹太人通常所期望的来建立世俗帝国征服世界,他要建立的是一个超越世俗的天国。

这样,耶稣拒绝了一般人所期望的弥赛亚所走的道路,而选择了一条"受难的弥赛亚"的道路。他不是世俗的君主、英雄、斗士,而是耶和华的受苦的仆人,这正应了《旧约》上的话:"耶和华却定意将他压伤,使他受痛苦。耶和华以他为赎罪祭……有许多人因认识我的义仆得称为义……"(《以赛亚书》第53章第10—12节)。

三　耶稣的布道活动

耶稣战胜了魔鬼的试探,选定了自己的道路以后,就开始在加利利的各会堂里教训人,宣传天国的福音,医治百姓的各种疾病。他行了很多神迹奇事,例如使瞎子看见,聋子听见,瘫子行走,使麻风病人洁净,使被鬼附的(精神病患者)恢复正常,甚至使死人复活;他自己则能在海面上行走,用5个饼和2条鱼让5000人吃饱,登山变像以显示出他是上帝的儿子等等。

为了扩大影响,提高传教效果,耶稣从众门徒中选出12个人作为自己的伙伴。这12个人被称为十二使徒(原意是受委任的人)。他们是:西门彼得,安得烈,西庇太的儿子雅各和约翰,腓力,巴多罗买,多马,马太,亚勒腓的儿子雅各和达太(也作犹大),奋锐党的西门,加略人犹大。

四　耶稣的基本主张

根据《福音书》的记载,耶稣在世上只生活了33岁,最后3年,是他从事传道活动的主要时期。在传道中,耶稣一方面肯定了犹太教律法和先知预言的基本信仰,另一方面又提出"爱"是"律法和先知一切道理的总纲"(《马太福音》第22章第40节),把"爱"作为信仰的核心内容和道德的最高境界。在这一点上,又超越了犹太教的传统信仰。

神是慈爱的"天父":在犹太教的传统信仰中,神是宇宙的创造者和统治者,他是全知全能的,是圣洁信实的。这些观念都为耶稣所肯定,但是耶稣同时主张,神与人的关系,不仅是创造者与被造者、统治者与被统治者的关系,而且是父亲与儿子的关系。耶稣教导门徒在祷告中呼求"我们在天上的父"(《马太福音》第6章第9节)。在这以父子比喻的神人关系中,耶稣指出其实质和核心就是神对人的爱。在他看来神对世界的创造和统治都是爱的体现,神爱地上的花鸟树木,更爱世上的人。耶稣劝勉门徒"不要忧虑说,吃什么?喝什么?穿什么?","你们需用的这一切东西,你们的天父是知道的","你们虽然不好,尚且知道拿好东西给儿女,何况你们在天上的父,岂不更把好东西给求他的人吗?"(《马太福音》第6章第25—32节,第7章第11节)耶稣认为神对人的爱不仅表现在为人类提供了物质生活条件,更重要的是他的爱表现在对人的灵魂的拯救。"神爱世人,甚至将他的独生子赐给他们,叫一切信他的,不至灭亡,反得永生。"(《约翰福音》第3章第16节)虽然人犯罪作恶,背弃了神,失去了儿子的名分,然而慈爱的天父却像牧人不肯丢弃迷失的羔羊那样,寻找、呼召罪人,像慈父一样为浪子的归家而欢欣(参见《马太福音》第18章第12节,《路加福音》第15章第4—32节)。

耶稣主张在神与人这种施爱者与被爱者的关系中天父的爱是无条件的,是一种充满自我牺牲精神的爱,他不因世人的背逆而受到任何影响,相反甚至舍弃了自己的独生子以拯救罪人。天父的爱也是绝对的,义无反顾的,"他既然爱世间属自己的人就爱他们到底"(《约翰福音》第13章第1节)。天父的爱又是普世性的,爱的对象是"世人",耶稣从未讲过天父的爱仅限于犹太人,相反,他还多次提出为了实现天父的慈爱必须打破某些犹太教传统。天父的爱集中体现在道成肉身的基督身上,尽管世人对他不理解,甚至攻击他,辱骂他,"狐狸有洞,天空的飞鸟有窝,人子却没有枕头的地方"(《马太福音》第8章第20节)。但他仍要牺牲自己,甚至要像罪犯一样被钉在十字架上以完成神对人的拯救。"天父的爱"构成了耶稣整个"爱"的主张的基础,他认为正是这种爱决定了人对神和人对人应有的关系。

"爱神"与"爱人":天父的爱是一切爱的基础,也是人效法的对象,"你们要完全,像你们的天父完全一样"(《马太福音》第5章第48节)。耶稣把"爱"解释为诫命的中心内容。他教诲门徒说:"你要尽心、尽性、尽意爱主你的神。这是诫命中的第一,且是最大的。

其次也相仿,就是要爱人如己。这两条诫命,是律法和先知一切道理的总纲。"(《马太福音》第22章第37—40节)

第一,爱神:敬畏耶和华神这是犹太教律法和信仰的核心。耶稣肯定了这一传统,同时赋予了新的内容。耶稣主张不仅要敬神,而且要爱神,神不仅是敬拜的对象,也是爱戴、亲近的对象,他要求门徒们追求与神同在,"父在我里面,我也在父里面"(参见《约翰福音》第10章第38节)的境界,而这种境界又是靠基督的"中保"实现的,因为"除了子和子所愿意指示的,没有人知道父"(《马太福音》第11章第27节),因此,爱神和跟从耶稣是一致的。耶稣还强调这种对神的爱不在于形式而在于内心,"那真正拜父的,要用心灵和诚实拜他"(《约翰福音》第4章第23节)。耶稣多次批评只重外表、故作姿态的法利赛人,他教诲门徒说:"你们祷告的时候不可像那假冒为善的人,爱站在会堂里和十字路口上祷告,故意叫人看见……你祷告的时候要进你的内屋,关上门,祷告你在暗中的父……"(《马太福音》第6章第5—6节)耶稣主张这种爱同样也应该是无条件的,超越一切的,"爱父母过于爱我的,不配作我的门徒;爱儿女过于爱我的,不配作我的门徒;不背着他的十字架跟从我的,也不配作我的门徒。"(《马太福音》第10章第37—38节)这种对神的爱也绝不是为了谋取物质利益,而是使灵魂获得拯救,进入永生。所以耶稣告诫门徒:"不要为自己积攒财宝在地上……只要积攒财宝在天上。""一个人不能事奉两个主;不是恶这个、爱那个,就是重这个、轻那个。你们不能又事奉神,又事奉玛门(玛门即财神)。"(参见《马太福音》第6章第19—24节)这样一来就一定会引起内心的冲突,就需要战胜内心的物欲。他把舍弃一切跟从神称为进"窄门",指出"天国是努力进入的,努力的人就得着了"(《马太福音》第11章第12节)。

第二,爱人如己:耶稣称它为仅次于爱神的最重要的诫命,他认为爱人实际上是爱神的一个重要表现,由于爱神,与神建立了新的关系,同时也就必然地使人与人的关系发生变化。"我怎样爱你们,你们也要怎样相爱。"(《约翰福音》第13章第34节)所以耶稣以此作为基督徒的一个重要标记:"你们若有彼此相爱的心,众人因此就认出你们是我的门徒了。"(《约翰福音》第13章第35节)在犹太教律法和传统信仰中不乏调整社会关系的道德规范,如不可杀人,不可奸淫,不可偷盗等,然而,耶稣在律法的基础上提出了更高的要求,他认为爱人不能仅停留在礼尚往来,知恩图报,"以眼还眼,以牙还牙","爱你的邻舍,恨你的仇敌"这个层次上,不能"单爱那爱你们的人""单请你弟兄的安"。他认为这些连只注重外表、只在形式上遵守律法的法利赛人、文士甚至名声不好的税吏都不难做到。作为基督徒,对人的爱也应效法神对人的爱,也应是无条件的,自我牺牲的,普世性的,如同神"叫日头照好人也照歹人,降雨给义人也给不义的人"一样。正是从这个意义上,他主张宽恕,"爱仇敌"。"你们饶恕人的过犯,你们的天父也必饶恕你们的过犯,你们不饶恕人的过犯,你们的天父也必不饶恕你们的过犯。"(《马太福音》第6章第14—15节),他还要求门徒们"不要与恶人作对","要爱你们的仇敌,为那逼迫你们的祷告"(《马太福音》第5章第39—44节)。他自己也曾为处死他的人祷告说:"父啊,赦免他们,因为他们所做的,他们并不晓得。"(《路加福音》第23章第34节)耶稣认为这样做就成全了律法,他把达到上述要求作为进入天国的必不可少的条件,指出"你们的义若不胜于文士和法利赛人的义,断不能进天国"(《马太福音》第5章第20节)。

耶稣同时还强调,遵守律法不能徒有形式,"爱人如己"应是发自内心,爱人不能只停留在口头上,局限于外表,以追求好名声为目的。他针对当时法利赛人片面追求形式,只重外表,忽视内心,不看自己的种种恶行,专门指责别人,用静止、片面的观点执行律法等种种不良行为,讽刺他们是"粉饰的坟墓","洗净杯盘的外面,里面却盛满了勒索和放荡"。耶稣还引用犹太教《圣经》的话说"我喜爱怜恤,不喜爱祭祀"(《旧约·何西阿书》第6章第6节,《马太福音》第12章第7节),指出"安息日是为人设立的,人不是为安息日设立的"(《马可福音》第2章第27节),反对从律法和传统信仰中抽去"爱"的实在内容,借口守安息日、遵循律法而拒绝做有益于人的事,从而否定"爱人如己"这一最重要的诫命。

五 耶稣的受难与复活

耶稣的行动与主张得到了大批犹太下层人民的拥护,也遭到了祭司贵族的嫉恨与反对。矛盾逐渐发展,最后,祭司们决心除掉耶稣,耶稣也认为有必要到耶路撒冷去和祭司最高当局进行决战。

大约公元30年4月2日,耶稣带领十二门徒,按照先知的预言骑着驴驹,在一大批追随者的前呼后拥中进入了耶路撒冷。欢迎的人们把衣服和棕榈树枝铺在路上,并高呼:"和散那归于大卫的子孙,奉主名来的是应当称颂的。高高在上和散那!"("和散那"是阿拉米文的音译,原意为"求你救助"。此处为欢呼的感叹词。)

耶稣进入耶路撒冷圣殿,赶出殿里一切做买卖的人,推倒兑换银钱之人的桌子和卖鸽子之人的凳子,斥责祭司们把圣殿变成"贼窝"。耶稣洁净圣殿以后,就在那里医治病人,宣传自己的主张。于是,耶稣和祭司贵族的矛盾达到了高潮。为了安全起见,耶稣白天在圣殿里教训人,晚上带门徒到耶路撒冷城外的隐蔽处去过夜。祭司们要除掉耶稣,又怕引起群众的骚乱,不敢在圣殿里公然下手,便买通了耶稣十二门徒之一的加略人犹大作内应,伺机逮捕耶稣。

耶稣觉察到了犹大的叛卖活动,但他认为这一切都是上帝的安排,是"受难的弥赛亚"必须走的道路,所以也就泰然处之了。

4月6日晚上,耶稣按照犹太人的传统和十二门徒共同吃逾越节的筵席。耶稣拿起饼来,祝谢了,就掰开递给他们说:"这是我的身体,为你们舍的,你们也应当如此行,为的是纪念我。"饭后也照样拿起杯来说:"这杯是用我血所立的新约,是为你们流出来的。"耶稣又指出:"你们中间有一个人要卖我了。"这就是著名的"最后的晚餐",后来基督教会根据这段记载设立了"圣餐礼"。

晚餐以后,耶稣照例带着门徒到耶路撒冷城外的客西马尼园去。他预感到受难的时刻到了,就独自祷告祈求上帝给他力量。

这时,犹大带领大祭司的手下人来捉拿耶稣。昏暗中,犹大以亲嘴为号把耶稣交给了那些人。他们把耶稣捆绑起来带到大祭司那里去审问,门徒们都四散逃走了。

第二天早晨,众祭司把耶稣绑解到罗马总督彼拉多那里去,控告他自称是犹太人的王,反抗罗马,应判处死刑。彼拉多在犹太人的要挟下,把耶稣鞭打了,交人钉在十字架上。

耶稣被带到一个叫做骷髅地的刑场上,罗马士兵把他钉上十字架,上面钉着一块牌子,用希伯来文、拉丁文、希腊文写着:"犹太人的王拿撒勒人耶稣"。还有两个强盗和他一同被钉着,一边一个。一个强盗讽刺耶稣说:"你不是弥赛亚吗?救救自己,也救救我们吧!"另一个强盗责备他的同伙说:"我们受刑是罪有应得,但这个人没有做过一件坏事,你还嘲笑他,难道不怕上帝吗!"耶稣就对他说:"今日你要同我在乐园里了。"最后,耶稣大声说:"成了!"就断了气。

耶稣的门徒们把他的遗体安葬在坟墓里。第三天一早,门徒们来到坟墓那里,发现耶稣的遗体不见了,有天使告诉他们说耶稣已经复活了。据《福音书》记载,耶稣曾多次向门徒们显现,并在复活后第40天升天去了。

第三章 基督徒社团时期

第一节 基督徒社团

一 基督徒社团的产生

耶稣被钉死以后,门徒们都四散逃走了。过了不久,他们发现罗马当局只处死了耶稣,并未追究别人,于是他们又在耶路撒冷聚集。他们深信自己的领袖已经复活并显现给十二使徒看,上帝将他接到天上去,不久又要再次降临审判世界,建立千年王国。

犹太人五旬节(逾越节后 50 天)的时候,门徒们聚集在耶路撒冷的一所私人住宅里祈祷,等候弥赛亚降临。忽然圣灵降临在他们身上,使他们热情振奋。以彼得为首的十二使徒站出来向众信徒证明耶稣就是弥赛亚,并告诉众人:"你们各人要悔改,奉耶稣基督的名受洗,叫你们的罪得赦,就必领受所赐的圣灵。"(《使徒行传》第 2 章第 38 节)于是,不少人相信了使徒们的话,领受了洗礼。后来,基督教教会就把这一天定为"圣灵降临节"。

一些基督教史家主张"圣灵降临节"就是基督教教会的开始。其实,这时基督教还没有发展成为一个独立的宗教,这些相信耶稣就是基督的人,只是犹太教的一个新兴派别,他们的集体也只能称为"基督徒社团"。不过,使徒们的传教活动很可能是从这时开始的。

二 基督徒社团的组织与活动

据《使徒行传》记载,初期基督徒社团是由使徒们亲自直接领导的,信徒们过集体生活,实行财物公有制,废除债务,反对高利贷,反对蓄奴,主张解放奴隶,社团成员一律平等,有劳动的义务,不做工就不可吃饭,每七天休息一天——守主日(纪念耶稣复活)。后来社团成员日益增多,使徒们整天为管理社团的日常生活而奔忙,没有时间从事自己的主要工作——传福音,于是便召开社团会议,让信徒选出7名办事公道、众望所归的代表,作为社团的执事(亦称长老),专门管理日常生活杂务。这样,使徒们就可以专心从事布道工作了。他们以耶路撒冷为中心逐渐扩大活动范围到各地去传福音,建立社团组织。

起初,信徒们和犹太教徒一起在犹太会堂里共同举行崇拜仪式,因为他们自认为仍然是犹太教徒,犹太教徒对此也默认,但他们在共同崇拜以后还有自己的特殊仪式——圣餐。圣餐是在晚餐结束时举行,称为"爱宴",表示"有福同享",是社团共同生活的一部分。后来才把圣餐列入白天举行的礼拜仪式之中,成为重要圣礼之一。

十二使徒是初期基督徒社团的领导集团,彼得、雅各、约翰是其领导核心。起初,他们的活动范围似乎只是在耶路撒冷一带,后来逐步扩展,以耶路撒冷为中心向外派遣信徒宣传福音。不久,安提阿就发展成为第二个传教中心。

信徒们按照耶稣的教导(参见《马太福音》第10章第5—15节),两人为一组分别到地中海东岸各地去,他们只向犹太人讲道,不进异教徒或撒玛利亚人的城镇,不带旅费及行李,从一地到一地,完全依靠当地信徒提供食宿,如果在一处不受欢迎,就到别处去。他们都自称为拿撒勒人耶稣的门徒,也被称为拿撒勒派。他们也都是正统虔诚的犹太教徒,惟一的特点就是相信耶稣是弥赛亚,相信他会再次降临进行末日审判。

初期的基督徒社团发展可以从《使徒行传》中看到一些基本情况。《使徒行传》前一部分记述的主要是彼得和约翰的传教活动,作为领导核心之一的雅各则坐镇耶路撒冷,主持日常工作。基督徒社团的发展引起了犹太统治当局的注意。约公元44年,他们寻找借口杀害了雅各,社团活动曾一度受挫。但不久,信徒们拥护耶稣的表弟雅各(一说为耶稣的异母兄弟雅各)为耶路撒冷基督徒社团的领袖,史称"小雅各"。社团又开始活动。

初期基督徒社团发展很快,不久,地中海东部沿岸各大城市中几乎都有了他们的组织,大批非犹太人也被允许加入了社团。由于这些外邦人基督徒在宗教信仰、文化传统、生活习惯等方面与犹太人区别很大,崇拜仪式难以继续在犹太会堂里举行,特别是在犹太民族与罗马统治者的冲突中,他们拒绝站在犹太人一边,于是双方隔阂日益加深,基督徒社团不得不脱离犹太会堂而单独成立聚会所。

基督徒的聚会所在形式上与犹太人的会堂类似。每一个聚会所由一名监督(即后来的主教)主持工作,下设执事(长老)专门管理会务。执事是由信徒选举产生的,有时也由监督委派,大家默认,他们都是些资历较深、会众信任的人。监督权力最高,信徒的洗礼和圣餐礼都由他亲自主持,监督有时也可以授权别人替他主持圣礼。这种管理制度逐渐被普遍采用,并发展为主教制,成为教会的雏形。各地方聚会所各自为政,没有联合成一个共同组织,但彼此有共同的利害关系,来往密切,都认为自己是一个宗教大集体的一员。

信徒聚会是自由的,聚会的主要内容为祈祷、讲道、训诫、见证,同时采纳了一些犹太会堂的做法:诵读犹太教圣经的经文(特别是《先知书》中有关弥赛亚的预言),讲解经义等;后来《福音书》和《使徒行传》也成为诵读的经典。

111年,罗马地方长官小普林尼上书皇帝图拉真,报告基督徒社团的活动。他曾说:"他们于指定日子的破晓前集会,像对上帝那样依次对基督唱赞美歌。他们用一种庄严的宣誓来约束自己,这并不是为了为非作歹,都是宣誓决不犯欺诈、偷盗或奸淫,或决不背信食言……接着,他们照例分散,然后又复集合,安详地共同用膳。"

第二节 保 罗

一 保罗皈依基督

保罗原名扫罗(希腊文 Saûlos,是一个犹太名字的音译,原意为"恳求而得的"),出生在大数(今土耳其境内地中海沿岸的塔尔苏斯)的一个虔诚的犹太教徒家庭中,但他上辈就已取得了罗马公民的资格,所以他生下来就是一个罗马公民。据《使徒行传》记载,扫罗从小就受严格的犹太教教育,年轻时曾到耶路撒冷,在著名经师迦玛列门下攻读律法,是一个热心的法利赛派,曾积极反对基督徒社团。当犹太人用石头打死基督徒社团活动家司提反时,扫罗也参与其事,替行凶的人们看守衣服。后来他主动向大祭司讨得公文到大马色(大马士革)的犹太会堂去迫害基督徒。约在公元36年,扫罗从耶路撒冷到大马色去,路上他忽然感到有一道强烈的光照射着他,有声音对他说:"扫罗,扫罗,你为什么逼迫我?"扫罗说:"你是谁?""我就是你所逼迫的耶稣。"于是,扫罗就皈依了耶稣,改名保罗(希腊文 Paûlos,亦译保禄,是个罗马名字,意为"微小的"),改变了原来的宗教信仰,和基督徒一起在大马色的各会堂里宣传耶稣是上帝的儿子。保罗的行动使他原来的同伴极为恼怒,商议要杀掉他,保罗不得已,连夜逃往阿拉伯,在那里住了3年。

约公元39年(或40年),保罗到了耶路撒冷。由于他曾热衷于迫害基督徒,门徒们都害怕他,不相信他已经皈依了基督。只有巴拿巴帮助他,带他会见了彼得、雅各等耶路撒冷的基督徒领袖们,取得了他们的信任,他们承认他是自己的弟兄。保罗在耶路撒冷的时间不长,就回大数去了。过了些时候,小亚细亚一带有许多外邦人(泛指非犹太人)加入了基督徒社团,耶路撒冷的基督徒领袖们就派巴拿巴到安提阿去主持那一带的工作。巴拿巴到安提阿后,为了开展工作,就往大数去找保罗,带他回到安提阿一同工作。从此以后,向外邦人传福音就成为保罗的神圣任务,所以他被称为

"外邦人的使徒"。

二　旅行布道

约公元45年,保罗和巴拿巴奉安提阿教会的差遣开始第一次旅行布道。他们从安提阿出发,经塞浦路斯到小亚细亚,再从小亚细亚到耶路撒冷。约公元48年,他们参加了为解决犹太人基督徒与外邦人基督徒之间的矛盾而召开的耶路撒冷会议。

基督徒社团反对高利贷,解放奴隶,特别是以相信耶稣是基督作为赦罪得救的条件,不分种族,不分贫富,一视同仁等主张在当时非常有吸引力,不但一些犹太人加入了社团,而且一些外邦人(非犹太人,异教徒)也加入了基督徒社团。随着社团在地中海沿岸诸希腊化城市中的广泛建立,加入社团的外邦人越来越多,其人数甚至超过了犹太人而成为社团的主体。由于这些外邦人的民族习俗、文化传统、道德规范、生活方式以至宗教观念等都和犹太人有很大的差异,再加上犹太人一向以"上帝的选民"自居,形成了一种民族优越感,所以,社团内部自然逐渐分为两大集团:犹太人基督徒和外邦人基督徒。双方的分歧集中为两点:第一,外邦人加入基督徒社团是否应该严守摩西律法,行割礼,因为犹太人基督徒认为不行割礼就不能得救;第二,犹太人基督徒坚持民族传统,反对与外邦人同席吃饭,这是与基督徒社团的集体生活原则不和谐的。为此,双方发生了争论。

为了解决这场争论,约在公元48年,使徒们在耶路撒冷召开了一次会议,后来有人称这次会议是基督教史上的第一次宗教会议。以小雅各为首的犹太人基督徒坚持,凡要分享上帝对犹太人的应许的人,必须首先皈依犹太教,行割礼,严守全部律法,包括成文的和不成文的。因为耶稣曾亲口说过:"莫想我来要废掉律法和先知。我来不是要废掉,乃是要成全。我实在告诉你们,就是到天地都废去了,律法的一点一划也不能废去,都要成全。"(《马太福音》第5章第17—18节)他们还反对犹太基督徒和外邦皈依者同桌吃饭或进入他们的家,因为犹太教认为外邦人的一切都是不洁净的。

外邦皈依者和部分思想开放的犹太基督徒则坚决主张"凡求告我主耶稣基督之名"的人都是基督徒,在社团内应享有同等的地位。保罗和巴拿巴就是这一派的主要代表人物,他们还介绍了在外邦人中传道的经验和收获。彼得曾动摇于两派之间,但最后他也承认"我们得救乃是因主耶稣的恩",在这一基本信仰上外邦人基督徒与犹太基督徒是平等的。经过讨论,雅各也表示"不可难为那归服上帝的外邦人"。这样,会议就取得了一致意见:犹太基督徒应继续严守律法,行割礼;外邦人基督徒则只要求他们"禁戒偶像的污秽和奸淫,并勒死的牲畜和血"(《使徒行传》第15章第20节)。耶路撒冷会议为外邦人皈依基督敞开了大门,使基督徒社团更加迅速地发展壮大起来。

约公元50年,保罗和巴拿巴准备第二次旅行布道。由于他们之间发生了一次不愉快的争论,终于使二人分道扬镳。巴拿巴带马可去了塞浦路斯。保罗选择希腊人西拉为助手先到叙利亚各地旅行布道,然后经基利家、以哥念横穿小亚细亚来到西海岸的特罗亚。在这里,有异象提示保罗去马其顿,于是保罗渡海经撒摩特喇、尼亚波利来到腓立比、帖撒罗尼迦、雅典。在雅典,保罗与雅典的哲学家们进行过辩论,然后向南到哥林多,再由哥林多渡海经以弗所到耶路撒冷。约公元52年,保罗回到安提阿。这是保罗第二次旅行布道,保罗和西拉历尽艰辛,一边布道,一边建立基督徒社团,取得了很大成绩。

约公元53年,保罗进行第三次旅行布道。他们从安提阿动身,经加拉太、弗吕家、以弗所、哥林多,最后来到耶路撒冷。一路上,保罗访问了他过去建立的基督徒社团,解决了一些存在的问题。约公元58年,保罗到了耶路撒冷,受到小雅各等耶路撒冷基督徒的欢迎。但反对保罗的人借口他把一个希腊人带进圣殿而制造了一场骚乱,想趁乱打死保罗。罗马驻军为平息骚乱就把保罗暂时拘留起来送往该撒利亚。保罗使用自己的罗马公民身份要求上诉于罗马元首。于是罗马巡抚就差人把保罗送到罗马去。

约公元61年,保罗被押送到罗马。由于保罗没有触犯任何罗马法律,罗马政府无法对他判刑,就允许他在监外自己租赁的房子里居住,只派一名士兵监视他。保罗就这样在罗马住了两三年。约公元63年,罗马政府释放了保罗。

据说,保罗获释后,曾返回小亚细亚,住在以弗所继续传教。约公元65年,罗马皇帝尼禄迫害基督徒时,保罗再次被捕,押送罗马。公元67年,保罗在罗马殉道。

第三节 基督教的产生

从公元前4世纪起,许多犹太人由于各种原因分散侨居于地中海沿岸各希腊化的大城市中,他们的社会地位大不相同,尽管他们都努力保持自己的民族传统,但毕竟抵挡不住希腊文化的影响,并逐渐被其同化。他们讲希腊语,有人甚至忘记了自己的母语希伯来语,不得不把本民族的《经书》翻译成希腊文来教育后代,他们中间的知识分子自然而然地广泛阅读各种希腊文化著作,希腊哲学便渗入了犹太教神学之中,特别是斯多葛派的许多主张,如对人类平等友爱的肯定,对逻各斯的解释(许多犹太人把逻各斯和"先知书"中的"耶和华的话"等同起来)等对犹太侨民甚至巴勒斯坦本土的犹太人都产生了巨大影响。犹太教的"智慧文学"和后来保罗书信中都有斯多葛学派的明显烙印。

一 《新约圣经》的形成

初期的基督徒社团是依附于犹太教而存在的。他们承认犹太教的全部教义,所以,犹太教容许他们出入犹太会堂;但他们又有自己独特的信仰内容,导致犹太教祭司贵族力图扼杀这个新兴的派别。基督徒社团要生存,要发展,既要依附犹太教,又要与它斗争,摆脱它的控制。

基督徒社团最初除犹太教的经典外并没有自己的统一经典,各社团在举行宗教活动和对外宣传时除诵读犹太教《圣经》外,往往还宣讲耶稣的生平事迹,当众宣读使徒们给各地基督徒社团的书信等传教材料,在这个过程中逐步产生了基督教的《新约圣经》。

最初关于耶稣的生平事迹是通过口头讲述传播的:有的是由门徒讲述自己跟随耶稣的亲身经历,有的是传达别人的见闻,这就是"口头福音"阶段。"口头福音"的中心内容是告诉众人:耶稣是上帝的儿子,道成肉身降世为人是为了拯救世上的罪人,他受难、复活,升天后还将再次降临审判这世界;他就是先知预言的弥赛亚,是人类的救主,人们应该认罪悔改,信奉耶稣基督,接受福音成为新人。由于社团的扩大和第一代基督徒相继去世,基督徒社团越来越感到用文字记录下口传福音的必要,于是形成了一批称做《福音书》的作品。当时这些作品内容并不统一,在一些细节上存在着矛盾,甚至在传抄中不免添加和遗漏,在早期教会生活中经过一定时间的流传、鉴别和考验,逐步形成了较为一致的认识,确认《马太福音》、《马可福音》、《路加福音》和《约翰福音》是在上帝默示下写成的,这4部《福音书》遂具有了经典的地位。

各基督徒社团的传教材料除《福音书》外还有一些包含讲道、训诲内容的书信(Epistoles),其中大部分是当时著名的使徒,如保罗、彼得等写给各地教会及其传道人的信件,也有部分书信体(古代西方一种文章体裁)的论文、讲章。这些作品针对当时教会的需要,有的着重阐发"因信称义"的道理,批判犹太教律法至上的宗教观,树立世界性宗教的原则,打破犹太教狭隘的民族观念;有的就律法与救恩的关系、信心与行为的关系、礼仪的意义和作用、犹太人与外邦人的关系等具体问题阐明基本信仰,批判各种"异端"思想,解决教会内部的纷争;有的专门论述教会的组织、作用和教牧人员的品行,提出了教会组织管理中的许多基本原则;有的则着重解释《福音书》中记载的耶稣的事迹、训诲,并以此为根据阐发犹太教经典中先知预言和其他记述的启示意义。在这些书信中,作者还以极大的热情叙述了自己对于救主耶稣基督的崇敬和爱戴,述说了福音使自己精神生活发生的改变,描绘了作者对天国的期求与向往……这些书信一般也常与犹太教《圣经》一道在基督徒聚会时宣读,并在各地社团之间抄送、传播。在这个过程中经过修订、补充、甄别、鉴定,其中一些篇章被公认为阐发教义的权威性著作,认为它们同犹太教《圣经》一样也是在神默示下写成的,于是取得了经典的地位。这些书信包括:《罗马书》、《哥林多前书》、《哥林多后书》、《加拉太书》、《以弗所书》、《腓立比书》、《腓立门书》、《歌罗西书》、《帖撒罗尼迦前书》、《帖撒罗尼迦后书》、《提摩太前书》、《提摩太后书》、《提多书》(一般认为上述书信为保罗所作,故合称《保罗书信》)、《希伯来书》(作者不详)、《雅各书》(一般认为作者是耶稣的兄弟雅各)、《彼得前书》、《彼得后书》(彼得所作)、《约翰一书》、《约翰二书》、《约翰三书》(传统上认为是使徒约翰所作,一说作者是另一同名长老)、《犹大书》(传统上认为作者是耶稣的另一兄弟犹大)。

除4部《福音书》和书信外,还有两部作品被确认为经典,就是《使徒行传》和《启示录》。《使徒行传》是《路加福音》的续集,传统上认为是路加所作,它继《福音书》之后记述了耶稣的门徒们早期的传教活动,记载了福音从耶路撒冷传开,直至传入帝国首都罗马的历史过程。在基督徒看来,传教活动是依靠圣灵才得以进行的,本书所记载的是圣灵的工作,因而这部书就当然地拥有经典地位。《启示录》又称《约翰启示录》,传统认为是信徒约翰所作,但不少人持异议,认为是运用当时流行的犹太教"启示文学"的体裁写成的寓言式著作,记载了作者通过异梦和异象受到的"特别启示",用暗喻笔法叙述了关于道成肉身、救赎、善与恶的冲突、末日审判等神学观点。当时,还有其他类似的作品,经过基督徒社团中一定时间的传抄、甄别后,《约翰启示录》被确认为经典。

4部《福音书》、21篇书信和《使徒行传》、《启示录》共27卷经典,组成了《新约圣经》(《新约全书》),意为耶稣诞生以后神与人新立的约,犹太教圣经相应地被称为《旧约圣经》(《旧约全书》),二者合称《新旧约全书》,简称《圣经》,成为基督教的经典。

二 基督徒社团脱离犹太教成为一个独立的新宗教

初期的基督徒主要是犹太人,从宗教上说他们是犹太教徒,从民族上说,他们是犹太民族的一分子。犹太人为争取民族独立而斗争,他们理应参加,义无反顾。公元66—70年的犹太战争,基督徒全力参加了反对罗马的战斗,《启示录》就是最好的说明。但是随着基督徒社团的发展,外邦人基督徒逐渐在社团中占了多数,他们的政治态度在很大程度上影响了基督徒社团,冲淡了基督徒社团对罗马政府的敌对情绪。

  116—117年的犹太民族起义时,一部分基督徒就袖手旁观了。132—135年,犹太民族举行最后一次民族起义,这时,外邦人基督徒自然作壁上观,甚至许多犹太人基督徒也都拒绝参加战斗了。他们通过《约翰福音》,借耶稣之口明确宣布:"我的国不属这世界;我的国若属这世界,我的臣仆必要争战……只是我的国不属这世界。"(《约翰福音》第18章第36节)这时,基督教已具备了作为一个独立宗教所应有的条件:自己的崇拜对象(耶稣基督),自己的经典(《新约圣经》),较为系统的神学理论和成熟的宗教组织(教会),于是,基督教就完全从犹太教中分离出来,成为一个独立的新宗教。

第四章 早期教会

第一节 早期教会的发展与变化

一 早期教会生活状况与发展壮大的原因

随着基督徒脱离犹太教而自成一个独立的宗教,它便自认为是上帝的真正选民,是一个新的、与众不同的族类,虽然服从罗马的统治,但不是罗马公民,而是天国的国民。他们组成了一个特殊的团体——教会,耶稣是教会的头,教会是耶稣的肢体。加入教会为基督徒的人必须相信耶稣基督的救赎,认罪悔改、接受洗礼,过基督徒的团契生活;主日要举行礼拜:包括读经、讲道、唱诗、祈祷、全体会餐与圣礼晚餐。后来,圣礼晚餐改为圣餐礼作为礼拜仪式的结束。领圣餐时要捐献,作为办慈善事业的公益金。

基督徒一般过严守律法的禁欲式的清苦生活,反对骄奢淫逸;每日3次诵读《主祷文》,每礼拜三和礼拜五为禁食日,表示"保持警醒的基督精兵",主张"禁食比祈祷好,但施舍比两样都好";只靠悔改不能取得罪过的赦免,还需要行善功来补偿,如能广行善事,就会有"分外功",就能有"分外之赏"。所以当时施舍周济贫苦孤寡之风极盛,有人为了救济贫困,甚至自卖为奴隶。富人周济了穷了,穷人为他们祈祷,他们便有了善功。教会也用信徒捐献的公益金来支援贫穷的教会,出钱赎买奴隶、罪犯。所以,教会对富裕的社会上层人士有一定的吸引力,对社会下层群众就更有吸引力。

初期基督教会的特征之一就是宣扬"信徒因基督的救赎而得救"。对于当时在政治、经济、法律、社会上都处于绝对无权地位,只能追求精神安慰来摆脱绝望处境的下层民众来说,只要信奉基督就可以得救,就可以摆脱对命运、死亡和各种魔鬼的恐惧,这种宗教信仰自然具有极大的吸引力。另外,基督教简化了宗教仪式,摆脱了犹太教作为民族宗教的狭隘性和繁琐的清规戒律,也有利于它的广泛传播。

二 早期教会的组织

初期教会继承了基督徒社团的组织形式。据有关史料记载,这时教会为了保持信仰和组织的纯洁性,抵制各种异端;为了管理教会的财政,处理日常事务,通过自然形成或公众推举逐步产生了一批有一定权威和某种特殊身份的教会领袖。这就是主教制的雏形。这种制度可能首先在小亚细亚教会中实行,到2世纪中叶,其他地方的教会也采用了这种体制。据了解,当时一般的情况是教会选立监督(主教)主持教会事务,并选出若干位执事协助主教工作。现在所知的最早的主教是2世纪上半叶士每拿主教坡里卡普(Polycarpus,约69—155),不过这时主教在教会内部还没有处于绝对的统治地位,甚至有资料认为,当时真正主持教会的是长老,监督(主教)是由长老按立的。据优西比乌(Eusebius,约260—约340)的《教会史》记载,269年出席安提阿宗教会议的不仅有主教,还有长老、会吏。4世纪初,在西班牙艾尔维拉举行的宗教会议和在高卢阿尔斯举行的宗教会议,出席者也不仅有主教,也有较低级的神职人员。

三 早期教会领导集团的内部斗争与日渐腐化

由于加入教会的富裕人士日渐增多,教会财产也越积越多,教会组织日益庞大,据优西比乌《教会史》记载,249—251年间,罗马教会在主教之下还有46名长老,7名副会吏,42名职员,52名驱魔员、读经员、门役等,依靠教会周济为生的孤儿寡妇多达1500人。在北非,主教人数已超过150人,并按期举行会议。在这种情况下,参加教会的人自然会良莠不齐,特别是以主教为首的教会领导集团掌握了神权与财权之后，获得了一些特殊权益，一些窃居主教职位的不肖之徒，生活也日趋腐化起来。例如：

3世纪初的罗马主教卡利斯都(217—222在职)原是个家奴，因替主人放高利贷，失败逃跑，被抓回罚苦役。被释放后，他又因闹事被控罚苦役流放。当时罗马主教维克多颇欣赏他的才干，通过皇帝的宠妾进行活动，把他放回罗马当了低级神职人员。卡利斯都善于投机逢迎，终于爬上了罗马主教的座位。他宣布，神职人员可以多次结婚，主教即使一再犯罪也不得革职，犯了任何大罪，教会都可以赦免。3世纪中叶，出身于迦太基贵族的奚普利安(Thascius Caecilius Cyprianus, 约200—258)，入教4年就当上了主教，他在《论教会合一》一书中反复强调主教的职位、作用和权威，甚至宣称：教会的存在端赖于主教。

优西比乌曾记述说：3世纪时，罗马教会的低级神职人员诺瓦替安(Novatianus)想晋升主教，就拉拢一批教徒支持自己，以壮声势，然后派人到意大利偏僻教区鼓动三位主教到罗马，用酒把他们灌醉，强迫他们把诺瓦替安按立为罗马主教。当时出身贵族的新按立的主教哥尼流(Cornelius, 251—253在职)对此大为不满，致函各地教会揭发并攻击诺瓦替安。诺瓦替安则攻击哥尼流曾向罗马神庙献祭并与背弃基督教信仰的人往来甚密。诺瓦替安等还派人到迦太基进行活动，另立主教，与当地主教奚普利安对抗。后来，哥尼流与奚普利安联合挫败了诺瓦替安一派，而他们二人又因争权而斗争，奚普利安强调迦太基主教与罗马主教具有同等地位与权力。奚普利安还曾指责主教们经营买卖，放高利贷，包揽诉讼等。

约265年，安提阿主教保罗依靠叙利亚皇太后赞诺比阿的宠信，兼任了税务官，获得大量财富。保罗声称：耶稣是一个平常的人，因为由神而出的逻各斯降到耶稣身上，他才成了超人，成为神子。反对保罗的人攻击他传播异端，于269年召开安提阿宗教会议，把保罗撤职，另选新主教。保罗则依靠皇太后的支持，置教会决议于不顾，拒不交出主教官邸与教产，教会对其无可奈何。273年，罗马皇帝奥里略击败赞诺比阿。反对保罗的人向罗马皇帝控告保罗支持赞诺比阿谋反,于是奥里略下令将保罗逐出安提阿教会。这个事件为宗教会议决议靠罗马皇帝诏令支持才能贯彻开了先例。

约305年,在西班牙艾尔维拉举行的宗教会议制定出了81条戒律。这些戒律从侧面反映出了当时教会内部生活腐化的一些情况,如神职人员兼营副业,与所谓"属灵姊妹"同居,基督徒充当罗马神庙的祭司,一些不法歹徒混入教会等。

314年,由小亚细亚新该撒利亚召开的宗教会议制定的教会法典中载明:犯有一般罪行的人,在按立为神职人员时,其罪便已赦免。这就为不肖之徒大开方便之门,使教会领导集团中的一些人更趋腐化了。

富人、官吏、军人参加教会、进入教会领导阶层也促进了以主教为中心的尊卑分明的教职教阶制度的产生和一整套教规礼仪的形成,同时也使教会对社会问题的看法,道德伦理观念及其与罗马帝国的关系发生了一些变化。

第二节　早期教会与政府的关系

一　教会争取罗马政府的承认

初期教会原本是基层人民的宗教团体,在罗马的宗教信仰自由的政策下,原不存在什么合法不合法的问题。但是,由于下列原因,教会受到当时政府与社会的误解。

第一,基督徒不向罗马神庙献祭,而罗马皇帝又是罗马神庙的至高大祭司,因此被认为是蔑视罗马政府及皇帝。

第二,基督教会最初是一个非常"封闭"的团体,俨然是一个国中之国,引起统治者的警惕与防范。害怕他们在宗教活动掩护下进行反政府活动。

第三,"圣餐"被怀疑是吃人的真肉真血。

第四,"集体生活"被怀疑是搞不道德的活动。

教会受到政府与社会的误解，因而遭到了多次迫害，甚至成为非法的宗教。但教会上层人士始终利用一切机会尽力争取罗马政府的承认与保护，被教会称为"教父"的一批神学家、著述家、护教家们就是代表人物。

2世纪初，希腊教父夸得拉都（Quadratus）曾向罗马皇帝哈德良（117—138在位）呈送护教申诉书，被称为"第一个护教士"。

2世纪中叶，护教学者阿利斯梯迪斯和查士丁曾分别向皇帝安托宁（138—161在位）上书为教会申辩。查士丁的主要著作《护教首篇》（约145）和《护教次篇》（约146）都是专为皇帝写的。他竭力申辩基督徒奉公守法，致力国内和平，不求发财，周济穷人。他还说："当你听说我们（基督徒）盼望一个国度，你也许以为我们所盼望的是人世间另一个国度，但我们所指望的是来世的、上帝的永恒国度。""我们的义务是：把属该撒的归给该撒，属上帝的归给上帝。我们称颂上帝，在其他一切事上，我们都甘心情愿地服从皇上，确认你是君主，是民众的领袖，我们祈求上帝使你执政掌权充满智慧。"

176年，小亚细亚撒狄城主教梅利托向皇帝奥里略（169—177在位）呈献《护教篇》，申述基督教在罗马帝国应运而生，为帝国带来福祉。

2世纪末，迦太基神学家的代表人物德尔图良（Quintus Septimius Florens Tertullianus，约160—225）向皇帝塞佛鲁·卡拉卡拉呈献《护教篇》，向皇帝传教，甚至说教会与帝国的命运休戚相关，"因为我们知道，那可怕的天地末日，幸亏仰赖罗马帝国方始延期来临"。

教会上层人士的这些活动收到了一定的成效，使一些皇室贵族、行政长官以及一些社会上层人士倾向或加入了基督教，形成了一个不可忽视的权势集团。

二　罗马政府对基督教实行镇压与怀柔的两手政策

公元64年，罗马皇帝尼禄（Nero，54—68在位）迫害基督徒，起初只是搜捕罗马城失火的纵火犯,后来发展为搜捕一切敌视帝国的人,包括不把皇帝敬拜为神的基督徒。这次镇压主要在罗马城,但其他各省也被波及。基督徒的活动被迫转入地下。

1世纪末,皇帝图密善(81—96在位)曾亲自审讯一个基督徒犹得,问他有多少财产,回答说有七亩地,自己耕种;又问他"将来的国度"是什么意思,回答说那不是指地上的国度,而是指来世的天国。图密善轻蔑地嘲笑了一番,就把他打发走了。(优西比乌《教会史》3卷20章)

罗马皇帝图拉真(98—117在位)时代,由于犹太民族起义,引起局部地区对基督徒的迫害,但一些地方也因基督徒未参与起义而加以区别对待。

111年,小普林尼任黑海南岸的佛赛尼亚与庞多行省总督时,有人控告基督徒谋反,他对基督徒进行了搜捕。在审讯中,他发现基督徒并没有触犯罗马刑律,于是就写了一篇著名的奏疏向皇帝图拉真请示如何处理:1. 基督徒并未触犯刑律;2. 对匿名控告基督徒是否受理;3. 应如何判罪,应否区别对待;4. 如基督徒当众否认信仰,是否不宜起诉。图拉真批复说:1. 此事并无先例;2. 不要再专事搜捕基督徒;3. 匿名控告不予受理;4. 基督徒犯罪,应按罪判刑。

123年,皇帝哈德良(117—138在位)批复小亚细亚行省总督:禁止匿名控告基督徒,诬告者应予严惩;基督徒犯罪,应公开审讯按罪量刑,不能以群众叫喊为依据。这个批复的精神实质是保护基督徒。132—135年犹太民族起义,基督徒袖手旁观,并未受到株连。

安托宁时代,教会通过其上层理论家,如阿利斯梯迪斯、查士丁等人直接上书皇帝与元老院贵族为基督徒辩解,并请求保护。于是,安托宁通令希腊各城市禁止煽动反基督徒的骚乱。

1世纪末到2世纪中,即从图拉真到安托宁时期,罗马政府对基督徒基本上采取了容忍、怀柔的政策,加快了基督教与犹太教的分离,教会内部支持罗马政府的思想逐渐确立并成为基督教的正统教义,载入经典。

2世纪60年代后,罗马帝国内忧外患,统治者穷于应付。约173年,小亚细亚佛莱及亚一带兴起了以孟他努(Montanus)为首的弥赛亚运动,它以《启示录》为宣传旗帜,预言战争来临,新耶路撒冷即将在某时某地实现。运动发展很快,赢得了一批狂热的信徒,引起教会分裂。孟他努派被罗马统治者视为威胁。177年,里昂和高卢南部维昂的教会被镇压。178年,爱利尼阿斯从罗马到里昂来任主教,反对孟他努派,宣传所谓"纯正信仰",得到罗马统治者的信任。教会在高卢又发展起来。在小亚细亚,教会极力攻击孟他努派,把他们革除教籍,罗马政府则对他们进行镇压。事实表明,罗马政府镇压的是以基督教教派形式出现的反政府运动,所谓正统教会则把这种运动斥为"异端"。罗马皇帝奥里略在镇压孟他努派的同时,在帝国各地发动了一次反基督教的宣传运动,178年,亚历山大里亚的柏拉图派学者赛尔苏(Celsus)写作的反基督教的《真道》就是一部代表作品。

从180年到3世纪中叶70年间,除去202—211,235—238共12年中曾对基督教一度镇压外,罗马政府对基督教基本采取怀柔加限制的政策。连被认为罗马帝国最坏的皇帝之一的康茂德也下令停止对基督徒迫害。塞佛鲁·卡拉卡拉(211—217在位)又承认基督徒(除奴隶外)享有与其他罗马公民同样的政治权利,教会趁机扩大传教与救济活动,争取人心,发展组织。到250年,仅罗马教会就有154名神职人员了。

3世纪中叶,教会的发展引起皇帝戴修斯(249—251在位)的警惕,开始对基督教进行镇压。250—260年间,罗马政府对基督教的镇压时断时续。

260年,加里安努登位,宣布基督教为合法宗教,发还财产,准许教会及主教自由活动。此后40年被称为"长期和平时期"。教会利用这个机会大加发展。在小亚细亚一些行省中,基督徒竟占人口的半数,成为最大的宗教。有些省的基督徒人数虽然不多,但集中在城市里,能对统治集团产生影响,也是一个重要势力。

284年,戴克里先即皇帝位,继续对基督教执行怀柔政策,在宫廷和政府中任用了不少基督徒,甚至连皇后与公主都与教会有密切联系。后来罗马政府内部出现了分歧意见,反对基督教的一派利用宫廷两次失火事件,声称是基督徒纵火,逮捕了所有神职人员。303年,戴克里先发动了对基督教的最后一次镇压,处死了一批信奉基督教的官员,在各省强迫教会神职人员向罗马神庙献祭,没收教产,销毁经籍,禁止教徒集会。这次对教会的镇压持续了两年,教会上层人士纷纷屈服,连罗马主教也到罗马神庙去献祭,北非主教有的献祭,有的焚烧经书,迦太基首席主教不但自己叛教,而且劝说教徒不要坚持信仰。305年,戴克里先被迫退位,才结束了这次迫害活动。

第三节 基督教成为罗马帝国的国教

从4世纪起,罗马帝国对基督教的政策发生了重大转变,皇帝先后发布敕令明确宣布承认基督教的合法地位,进而支持、利用基督教。4世纪末,基督教终于取代了罗马帝国的传统宗教成为罗马帝国的国教。

一 《宽容敕令》

311年,罗马皇帝加勒里乌临死之前与西部领袖君士坦丁和东部领袖李锡尼共同发布敕令,允许基督徒宗教信仰自由。这道敕令被称为《宽容敕令》。《敕令》宣布:

> 为社会的长远利益,我们曾致力重建罗马古代典制和统一社会制度,其中对背弃祖代相传宗教的基督徒,要求他们返回正路……在要求基督徒服从古代典制的法令颁布以后,绝大多数人已返回正路,但另有不少人现在既不到神庙,又不敬拜他们的上帝。有鉴于此,我们现在宽宏大量,准许这些人继续做基督徒,恢复礼拜场所。基督徒今后不得违反公共秩序,并应为国家社会免遭灾难、得享安宁祷告上帝。

二 《米兰敕令》

313年6月,君士坦丁与李锡尼共同签署了《米兰敕令》,结束对基督徒的迫害,恢复宗教和平。《米兰敕令》原本已失传,据优西比乌记载,该《敕令》宣称"为确保社会安宁"规定:信奉各种宗教都享有同样自由,不受歧视;罗马神庙和它的祭司、大祭司都维持旧制,皇帝仍保持"至高大祭司"的尊号;没收的基督徒集会场所一律无偿发还,教会的其他财产也同样发还。这是罗马法律上第一次承认教会可以拥有财产。《米兰敕令》是基督教史上的一个转折。

323年,君士坦丁战败李锡尼,统一帝国的东西两部分后,立即颁布法令,进一步利用、扶植基督教,政府官员主要由基督徒担任,信奉罗马国教的官员不得参加神庙活动。

三 国家教会

君士坦丁死后,历任罗马皇帝都继续执行君士坦丁的宗教政策,对基督教支持、控制与利用。基督教则借助政府的力量压倒了罗马神庙。

375年,皇帝革拉先宣布,罗马皇帝不再担任罗马神庙的"至高大祭司",并禁止人民向神庙献祭。

380年,皇帝狄奥多西一世(379—395在位)下令,除基督教外,禁止各种异端教派活动,全国人民都要"遵守使徒彼得所交与罗马人的信仰"。这句话不但赋予罗马主教较高的宗教权力,而且使基督教开始成为罗马帝国的惟一合法宗教。公元391、392年,狄奥多西一世连续下令,关闭一切异教神庙,禁止在任何场所献祭。于是,基督教就正式成为罗马帝国国教。

第四节 七次大公会议

随着基督教社会地位的变化,一些原已存在的问题就显得更突出,亟待解决,如经典的确认,教义的统一与系统化,教会组织系统的建立,崇拜形式的确定与统一等。围绕这些问题,在教会内部形成了不同派别的争议。由于罗马统治者的干预,使争论更趋复杂化,同时也为解决上述问题提供了有利条件。7次大公会议就是在这样的背景下召开的。

一 第一次大公会议——尼西亚公会议

随着基督教逐渐成为罗马帝国官方意识形态,它就把一切不符合正统教义的教派及神学主张统统斥为"异端"。正统教义中很重要的一条就是"三位一体",即上帝只有一个,但在一个本体之中包含着三个同等的位格——圣父、圣子、圣灵。"三位一体说"的原始根据是《马太福音》第28章第19节记载的,复活后的耶稣吩咐门徒们说:"你们要去,使万民作我的门徒,奉父、子、圣灵的名给他们施洗。"3世纪中叶,基督教神学家德尔图良首先提出了"三位一体说",但当时对圣灵并不重视,也未确定三者之间的关系应如何解释。随着教会的发展,如何解释"三位一体",特别是圣父与圣子的关系,道成肉身的圣子的神性与人性的关系,就成为重要的,也是争论较多的神学命题之一。

318年,利比亚教区主教阿利乌(Arius,约250—336)对"三位一体"提出了自己的解释。他认为基督既是上帝的儿子,他就是"受造物",不能说他既是受造物又是造物主,也不能说他既是儿子又是父亲,所以圣子应该低于圣父,不能与圣父同体、同性,但他是最完美的"首生的"受造物。阿利乌还认为,上帝是独一的神,不能说基督也是神,不然就变成了多神论,所以他虽然也承认基督具有神、人二性,但他却只强调基督的"人性"。对于圣灵他就更不强调了。

阿利乌的主张得到亚历山大里亚、巴勒斯坦、小亚细亚等东方教会中的部分神职人员的支持。321年,亚历山大里亚主教召开宗教会议把阿利乌派神甫革职,称他们为"异端"。著名学者尼科米迪主教优西比乌支持阿利乌派,他曾试图联合小亚细亚和叙利亚主教对亚历山大里亚施加压力,以恢复阿利乌的职位,但没有成功。两派都通函帝国各地教会互相攻击,各地教会都卷入了这场长期争论。这场纠纷虽然是教会内部矛盾,而且只是神学问题的争论,但显然不利于君士坦丁大帝的统治意图。为此,君士坦丁采纳了西班牙柯都伐主教何西乌(Hosius)的建议,于325年,在离君士坦丁堡50英里的尼西亚城(Nicaea)召开全帝国范围的宗教会议,参加会议的有318名主教,主要是东部教会的主教,罗马主教未出席,只派了两名神甫为代表。

会议由何西乌主持,君士坦丁大帝在开幕时致训词,反对教会分裂,隆重宴请与会代表并举行了盛大的阅兵典礼。会议秉承君士坦丁的意志,在神学争论中反对阿利乌派,起草了《尼西亚信经》以统一思想,平息争端。

《尼西亚信经》原本已失传。据说《信经》原本是以当时巴勒斯坦该撒利亚教会使用的信经为蓝本。现存《信经》是381年君士坦丁堡宗教会议修订的,全文如下:

> 我们信独一上帝,全能的父,创造有形无形万物的主。我们信独一主耶稣基督,上帝的儿子,为父所生,是独生的,即由父的本质所生的。从神出来的神,从光出来的光,从真神出来的真神,受生而非被造,与父同质,天上、地上的万物都是藉着他而受造的。他为拯救我们世人而降临,成了肉身的人,受难,第三日复活,升天,将来必再降临,审判活人死人。[我们]也信圣灵。

当时参加会议的主教中阿利乌派占多数,在辩论中占了上风。于是,君士坦丁下令强迫阿利乌派接受《信经》,拒绝签字者立即逮捕。会议强行通过了《信经》,还制定了20条教会法规以扩大正统派主教的权力。此外,会议按帝国行省划分教区,并赋予罗马、亚历山大里亚、耶路撒冷3个教区的大主教以更大的权力,规定主教全由皇帝任免,每年春分月圆后第一个主日为"复活节"等。

二　第二次大公会议——君士坦丁堡第一次公会议

阿利乌派的意见虽然在尼西亚会议上被镇压下去,但没有从根本上解决问题。328年,阿塔纳修(Athanasius,约239—373,亦译"亚大纳西")任亚历山大里亚主教,坚决维护《信经》,与同情阿利乌派的该撒利亚主教优西比乌发生了论战。这时优西比乌已成为君士坦丁大帝的神学顾问,于是在蒂尔召开宗教会议,恢复了阿利乌派的教籍与职位,并把阿塔纳修放逐到高卢地区去。

330年,君士坦丁大帝委托优西比乌编选50部经典,以皇帝的名义颁发作为教会使用的统一经典。397年,第三次迦太基宗教会议才以教会的名义作出决议,确定《新约全书》的内容和目次,成为现在使用的《新约圣经》的蓝本。

337年,君士坦丁大帝去世,罗马帝国由他3个儿子分治,东西方教会也为争权夺利而斗争。342年君士坦丁的两个儿子西部统治者康士坦斯和东部统治者康士坦蒂乌决定在索非亚召开宗教会议,解决教会争端。罗马教会把被东方教会革职的主教复职,派去开会。为此,东方教会主教拒绝参加会议。西方主教则趁机在会议中把一大批东方主教革职,并树立罗马主教的权威。康士坦斯支持西方主教,康士坦蒂乌则支持东方主教,双方矛盾不断加剧。

381年,东罗马帝国皇帝狄奥多西一世在君士坦丁堡召开会议,继续解决阿利乌派异端问题,这次会议后来被称为第二次大公会议。会议重申《尼西亚信经》,加上了"圣灵与圣父、圣子同样具有神性"的提法,从而把圣灵提到与父、子完全同等的地位,确立了"三位一体"的教义。会议谴责阿利乌派为异端,把他们逐出帝国。此后,阿利乌派退出罗马而向东方发展。

三　第三次大公会议——以弗所公会议

由"三位一体"的争论引出的另一个问题,就是基督的人性问题以及由此产生的马利亚是"上帝之母"的争论。428年,安提阿的聂斯托利(Nestorius,约381—451)当上了君士坦丁堡大主教,他主张二性二位说，否认基督的神性与人性结合为一个本体，而认为其神性本体附在人性本体上，因此不同意把马利亚称为"上帝之母"，最多可称为"基督之母"。他的论点遭到亚历山大里亚大主教奚利尔(Cyrillus,约 376—444)的反对。双方展开论战。亚历山大里亚早已与罗马结成同盟共同阻止君士坦丁堡的势力。430 年，罗马主教西莱斯丁一世(Celestine I,422—432 在职)在罗马召开地方宗教会议支持奚利尔，以革除教籍威胁聂斯托利，强迫他放弃主张，但聂斯托利置之不理。

431 年夏，东罗马帝国皇帝狄奥多西二世在以弗所召开会议解决争端。奚利尔一派的代表最先到会，他们不等对方代表到达，便擅自开会，匆忙通过决议，把聂斯托利定为异端并撤职。几天之后，以安提阿大主教约翰为首的聂斯托利派主教们到齐后，也自行开会，以破坏会议的罪名把奚利尔撤职，历史称这次会议为"小宗教会议"(Concilabilum)。罗马教会代表到会后加入奚利尔派一边，把约翰也撤了职。双方大吵大闹，互相指责。东罗马帝国皇帝狄奥多西二世为保持太平，把聂斯托利和奚利尔两人都撤了职。聂斯托利回安提阿原来的隐修院去，奚利尔则返回埃及，既不服从会议决议，也不服从皇帝命令。

以弗所会议虽然是以谴责聂斯托利派为主题，但两派斗争并未结束。433 年，双方在政府干预下不得不互相让步，暂停论战。安提阿派不再支持聂斯托利，奚利尔派则表示同意安提阿派的信经格式："所以我们承认我们的主耶稣基督……完全是神，也完全是人……因为两性联合在一起，所以我们承认一位基督……圣童贞女是上帝的母亲，因为称为道的上帝成了肉身，成了人，藉着她的怀孕把他自己与由她所产生的肉身联合了起来。"这个妥协显然对奚利尔派有利，因为他们达到了排斥聂斯托利的目的，并使东方教会接受了他们所主持的以弗所会议，罗马教会就更不用说了。所以，这次以弗所会议被认为是第三次大公会议。

聂斯托利派并未罢休，直到 435 年，皇帝才以诏令的方式把聂斯托利派定为异端。

四 "以弗所强盗会议"

433年安提阿与亚历山大里亚两派之间的妥协只是暂时休战。444年,亚历山大里亚大主教奚利尔去世,丢斯库若(Dioscarus)继任亚历山大里亚大主教。446年,夫拉维安(Flavian)继任君士坦丁堡大主教。这时,有一个奚利尔派的修道主教(隐修院院长)优迪克斯(Eutyches,378—454)宣称:"我们承认我们的主在联合之先(即在神成人身之先)原有二性,但在联合之后,便只有一性了。"448年,君士坦丁堡大主教夫拉维安召开地方宗教会议,把优迪克斯定为异端。亚历山大里亚大主教丢斯库若抓住这个机会向夫拉维安发动攻击。夫拉维安与优迪克斯都向罗马主教利奥一世(Leo I,440—461在位,这时,利奥一世已自封为教皇)写信争取他的支持。利奥一世于449年6月复信表示支持君士坦丁堡,主张在基督里有两个完整无缺的本性:"在每一个本性和实质之共有性均无所贬抑的情形之下,两下集合拢来在一个位格里面。"亚历山大里亚大主教则极力维护优迪克斯,在他的请求下,皇帝狄奥多西二世于449年8月在以弗所召开宗教会议。丢斯库若主持会议,会上提出的口号是:"将那些把基督的本性分成两半的人劈成两半。"会议恢复优迪克斯的职务,判决"二性论"者为异端,废黜君士坦丁堡大主教夫拉维安及6位东方教会的重要主教,并禁止宣读利奥一世向会议提出的《利奥大卷》。此次会议混乱不堪,双方大打出手,据说,君士坦丁堡大主教夫拉维安在会议上身受重伤,不久就死了。丢斯库若虽然大获全胜,但亚历山大里亚与罗马的联盟却从此决裂了。此后利奥一世称这次会议为"以弗所强盗会议",宣布会议无效。

五 第四次大公会议——卡尔西顿公会议

450年,支持"以弗所强盗会议"的皇帝狄奥多西二世去世,继任皇帝马西安(Marcianus Flavius,约396—457)支持另一派。451年,马西安等在君士坦丁堡附近的卡尔西顿(Chalcedon)召开会议。参加会议的共520多位主教(一说共600位主教),除利奥一世的代表和两位非洲主教外,其余主教全部来自东方教会。会议将主持"以弗所强盗会议"的丢斯库若撤职并驱逐出境;会议重申《尼西亚信经》和《君士坦丁堡信经》(381),谴责关于基督只有神性没有人性的说法,并组成了一个委员会来修订《信经》。信经中关于基督位格的解说,基本上按照利奥一世向449年会议提出的《利奥大卷》写成的,主要内容为:基督的神性与人性是同等完整的;按其神格而言,他与父同体,按其人格而言,他与世人同体,但无原罪;按神格而言,他在万世之先,为父所生,按人格而言,他在末世之中,为救世人,由"上帝之母"童贞女马利亚所生;这同一个基督、圣子、主是独生的,处于两个性质之中,二性互不混淆,互不变换,互不割裂,互不分开;二性不因联合而失去区别,每一性的特点反因此得以保全并汇合于一个位格、一个本体之中……

这个《信经》就是整个教会公认为解决了基督论问题的正统教义。这是皇帝和教皇为了各自的目的而共同争取来的一次教义胜利,历史上称这次会议为第四次大公会议。这次会议对罗马教会固然有利,但同时也作出了一条决议,即宣布君士坦丁堡大主教与罗马主教在教务上有同等权力。利奥一世对此提出了抗议。另外,这次会议打击了亚历山大里亚的权威,一些坚持"基督一性论"的教会继续各行其是,加速了东方教会的分裂。

六 第五次大公会议——君士坦丁堡第二次公会议

卡尔西顿大公会议以后,西方教会自然坚决拥护按照《利奥大卷》制定的卡尔西顿教令,但东方教会却在很大程度上持保留态度。在许多东方教徒看来,基督就是上帝,所谓"两种性质"不论怎样解释,基督仍然只是半个上帝。他们坚持基督只有神性,所以被称为"基督一性论者",主要分布在埃及、叙利亚一带,在波斯则有聂斯托利派,他们的口号是"上帝曾被钉在十字架上"。

457年,基督一性论派的提摩太(Timothy)任亚历山大里亚大主教;461年,基督一性论派的彼得任安提阿大主教。于是埃及与叙利亚教会联合起来共同反对君士坦丁堡,特别是安提阿大主教彼得把《三圣颂》改为:"圣哉上帝,圣哉强健者,圣哉永远不死者,你替我们被钉在十字架上。"最后一句"你替我们被钉在十字架上"是彼得擅自加上的,这一行动使正统派与一性论派的对抗更加激烈了。

482年,东罗马帝国皇帝齐诺(Zeno,474—491在位)为了使混乱的教会重归统一,颁布了《赫诺提肯谕》(Henoticon,即《合一谕》),得到君士坦丁堡教会的支持,事实上取消了卡尔西顿会议所规定的教义,对一性论派让步,因而被西方教会所咒诅。484年,罗马主教斐理克斯二世(Felix Ⅱ,483—492在职)把君士坦丁堡大主教阿卡西乌(Acacius,471—489在职)革除教籍,并宣布与东方教会断绝来往,史称"阿卡西乌分裂"。直到519年,东罗马帝国皇帝查士丁一世(Justin I,518—527在位)正式重申确认卡尔西顿声明,分裂才告结束。这样做虽然缓和了东西方教会的矛盾,但君士坦丁堡却与埃及、叙利亚教会的关系更加疏远,使东方教会日趋分裂了。

527年,查士丁尼一世(Justinianus I,483—565)登上东罗马帝国皇帝的宝座。查士丁尼一世在位期间武功显著,曾统一了意大利与北非。同时,他本人也是一个神学家,在位期间把教会完全置于自己控制之下。他想重新解释《卡尔西顿信经》,使信经本身既不受损失,与亚历山大里亚的奚利尔派神学相吻合,又与聂斯托利派、安提阿派不发生矛盾。这样,既可争取一性论派,使东方教会感到满意,又因为不反对卡尔西顿会议,而不开罪于西方教会。最后,查士丁尼一世采用了"上帝受苦"的说法来阐明"三位一体"中有一位在肉身受苦的意义,并决定利用政权强制贯彻他的神学主张。544年,他召开了有名的"三章"辩论大会,谴责坚持"基督二性论"的主教德奥道罗、狄奥多莱、依巴斯3人的3篇文章。553年,查士丁尼一世召开君士坦丁堡第二次公会议(即第五次大公会议)旨在结束"三章"案的争议。会议通过"上帝受苦"之说,强迫罗马主教维吉里(Vigilius,537—555在职)接受,并决定君士坦丁堡教会的地位在罗马教会之上,造成了表面统一、内部不和的局面。

七　第六次大公会议——君士坦丁堡第三次公会议

第五次大公会议之后,东西方教会对《卡尔西顿信经》仍然各有自己的解释。到 6 世纪末,东罗马帝国教会已是四分五裂,形成了耶路撒冷、君士坦丁堡、亚历山大里亚和安提阿四大中心,分庭抗礼。到了 7 世纪,伊斯兰教兴起,穆斯林先后占领了大马士革、耶路撒冷、安提阿、亚历山大里亚,并多次围攻君士坦丁堡。在这种情况下,教会又为联合作了一次努力,但却引起了另一个新的争论,即基督是否具有两种意志,即神的意志和人的意志,还是只有一种神的意志。649 年,罗马主教马丁一世(Martin Ⅰ,649—655 在职)在罗马召开会议,宣布基督有两种意志。争论进行了约 50 年。681 年,皇帝君士坦丁四世(Constantine Ⅳ,668—685 在位)在君士坦丁堡召开第六次大公会议,会议确认基督有两种意志,只是人的意志听命、从属于神的意志。

八　五六会议——君士坦丁堡第四次公会议

第五次公会议(553)和第六次公会议(681)都没有制定惩戒规条。692 年,皇帝查士丁尼二世(Justinianus Ⅱ,685—695,704—711 在位)下令在君士坦丁堡召开会议作为第五、六两次公会议的补充,因此,这次会议被称为"五六会议"。到会代表全是东方教会的主教。会议确认君士坦丁堡主教区与罗马主教区享有同等特权;准许执事和长老娶妻,斥责罗马禁止神职人员结婚的措施;禁止教会仿效罗马风俗在大斋节内每星期六禁食;禁止用西方教会以羔羊的图像为基督象征的惯例,改用人的图像。这些规定又加深了东西方教会之间的裂痕。

九　圣像破坏运动与第七次大公会议
——尼西亚第二次公会议

早期基督教的教父们是反对偶像崇拜的。自 4 世纪起,大批异教徒皈依基督教,使基督徒们的思想状况大为复杂起来,尊敬圣徒遗物和圣像的风气开始流行。信徒们崇敬的不仅有圣徒的遗体（干尸），还有人们认为确实与耶稣、使徒以及古代圣徒有关的物品；除崇拜圣物外，还要朝拜圣地。君士坦丁大帝就提倡圣物崇拜，他亲自下令在罗马修建纪念彼得的大教堂，还和他母亲赫伦娜（Helena）前往耶路撒冷朝圣，并找到了所谓"钉死耶稣的十字架"，把它带回来奉为圣物（后来教会规定9月14日为"举荣圣架节"，即源于此）。

除崇拜圣物外，信徒们还认为已死圣徒可以在上帝面前替人祈祷，他们的"代祷"比信徒自己的祷告更为有效。所以，他们除自己向上帝祈祷外，也向圣徒祈祷，求他们为自己代祷。于是，一些圣徒就逐渐成为人们的保护神。童贞女马利亚的地位又高于众圣徒，被尊为一切受造物中的第一位。431年，以弗所公会议决议奉她为"圣母"。

圣徒是崇拜对象，天使就更应受崇拜了。众天使中最受人崇拜的首先是天使长米迦勒（Michael），因为他战胜了撒旦（参见《但以理书》第10章第12节，第12章第1节；《启示录》第12章第7节）。君士坦丁大帝在君士坦丁堡为他建造了一座教堂，5世纪初，罗马教会也为他建造了一座教堂，并把9月29日定为"圣米迦勒节"。天使加百列（Gabriel）也很受崇敬，因为他曾向圣母马利亚报告由圣灵怀胎的福音。

后来，圣像崇拜之风愈演愈烈，特别是在深受希腊文化影响的东方教会中更为流行，甚至成为一种聚敛财富的手段。当时，修道院遍布帝国全境，拥有大量土地与财产，并享有免纳赋税、不服兵役等特权，直接影响了政府的经济收入；而且圣像崇拜也似乎抵消了对皇帝权威的崇敬。于是，皇帝下令指责圣像崇拜为偶像崇拜，应予废除。

726年，皇帝利奥三世（LeoⅢ，717—740在位）以地中海一个小岛上火山爆发是上帝对敬拜圣物的震怒为理由，下令废除教堂及修院内的一切圣像及圣物，涂去墙壁上的壁画，把圣像、圣物等收归国有。这项命令遭到教会和部分信徒的激烈反对，政府出动军队强制执行废除圣像的诏令。有的地方,群众借机抢劫教堂和修院,因而与信徒发生械斗。希腊和基克拉季斯岛的教会被迫造反,拥立科西玛为皇帝,派舰队进攻君士坦丁堡,被利奥三世击溃。除意大利等地远离君士坦丁堡鞭长莫及外,利奥三世在其他各地用暴力镇压拥护圣像派,逮捕其代表人物,没收其财产,处死反抗者。威尼斯、拉文那、罗马等地的拥护圣像派则趁机驱逐帝国官员。君士坦丁堡大主教也企图摆脱皇帝的控制,但于730年被皇帝废黜。731年,罗马主教格列高利三世(Gregorius III,731—741在职)在罗马召开会议,将一切反对圣像崇拜的人革除教籍,并停止交付拜占庭国库的贡金。作为报复,利奥三世则把全部西西里及意大利南部地区划出罗马主教辖区之外。

754年,皇帝君士坦丁五世(Constantine V,740—775在位)在君士坦丁堡召开宗教会议,东部教会主教被迫出席。会议宣布圣像崇拜就是偶像崇拜,肯定皇帝有权干预教会,继续强制执行废除圣像崇拜的措施,把破坏圣像运动推向高潮,很多修院被封闭或变为兵营,大批修士被迫还俗,大量教产收归国有,镇压反抗者。这次会议自称为第七次大公会议,但罗马教会不予承认。

针对这种情况,罗马主教于769年又在罗马召开会议,绝罚反对圣像崇拜的人。从此,西部教会完全摆脱了东罗马帝国的控制,转而谋求法兰克人的支持。

780年,年幼的君士坦丁六世即皇帝位,皇太后艾琳(Irene)摄政。艾琳是个支持圣像崇拜的人,于是宗教政策为之一变。787年,艾琳在尼西亚召开宗教会议,会议谴责754年的君士坦丁堡会议是亵渎上帝的异端,下令恢复圣像,宣布所有图像、十字架、《福音书》、圣徒的干尸及圣物等都应受相当的敬礼,不是敬拜这些物品,而是敬拜它们所代表的神。这次会议恢复了圣像崇拜,但没有恢复一切被封闭的修院,也没有落实发还教产的决议。会议对西西里岛和意大利南部的归属问题避而不谈,因此,罗马主教虽派使节出席了会议,但对会议持保留态度。圣像破坏运动持续了100多年,最后以所谓"神像的完全胜利"而告终。在整个斗争过程中,罗马教会始终站在圣像崇拜者一边。所以787年的尼西亚第二次公会议被公认为第七次大公会议。

843年,东部教会在女皇戴奥多拉(Theodora)的支持下决定把反对圣像崇拜者革除教籍。后来,东正教为纪念这一重大胜利,把大斋节的第一个主日定为东正教节。

在圣像破坏运动时期,有一个很值得一提的人物,他就是大马士革的约翰(约700—753)。他是一个热烈拥护圣像崇拜者,他从基督论的角度来论证圣像崇拜的合理性。他认为,基督作为道成肉身的人,是有形象的;如果承认基督的人性是具体的历史中的存在,并承认基督的人性与神性结合在一个位格中,那么,敬拜基督的图像与敬拜《福音书》是相同的,因为图像是用绘画来描绘基督的形象,而《福音书》是用文字来描述基督的形象。约翰的主要著作是《知识的泉源》(*The Fountain of Knowledge*),12世纪时被译成拉丁文,对欧洲的经院哲学产生了一定的影响。

第五节 古代教父

随着基督教的传播,特别是被确立为国教以后,迫切需要在《圣经》的基础上使基督教信仰系统化、教义化,于是出现了哲罗姆、奥古斯丁、格列高利一世等著名学者。他们利用古希腊罗马的传统文化对基督教信仰加以解释、阐发,以便人们理解,同时也有助于批判各种"异端"。由于他们对基督教思想史的特殊贡献,习惯上尊称他们为"教父"。

一 哲罗姆

哲罗姆(Jerome,约340—420)是古代西方教会的著名学者,壮年时曾立志博览群书,遍游天下。约373年,他到了安提阿,生了一场病,据说,基督曾向他显现,责备他不该只研究古书。从此,他退隐到离安提阿不远的一座修道院里,学习希伯来文,专心研究《圣经》。379年,他在安提阿受任长老之职;382年到罗马,大获罗马主教达马苏一世(Damasus I,366—384在职)赏识;385年退居安提阿,不久又游历巴勒斯坦和埃及;386年隐居于伯利恒的一座修道院中任院长。420年去世。

哲罗姆最大的贡献是翻译了《圣经》的"拉丁通行本"。当时通用的几种《圣经》古拉丁文译本,大都文体古旧,而且各种抄本互相矛盾,谬误甚多,罗马主教达马苏一世委托哲罗姆用通行拉丁文修订《圣经》古拉丁文译本,以编订一部统一的《圣经》拉丁文译本。383年,哲罗姆开始校译《福音书》,386年在伯利恒隐修院中继续工作,388年译完《新约》,在朋友们的帮助下又根据希伯来文,参考《七十子译本》翻译《旧约》,同时也翻译了7卷"次经",全部工作于405年完成。这就是《圣经》的"拉丁通行本",亦称"通俗拉丁文译本"或"圣哲罗姆译本"。这个译本文词优雅,着重意译,《新约》的译文质量最好。但是,这个译本问世后却没有立即受到广泛的欢迎,古拉丁文译本仍然是通用的《圣经》,直到8世纪末、9世纪初,它才逐渐取代了古拉丁文译本。1564年11月3日,教皇庇护四世(Pius Ⅳ,1559—1565在位)在特兰托公会议结束时正式宣布"拉丁通行本"为天主教会的法定《圣经》译本,"次经"与"首正经"同样是在上帝的启示下写成的,具有完全相同的价值。

哲罗姆除译成《圣经》"拉丁通行本"外,还续编了优西比乌的《教会史》(Chronicle,《历代志》),以及一部记述基督教作家生平事略的《名人传》(De Viris Inlustribus)。

二 奥古斯丁

奥古斯丁(Aurelius Augustinus,354—430)是古代教会宗教思想上的一代宗师,西方基督教无处不有他的学术思想色彩。

354年11月13日,奥古斯丁出生在今阿尔及利亚的一个异教徒的家庭里。母亲却是个虔诚的基督教。青年时期的奥古斯丁生活上不拘小节,并且崇奉摩尼教达9年之久。据说,386年夏天,奥古斯丁听朋友讲述埃及修道士们的生活,大受感动,觉得那些无知的修道士尚能战胜个人的情欲,他这样一个有学问的人反而为情欲所奴役。在这种自责的情绪下,他一个人走进花园,仿佛听见邻家的儿童的声音说:"拿起来读吧!"他顺手拿起一本书打开来,正是《新约·罗马书》第13章第13、14节:"不可荒宴醉酒,不可好色邪荡,不可争竞嫉妒。总要披戴主耶稣基督,不要为肉体安排,去放纵私欲。"从此,奥古斯丁心里有了平安,开始一心奉行修道主义。387年,奥古斯丁在米兰受洗;391年在阿尔及利亚的希坡受牧师(祭司)职;395年任希坡副主教,不久升任主教,并创建了一所修道院作为训练教会领袖人才的基地;430年8月28日去世。

奥古斯丁任主教之后,开始对教会、教会的品质、教会的权威、"罪"与"恩"等问题进行深入的探索,逐渐形成了自己的思想体系。他的主要影响在于他神秘的虔敬生活。

约400年,奥古斯丁写出了著名的《忏悔录》,这是他前半生宗教经验的自传。他写道:"我先想追求得着充足的力量,与你有亲切的来往,但我不能得着,直到我得着了那位'神人之间的中保,为人的基督耶稣','他在万有之上,是永远可称颂的上帝',直到他来召唤我。""我的全部盼望尽在乎你那极大的慈悲。将你所要的盼咐我。""主啊,我要爱你,要感谢你,承认你的名,因为你使我的那些罪大恶极的行为远离了我。这件事应全归功于你的恩典,又因为你的怜悯,你使我的罪都如冰块一样消化了。"奥古斯丁一想到上帝,便觉得有一位人可与之发生心灵交通的神,在神里面人能够得到福乐和满足。

奥古斯丁用哲学的眼光来理解上帝,认为上帝是惟一的绝对的灵,是一切存在物的来源。对于上帝的惟一性,他在他著名的《论三一》(*De Trinitate*)中作了明确的论述。他主张"父、子、圣灵同一实体,创造万有的上帝,全能的三位一体,在无形中工作","不是三位上帝,也不是三种善良,乃是一位上帝,全善、全能,即三位一体自身","三位一体是绝对同等的,我们不但不能说父比子大,甚至也不能说父与子之和比圣灵大","假如有人要问这三位是什么,则人间文字苦于无以为对。然而我们还是要说'三位',并不是要借此讲明其中奥妙,乃因舍此无话可说。"奥古斯丁的这种论点奠定了西方神学的基础。

对于"道成肉身"问题,奥古斯丁对耶稣的神、人两性同样重视。他说:"基督耶稣,上帝的儿子,是上帝,也是人;在万世之先为神,降生在我们的世界而为人……这样,就其为上帝而言,他与父为一;就其为人而言,父比他大。"基督的死是赦罪的基础,"亚当的罪无法赦免,无法消除,只有借着上帝与人之间的中保,为人的基督耶稣。"

对于"罪"和"恩"的问题,他认为,人被造时原是善良的,可以与上帝直接交通,来往无阻。亚当犯罪使人失掉了这个特权。罪的原因是骄傲,犯罪的结果是本性堕落(不可能从善),上帝的恩典丧失了,人与上帝疏远了,灵魂死了,人的身体不再受灵魂的约束,反为情欲所操纵;亚当堕落在全然绝望的毁灭中,永死便是当然的结果;从这种绝望的原罪中"从来没有人被救拔出来过,没有,连一个也没有。现在还是没有,将来也必没有,惟有靠着救主的恩典才能自救"。得救是人白白得到的上帝的恩典,这种恩典只有上帝所拣选的人才能得到,"受永刑,得永生"的这两种人,上帝早预定了,没有人在今生能确实知道自己已经得救。

奥古斯丁还认为,恩典只有借着教会的圣礼才能得到,"在大公教会以外,人就不能接受圣灵。""若不受洗,不参加晚餐,任何人都不能进入上帝的国,或是得救,得永生,所有基督教会均以此为当然之理。"

奥古斯丁的另一部重要著作是《上帝之城》(*De Civitate Dei*),作于412—426年。410年罗马陷于西哥特人之手。当时流行一种见解:基督教的上帝不能保护罗马,而异教的神曾保护罗马,故应回到异教去。于是奥古斯丁著《上帝之城》来反驳这种论调。这部书可以代表奥古斯丁的历史哲学,同时也是答复异教徒攻击基督教的护教书。他在书中讨论了世界的创造,罪恶的来源及后果,指出:"由两种爱造成了两座城:由爱己之爱,连上帝也轻视的爱,造成了世上的城;由爱神之爱,连自己也厌弃的爱,造成了天上的城。"世上的城指政治社会——罗马。教会是上帝之城在历史中的准备。教会中有圣人也有罪人,但教会是上帝立的,是上帝恩典的有形动作场所。世上的城可以维持秩序,实行部分正义,但人的终极目的是上帝的城。

奥古斯丁在历史哲学方面的贡献,是第一次赋予人类历史以统一的、终极性的意义,这是他以前的希腊罗马史家所没有过的新史学思想。

三　罗马主教格列高利一世

格列高利一世(Gregorius Ⅰ,590—604在位)约540年生于罗马的一位基督徒参议员之家,成年后做过罗马的行政长官;573年受修道主义影响,弃官退隐;574年进圣安得烈修道院当修道士,并把自己的家产全部捐献给修道院办慈善事业;579年作为罗马主教佩拉吉二世(579—590在职)的使节出使君士坦丁堡;586年回罗马任圣安得烈修道院院长;590年被选为罗马主教,是第一个以修道士资格担任罗马主教的人;604年3月12日去世。

格列高利一世任罗马主教时期,领导罗马人用武力与金钱抵抗了伦巴人的围攻,使罗马城免遭蹂躏,从而赢得了人民的拥护,成为当时意大利最有威望的人。他又是一位极善管理财产的人,教会财产(即所谓圣彼得的教产)经他管理,收入大有增加,他利用这些收入,不但维持教牧界的生活,而且供给罗马城人民,加强罗马城防务,举办各种慈善事业。

格列高利一世相信"是主亲声吩咐圣使徒,诸使徒之首彼得,叫他照管全教会",他要以继承彼得权位的资格,管理全教会,所以,他自称"上帝众仆之仆"。569年,格列高利一世差人往英伦三岛布道,为教会发展建立了殊勋。

格列高利一世的神学思想属奥古斯丁派,但更注重圣礼、神迹、天使、魔鬼、炼狱等观念。原罪只有藉洗礼接受基督的救赎,才能解脱,而本罪则须用善功来补赎,"我们行善,一面由于上帝,一面由于我们自己;由于上帝首先赐下恩典,由于我们自己随后用善意接受这恩典"。对于追求善功、实行补赎的人,教会有许多方法帮助他,其中最大的帮助就是圣餐。信徒领圣餐就是重献基督为祭品。圣徒可为人代祷,"凡使自己毫无功德可靠的人,可以跑到殉道诸圣徒面前去求护庇"。那些没有尽量利用上帝赐予的机会去行善功的人,就是没有实行补赎,将在炼狱中受火的磨炼。

格列高利一世在教理上、崇拜上、教会生活和组织上,对后世拉丁教会都有极深远的影响,奠定了西方中世纪神学的基础。

第五章 基督教的传播与东西方教会的分裂

第一节 东派教会的形成与发展

1世纪以后,基督教在向西传入希腊罗马的同时,在罗马帝国的东部也获得很大发展,在亚细亚、两河流域、阿拉伯半岛以及北非都取得了很大成功。3世纪前后,在安提阿、亚历山大里亚、君士坦丁堡、耶路撒冷等传教中心相继建立了4个大主教辖区(牧首区),以后又陆续成立了若干个独立教会。由于上述地区处于罗马帝国东部,教会在神学思想、礼仪、制度、习惯等方面都受到希腊和拜占庭文化的影响,具有一些不同于以罗马教会为代表的西部地区教会的"东方"特色,因而这一地区的教会习惯上被称为"东派教会",或"东方教会"。

一 君士坦丁堡牧首区

相传君士坦丁堡教会是由使徒安得烈建立的,最初君士坦丁堡的主教与其他东派教会主教的地位是平等的,但由于君士坦丁堡是东罗马帝国的首都,君士坦丁堡主教在皇帝对教会的控制活动中居于特殊的中介地位,所以君士坦丁堡主教逐步拥有了高于其他主教的某些特殊权力。381年,在第二次大公会议上确认君士坦丁堡主教为首席主教,拥有"普世牧首"的尊号。但在当时,这一尊号主要是名义上的,东方教会的重大事务,一般仍要由来自各地教会的主教们召开大公会议解决。著名的7次大公会议中有4次(包括最后3次)都是在君士坦丁堡召开的。8世纪以后,随着拜占庭帝国专制制度的强化,君士坦丁堡主教日益成为帝国维护其统治利益的工具。君士坦丁堡主教以"普世牧首"的地位支配,干预东方其他教会的事务,站在维护拜占庭帝国的立场上与西部的教、俗首脑多次发生冲突,向西部扩大影响,扩展势力范围,以配合拜占庭帝国争取控制西部的努力,这些做法是导致1054年东西方教会发生分裂的重要因素。

二 安提阿牧首区

安提阿教会是东方最古老的教会之一,据说著名的使徒彼得、保罗、巴拿巴等都曾到安提阿传道。基督教早期教父依纳爵(Ignatius,约35—107)曾任安提阿主教。3世纪后安提阿学派曾是古代重要的基督教神学学派之一,阿利乌派在此地曾很活跃,主张"嗣子说"(认为耶稣为上帝嗣子)的保罗(Paulus Samosata)曾任安提阿主教,另外古代教会著名的神学家、布道家路济安(Lucianus,约235—317)、金口约翰(Joannes Chrysostom,约347—407)、主张"二性二位说"的聂斯托利等也曾在安提阿活动过。从3世纪起安提阿设立了独立的都主教府,以后设立"牧首",成为东派教会中地位仅次于君士坦丁堡的牧首区,辖区包括叙利亚、小亚细亚、美索不达米亚、巴勒斯坦、塞浦路斯等地。330年,君士坦丁大帝建立新都,安提阿主教区原辖的小亚细亚部分转归君士坦丁堡主教管辖。431年以弗所大公会议后,安提阿教会信徒大部分脱离正统派参加聂斯托利派,塞浦路斯教会也被公会议批准脱离安提阿主教管辖成立独立教会。451年耶路撒冷牧首区成立,巴勒斯坦地区又被划出。6世纪时,"基督一性论派"在安提阿又很活跃,持一性论的彼得(绰号"漂布匠")曾两度担任安提阿主教。一性论派与活动在这一地区的聂斯托利派彼此互相攻击,同时二者又都被正统派教会视为异端而遭到镇压。教会内部的冲突大大削弱了安提阿教会的势力,以后聂斯托利派向东方发展,而一性论派则建立了以雅各·巴拉丢(Jacob Baradaeus,? —578)为首的雅各派教会(Jacobite),在叙利亚一度有很大影响。638年,信奉伊斯兰教的阿拉伯人占领了安提阿,基督教受到种种限制。1054年,安提阿教会与君士坦丁堡教会一起与罗马教会决裂。

三 亚历山大里亚牧首区

据传亚历山大里亚教会创建于1世纪,马可为亚历山大里亚的第一位主教。著名教父奥利金(Origen,约185—约254)曾任亚历山大里亚神学院院长多年,他所主张的基督是次一等的神和受造之物的理论在此地教会中有一定影响。4—5世纪,亚历山大里亚教会与君士坦丁堡教会曾多次发生纠纷,早期的阿利乌派异端就发生在这里。328年,反对阿利乌派观点的阿塔纳修担任亚历山大里亚主教,他坚持《尼西亚信经》的立场,与支持阿利乌派的君士坦丁堡主教优西比乌多次发生争执。亚历山大里亚主教原辖非洲东北部各教会,当时这里的官吏和主教都分别由君士坦丁堡的皇帝和主教委派,这引起了当地人的不满。5世纪时在该教会内部出现了一个反对外人统治的派别——科普特派(Coptics,"科普特"原意为埃及人),当基督一性论派在卡尔西顿会议上被指控为异端,遭到镇压时,科普特派却接受了他们的主张,他们把正统派称为麦尔契斯(Melchites),甚至刺杀了当时的正统派主教波特流斯(Proterius),另立提摩太(Timotheus,绰号"猫者")为主教,以后一个时期内科普特派和正统派各立自己的主教,东罗马皇帝调和两派纠纷的努力也未获成功。6世纪中叶,埃及教会终于分裂为持基督一性论的科普特教会和正统派教会,正统派主教仍居亚历山大里亚,科普特派主教则住在附近的一所修道院中。641年阿拉伯人侵入埃及,科普特派因反对东罗马帝国的统治、帮助阿拉伯人而受到后者的宽容,阿拉伯人承认其教会和主教的合法地位,但在教堂建筑、信徒的日常生活等方面也受到一些歧视性的限制。而正统派教会因与阿拉伯人发生冲突,致使主教被迫逃往君士坦丁堡,主教职位长期空缺,正统派教会受到怀疑和歧视,信徒有的被迫逃亡,有的改宗科普特派。直到727年,正统派始选立科斯莫斯(Cosmos,绰号"制针匠")为主教,他几经交涉,申明自己的正统地位,最后终于得到确认,教会财产被发还,亚历山大里亚主教区(牧首区)才得以重新建立。以后的主教多由耶路撒冷牧首或君士坦丁堡牧首委派,虽保持有四大牧首中位列第二的名誉,但由于许多信徒皈依伊斯兰教或改宗科普特教会,亚历山大里亚牧首区的势力已大受削弱了。

四 耶路撒冷牧首区

耶路撒冷教会的产生渊源于早期基督教社团的活动,据《福音书》记载,耶稣曾在此地传教,据说耶稣的兄弟雅各曾是耶路撒冷最早的主教,一般认为耶路撒冷教会最初的成员都是信奉基督教的犹太人。在许多基督徒眼里,耶路撒冷是当年耶稣传教、受难、复活的圣地,前往朝拜者很多,尼西亚会议主张给此地的主教以特殊的尊敬。451年卡尔西顿公会议出于同样理由决定正式建立耶路撒冷牧首区,辖区由安提阿牧首区划出,包括巴勒斯坦、阿拉伯半岛等地区。637年,信奉伊斯兰教的阿拉伯人围攻耶路撒冷,当时的牧首索夫罗纽(Sophronius)向阿拉伯人首领欧默尔(Omer)献城投降,换取准许基督徒保留教堂,享有宗教活动自由的回报,但要交纳人头税。随着伊斯兰教势力的强大,被伊斯兰教视为第二圣地的耶路撒冷的地位也越来越为阿拉伯人关注,致使耶路撒冷牧首区受到各种限制,甚至曾有60余年的时间没有牧首,11世纪西部教会借口夺回圣墓,发动了十字军战争。

第二节 西方(罗马)教会在欧洲的发展

一 基督教在不列颠诸岛的传播

不列颠诸岛在罗马帝国统治时期是它的一个边远省份。罗马派驻的官员和军队对岛上的土著居民布列顿人实行殖民统治,但当地居民仍然保留了许多本民族的特点。

随着不列颠同高卢和地中海沿岸各城镇的密切往来,基督教也传入了不列颠,主要港口城市格拉斯顿伯里(Glastonbury)甚至成为早期基督教的圣地。布列顿人中的一支克尔特人也渐渐建立了教会。314年在法国的阿尔勒（Arles）召开宗教会议时，就有不列颠的3位主教参加，他们分别代表伦敦、约克、林肯三郡。君士坦丁大帝扶植基督教后，基督教在不列颠有了进一步发展。4世纪末，罗马帝国势力日衰，为抵御外族入侵，逐渐将驻不列颠的罗马军队和官吏撤回高卢，布列顿人恢复了原有的氏族制。不久，该岛的东南部被不信基督教的盎格鲁-撒克逊人和朱特人占领，布列顿人被赶往岛屿的西部和北部，于是克尔特人的教会逐渐衰落。

432年，罗马教会派布列顿人帕特里克（Patrick，389—461）去爱尔兰传教，并任命他为爱尔兰主教。帕特里克到爱尔兰后，积极活动，按氏族建制建立教会，设置教区。帕特里克死后，爱尔兰教会发展成一套以修道院为中心的教会体制，修道院院长和主教均由氏族首领的家族成员担任。主教职权是授任圣职，其他方面均须服从修院院长。在这种体制中不设主教管区，修道院不仅是教牧中心，而且也是学术、教育中心，培养出了不少既有学问又有传教热忱的传教士，分布到苏格兰、英格兰和欧洲大陆，推动了基督教的传播。

帕特里克向爱尔兰传教时，大不列颠岛上的基督教也由南向北发展。罗马教会派尼尼安（Ninian）向苏格兰传教。5世纪末，爱尔兰人在苏格兰西、北部建立了达尔里阿达国（Dalriada），到6世纪，该国国王支持爱尔兰传教士哥伦巴（Columba，521—597）在苏格兰传教。哥伦巴带领12名教士在艾奥纳岛（Iona）建立修道院，以该岛为基地向苏格兰土著居民皮克特人传教，并且向南推进到英格兰北部。

英格兰在盎格鲁-撒克逊人和朱特人入侵后建立起了若干小国，577年以后逐渐合并为7个国家，其中朱特人建立了肯特王国。肯特王艾希尔伯特（Ethelberht）于6世纪末娶法兰克公主为妻，罗马主教格列高利一世便趁机派凯利安（Caelian）修道院院长奥古斯丁带领一批教士前往肯特传教。597年，奥古斯丁到达肯特，601年，肯特王皈依了基督。后来，奥古斯丁在坎特伯雷设立了大主教区,他被任命为首任坎特伯雷大主教,下设 12 位主教。604 年,奥古斯丁去世,基督教力量逐渐减弱,到 616 年,肯特王艾希尔伯特去世,基督教就更加衰微了。

633 年,奥斯瓦尔德(Oswald)任诺森伯里亚国王。他曾经被放逐到苏格兰去,深受爱尔兰系统的基督教的影响,任国王后,便请苏格兰艾奥纳修道院派人来本国传教。于是,一位名叫艾丹(Aidam)的传教士便应召前往。在国王资助下,艾丹于 634 年在林迪斯法恩岛(Lindisfarne)建立新修院,培养了一批修士前往英格兰各地传教。与此同时,罗马主教也派出传教团去西撒克斯传教。在这两股力量的努力下,到 7 世纪下半叶,基督教在英格兰逐渐发展。

英格兰的基督教是从两个系统传入的,即爱尔兰修院系统和罗马教会系统。盎格鲁-撒克逊人和朱特人基本上接受罗马教会的基督教,而当地土著居民布列顿人则始终把他们看做外来入侵者,不愿意接受他们的宗教,因此他们多半接受爱尔兰系统的基督教。这两个系统的基督教不仅体制和节日(如复活节)日期等不同,而且还搀杂着民族矛盾,因此两派教徒时起争执。爱尔兰系统的基督徒不承认罗马主教具有最高权威。为解决这些争端,诺森伯里亚国王奥斯维(Oswy)于 664 年在惠特比(Whitby)召开宗教会议。会议经过激烈的争论,最后,在国王的干预下,决议英格兰基督教承认罗马教会的最高权威。

为进一步巩固罗马教会在英格兰的地位,罗马主教于 668 年任命西里西亚人狄奥多尔(Theodore,602—690)为坎特伯雷大主教。狄奥多尔很有组织才能,善于吸收原爱尔兰修道院中从事学术研究的传统和某些礼仪,如告解、赦罪等,使两种传统的基督教渐趋合一。673 年,狄奥多尔在赫特福特(Hertfort)召开宗教会议,制定了教会管理法,进一步确立了罗马教会在英格兰的地位。到 8 世纪初,爱尔兰、苏格兰的教会也先后承认了罗马教会的权威,而威尔士的教会则迟至 12 世纪才承认罗马教会的最高权威。

爱尔兰修院体制的教会曾培养出了不少学识渊博、有宗教热忱的学者。这种重视学术的传统,在他们服从罗马教会后仍然保持下来,并由此推动了8世纪下半叶不列颠文化复兴运动。不仅如此,这些修道院还培养出一批富有献身精神的传教士,其中最有名的是哥伦巴(Columbanus,543?—615),又称小哥伦巴,他是爱尔兰班戈修院的修士。585年,哥伦巴带领12名修士在勃艮第的阿纳格雷创建了修道院,开展传教活动。610年,他因谴责国王行为不端而遭驱逐,于是带领一批修士到瑞士北部和意大利北部去积极传教、建立修道院。另外一些爱尔兰修士则在今德国中部和南部地区进行传教活动。他们为推动基督教在欧洲大陆的传播起了一定的作用。

二 基督教在法兰克等地的传播

5世纪后半叶,法兰克人逐渐占领了高卢北部,但各部落各自为政。到5世纪末,克洛维(Clovis,481—511)逐渐统一了各部落。493年,克洛维娶了信奉基督教的勃艮第公主为妻,在她的影响下,于496年皈依了基督,并命令3000名士兵一起在河中受洗。于是,法兰克人便成为日耳曼各族中最早皈依罗马教会的民族。在罗马教会的支持下,克洛维进一步扩张势力,507—510年,他从西哥特人手中夺取了大片土地,建立了墨洛温王朝。克洛维死后,他的继承人继续扩张领土,到6世纪中叶,法兰克已成为西欧最强盛的国家。统治者在国内积极推广罗马基督教,逐渐使日耳曼各族不再信奉基督教异端派别——阿利乌派,而接受罗马基督教。

6世纪下半叶,墨洛温王朝衰落,王国分裂为三部分,进行了长达40年的内战。到7世纪中叶,宫相们逐渐掌握了实权。687年,赫斯塔尔的丕平(Pepin of Heristal)成为全国惟一的宫相,掌握了整个法兰克王国的实权。714年,丕平的私生子查理·马尔太(Charles Martel,715—741在职)继任宫相。他们父子两人都把基督教作为扩张政治权势的工具,积极支持传教士向尼德兰和日耳曼传教。

在尼德兰和日耳曼传教的有两位最有名的传教士,一位是诺森布里亚人威利布罗德(Willibrord,657?—739),他在丕平的支持下,在尼德兰的弗里西亚(Frisia)传教。695年,罗马主教授予威利布罗德传教主教职。弗里西亚后来发展成为乌德勒支教区。另一位是盎格鲁-撒克逊人伯尼法斯(Boniface,680?—754)。716年,伯尼法斯去弗里西亚传教,但收效不大,于是转往日耳曼;722年,罗马主教任命他为传教主教。此后10年,伯尼法斯在黑森和图林根地区传教取得成功。732年,罗马主教提升他为大主教。他又先后在巴伐利亚和图林根建立主教区。748年,他被任命为美因茨大主教,许多英格兰人到欧陆来协助他工作。742年以后,伯尼法斯在查理·马尔太的两个儿子矮子丕平(Pepin the Short,741—768在位)和卡洛曼(Carloman,741—747在位)的支持下召开一系列宗教会议,制订教规,谴责教士世俗化,整顿教会纪律。747年,他召开宗教会议促使法兰克主教接受罗马教会的权威。伯尼法斯的努力推动了基督教在日耳曼的传播,提高了罗马教会的权威,严肃了教会的纪律,但他对尼德兰的传教活动始终没有成功。754年,伯尼法斯再次去弗里西亚传教时,被当地非基督徒杀害。尽管如此,伯尼法斯同查理·马尔太的两位继承人的合作为法兰克王国和罗马教会的联盟铺平了道路。

三 罗马教会在欧洲其他地区的活动

日耳曼各族中的诺曼人于8、9世纪在北欧先后建立了丹麦、挪威和瑞典三个王国。

822年,丹麦诸侯争夺王位。日德兰诸侯哈拉德·克拉格向法兰克王"虔诚者"路易求援,路易派大主教出使丹麦支持克拉格取得王位。826年,丹麦王全家在法兰克王宫受洗入教。法王路易又派遣修士安斯卡(Anskar,?—865)到丹麦传教。10世纪前半叶,丹麦与德国发生战争,丹麦国王下令镇压基督教。934年,丹麦战败,撤消对基督教的镇压。后来,丹麦大主教阿达尔达格(Adaldag,937—988在职)争取到国王哈罗德·布鲁图斯(Harald Bluetooth,945—985在位)的支持,基督教事业又有发展。972年,哈罗德被德皇奥托一世战败。不久,他在萨克森王宫中受洗入教,并在全丹麦推行基督教,建立教区。不过,后来丹麦在宗教信仰上仍有反复,直到卡纽特(Canut,1014—1035在位)统治时期才彻底皈依基督。卡纽特还曾征服英格兰和挪威,对挪威接受基督教起过促进作用。

基督教最早在挪威传播可能是在赫科恩一世(935—961在位)统治时期。10世纪下半叶,丹麦王哈罗德也曾派传教士去挪威传教。挪威正式接受基督教是在奥拉夫一世(OlafⅠ,995—1000在位)时期。奥拉夫一世在不列颠受教育,并在那里信奉了基督教。他继承王位后,便在全国积极推行基督教,严厉镇压不肯皈依基督的人。他还派人向格陵兰、冰岛等地传教。奥拉夫一世死后,挪威分裂,很多人又叛教。1016年,奥拉夫二世(OlafⅡ,1015—1028在位)重新统一挪威,镇压异教徒,遭到人民反抗,并被废黜,由丹麦王卡纽特兼任挪威国王。到马格纳斯一世(MagnasⅠ,1035—1047在位)统治时期,基督教才在挪威确立。

9世纪中叶,修道士安斯卡曾自丹麦派人往瑞典传教,效果不大。1008年,瑞典王奥拉夫·斯克特科南(Olaf Skottkonung,994—1024在位)受洗入教,基督教才在瑞典正式确立,但发展很慢,到1100年,才最后战胜了异教势力。

950年,波希米亚(捷克)被萨克森人征服,被迫接受基督教,布拉格成为教会中心。

955年,奥托一世战败匈牙利人,派传教士向他们传教。1000年,匈牙利国王斯蒂芬一世(StephenⅠ,997—1038在位)信奉了基督教,并强迫全国人民接受基督教。

967年,波兰大公米埃茨斯拉夫(Mieczyslaw)皈依基督。1000年,波兰国王博莱斯拉夫一世(BoleslawⅠ,992—1025在位)建立了以格温兹诺为中心的波兰教会。

第三节 东西方教会大分裂

东、西方教会之间的分歧由来已久,其中有文化传统方面的原因,也有历史、地理等方面的原因,但直接原因则是双方领导集团为争夺教会的最高统治权不断发生冲突,终于在1054年彻底分裂。

东、西方教会在文化传统上是很不相同的。东部教会是希腊文化传统,西部教会是拉丁文化传统,由此形成了神学、教义、礼仪、习俗等方面的差异。东部教会比西部教会更注重外在礼仪,例如,在圣礼方面,西部教会规定为七件(洗礼、坚振、圣餐、告解、终傅、神品、婚配),东部教会则认为,除这七件外,其他宗教行为都具有圣礼性质。东部教会在希腊化文化影响下惯用希腊哲学的观点和方法来论证神学,往往带有神秘主义色彩,强调神迹、个人与基督的交通,认为得救的直接方法是当修士,因此,一般平信徒(包括皇帝在内)在临终前都要当一段时间的修士,以便死后能进天国。故而东部教会修道之风比西部盛行,修士的权势也比西部大,而且他们一般不大关心现世问题。西部教会在罗马拉丁文化的影响下注重律法,他们把基督的福音看做新律法,并由此发展"原罪"、"救赎"等教义神学,注重伦理、道德和现实问题,关心如何使人的"本罪"得赦免。在"圣三一"的神学问题上,东部教会继承希腊哲学关于世界只有一个本原的思想,强调圣灵"由父出来"。西部教会则遵循奥古斯丁关于"圣灵是父与子之间的爱"的学说,强调圣灵是从"父和子"出来。双方经常利用神学分歧指责对方为异端,藉以确立自己的正统地位,夺取教会领导权。

自君士坦丁大帝4世纪迁都以后,东部教会始终处于罗马皇帝的严密控制之下。皇帝有权召开宗教会议、任免主教、惩处教士,主教的指令须经皇帝批准才能发布,教俗两权都集中在皇帝一人之手。西部教会则不同。由于蛮族入侵,西罗马帝国灭亡,而东罗马帝国的统治者又远在君士坦丁堡,无法对西部教会实施有效的保护与统治,因此,罗马主教具有很大的世俗权力。早在5世纪中叶,罗马主教利奥一世就拒不接受卡尔西顿大公会议(451)关于君士坦丁堡主教与罗马主教在教务上具有同等地位的决议,并提出"彼得优越论"来论证罗马主教是普世教会的当然领袖。6世纪末,罗马主教格列高利一世取得罗马城的统治权,与世俗君主分庭抗礼,并自尊为"上帝众仆之仆",位在众主教之上。726年,东罗马帝国皇帝利奥三世发动圣像破坏运动时,罗马主教坚决反对,并进而支持皇帝的敌人。为此,皇帝剥夺了罗马主教对意大利南部和西西里岛的管辖权,导致罗马主教与皇帝彻底决裂,转而寻求法兰克人的支持。

857年,东罗马帝国皇帝迈克尔三世(Michael Ⅲ,842—867在位)废黜君士坦丁堡大主教依纳爵(Ignatius),另立平信徒佛提乌(Photius)为大主教。依纳爵向罗马主教尼古拉一世申诉,尼古拉一世借机进行干预,要求皇帝恢复依纳爵的职位,并提出归还意大利南部和西西里的管辖权。皇帝不予理睬。863年,尼古拉一世召开宗教会议,宣布将佛提乌革职。佛提乌则针锋相对,指责西部教会为异端,如在《信经》中加入"和子"的字句、星期六斋戒、大斋期喝牛奶、吃奶油和乳酪、要求神职人员独身、只准主教行施坚振礼等。867年,佛提乌在君士坦丁堡召开宗教会议绝罚罗马主教。在开展传教活动方面东、西方教会也不断发生摩擦,争夺对新成立教会的控制权,使东、西方教会的矛盾更加激化。

11世纪中叶,罗马主教联合诺曼人和日耳曼人把东罗马帝国势力挤出意大利南部并任命罗马教会教士担任意大利南部及西西里岛主教。君士坦丁堡大主教迈克尔·塞鲁拉里(Michael Cerularius,1043—1058在职)采取针锋相对的做法,也往那里派遣主教,双方对峙。1053年,迈克尔·塞鲁拉里撰文攻击罗马主教,并指责西部教会在圣餐中使用无酵饼。1054年,罗马主教利奥九世派枢机主教洪贝尔和洛林的弗里德里希为使节前往君士坦丁堡商讨解决分歧的办法,遭塞鲁拉里拒绝。洪贝尔遂将绝罚塞鲁拉里的"教皇通谕"放在索非亚大教堂的圣坛上以示决裂。塞鲁拉里立即召开宗教会议,宣布洪贝尔是"渎神的人","像野猪一样,为了推翻真理,自黑暗的西方来到虔诚之国",并将利奥九世及其使节开除出教。东西方教会就彻底决裂了。

东部教会标榜自己的"正统性"自称"正教"(Orthodoxia),因为是东部教会,又称"东正教",又因为在崇拜仪式中采用希腊礼仪,所以又称"希腊正教"。西部教会则强调自己的"普世性",自称"公教"(Catholicity),因为其领导中心在罗马,所以又称"罗马公教",汉语又译做"罗马天主教"。

第六章 中世纪的罗马天主教会

第一节 教皇的由来及其地位的巩固

一 教皇的由来

早期基督教教会没有统一的组织与领导。随着教会特权的增多,教会内部为争夺领导权的斗争也日益加剧,各主要教区的主教互不相让。445年,罗马主教利奥一世要求西罗马帝国皇帝瓦伦丁尼三世(ValentinianusⅢ,419—445在位)发布诏令授予罗马主教特权,规定罗马主教制定的一切应成为全教会的法律,如果有某个主教拒绝服从罗马主教的传召,该省总督有义务强迫其前往。皇帝的命令成为罗马主教自封为教会最高首脑的法律依据。但各地主教拒绝接受罗马主教的权威,仍然认为所有主教的地位都是平等的。针对445年的诏令,东罗马帝国皇帝马西安于451年在卡尔西顿召开第四次大公会议,会议决议的第28条就是规定君士坦丁堡大主教与罗马主教在教务上具有同等权力。对此,罗马主教利奥一世拒不接受。6世纪中叶以前,罗马主教不仅未能在东部教会,而且也没有在西部教会中树立起最高教会权威。直到560年,西部教会才承认罗马主教的领袖地位。1054年,东西方教会分裂以后,罗马主教垄断了Pontifex或Papa("教皇"或"教宗")的称号,"教皇"的涵义也逐渐明确化了。"教皇"(中国天主教的正式译法为"教宗")一词系译自拉丁文Papa,意为"爸爸"。罗马教皇的全称是:"罗马城主教、罗马教省都主教、西部宗主教、梵蒂冈君主、教皇"。

8世纪下半叶,教皇秘书处伪造了君士坦丁大帝致罗马主教西尔维斯特一世(SilvesterⅠ,约314—335在职)的一封信,信中说:为了感谢西尔维斯特治好了他的麻风病,使他皈依基督,他承认圣彼得的教区高于帝国及皇帝,罗马主教有权管辖耶路撒冷、君士坦丁堡、亚历山大里亚、安提阿四大教区,并把"罗马城和全部意大利、整个西部地区行省、地区和城市"的世俗统治权赠送给罗马主教,史称《君士坦丁的赠礼》。教皇根据这个文件向东方四大教区和西欧各国君主提出权力要求,扩大自己的权势。12世纪时,有人开始怀疑《君士坦丁的赠礼》的真实性,到1440年,意大利人文学者罗伦佐·瓦拉(Lorenzo Valla)等证实该文件确系伪造。

9世纪中叶出现了一本教会法令集,据称它出于7世纪西班牙塞维利亚主教伊西多尔(Isidorus Hispalensis,约560—636)之手,故称《伊西多尔教令集》。这本《教令集》汇集了当时流传的自克雷芒一世(ClemensⅠ,约88—99在职)至格列高利二世(GregoryⅡ,715—731在职)历任罗马主教的书信和一些会议文件。《教令集》载明,根据教会传统,未经罗马主教同意不得开除任何主教,不得召开宗教会议,不能决定宗教问题,主教可直接向罗马教会上诉。《教令集》声称,教权高于政权,各地主教只服从罗马教会,不服从政府。《教令集》是中世纪教会为加强教皇权势、摆脱世俗政权的控制、维护主教职权和教会财产的文献依据,是教权与皇权斗争的有力武器。从12世纪起,《教令集》的真实性受到怀疑。到15—17世纪,经考证,其中的《君士坦丁的赠礼》等40多份文件确属伪造,罗马教廷不得不承认其为伪书,故称之为《伪伊西多尔教令集》。

二 罗马教皇与法兰克人

圣像破坏运动使罗马主教与东罗马帝国皇帝彻底决裂,转而谋求法兰克人的支持。

739年,罗马主教格列高利三世曾请求法兰克人派兵抵抗伦巴人的入侵,但未成功。751年,新伦巴王艾斯图尔夫(Aistulf,749—756在位)夺取了拉文那,对罗马构成直接威胁。754年,伦罗人向罗马进逼,罗马主教斯蒂芬二世(Stephen Ⅱ,752—757在位)亲自前往巴黎向法兰克王丕平(Pepin,741—768)求援,为丕平加冕并封他为"罗马人的行政官"。丕平于754年和756年先后两次出兵意大利,最终迫使伦巴王交出拉文那总督管辖区和彭塔波利斯。丕平就把这两块地方赠送给罗马主教,史称"丕平的赠礼",教皇国由此诞生。教皇既是宗教领袖,又成为世俗君主,于是权势大增。而教皇为丕平加冕之举使教皇自认为有废立皇帝之权,为日后的教权与皇权之争埋下了根源。

771年,丕平的儿子查理统治法兰克,史称"查理曼"(Charlemagne)。772年,查理曼对萨克森发起了长达30多年的战争,终于在804年征服萨克森,在那里设立主教区,建造隐修院,强迫萨克森人信奉基督教。查理曼对征服之地一律强制推行基督教,于是,弗里西亚、巴伐利亚以及奥地利大部地区都皈依了基督。

799年,罗马主教利奥三世被罗马贵族驱逐,逃往帕德伯(Paderborn)请求查理曼保护。查理曼率兵恢复了利奥三世的主教位。800年圣诞节,查理曼在圣彼得大教堂礼拜时,利奥三世突然将罗马皇冠加在他的头上,查理曼遂成为"罗马人的皇帝",法兰克王国也就成为"查理曼帝国"了。

查理曼把战争中夺得的大部分土地分封给自己的部属,逐渐形成封建庄园,各庄园主力图控制自己领地内的教会。另一方面,教会的主教和修院院长也通过各种方式占有了大片土地,成为另一种类型的庄园主。为确保主教在世俗领地中的教权,查理曼规定各地方主教有按立神甫之权,并有权在本教区内巡查执行惩戒。他还把"什一税"(居民将收入的1/10交付教会)定为法律。查理曼统治时期,主教均由皇帝任命(称"主教叙任权"),选立新教皇也须经皇帝批准。与此同时,查理曼还非常重视文化建设,他任用神学家及教育家阿尔琴(Alcuin,约735—804)做主要文化顾问,兴办宫廷学校、修院学校及图书馆,组织人力大量抄录古典文献,从当时西欧文化最发达的爱尔兰修院中聘请一批学者到学校中任教,在学校中开设"七艺":即语法、修辞、逻辑、几何、算数、天文、音乐七门课程。查理曼的努力,使自6世纪以来因蛮族入侵遭到破坏的欧洲文化得到一定的复兴,史称"加洛林文化复兴"(查理曼大帝的名字"查理"拉丁文为Carolinus,因此,他建立的王朝被称为"加洛林王朝","加洛林文化"之名也源于此)。

814年,查理曼去世,帝国很快分裂,国力大衰。教皇失去了法兰克人的政治支持,被罗马贵族所控制。这时,日耳曼人逐渐强大起来。919年,萨克森公爵亨利一世(Henry I,919—936在位)登上日耳曼王位,他先制服了国内其他诸侯,然后向外扩张,征服了易北河以东的斯拉夫各族,击败了匈奴人的入侵,迫使丹麦臣服。亨利死后,其子奥托一世(Otto I,936—973在位)联合主教和修院院长,共同对抗诸侯联盟。他控制了主教和修院院长的叙任权,大批安插自己的亲信,并赐予大片领地及领地内的行政权和司法权。这种权力称为"奥托特权"。奥托同教会结成同盟,在教会的支持下,巩固了自己的政权,教会则借助奥托的力量,扩大自己的影响。

奥托一世稳定了国内局势后,便向意大利扩张势力。951年,他首次进入意大利,征服了意大利北部地区。961年,教皇约翰十二世为摆脱罗马统治者贝伦加尔二世的控制,向奥托求援。奥托再次进军意大利,帮助教皇赶走贝伦加尔。教皇为奥托加冕,封他为"神圣罗马帝国"皇帝。神圣罗马帝国皇帝名义上继承了罗马帝国和查理曼帝国的传统,是基督教各国的领袖,实际上他的统治权只限于德意志兼意大利。

第二节 教皇权势发展的顶峰

一 主教叙任权之争

"主教叙任权"是指授任主教和修院院长等高级神职的权力。罗马教会仿照中世纪初期世俗封建主分封其附庸的做法,在祝圣主教与修院院长时,授予权戒和权杖,象征他们拥有领地内的宗教权力;同时,授予世俗封建主权标,象征他们拥有领地内的世俗权力。但在皇权强盛时,封建君主强调"皇权神授",上帝不仅赐予他们世俗统治权,同时还赐给他们教会管理权,授任神职之权应属封建君主。

有关皇权与教权关系的争论由来已久,早在6世纪,罗马主教格列高利一世就曾以奥古斯丁的《上帝之城》为依据,提出世俗政权必须服从教会,他本人也已拥有了一定的世俗权力。以后,罗马主教又提出"两把刀"的理论,根据《路加福音》第22章第38节"他们说:'主啊,请看!这里有两把刀。'耶稣说:'够了。'"这段经文,把"两把刀"解释为神权和政权(即教权与皇权)。一把司惩罚(指政权),一把司拯救(指教权)。这两把刀都属于彼得,而教皇是彼得的继承者,所以教权与皇权都属于教皇,教权高于皇权,教皇高于封建君主。随着教皇权势的扩大,教会上层人士对世俗统治者控制教会的做法日益不满,他们不仅设法摆脱封建主的控制,而且还力图使教权凌驾于皇权之上。一些不满于教会中各种污秽、腐败行为的教会改革派人士,也把这些弊端归结为世俗权力对教会的干预,主张强化教权,限制世俗皇权。

1049年,教皇利奥九世(Leo Ⅸ,1049—1054在位)在罗马召开宗教会议,痛斥神职买卖和神职人员结婚。同年,他又在兰斯召开会议宣布:"凡不经教士和信徒选举者,不得任教会领袖。"利奥九世去世后,继任的教皇维克多二世(Victor Ⅱ,1055—1057在位)继续坚持其前任的主张。1056年,皇帝亨利三世(Henry Ⅲ)逝世,亨利四世(Henry Ⅳ,1084—1106在位)年仅6岁,由皇后摄政。以克吕尼修道院为代表的改革派趁机发动教会摆脱皇权控制的运动,这就是中世纪著名的主教叙任权之争。

1057年,教皇维克多二世去世后,罗马教会在改革派支持下,未经德国摄政批准,便选举斯蒂芬九世(Stephen Ⅸ,1057—1058在位)为教皇。改革派以枢机主教亨伯特的《反神职买卖三书》为纲领,宣布平信徒(指世俗君主)授任的神职一律无效。1058年,斯蒂芬九世去世,以希尔德布兰(Hildebrand)为首的改革派选举尼古拉二世(Nicholas Ⅱ,1058—1061在位)为教皇。尼古拉二世为摆脱德皇和罗马贵族的控制,接受希尔德布兰的建议,与意大利南部的诺曼人结盟,以增强自己的实力。1059年,教皇在罗马召开宗教会议,宣布严禁平信徒授任神职,并规定以后教皇只应由枢机主教团选立,教皇人选不一定只限于罗马城的神职人员,如遇特殊情况,选举地点也不一定限于罗马。会议对皇帝和世俗政权在选举教皇中的作用只字不提,实际上就是否定了皇帝和罗马贵族选立教皇的权力。

1061年,亚历山大二世(Alexander Ⅱ,1061—1073在位)继任教皇,在希尔德布兰的支持下进一步扩大教皇权势。他强令美因兹和科隆的两位大主教作苦修补赎,因为他们买卖神职;干涉德皇亨利四世的婚姻,不准他休妻;反对亨利四世任命米兰大主教,并将亨利四世的几位亲信开除教籍。

1073年,改革派首领希尔德布兰被选为教皇,称格列高利七世(Gregorius Ⅶ,1073—1085在位)。格列高利七世积极推行克吕尼改革,反对神职买卖和神职人员结婚,遭到德、法数千名主教、神甫的反对,教皇则将一些德国主教免职。1075年,格列高利七世发布《教皇敕令》27条,宣称:"惟有教皇一人具有任免主教的权力";"惟有教皇一人有制定新法律、决定教区划分、设立新教区的权力";"一切君王应亲吻教皇的脚";"教皇有权废黜皇帝","教皇有权解除人民对邪恶的统治者效忠的誓约","教皇可以命令臣民控告他们的统治者";"罗马教会从未犯过错误,也永远不会犯错误";"教皇永不受审判";"凡不与罗马教会和谐的不得视为基督徒"等。格列高利七世的努力,大大加强了对整个教会的中央集权统治,巩固了教皇的绝对权威。为此,枢机主教彼得·达米安称他为"神圣的魔鬼"。

1075年,教皇格列高利七世与德皇亨利四世为争夺米兰大主教区的控制权展开斗争,教皇威胁要废黜亨利四世。亨利四世则于1076年1月在沃尔姆斯召开德意志主教会议,致信教皇,称他"不是教皇而是假僧侣",指责他靠玩弄权术和金钱收买爬上教皇宝座,滥用权力,荒淫放荡等,并宣布废黜教皇。教皇即于同年2月召开会议,宣布绝罚亨利四世,废黜其帝位,解除臣民对他的效忠誓言。教皇敕令使德意志内部矛盾激化,反对亨利四世的德国贵族与修道士、主教等在特里布尔(Tribur)集会,宣布亨利四世如在1年内不能恢复教籍,即取消其帝位,并决定1077年2月在奥格斯堡召开宗教会议以解决德国的宗教和政治问题,并邀请教皇参加。亨利四世陷于孤立,不得不向教皇屈服。1077年初,亨利四世亲自到罗马去向教皇请罪,但教皇不在罗马,便又赶到教皇暂驻地卡诺沙,在城堡外赤足披毡等候了3天,请求教皇宽恕。最后,教皇撤销了绝罚令。这件事史称"卡诺沙事件"。

亨利四世回国后,努力稳定政治局势。1080年,战胜政敌鲁道尔夫。1081年,进军意大利对教皇进行报复。教皇向诺曼人求援,援军未到,亨利四世于1084年攻破罗马城,教皇逃往诺曼人军中。后来诺曼人进入罗马,抢劫3月,烧毁罗马城的1/3。诺曼人撤退时,格列高利七世害怕罗马人民向他清算,随诺曼人南撤,不久病死。

1084年,亨利四世攻入罗马后,扶立了一个新教皇——克雷芒三世(Clemens Ⅲ)。1085年,格列高利七世死后,忠于他的枢机主教们选立维克多三世(Victor Ⅲ,1086—1087在位)为教皇。但罗马为克雷芒三世占据,维克多三世无法行使教皇职权,不久去世。改革派枢机主教又选立法国人乌尔班二世(Urban Ⅱ,1088—1099在位)为教皇,与克雷芒三世对峙。1095年,乌尔班二世发动十字军东侵,1096年利用十字军的力量进入罗马,驱逐克雷芒三世,把敌对派全部开除教籍,接着又鼓动亨利五世(Henry Ⅴ)谋杀其父亨利四世。

1099年,帕斯卡二世(Paschal Ⅱ,1099—1118在位)继乌尔班二世为教皇,为争夺主教叙任权与皇帝亨利五世发生矛盾。1110年,亨利五世进军罗马,迫使教皇让步。1111年,双方达成协议:皇帝不再坚持主教叙任权,但教皇答应德国主教把政治、经济权益完全移交给皇帝,然后教皇为亨利五世加冕。这个协议遭到德国主教们的激烈反对,他们拒绝交出自己的政治、经济特权。教皇无奈,撕毁协议。亨利五世下令囚禁教皇和枢机主教,强迫教皇交出权杖和权戒,承认皇帝对教会选举产生的主教、修院院长有叙任权,并为亨利五世加冕。教皇的退让激起克吕尼改革派的反对。1112年3月,改革派挟持教皇召开拉特兰宗教会议,否认皇帝有主教叙任权,并于同年9月召开维也纳会议,宣布绝罚亨利五世。

在教皇与皇帝长期争夺主教叙任权的过程中,有些教会人士逐渐感到任何一方都无法取得绝对胜利,因此提出妥协的主张,如法国主教伊夫和雨果等先后撰文论证教会和国家都有叙任权,教会授予宗教权力,国家授予世俗权力。实际上,这种做法在英国已经开了先例。英国坎特伯雷大主教安瑟伦(Anselm,亦译安瑟尔谟,1093—1109在职)曾反对英王亨利一世拥有主教叙任权,双方发生激烈斗争。后来彼此妥协,国王放弃主教叙任权,但教会叙任的神职人员必须向国王宣誓效忠,接受国王的世俗统治。这种做法逐渐为教皇和皇帝所接受。

维也纳宗教会议绝罚亨利五世后,亨利五世再次出兵罗马,驱逐了教皇帕斯卡二世及继任者杰拉斯二世,另立新教皇卡立克斯特斯二世(Calixtus Ⅱ,1119—1124在位)。1122年,双方订立《沃尔姆斯宗教协定》达成妥协,规定德国主教及修道院院长由神甫自行选举,选举时,皇帝莅临监督;选举发生争议时,由皇帝和大主教等共同协商解决;皇帝交出象征宗教权力的权戒和权杖;教皇承认皇帝的世俗叙任权,即皇帝用权标(笏)触及受神职者表示授予世俗权力;神职人员必须先得到皇帝的承认,领受了世俗权力后,才能由教会举行祝圣典礼(其他地区则是先由教会祝圣,然后在6个月内领受皇帝的世俗权力)。于是,历时数十年的主教叙任权之争,暂时告一段落,教皇的权势已发展到足以与皇权对抗的地步。从此,确立了中世纪西欧的分权局面,这对近代西方分权制度的发展有深刻影响。

二 教皇与德皇腓特烈一世的斗争

1125年,德意志旧统治王朝灭亡,经过十几年的皇位争夺战争,霍亨斯陶芬家族于1138年夺得皇位。1152年,王朝的第二个皇帝红胡子腓特烈一世(Frederick Ⅰ,1152—1190在位)登位。为了夺取意大利北部富庶地区的财富、控制教皇并进而支配西欧各基督教国家,腓特烈一世曾先后6次入侵意大利,并扶持对立教皇维克多四世(Victor Ⅳ,1159—1164在位)对抗正统教皇亚历山大三世(Alexander Ⅲ,1159—1181在位)。面对德国的入侵,原来四分五裂的意大利北部各城市组成伦巴底同盟,一致对外。教皇亚历山大三世反对腓特烈越权干预教廷,联络威尼斯和西西里为外援,并积极支持伦巴底同盟。1167年,腓特烈攻入罗马,教皇外逃,策动伦巴底同盟与南部的诺曼人结盟共同反抗腓特烈。1176年,腓特烈被伦巴底同盟军击败,被迫乞和。1177年,腓特烈重演100年前的"卡诺莎"故事,亲自到威尼斯拜见教皇,吻其短靴,表示臣服,和伦巴底同盟签订威尼斯和约,承认亚历山大三世为合法教皇,放弃他所扶植的对立教皇。威尼斯和约暂时中止了教皇与皇帝的冲突。

腓特烈一世在军事失败后,便企图用外交手段钳制教皇。1186年,他让儿子亨利与西西里国王联姻,拆散教皇与西西里的联盟,使意大利处于德国势力的包围之中。1190年,腓特烈一世在第三次十字军东侵中死去,其子亨利六世在位6年后也于1197年去世。腓特烈一世对意大利长期用兵,削弱了自己对国内诸侯力量的控制,为教皇利用政治形势扩大权势造成了良机。

三 教皇权势的进一步扩大

1179年,教皇亚历山大三世战胜德皇腓特烈一世后,为防止以后皇帝干预教皇选举,制定了新的《教皇选举法》,规定教皇须经枢机主教2/3以上的人赞成才能当选。这个《教皇选举法》直到现在还基本沿用。此后,教皇又动员欧洲各国的教会法专家制造舆论,鼓吹"教皇权力至上","皇权来自教皇","教皇有权废黜皇帝","教皇除非严重传播异端,不得予以废黜"等,为教皇继续扩大权势作理论准备。

12世纪,教皇除与德皇争夺主教叙任权外,同时与英王也展开相当激烈的权力之争。1164年,英王亨利二世(Henry Ⅱ,1154—1189在位)制定克拉林敦(Clarendon)宪章,限制英国教会向罗马教廷上诉和教会的绝罚权;宪章规定,神职人员诉讼须经世俗法庭审理;主教选举须在国王监督下进行,并须经国王同意,向国王宣誓效忠。这个宪章遭到坎特伯雷大主教贝克特(Becket)的坚决反对,于是,政府法庭宣布贝克特有罪。贝克特上诉于教皇亚历山大三世。教皇令英王恢复贝克特的职位,否则受绝罚。1170年,英王亨利二世让步。贝克特返回坎特伯雷后,扬言要开除赞同克拉林敦宪章的主教们的教籍。不久,贝克特遇刺身亡。教皇借机把贝克特列为圣徒,并声称要绝罚亨利。亨利为求得基督教的支持,不得不答应追查凶手,并宣布废除克拉林敦宪章,甚至亲自赤足步行到贝克特墓前忏悔。即便如此,教皇仍然没有放过他,在教皇和法王腓力二世的策动下,亨利二世遭到儿子们的反对,于1189年黯然去世,但克拉林敦宪章却为后世英格兰法律摆脱教会的控制树立了榜样。

四 教皇权势的顶峰

1198年,英诺森三世(Innocentius Ⅲ,1198—1216在位)登上教皇宝座。他是一个政治野心家,提出了历任教皇追求的世俗最高目标:教皇是"世界之主"。他宣布教皇是"使徒彼得的继承人"这个提法不能表示教皇的真正地位,教皇应该是""真正的上帝的代理人。因为我们虽是使徒之首的继承者,但是我们既不是他的代理人,也不是任何使徒或人的代理人,而是耶稣基督本人的代理人"。所以,教皇的权力直接来自上帝,一切世俗君王都应臣属于教皇,由教皇授予世俗权力。为了实现这一目标,英诺森三世不惜使用任何手段,使教皇的权势达到了历史上的顶峰。

1197年,德皇亨利六世(Henry Ⅵ)死后,贵族集团为争夺皇位,使德国政局陷于混乱,英诺森三世趁机挑起德国内战,将德国势力赶出意大利北部和中部,收复过去被德国和意大利封建主所侵夺的教皇辖地,然后以皇位应由教皇授予为名,在皇位斗争中渔利。1208年,亨利六世之弟菲利普被韦尔夫家族的奥托所杀,英诺森三世与奥托私下达成协议,奥托答应保障教皇国领土安全,不干预德国主教选举,教皇则宣布支持奥托,于1209年为奥托加冕。不料,奥托取得皇位后,立即撕毁协议,并进军意大利。教皇遂宣布绝罚奥托,立亨利六世之子西西里王国幼主为德意志皇帝,称腓特烈二世(Frederick Ⅱ,1212—1250在位)。1214年,奥托被法王腓力二世所败,于是,德国政局完全落入教皇英诺森三世之手。他利用有利的政治局势,扩大教皇权力,干预西欧各国内政。他迫使法王腓力二世(Philip Ⅱ,1180—1223在位)、莱昂国王阿丰索九世、葡萄牙王桑乔一世、阿拉贡王彼得罗二世、保加利亚王卡罗依昂等先后臣服,出面仲裁匈牙利、瑞典、挪威等国的纠纷,并最终使英王约翰屈服。

1205年,坎特伯雷大主教去世,当地神职人员选立一名大主教,拟往罗马请教皇任命,但遭英王约翰否定,在英王操纵下另选一人为大主教,双方都向教皇上诉。教皇利用这个机会向英国扩张势力,另派自己的心腹英格兰神甫兰顿(Stephen Langton)为坎特伯雷大主教。英王约翰拒绝接受。1212年,教皇宣布废黜英王,解除英国臣民效忠英王的誓约,并怂恿英国贵族联合法王共同反对约翰。1213年,英王约翰被迫向教皇屈服,接受兰顿为坎特伯雷大主教,赔偿教会损失,自认为教皇的附庸,每年向教廷交纳1000镑贡金。随着英国的臣服,教皇的权势达到了顶峰。

英诺森三世曾多次组织十字军,征服拜占庭(第四次十字军东侵)、镇压法国南部的异端阿尔比派、侵略波罗的海沿岸的斯拉夫人地区。兵锋所至,教皇势力随之扩张,对各国人民征收名目繁多的教会捐税,并开始大量出售"赎罪券",使大量财富源源流入罗马。同时英诺森三世支持成立托钵修会,宣传"清贫福音",从精神上清除人民对教会的不满。为巩固罗马教廷的权威地位,英诺森三世还修订教会法规,并在第四次拉特兰宗教会议(1215)上,把"实体转化说"定为正式信条。

1216年,教皇英诺森三世去世。继任教皇洪诺留三世(Honorius Ⅲ,1216—1227在位)于1220年为腓特烈二世加冕。腓特烈二世亲政后,对德国封建诸侯采取放任态度,但对西西里却惨淡经营,全力建立中央集权,镇压意大利南部封建主的叛乱,削弱贵族与教会的权利,进而把势力伸入意大利北部,引起意大利北部城市与教皇联盟的反抗。1227年,继任教皇格列高利九世(Gregorius Ⅸ,1227—1241在位)把腓特烈二世开除教籍。1230年,策动恢复伦巴底同盟,与腓特烈进行长期斗争。1243年,教皇英诺森四世(Innocentius Ⅳ,1243—1254在位)宣布讨伐腓特烈,出师不利,被腓特烈包围。教皇连夜逃往法国里昂,依靠法兰西国王重建教廷。1245年,教皇在里昂召开宗教会议,以伪证、亵渎、异端罪把腓特烈二世革除教籍,废黜其皇位。腓特烈则加紧在意大利向教皇领地进攻,宣称要没收教会全部财产。1248年,腓特烈二世在帕尔马附近为意大利城市联军所败,两年后去世。从此,德意志霍亨斯陶芬王朝走向没落,德国分裂为许多各自为政的封建诸侯领地。

从11世纪中叶开始的教皇与皇帝的斗争,经历了200余年,到13世纪中叶,表面上似乎是教皇战胜了皇帝,但实际上教皇开始落入法王的控制之中,教廷权势由顶峰逐渐走向没落。

五 教会法与《教会法典》

8世纪时,皇帝经常委派神职人员充任法官。11世纪,教皇权势日增,教会法庭的权力也随之扩大。教会的一种理论是,根据案件的性质确定应属哪个法庭审理,凡涉及教会利益、宗教信仰或与教会有关的案件,都归教会法庭审理。而中世纪时的各种活动都是在宗教的名义下进行的,所以在教会势力超过君主势力的地区,教会法庭实际上包揽了许多世俗案件。到12世纪初,主教直接充任法官,或由主教指派若干名专学教会法的神职人员在教区内任专职教会法官,每个教区设1名大法官,审理上诉案件。教皇在罗马教廷设立教皇法庭,作为最高法院。

教会法庭权限的扩大使教会成为中世纪最主要的法律制定

者。《教会法》原是教会制定的对信徒、神职人员等在信仰、伦理和教会纪律方面具有约束力的法规、条例等。第一部正式的《教会法》是325年尼西亚会议上君士坦丁大帝颁布的,到12世纪,教会法的范围就已经包罗万象了。

11世纪中叶,开始出现了教会法专家和阐述教会法的书籍。12世纪中叶,意大利波隆那大学的修士革拉先编辑出版了《教会法规歧异汇编》,被认为是当时最主要的法律书籍。该书分三部分:第一部分论述法律的来源和神职人员的特性;第二部分列举触犯教会法的案例并加以分析;第三部分论圣事的本性。

继革拉先的《教会法规歧异汇编》之后,又陆续出现了上百种阐述教会法的书籍。随着教权与皇权斗争的需要,12世纪下半叶,教会法学家又提出了所谓"两把刀"的理论。教皇亲自掌握神权这把刀,并在为皇帝加冕时把政权这把刀暂时交付皇帝,教皇随时可以拿回政权这把刀,所以教皇有权废黜皇帝。到13世纪初,英诺森三世又提出教皇是基督在世上的代表的理论。此后,教皇格列高利九世把英诺森三世发布的《通谕汇编》作为维护教皇权力的依据;英诺森四世则亲自为《通谕汇编》作注解,宣扬教皇权力至上。14世纪初,教皇克雷芒五世(Clement Ⅴ,1305—1314在位)主持编订了《教会法典》,并于1317年正式出版,它奠定了后世教会法典的基础。

第三节 教皇权势的没落

一 皇权对教权的初步胜利

13世纪末,法王腓力四世(Philip Ⅳ,1285—1314在位)成为法国第一个专制君主。他加强王权,任用一批市民出身、精通罗马法的法学家掌握司法权,以排斥一向把持司法机关的神职人员,摆脱教皇的控制。为了筹集对英战争的经费,腓力四世下令向教会神职人员征税。这项措施影响了教皇的收入,教皇卜尼法斯八世

(Bonifacius Ⅷ,1294—1303在位)于1296年发布通谕,宣布世俗君主无权对他们领土上的教会财产和神职人员行使任何权力,凡不经教皇同意向教会征税者将受绝罚。腓力四世则针锋相对,下令禁止法国金银货币出境,使罗马教廷的财政受到沉重的打击。教皇的政敌趁机攻击卜尼法斯八世传播异端、出卖神职、谋害前任教皇西莱斯丁五世(Celestine Ⅴ,1294在位)等29条罪状,要求腓力四世召开宗教会议讨论废黜教皇问题。卜尼法斯八世被迫让步,承认法王有权在必要时向本国神职人员征税。双方矛盾暂时缓解。1300年,教皇又谴责腓力四世侵犯教会特权。1301年,腓力四世以叛国罪逮捕法国大主教,教皇认为这是不能容忍的挑战,通谕法国主教到罗马开会讨论法国教会的处境问题,并命令法王释放大主教。1302年,腓力四世召开由贵族、僧侣和市民资产阶级代表参加的首次三等级会议,与会者一致支持国王。教皇遂发布《一圣通谕》,重申教皇拥有高于世俗君主的最高权力。1303年,正当教皇准备绝罚腓力四世时,腓力四世派人潜往罗马,勾结教皇的政敌,攻入教皇宫邸,将卜尼法斯八世痛打凌辱。几周之后,卜尼法斯八世因此死去。法王控制了罗马教廷,教皇权势由盛而衰了。

1305年,教廷在腓力四世压力下选举法国人克雷芒五世为教皇。他因怕意大利人民的反抗,不敢去罗马就职,于1309年把教皇宫邸迁到法国控制下的阿维农(在意大利北部,紧靠法国边境)。从此以后,连续7任教皇都是受法王控制的法国人,驻在阿维农。这种局面一直延续到1377年,教皇格列高利十一世(Gregorius Ⅺ,1370—1378在位)才迁回罗马。教皇迁驻阿维农的70多年被称为教皇的"巴比伦之囚"时期。

二 阿维农教廷

1305年,法王支持的教皇克雷芒五世在阿维农组织教廷,枢机主教团中增加了9名法国人,都是教皇的亲信,甚至其中有3个儿童。这样一来,法王就完全控制了枢机主教团。为了取悦法王腓力四世,克雷芒五世把卜尼法斯八世谴责他的历次通谕全部撤销,并修改了《一圣通谕》，还同意法王对教会财产征收什一税。1311年，教皇发布《荣耀君王》通谕，承认世俗王国是上帝直接设立的。

教皇成为法国的傀儡后，仍然以欧洲其他国家的统治者自居，干预他们的事务。1314年，克雷芒五世去世，枢机主教团内部斗争了两年多，仍然选不出继任教皇。最后，法王在里昂召集全体23名枢机主教开会，选出了约翰二十二世（John XXII，1316—1334在位）为教皇。

当时，德国诸侯巴伐利亚的路易和奥地利的腓特烈争夺帝位，约翰二十二世上台后，为削弱德国在意大利的势力，在法王支持下拒不承认路易与腓特烈有继承帝位的资格，宣称在新皇帝产生以前，教皇有权统治帝国。不久，教皇绝罚了路易，路易则指控教皇传播异端。同时，教皇对德国的野心也激起了德国贵族的不满。1321、1324年，教皇两次对米兰贵族发动战争，1328年，出兵讨伐巴伐利亚的路易；他甚至干预英王爱德华二世的饮食、服装、娱乐等。约翰二十二世的这些作为引起西欧国家的普遍反感，使教皇的威望一落千丈。

教廷迁至阿维农后，原在意大利的教产大部丧失，同时教皇与西欧各国的矛盾也使教廷收入大为减少。为维持教廷的庞大开支，教皇除加重"什一税"外，还巧立名目，增设各种苛捐杂税，使用直接勒索、间接转嫁等方式进行搜刮。沉重的负担落在人民头上，反对教廷的斗争不断发生。

1370年，教皇格列高利十一世登位。当时，意大利北部和中部的人民纷纷起义，教皇国危在旦夕，米兰公爵柏纳波也公开反对教皇。教皇派特使去米兰宣布停止柏纳波的教籍。柏纳波毫不示弱，大骂教皇，并强迫教皇特使当众把教皇通谕吞下肚去。1375年，佛罗伦萨、米兰、热那亚、比萨和教皇国等共80个城市联合起来，要求推翻教皇的神权统治，获得自由。教皇立即派兵镇压，并于1376年亲率雇佣军离开阿维农进军罗马。1377年，罗马教廷正式迁回罗马，从而结束了历时70余年的"阿维农时期"。

三 西方教会大分裂(1378—1417)

1377年,教皇格列高利十一世把教廷从阿维农迁回罗马后,继续用武力镇压意大利人民的反抗。1378年,他在动乱中死去。

格列高利十一世的枢机主教团中,法国人占多数。教皇死后,他们希望迁回阿维农去,但罗马人民强迫枢机主教团选举意大利人乌尔班六世(Urbanus Ⅵ,1378—1389在位)为教皇。4个月后,法国人把持的枢机主教团推翻此次选举,另选法国人克雷芒七世(Clement Ⅶ,1378—1394在位)为教皇。克雷芒七世把教廷设在阿维农。但乌尔班六世拒不退位,在罗马组织教廷。于是,就出现了由同一个枢机主教团选出的两个教皇同时并立的对峙局面。双方都自称正统教皇,各有自己的枢机主教团,组成自己的教廷,互相指责对方是"伪教皇",互相开除教籍;西欧各地方教区主教或修院院长出缺,双方都派人前往接任;双方同时向欧洲各基督教国家征收赋税;阿维农教皇还多次对罗马教皇发动战争,但都未能推翻后者。教廷分裂之后,双方都努力争取各国的支持。由于种种原因,意大利、德国、波希米亚、丹麦、瑞典、英格兰、波兰、佛兰德斯等支持罗马教廷;法国、西班牙、苏格兰、西西里、那不勒斯等支持阿维农教廷。这样一来,西欧国家就分裂成两个敌对阵营,同时,神学家、教会法专家、大学、大主教、主教、修院院长、神甫、僧侣等,也分别追随所属国家,支持各自的教皇,制造舆论,攻击对方,形成了西方教会的第一次大分裂。

教廷的分裂大大降低了教会在欧洲的威信,神权统治的削弱也动摇了世俗政权统治。法、英、西班牙等大国想利用教廷的分裂走向中央集权,摆脱教皇的控制和教廷的勒索,但面对各国以异端形式不断出现的农民起义,他们又需要一个统一的教会来镇压人民反抗。因此,14世纪90年代以后,各国市民阶级通过大学呼吁结束教会分裂,很快就得到一些君主的响应。1396年,英法签订《加莱条约》,要求两个教皇同时退位;1398年,德法又达成同样协议。但两个教皇都提出以对方先退位为条件拒不退位。

英国原来为对抗法国而宣布支持罗马教皇,但不久因争夺教权和拒付教皇赋税,而于1396年撤回对罗马的支持,否认两个教皇。1408年,波希米亚与匈牙利也相继撤回对罗马的支持。同年,法王宣布不再支持阿维农教皇本笃十三世(Benedict XIII,1394—1423在位),并召开宗教会议谴责本笃十三世是异端分子、敌基督者。本笃十三世被迫逃往西班牙。1409年,在法国的影响下,召开比萨宗教会议。原来分别支持两个教皇、助长教会分裂的封建君主转而谋求结束分裂的局面。比萨会议由罗马和阿维农的两个枢机主教团出面主持,宣布宗教会议有权废立教皇,随后宣布两个教皇的异端罪,予以废黜,另选亚历山大五世(Alexander V,1409—1410在位)为统一教皇。但原来的两个教皇还分别得到一些封建君主的继续支持,拒不退位。于是形成了三个教皇鼎足而立的局面,欧洲教会更加分裂、更加混乱了。

教会的混乱与腐败使教会内部的一些有识之士奋起倡导教会改革,教皇则伙同封建主镇压改革派。1414年,比萨教皇约翰二十三世(John XXIII,1410—1415在位)被迫委托德意志皇帝西吉斯孟在德国南部的康斯坦茨召开宗教会议,邀请各派代表参加。会议在德、法、英国的联合操纵下,处死了捷克教会改革家胡斯(Jan Hus,约1372—1415),引起了捷克的胡斯革命运动。1417年,为了共同镇压风起云涌的农民起义,各国君主达成协议,把3个分裂的教皇都予废黜,另选举马丁五世(Martin V,1417—1431在位)为新教皇。马丁五世分别与各国君主订立协议,作出权力上的让步,1418年,康斯坦茨会议结束,同时也结束了历时40年的西方教会大分裂,但教皇权势从此就一蹶不振了。

第四节 经院哲学

一 经院哲学的一般特点及唯名论与唯实论的争论

随着罗马教会势力的发展和隐修制度的建立,教会神职人员的队伍日益扩大,神职人员的培养成为教会面临的一个重大问题。同时为了封建专制制度的巩固、强化,也需要培养大批封建官吏。在这样的历史条件下,从9世纪开始在修道院和主教座堂陆续建立了一些学校,加洛林王朝也在宫廷中开设了由教会主持的学校。这些学校以神学、哲学为主要教学内容,同时开设了语言学、修辞学、逻辑学等方面的课程,教学的目的主要是为教会培养神职人员,也为封建王朝训练皇室成员、贵族,培养各级官吏。至12世纪,这些学校都由教会主办,神学课讲授的内容以《圣经》和基督教神学为中心,以论证神学问题为主要的教学方式,在学校中从事教学、研究的又多是多明我会和方济各会等修会的修士,因而在这些学校中所研究、讨论的学问就被称为"经院哲学"。

经院哲学在西欧中世纪意识形态中占据了核心的地位,它所讨论的主要是以下几方面的内容:上帝存在的问题;三位一体问题;信仰与理性的关系问题;皇权与教权的关系问题;圣事的内容、意义等问题。在讨论中,经院哲学坚持以《圣经》、历次大公会议决议、古代教父的著作作为立论的根据。在经院哲学后期,古希腊著名哲学家如柏拉图、亚里士多德等人的著作也成了论证的依据。经院哲学所运用的方法,主要是亚里士多德的演绎方法,多数经院哲学家确信,上述神学问题都能够通过逻辑论证加以解决。于是引经据典、征引权威、详细论证、相互论辩成了经院哲学的基本特色。

为了对上述问题展开理论论证,经院哲学家们往往引用古希腊哲学的一些概念、范畴,从不同的哲学观点出发论证问题,这就把神学问题与哲学问题联系在一起,从而导致了持续几个世纪的"唯名论"与"唯实论"的争论。唯名论与唯实论争论的焦点在于对于"一般实体"(又称"共相")的不同认识。"唯实论"认为,"一般实体"是真实存在的,它是具体事物存在的根据,它比具体事物更真实,而具体事物则是由"一般实体"派生的。与这种观点对立的是"唯名论","唯名论"认为,不存在所谓"一般实体",真实存在的只是形形色色的具体事物。"共相"只是一个名称,它不能离开具体事物而独立存在。"唯名论"与"唯实论"的争论影响到对神学问题的不同看法,引发了在神学方面的一系列争论。

经院哲学在12—13世纪达到鼎盛,先后出现了安瑟伦、阿伯拉尔(Pierre Abélard,1079—1142)、彼得·伦巴德(Peter Lombard,1100—1160)、托马斯·阿奎那(Thomas Aquinas,1225—1274)、罗吉尔·培根(Roger Bacon,约1214—约1292)、约翰·邓斯·司各脱(Johannes Duns Scotus,约1265—1308)等著名神学家。随着经院哲学的发展,法国的巴黎、英国的牛津等地逐步成为教学和学术活动中心,经教会批准建立起一些师生结合的自治团体,这就是近代"大学"的雏形。14世纪后,神学教育逐步走向衰落,在教学中增加了自然科学和人文科学的内容,演变成为独立的科学研究、教育机构,经院哲学也失去了在意识形态领域中的统治地位。

二 早期的唯名论者贝伦加里、洛色林和阿伯拉尔

贝伦加里(Berenger,约999—1088)是一位法国神学家,曾任图尔的主教座堂学校校长,他曾著《论圣餐》一文,站在唯名论立场上反对当时的正统神学和唯实论关于圣餐中"实体转化"的说法("变质说")。他认为除实体外没有任何真实的东西,而实体只能是为外部感官所感知的东西。因此,在圣餐中人们吃的饼、喝的酒并非如变质说所认为的那样,经过祝圣就变成了耶稣基督的血肉的实体。他认为信徒所领的仍是真实的饼和酒,信徒通过圣餐接受基督的身体和血这只具有精神上的象征意义。贝伦加里强调要用"辩证术"即逻辑方法思考神学问题,也就是要运用理性研究神学。他诘问"变质说":耶稣基督既早已升入天国,他的"身体"怎能降临圣餐礼上呢?即使能够降临,即使他身体巨大如塔,那也一定早被千百万人吃光了。贝伦加里的上述观点,遭到了当时持正统派观点的教会人士的攻击,他的书被没收、焚毁,他本人也受到宗教审判,被革除教籍。为躲避迫害,他曾一度宣布放弃自己的观点,但以后又恢复了原来的立场。贝伦加里的观点虽为罗马正统教会否定,但他的理性主义神学思想、唯名论观点对以后经院哲学的发

展产生了一定影响。

洛色林（Roscellinus，约1050—1112）是继贝伦加里后的又一位唯名论神学家，曾在布列塔尼讲学。他认为只有个别的感性事物才具有实在性，"共相"只是名称、记号，甚至只是一种声音或空气的振动。由于他完全否认"一般"的真实存在，这种观点被称为"极端唯名论"。他用唯名论的观点反对教会传统的三位一体说，认为三位一体也只是一个名称，并无实体存在。圣父、圣子、圣灵若按其权威、意志、品格来说是统一的，但这只是名称上的统一，若按其本性来说只能是三个个别实体，所以应称其为三个神。洛色林的上述观点受到当时正统派的反对，他在1092年召开的苏瓦松宗教会议上被指控为异端，他的著作也被销毁。由于害怕教士们用私刑，洛色林一度宣布放弃原来的学说，后移居荷兰，又继续坚持其唯名论立场。

早期经院哲学中，最为著名者之一是阿伯拉尔，他出生于法国的布列塔尼。先曾师从唯实论者香浦的威廉（Guillaume de Champeaux，约1070—1121），以后又成为洛色林的学生，曾任巴黎圣母大堂的执事，后因与人恋爱、私下结合而被私刑阉割，进入修道院终了一生。他生前学生很多，思想影响很大。阿伯拉尔不否认"一般"的存在，他认为个别事物的"相似性"就是"共相"的客观基础。但是这种相似性只是事物的状态，并不是独立存在的另一种事物。客观上只有个别事物，没有"一般实体"。他还认为"共相"是人们心中的概念，人们可以把它抽象出来单独思考，但它不能在现实中单独存在，这种观点因此被称为"概念论"。由于他并不完全否定"共相"，所以被认为是温和的实在论者。阿伯拉尔从上述观点出发还写了《伦理学》、《是与否》等著作，在"三位一体"、"原罪"、理性与信仰等问题上提出了自己的见解。在"三位一体"的问题上他反对洛色林的"三神论"，把圣父理解为"太一"或善，认为圣子是逻各斯或上帝心灵中的理念，圣灵是世界灵魂，三位各有不同的属性：权力、智慧和上帝良好的意愿，这种观点颇具新柏拉图主义色彩，在当时被指控为宣传撒伯里乌主义。在原罪问题上他主张道德的主体是个人而不是抽象的人类。认为亚当遗传给人类的是罪感而不是罪罚,因为不可能设想上帝会因个人的父母犯罪而惩罚他。个人行为的动机决定个人是否道德,善恶在于人的本性而不在于行为。罪是个人的、内心的,救赎也是针对个人内心的。他认为人称义不在于行律法,而在于自己有了爱心。在信仰与理性的关系上他主张理性主义的神学观点,认为先有理解后有信仰。他在《是与否》中对古代教父的观点提出怀疑,罗列了许多相互矛盾的命题,认为"由于怀疑,我们就验证,由于验证,我们就获得真理"。阿伯拉尔的观点在1141年召开的桑斯宗教会议上被指控为异端,他虽向教皇申诉但遭驳回,次年即卒于克吕尼修道分院中,但其某些思想却为后世神学家所继承。

三 经院哲学的典型代表安瑟伦和托马斯·阿奎那

安瑟伦出身于意大利奥斯塔(Aosta)的贵族家庭,1060年在法国加入本尼狄克修会,曾任法国诺曼底贝克(Bec)修道院院长,英国坎特伯雷大主教。安瑟伦的神学思想继承了柏拉图的哲学观点和奥古斯丁的神学体系,认为神学问题可以通过哲学的逻辑思辨、论证加以解决。他著有《证道篇》、《独白篇》、《上帝为何降世为人?》等著作,阐释其神学观点。

安瑟伦受柏拉图理念论影响,认为"一般"是独立于个别之外的独立实在,是个别事物的基础和个别事物必须服从的原则,普遍概念先于单个的事物,后者只是作为"一般"的结果而存在。这种观点被称做"极端的唯实论"。从这一立场出发安瑟伦提出了对上帝的存在,救赎、王权与教权、理性与信仰等问题的看法。

上帝的存在是基督教信仰的基础,对这一信念的任何怀疑和动摇都会导致基督教神学体系的瓦解,这一命题因而成为经院哲学关注的一个中心,同许多经院哲学家一样,安瑟伦也认为上帝的存在是可以通过逻辑论证加以证明的。安瑟伦依据唯实论的观点,认为越是一般的东西就越具有实在性,上帝的观念是最一般的,所以上帝是最高的实在。他论证道:当人们思考上帝时,是把他作为无限完满的存在来思考的,不能设想有比他更完满的实体,也不能设想完满的上帝会不完满(缺少"存在"这一属性)。他引用《圣经·诗篇》中的话"愚顽的人心里说没有神"认为连愚顽的人心里都有关于上帝的观念,他们却否定上帝的存在,这是荒谬的。这就是著名的关于上帝存在的"本体论论证"。他还用类似方法论证上帝的全知、全能、无限、公义等属性。这种由思维中的存在推出现实中的存在的"论证"在当时就有人提出异议,法国神学家、马尔穆蒂隐修院的高尼罗(Gaunilon,?—约1083)就曾写了名为《为愚人辩护》的文章反驳他,高尼罗认为必须把观念与实在的东西区别开来,即使承认人心中都有关于最完满的实体的观念,也不能就此肯定最完满的实体的存在。高尼罗并不否认上帝的存在,只是认为安瑟伦的论证缺乏合理性。由于上述"本体论论证"存在着明显的缺陷,又引起了争论,所以没有得到当时教会的正式确认,不久,就被后来的托马斯·阿奎那提出的"宇宙论证明"和"目的论证明"所取代了。

在"救赎论"问题上安瑟伦反对早期教会关于赎价付与魔鬼的说法,认为人因为犯罪,亏缺了神的荣耀,赎价只当付与上帝,但作为有罪之身的人本身是无此能力的,因而惟一的方法是上帝降世为人,也就是"道成肉身"的基督。他一方面具人性,取了人的形象,另一方面又具神性,有无限价值,于是凡皈依基督的人都可因基督支付的赎价而获拯救。安瑟伦的上述救赎论,也贯穿着唯实论的思想,他肯定整个人类一般的"罪"的存在,也肯定"人一般"的存在,认为基督所采取的正是"人一般"的形象。

安瑟伦还把唯实论的观点用于解释王权与教权、理性与信仰的关系。他认为既然上帝比地上的存在有更大的实在性,教会又是上帝在人间的代表,因而教权高于王权,国王应服从教皇,为了维护教皇的权利,争夺主教叙任权,他甚至两次遭到英王的驱逐。基于同样理由,他主张信仰高于理性。他虽不像某些早期教父那样完全否认理性的作用,但认为信仰是理解的基础,理解可以为信仰提供论据,必须先信仰,然后去求理解。

托马斯·阿奎那生于意大利的那不勒斯,是阿奎那地方的郎多耳福伯爵之子,早年就读于那不勒斯大学,后参加多明我修会。曾受业于著名的经院哲学家阿尔伯特(Albert,1193—1280),获神学博士学位后从事神学和哲学的教授、研究工作,著有《神学大全》等著作,把经院哲学推上顶峰。托马斯·阿奎那的思想对后世的神学和哲学发展也产生了一定影响。

托马斯·阿奎那的神学观点受亚里士多德哲学的影响,他认为普遍概念与单独的具体事物同时存在,前者是后者的根据。他认为"一般"有三种存在方式:第一,"一般"作为神创造万物的"理念原型"存在于被创造的万物之前;第二,"一般"作为个别事物的"形式"或"本质"存在于个别事物之中,"一般"是形式,个别事物是形式与质料的结合;第三,"一般"作为人对个别事物的认识而形成的概念,存在于人的理智之中,在个别事物之后。由于托马斯·阿奎那不完全否认个别的存在,这种思想因而被称为"温和的唯实论",他对于一般与个别关系的上述理解,也渗透到他整个神学体系的各个方面。

论证上帝存在,也是托马斯·阿奎那神学体系的中心问题,他受彼得·伦巴德从万事万物的存在说明上帝存在的论证方法的启发,舍弃了安瑟伦关于上帝存在的"本体论证明",提出了关于上帝存在的"宇宙论证明"和"目的论证明"。他的论证包括五个方面:第一,从事物的运动变化证明上帝存在。托马斯·阿奎那引证亚里士多德的观点,认为万物都是运动的,事物的运动只有在另一种力的作用下才能实现,由此推论下去必有一个最终的不动的推动者存在,这个"第一推动者"就是上帝。第二,从原因与结果的关系论证上帝存在。托马斯·阿奎那认为,事物之间的联系构成因果关系的序列,每个原因又都有其原因,由此可上推到一个最初的原因,不需要任何原因的原因,这个"第一因"就是上帝。第三,从可能与必然的关系论证上帝的存在。托马斯·阿奎那认为,每一事物都有生有灭,都只是可能的事物,迟早总会失去其存在,这说明它们的存在不是依赖其自身的必然性,然而一定有一个自身具有必然性的存在,来保证整个世界的存在,否则世界上就不会有任何事物存在了。这一自身必然的存在者,就是上帝。第四,从事物现实的等级来证明上帝存在。托马斯·阿奎那认为,在任何一类现实的事物中都存在着一个等级的系列,如真、善、美等都有不同的程度,有的较真、较善、较美,有的很真、很善、很美等,在这个等级序列中,必然有最高的等级,是所有等级的规定者,这最真、最善、最美者,就是上帝。第五,从世界的秩序和目的论证上帝存在。托马斯·阿奎那认为,任何事物的存在都有它的目的,整个世界在有目的、有秩序地活动,因此可以断定,一定有一个具有最高智慧者来规定这一切,这个"最高智慧者"就是上帝。

托马斯·阿奎那上述论证的最大特点在于他没有排除自然界和自然知识在论证神学问题中的作用,因而,比起安瑟伦来,他在更大程度上对理性给予了肯定。托马斯·阿奎那认为,理性和信仰可以同时存在,前者通过对柏拉图、亚里士多德的著作的理解获得,后者来自《圣经》的启示和教父及教会权威的著作。信仰超越理性,但并不违反理性。他认为"神学可能凭借哲学来发挥,但不是非要它不可,而是借它来把自己的义理讲得更清楚些。因为神学的原理不是从其他科学来的,而是凭启示直接从上帝来的。所以,它不是把其他科学作为它的上级长官而依赖,而是把它们看成它的下级和奴仆来使用。"(见托马斯《神学大全》第1集第1部)

在《神学大全》中托马斯·阿奎那还论述当时为教会所普遍关心的圣事问题与教会权力的问题,他肯定传统的观点,确认洗礼等7件圣事。认为它们都是由耶稣基督亲自或经使徒之手设立的,除教会所行的圣事以外,再无与神交通的方法,他还具体阐发了有关洗礼、圣餐、告解等教义,对于罗马教会关于补赎、"善功库"、"炼狱"等观念也作了详细论证。他认为,由于教会在勾通神人关系、拯救罪人的工作中居于特殊地位,因而教权高于一切,他引证亚里士多德的观点,认为人的灵魂是形式,肉体是质料,后者应受前者支配,而教会是拯救人灵魂的,故而应支配世俗权力。他还认为有形的教会应有有形的元首,这就是罗马教皇,这样在强调教会权力的同时,把教皇抬到了至高无上的地位。

由于托马斯·阿奎那的神学体系适应了当时罗马教会强调信仰、强化教权、反对异端的需要,因而深得历任教皇的推崇,1323年,被承认为圣徒,多明我会也将《神学大全》定为该修会的准则。1879年,教皇利奥十三世认定托马斯·阿奎那的学说是天主教惟一正确的神学——哲学体系。

四 中世纪晚期的唯名论者罗吉尔·培根、司各脱和奥卡姆的威廉

经院哲学传统上虽强调信仰高于理性,但在其发展的过程中却又不断地运用理性论证神学问题,从而肯定了理性的地位,培养、锻炼了人的理性思维能力。经过几个世纪的争论冲突,唯名论与唯实论的观点井始逐步接近。13世纪以后,近代自然科学开始萌发,市民资产阶级逐步崛起,对经院哲学的发展产生了一定影响。正是在这种背景下,13—14世纪在经院哲学内形成了一个以罗吉尔·培根、约翰·邓斯·司各脱和奥卡姆的威廉为代表的唯名论学派,这些人多属方济各修会,与托马斯·阿奎那所在的多明我修会存在门户之争,由于他们都是英国人,故又被称为"英国的唯名论"。

罗吉尔·培根生于英格兰,曾就读于巴黎大学和牛津大学,后在牛津大学任教,37岁时参加方济各修会,因反对经院哲学的"正统"观点,被控为异端,于1278年入狱,在监狱中生活了14年。他曾著有《著作主集》、《著作次集》、《哲学研究纲要》等,阐发其唯名论观点。他否认一般的独立存在,强调特殊性才是个体的真实性,指出"共相只存在于个别之中,无论如何也不依赖于心灵"。他同时肯定共性的存在,但认为"共相"只不过是几个殊相的相似之点。从上述唯名论观点出发,他强调知识必须从对事物的感觉经验中产生,因此他很重视科学,反对盲从权威,固守传统偏见和炫耀假聪明。他认为认识有两种方法:理智的论证和科学实验,他把科学实验视为"科学之王",认为理智的证明总得伴随其相应的经验,否

则单纯的证明是难以使人理解的。他受亚里士多德思想的影响，热衷于科学实验，研究火药、眼镜、光的折射、反射等，设想过无桨的船和潜水艇、飞行器等，也搞过炼金术。由于他积极从事各种科学实验，因而被反对他的人指控为"行巫术"。罗吉尔·培根熟悉当时自然科学的成果，并企图把自然科学方法运用到《圣经》研究领域，主张结合历史、地理、天文、历法等科学知识和根据原文来研究、查考《圣经》。

约翰·邓斯·司各脱是苏格兰人，方济各会修士。曾在巴黎大学学习，后在巴黎、科隆、牛津等大学任教，他曾写作了《牛津论学》、《巴黎论学》、《问题论丛》等多部著作，在生前就已获得很高声望，人称"精明的博士"（Doctor Subtilis）。其后，他的思想被确认为方济各修会的思想准则。司各脱受到阿拉伯的亚里士多德学派的影响，有人认为他比托马斯·阿奎那更接近奥古斯丁和新柏拉图主义。司各脱否认存在着独立于人的思想之外的"一般"，认为客观上只有个别存在。他运用亚里士多德的"形式-质料说"主张一切事物都是形式和质料的结合。他承认个别事物之间存在共性，但认为共性不是与个别事物并列的实体，共性被"浓缩"后存在于个别之中。如"人"是"动物"的浓缩体、"柏拉图这个人"是"人"的浓缩体等。根据上述唯名论思想，他主张划清神学与哲学的界限，提出"双重真理说"。他认为神学高于哲学，神学是"实践"的科目而不是"思辨"的科目，对于"三位一体"、先知、灵魂不死等只能在个人的生活中，在自己的"沉思"中"确信"，而不能通过教会的权威、学者们的论证来证实，当然也不能通过论证加以否定。他认为合理论证的神学是没有的，如果不是靠着神的启示，人们根本无法凭借理性获得关于上述神学问题的知识。同时，司各脱也承认哲学的作用，认为哲学的对象是具体实物构成的世界，这个世界自身存在着理性真理，他甚至断言，哲学是独立的，不应从属于神学，人的理智无需神的启示也能达到某些真理。由于神学与哲学、理性与信仰各有其对象和作用，所以二者是互不统属、互不冲突的。在上帝论问题上，司各脱不赞成托马斯·阿奎那把上帝的本质归结为实有的观点,认为上帝就是"绝对意志",基督舍身流血的价值完全在于这是上帝指定的救赎方法,是上帝意志的体现。人认罪、悔改就是接受上帝的拯救,服从上帝的意志,就蒙赦免,获得神赐予的恩典。司各脱还首倡"圣母无原罪始胎说",这一观点后来成为天主教会的重要信条之一。

奥卡姆的威廉(William of Occam,约 1285—1347)生于英国伦敦附近,曾就学于牛津大学,后移居巴黎,加入方济各修会并成为著名的经院哲学家。14 世纪初,方济各修会与教皇约翰二十二世公开冲突,奥卡姆的威廉遭到逮捕,后被革除教籍,其著作也被视为异端。他越狱后投奔神圣罗马帝国皇帝路易四世(Louis de Barière,约 1287—1347),在其庇护下从事著述,死于慕尼黑。他的主要著作有《逻辑大全》、《论辩七篇》、《皇帝权力和教皇权力》等。奥卡姆的威廉深受司各脱思想的影响,坚持唯名论观点,认为存在就是个体的存在,人类的知识也是从认识个别事物开始的,"一般"只是"标志"事物的"记号",人们在感知事物时用这些记号来表征事物的"相似点",是人们"约定"的事物。"一般"不能脱离人的认识活动而独立存在。他认为托马斯·阿奎那等人关于"实体"、"形式"、"隐秘的质"等说法没有客观根据,运用这些概念非但不能说明事物而且还会增加混乱,因为它们本身也是有待说明的。因此他提出"如无必要,勿增实体","能以较少者完成的事情若以较多者去作即是徒劳"。由于他主张把可被感官感知的对象以外的一切抽象设想剃除尽净,故这一原则被后人称为"奥卡姆的剃刀"。基于上述观点,奥卡姆的威廉也反对托马斯·阿奎那等人提出的关于上帝存在的各种证明,他认为神学与哲学、理性与信仰之间有着确定的界限,在神学中应以信仰作为基础,关于上帝存在等神学问题不应企图以理性加以证明。而在科学中则应通过理性去获取知识。奥卡姆的威廉不满于阿维农时期教廷和教会中存在的大量腐败现象,直接向教皇制度挑战,他认为国家与教会各有其职权范围,国家处理人世间的各种公共事务,教会负责拯救人的灵魂,二者都是必需的。而教皇制则是一种临时的制度,是人为的,教皇并非基督的代表,教皇也会犯错误,因此他主张教会不得干预政治,政教分离。

总之,英国的唯名论在认识论方面强调对个别事物的感知是认识的起点,在真理问题上倡导二重真理论,在神学问题上反对经院哲学繁琐的证明方法,在王权与教权问题上对教皇制提出非议,这些观点虽然没有超出神学理论的基本范围,但毕竟给予人类的理性以一定的自由空间,对教皇至上、信仰压制理性的中世纪传统思想进行了一定的抵制和批判。英国唯名论的上述特点对以后的宗教改革运动和英国的经验论哲学产生了深刻的影响。

第七章 十字军

第一节 十字军战争的由来

中世纪早期,由于蛮族入侵,西罗马帝国的城市渐趋没落,但到了10、11世纪,西欧各国的生产力又有了很大提高,手工业作坊逐渐脱离农业,出现了以商业和手工业为主的新兴城市。这种情况在意大利更为突出。城市的发展形成了以工商业为主的市民阶级。他们同地中海东岸的阿拉伯商人以及拜占庭帝国争夺近东港口和市场,把他们当做自己的贸易劲敌,想方设法打击、削弱他们的竞争力量。与此同时,11世纪西欧的土地已为各国封建主瓜分净尽,随着城市商品经济的发展,封建主生活日益奢侈,原有领地中的收入已不能满足他们的挥霍,因此,他们一方面加重对农民的剥削,使大部分农民沦为农奴,另一方面期望向外扩张,夺取新领地,另辟财源。当时西欧各国实行长子继承制,封建主的土地归长子所有,其他儿子只能成为无地骑士。他们收入微薄,生活奢华,为争夺财产,彼此争斗不休,其中不少人甚至沦为盗匪,靠打家劫舍为生。这批人垂涎东方的土地和财富,期望据为己有。

另一方面,社会的动乱和基层人民的悲惨生活,使许多人对现实生活感到绝望,转而热烈地追求死后的"天国"。他们把现实的苦难看做上帝的惩罚,积极提倡苦修、禁欲、补赎和朝圣,借以求得上帝的宽恕。因此人们对宗教普遍热心起来。7世纪以后,耶路撒冷被穆斯林占领,他们对基督徒实行宽容政策,允许修道院继续存在,基督徒可自由地到耶路撒冷去朝圣。塞尔柱突厥人兴起后,于1055年灭亡伊斯兰阿拔斯王朝,又先后占领了叙利亚、巴勒斯坦和小亚细亚的大部分地区。他们对基督徒的政策较为严厉,一些欧洲朝圣者带回他们渎神的消息,引起西欧基督徒的强烈不满,这种情绪,一经教会的煽动,很快变为宗教狂热,成为十字军的精神支柱。

1081年,东罗马帝国皇帝阿历克塞一世(Alexius I,1081—1118在位)即位,因无法抵抗塞尔柱突厥人,遂向罗马教皇乌尔班二世求援,甚至表示愿将东正教会重新合并在罗马教皇统治之下。教皇早就把东方看做扩大教会势力、增加教会财富的目标,而且还想趁机控制东方教会。阿历克塞一世的求援给教皇一个发动侵略战争的"神圣"借口。1095年,乌尔班二世在意大利北部的皮亚琴察召开宗教会议,决定帮助君士坦丁堡。随后,他用了8个月的时间在意大利北部和法国南部游说,煽动宗教狂热。同年11月,他在法国南部的克莱蒙召开宗教会议,到会的有法国高级教士600多人和一些封建主、骑士、商人,并组织了一些农民参加会议。会议先讨论了教会改革问题,发布了一些改革法令;接着,他就用法文发表了一篇极富煽动性的演说,先叙述了法国人的光荣业绩,又列举了穆斯林的种种"暴行",随后提出"援助东方的兄弟","向蛮族(指穆斯林)作战","登上赴圣墓(指耶路撒冷)的征途","耶路撒冷是世界的中心,土地肥沃,如同天堂,它等待你们去拯救。你们蒙上帝赐给强大的武力,所以要毫不迟疑地前往,这样不仅罪得赦免,而且将得到天国永不朽坏的荣耀"。教会还宣布:参加十字军的士兵死后不必在炼狱中受熬炼,可以直登天堂;负债的农民和城市贫民可免付欠债的利息,出征超过一年者可免交赋税;农奴参加远征可以得到人身自由。教皇的煽动使在场的人情绪激动,高呼"这是上帝所愿!"许多人在自己的衣服上缝上红十字作为参加远征的标志。于是,在宗教旗帜下,以"圣战"的名义发动的历时近200年的侵略战争——十字军东侵——就开始了。

第二节 十字军东侵

十字军东侵(1096—1291)是一场由罗马教皇、西欧封建领主和城市富商向地中海东部地区发动的侵略战争,先后共8次,历时近200年。

一　第一次东侵(1096—1099)

1095年年底召开的克莱蒙宗教会议,实际上是十字军东侵的一次动员会与誓师会。从1096年2月起,十字军兵分五路先后向东方进发。

1096年2月,一支由法国隐修士彼得率领的法国北部和中部农民组成的十字军和德国骑士"穷汉"华尔特(Walter)率领的德国农民十字军先后由法国、德国分数队沿莱茵河、多瑙河向君士坦丁堡进发。这支几万人的十字军装备极差,毫无纪律和作战训练,沿途靠抢劫为生,遭到匈牙利人、保加利亚人和拜占庭人的自卫还击,途中损失3万余人,幸存者到达君士坦丁堡后被派往小亚细亚,途中被塞尔柱突厥人围歼,生还者仅3000余人。

1096年8月,由法国、意大利和德国西部的封建主、骑士组成的十字军分四路向东进军:德国西部的骑士十字军从布雍沿农民十字军走过的路线前进;法国北部的骑士十字军由里昂取道意大利、渡亚得里亚海进军巴尔干;法国南部的骑士十字军从图卢兹出发,经意大利北部,由陆路到巴尔干;意大利南部诺曼人领地的骑士十字军从布林迪西渡海到巴尔干。四路十字军近4万人于1097年春在君士坦丁堡会合后,继续经小亚细亚向耶路撒冷进攻。十字军沿途烧杀抢夺,所到之处鸡犬不留。1099年7月15日,十字军攻陷耶路撒冷,把这座"圣城"抢掠一空,屠杀穆斯林7万余人,血洗全城。

十字军攻占耶路撒冷后,按照西欧的封建制度建立了耶路撒冷拉丁王国和3个属国:安提阿公国、的黎波里伯国、以得撒伯国。

耶路撒冷拉丁王国国王为"圣墓保护人",宣布接受罗马教皇管辖,使用拉丁礼拜仪式,取消城内的希腊正教会。教皇把占领地分为4个大主教区和10个主教区,建立了许多隐修院。

战争结束后,大批骑士带着掠夺的财物返回西欧,留在巴勒斯坦的骑士领主只有几千人。为了保护十字军国家的地位,教皇又在西欧组织了几个军事修会:"圣殿骑士团"(主要由法国骑士组成),"圣约翰骑士团"(亦称"医护骑士团",主要由意大利骑士组成)和"条顿骑士团"(主要由德国骑士组成)。骑士团是宗教性军事组织,直属教皇,不受地方政府管辖,其任务是在叙利亚、巴勒斯坦一带镇压当地居民的反抗,与毗邻的穆斯林国家作战,保护十字军的领地。这些骑士僧侣大部分是西欧各国破落贵族出身的亡命之徒,他们趁机抢夺,把财物运回欧洲。后来,十字军领地陆续被穆斯林收复,骑士团被迫撤回。

二 第二次东侵(1147—1149)

第一次东侵表面上取得了胜利,但实际上隐伏着许多危机。大部分十字军返回欧洲后,留下的十字军虽有骑士团的帮助,仍不能抵挡穆斯林居民的反抗。拜占庭也扬言要收复原属于它的安提阿、以得撒等城市。1144年,各伊斯兰教王国在摩苏尔统率下攻陷以得撒,迫使十字军国家放弃了大部分侵占的土地,又为教皇发动第二次东侵提供了借口。

1146年,教皇尤金三世(Eugenius Ⅲ,1145—1153在位)派伯尔纳(Bernard of Clairvaux)到西欧各地煽动宗教狂热,说服法王路易七世与德皇康拉德三世组织第二次十字军东侵。这次十字军,贫苦农民参加者不多,多数是封建主和骑士。1147年夏,两国国王各统率7万左右骑士向东方进军。由于德法两国间的矛盾以及拜占庭帝国对十字军的猜疑和不合作态度,再加上军事指挥失当,十字军沿途损失惨重。当残部到达耶路撒冷后,又遭到拉丁王国统治者的冷遇与牵制。到1149年,第二次东侵以失败而告终。

三　第三次东侵(1189—1192)

　　十字军第二次东侵失败之后,欧洲人民获得了40年的和平。这期间,耶路撒冷拉丁王国因内讧而分裂,相反,伊斯兰教国家则日趋统一。埃及苏丹萨拉丁统一了埃及和叙利亚以后,于1185年与拉丁王国签订了为期4年的停战协定。1186年,拉丁王国的贵族违反协定,劫掠穆斯林商旅。萨拉丁便于1187年率埃及叙利亚联军6万人一举攻下了耶路撒冷。西欧封建主大为震惊,于是教皇组织了第三次东侵。1189年,德、法、英三国君主亲自带领由贵族、骑士和雇佣兵组成的十字军共约3万人进行东侵。

　　拜占庭对十字军早有戒心,便与萨拉丁秘密结盟,准备把十字军逐出君士坦丁堡。不幸走漏了消息。德国十字军在德皇红胡子腓特烈一世率领下取道匈牙利进攻拜占庭。1190年,腓特烈在进军途中淹死在小河里,骑士军大部分返回欧洲,小部分就溃散了。

　　英法两支十字军分别在英王理查一世(Richard Ⅰ,1189—1199在位)和法王腓力二世率领下由海上进军。两军矛盾重重,各怀私心,明争暗斗。1191年,十字军攻陷要塞阿克后,法王腓力二世因国内政治纠纷率部回国。原来的3支十字军就只剩下英国十字军1支了。英王在萨拉丁的顽强抵抗下,无法攻取耶路撒冷,不得已于1192年同萨拉丁签订了为期3年的停战协定,结束了这次东侵。根据协定,萨拉丁允许基督徒自由地到耶路撒冷朝圣,并允许拉丁王国保有从雅克到阿克间的沿海地带和到耶路撒冷的通道。到这时,耶路撒冷拉丁王国只剩下弹丸之地,十字军东侵的黄金时代就结束了。

四　第四次东侵(1202—1204)

　　如果说前三次十字军东侵还带有一些宗教性质的话,那么,第四次东侵就完全是世俗性的掠夺战争了。这次东侵不再是为了收复"圣地",而是掠夺自己的基督徒弟兄拜占庭。

　　1198年,教皇英诺森三世积极组织第四次十字军,他趁拜占庭帝国衰弱之机,要求拜占庭为十字军提供人力物力,并要求君士坦丁堡教会归服罗马,实现教会合一。拜占庭拒绝了这些要求。参加十字军的法、德封建骑士贵族早有掠夺拜占庭之心,而威尼斯则想趁机打击自己的贸易对手拜占庭。于是这些势力在英诺森三世的领导下集结起来,把矛头指向了拜占庭。

1202年,法、德、意十字军集结于威尼斯,表面上宣扬收复圣地进攻埃及,实际上作进攻拜占庭的准备。威尼斯总督趁机要求十字军进攻当时属于匈牙利的港口萨拉城(在今南斯拉夫境内),战利品的一半归威尼斯作为运送十字军的经费。当年秋,十字军由海路攻陷萨拉,抢夺了这座信奉基督教的城市。1204年4月,十字军攻陷君士坦丁堡,在这个文明古城里焚烧劫掠达一星期之久,把能抢走的东西全部抢光,抢不走的就放火烧毁。他们甚至挖掘陵墓,劫夺殉葬的宝物。君士坦丁堡遭到空前浩劫,所有珍贵文物、艺术珍品、文献图书等丧失殆尽。

十字军占领君士坦丁堡后不久,便在巴尔干南部建立了"拉丁帝国"。皇帝鲍尔温立即宣布东部教会归罗马管辖,君士坦丁堡宗主教由罗马教会派人担任。英诺森三世则派红衣主教出使拉丁帝国,迫使正教徒改信天主教,封闭东正教堂,派拉丁神甫前去主持希腊教会。由于希腊人民的坚决反抗,拉丁神甫始终未能控制希腊教会。1261年,拉丁帝国在人民反抗下灭亡,拜占庭重新成为一个独立国家,但只是个弱小国家了。

五　儿童十字军(1212)

在历时近200年的十字军东侵中,最悲惨的莫过于儿童十字军了。前三次东侵的失败,第四次十字军的暴行,使人们对十字军的所谓"神圣性"产生了怀疑。于是教会中的一些狂热者转而鼓吹只有天真纯洁的儿童才能光复圣城。在教会的鼓动下,法国牧童斯蒂芬和德国男孩尼古拉于1212年分别集合了两支儿童十字军,参加者都是12岁左右的男女儿童。德国的儿童十字军约二三万人,他们既无组织,又无给养,散漫地越过阿尔卑斯山向热那亚进发,沿途许多人死于饥饿、疾病,有些人甚至成为野兽的猎物。少数幸存者到达热那亚后,因无人照管,生活极其悲惨,最后一部分人奔回故乡,一部分人流落在意大利。法国儿童十字军的遭遇更为悲惨。他们大约有2万人,到达马赛港后,被骗上了7条船,其中两条在地中海遇上风暴沉没,另外5条船到达亚历山大里亚后,儿童们全被卖为奴隶。

六 第五至第八次东侵(1217—1270)

1215年,教皇英诺森三世召开第四次拉特兰宗教会议,决定组织第五次东侵。1217年,匈牙利国王和德、奥、荷兰封建贵族领主率十字军进攻埃及。1219年,十字军占领尼罗河最东入海口处的杜姆亚特,但在向开罗进军途中遇到埃及人的顽强抵抗。1221年,十字军见无法取胜,只好同埃及签订了8年休战协议,撤离埃及,杜姆亚特复归埃及。第五次东侵遂告结束。

1215年,英诺森三世组织十字军时,德皇腓特烈二世曾答应参加,但后来却没有参加。教皇便把第五次十字军失败的原因推到腓特烈身上,将他开除教籍。1228年,腓特烈二世为向东方扩张势力,率十字军进行第六次东侵。教皇为了打击腓特烈的势力,却下令禁止,并重申绝罚腓特烈。腓特烈二世不予理睬,他利用埃及苏丹与大马士革总督之间的矛盾,于1229年与埃及缔结了为期10年的和平条约。根据条约,埃及交出了耶路撒冷等城市及从耶路撒冷到海岸的走廊。教皇格列高利九世拒不承认这项条约,并出兵进攻腓特烈二世在意大利南部的领地,迫使腓特烈二世回师欧洲。巴勒斯坦的拉丁贵族则勾结大马士革总督反对埃及苏丹。1244年,埃及苏丹出兵重占耶路撒冷。

1245年,教皇英诺森四世在里昂宗教会议上鼓吹组织十字军,原意是对付德皇腓特烈二世。当时法兰西王国势力正在巩固,法王路易九世的兴趣在于从地中海向东扩张。1248年,路易九世亲率法兰西骑士十字军进攻埃及,这是第七次十字军东侵。1249年攻占埃及的杜姆亚特,但于1250年兵败被俘,后被部下用重金赎回。路易九世在阿克城住了4年,试图呼吁欧洲停止内战,一致对付伊斯兰国家,但无人响应,遂于1254年返回法国。第七次东侵以失败告终。

1270年,法王路易九世为报1250年兵败之仇,发动第八次东侵。这时欧洲人对十字军已失去信心,无人响应了。路易九世不听法兰西贵族及近臣的劝阻,带领雇佣骑士进攻突尼斯。在突尼斯登陆不久,全军染上瘟疫,大批死亡,路易九世本人也死于瘟疫,残部返回法国。

此后,教皇曾多次号召组织十字军,都未实现。原为十字军占领的东方领土,逐渐被穆斯林先后收复。1291年,埃及攻占了耶路撒冷拉丁王国的最后一个据点阿克城,屠杀了6万多基督徒。至此,十字军东侵以彻底失败而告终。

第三节 十字军东侵的后果

1095—1291年,近两个世纪的十字军东侵给欧洲人民和地中海东岸一带的人民带来了深重的灾难,死于战祸的人不计其数,仅农民就有数百万之多。造成的破坏根本无法估计。特别是第四次东侵,十字军对君士坦丁堡的野蛮掠夺与破坏,造成了无法补偿的损失。十字军东侵还加深了东西方民族间的仇恨。拉丁民族和阿拉伯民族彼此仇视使伊斯兰教国家的统治者改变了过去对基督徒的宽容态度;同时,信奉罗马天主教的拉丁人与信奉正教的希腊人之间也加深了隔阂。

罗马教会利用十字军东侵掠夺了大量财富,并扩大了政治权势。东侵战争基本上是由教皇组织领导的,他们以教会的名义君临于十字军之上,从而提高了教皇的世俗地位。教皇用为十字军筹款的名义,向西欧各国派遣代表,获得直接课税之权,使大量财物源源流往罗马。教皇还扶持各种骑士团以扩大自己的势力。这样一来,教皇与各国君王及封建领主之间的矛盾就进一步加深了。同时,十字军东侵的所作所为充分暴露了这次战争的掠夺性和侵略性,使人们开始怀疑"圣战"的本质,并进而怀疑教会的神圣性。

　　十字军东侵加速了西欧封建制度的解体。为了支付十字军的费用,不少农民,包括一些中小封建领主,不得不把土地卖掉或抵押给教会,一些不能参加十字军作战的人向教会捐赠大片土地以求得教会的祝福和赦罪;大批农民及农奴离开土地流入城市,在城市中形成第三等级,这种现象在法国最为明显。十字军东侵还刺激了欧洲商业的发展,使意大利北部的城市和阿尔卑斯山、莱茵河沿岸一些重要商道上的城市空前繁荣起来。欧洲人用武力取得了地中海的控制权,排挤走了拜占庭和穆斯林的贸易势力,霸占了重要港口,使之成为东西方贸易的枢纽。商业发展又促进了城市中产阶级的成长。银行也应运而兴,支票、信贷等成为商业经济中资金周转的必要手段。

　　十字军东侵还使许多欧洲人接触了东方文明。他们发现古代东方文明不逊于西方基督教文明,使他们大开眼界,促使他们的智力觉醒。在战争中,许多欧洲人从穆斯林和犹太医学中学到不少新医术,特别是外科手术,从而推动了欧洲医学的发展。战争也促使人们去研究地理、绘制地图,不但丰富了人们的地理知识,而且激发了欧洲人往亚洲探险、旅游的热情。这一切都在一定程度上促进了东西方文化交流。如果说,在刚发动十字军战争时,西欧还处在充满宗教狂热的"黑暗时代",那么,到东侵战争结束时,则已成为商业繁荣、工业兴起的社会,并终于发生了经济革命。

第八章 修道制度的兴起与异端运动

第一节 克吕尼改革运动与西多会

一 克吕尼改革运动的兴起

10世纪前后,教会的腐败不仅表现在教皇完全为各派政治势力所操纵上,而且更表现在神职人员生活腐化、娶妻纳妾、出卖神职上,教会威信每况愈下。因此,许多反对教会世俗化、关心教会前途的虔诚信徒都希望进行改革,他们把禁欲主义当做教会的理想。阿奎丹公爵"虔诚者"威廉就是其中的主要代表人物之一。910年,威廉在法国东部克吕尼(Clune)修建了一座隐修院。这所隐修院只接受教皇领导,不受地方教会和政府的管辖,并规定修院土地不得成为世俗财产,修士必须严守本笃会会规。

本笃会会规最早是由努西亚的本笃(Benedict of Nusia,480—550)于529年制定的。他认为隐修院应是"基督的精兵"自给自足的永久基地,修士要经过一年的考验,合格者须发"三绝誓愿":"绝色"(禁欲)、"绝意"(听命)、"绝财"(安贫),终身不得反悔。修士须绝对服从修院院长,院长由修士选举产生。隐修院中每人每天须从事6—8小时体力劳动,每天有7次崇拜活动(约4小时),并有一定时间阅读《圣经》。为了使修士们更好地读经,修道院还开设课程教修士读书,并购置图书以备研究。这样,隐修院既是个宗教组织,又是个经济社团,还是个教育、学术中心;修士既是拓荒者,又是传教士。本笃隐修院这套制度在欧洲一些国家中逐渐传播,约于7世纪时传入法兰克。查理曼统治时期,由于他重视修院在文化教育方面的作用,而不大强调禁欲,因此,各修院纪律松弛。799年,阿尼安的本笃(Benedict of Aniance,约750—821)在阿尼安创建了一所严守本笃会规的隐修院,强调禁欲和崇拜,而不太注重劳动和教育,很受查理曼之子"虔诚者"路易的重视,下令全国各修院向他学习。阿尼安修院对10世纪兴起的克吕尼修院有很大的影响。

克吕尼修院也提倡禁欲主义、反对教士婚娶,要求教士脱离家庭以防止教会财产为其世俗亲属侵吞。这些主张深受反对教会腐化的人们的拥护,到10世纪中叶后,便形成了促使教会实施改革的克吕尼运动,在法、德、英、西、意等国建立了一批克吕尼派隐修院,各修院院长均由克吕尼修院委任,服从克吕尼修院的领导,实际上发展成为一个系统的修会组织。

11世纪前半叶,克吕尼改革的目标是当时流行的"尼古拉主义"和"西门主义"。"尼古拉主义"是指神职人员婚娶,违反禁欲主义。"西门主义"最初是指为了金钱或其他卑鄙目的进行的神职买卖,后来也包括世俗封建主授任神职。11世纪中叶以后,克吕尼运动便成为教权与皇权斗争中的一支可靠力量。

11、12世纪时,西欧各国人民的宗教信仰普遍是虔诚的,这不仅反映在第一、二次十字军东侵的狂热性上,而且反映在对修道生活的热忱上。在克吕尼运动的影响下,群众普遍反对教会世俗化,许多人把原始教会作为追求的目标,积极提倡过一种严格禁欲的"使徒式贫困"生活。所谓"使徒式贫困"生活并不是指普通穷人的生活,而是指刻意模仿《新约·福音书》中记述的耶稣及其门徒所过的那种完全出于自愿的清贫生活。人们认为这才是真正的基督徒生活。

11世纪西欧教会改革的主要力量是克吕尼运动。到12世纪,克吕尼派修院教产增多,十分富有,上层人物也开始腐化,修院会规废弃,纪律松弛,逐渐失去了教会改革的领导地位,并成为新起的教会改革者的批评对象。12世纪前后,西欧出现了一批新的修道团,其中有些人积极提倡早期教会的隐修方式,居住在无人之地,过严格的禁欲生活,其代表人物是科伦的布鲁诺(Bruno of Cologne,1032—1101)。

科伦的布鲁诺原是兰斯主教公署学院校长。1080年,他辞去校长职务参加了格勒诺布尔(Grenoble)隐修团,不久,他带领几名修士到更荒芜的山谷里去隐修。1084年,他创建了加尔都西修会。该会修士遵守经过修改的、更为严格的本笃会会规,终身严守静默,独居一室进行苦修,只在就餐和礼拜时短暂相聚。1127年,该修会才编定正式会规,1133年得到教皇英诺森二世(Innocentius Ⅱ,1130—1143在位)批准。不久,该修会逐渐在欧洲各地建立了修院。中世纪后期流传甚广的《基督的生活》一书就是该会修士的著作。

二　西多会

12世纪新兴的修会和修院中最著名的是西多会。西多会的创始人是法国人罗贝尔(Robert,1027—1111),他原是本笃会的一名修院院长,1098年,他带领一批修士到第戎(Dijon)附近的西多(Citeaux)旷野建立起一所严守本笃会规的修院,故称"西多会"。西多旷野远离世俗社会,修士们效法早期本笃会士,辛勤耕作,开垦荒地,过一种否定自我的简朴生活,所以又称为"重整本笃会"。西多会与本笃会的区别是他们不重视文化教育,修士们身穿未经染色的粗糙的羊毛衣服,因此被称为"白衣隐修院修士"(而本笃会修士身穿黑衣,被称为"黑衣隐修院修士")。起初,西多会发展不快,到1115年才建立起四所分院。后来,在明谷的伯尔纳的大力推动下,西多会迅速发展,到1153年,就已拥有339座修院,到13世纪末则发展到700余座修院,遍布西欧各地。

西多会汲取了克吕尼修院的教训,不采用总院集权制,而是实行地方分治,各分院院长均有独立主权,因此,西多会是由许多独立的修院组成的联合会,西多母修院院长不是"修院首领",只是众修院院长中的首席院长。各修院院长每年在西多集会一次,商讨全修会的大事。这种组织形式是由斯蒂芬·哈丁确立的,因此,人们称他是西多会的"第二奠基人"。

西多会中修女甚多,1213年和1228年,修会曾设法限制修女人数,但效果甚微。到中世纪末,男女修院人数大致相等。但修女地位低于修士,她们对修会工作无发言权。

西多会较少注意教育和布道,除祈祷、神工外,特别强调垦荒,但真正从事垦荒及种植的都是一些二等修道士,他们都是没有受过教育、未受神职的修士,其中不少人是生活无靠的破产农民,为求得温饱而入会,其地位相当于修会中的农奴。西多会强调劳动生产,到13世纪时,一些主要的大修院不仅从事农业,而且兼营商业,并得到皇帝给予的一些优惠特权,如货物免税等,发展成巨大而富裕的农业和手工业生产中心,并且逐渐成为中世纪欧洲经济生活体系中的重要环节。

西多会的发展,在很大程度上应归功于明谷的伯尔纳。伯尔纳出身于法国贵族,1112年入西多会,1115年带领12名修士到明谷创建西多会分院并任院长,直到去世。伯尔纳在政治上不遗余力地支持罗马教皇,他是教皇尤金三世的密友,曾代表教皇四处奔走,组织第二次十字军东侵,组织"圣殿骑士团",亲自为骑士团制定章程,煽动骑士们毫不留情地屠杀穆斯林。1149年,第二次十字军东侵失败后,伯尔纳继续鼓动组织十字军以讨伐拜占庭,法国一些贵族建议由伯尔纳亲自担任军事指挥,教皇尤金三世也予以批准。由于德皇不愿参加,这次十字军没有组成。伯尔纳是一个狂热的神秘主义者,极力攻击反抗教会权威的唯名论神学家阿伯拉尔和他的学生阿尔诺德。伯尔纳特别强调对基督的神秘主义的爱。他把对基督的爱分为两个阶段:觉爱(对基督的人性之爱)和神爱(对基督的神性之爱),觉爱是神爱的先导,神爱高于觉爱。人通过对基督的神爱使灵魂最终与基督结合,这需要靠神的恩宠和人的意志相结合,二者缺一不可。这样,他既肯定了信德,又强调了善功,有利于支持罗马教廷。

西多会发展到13世纪末,教产增多,纪律松弛。随着十字军东侵的失败,人民群众的宗教热忱渐趋冷淡,西多会也逐渐衰落了。

第二节 异端教派

11、12世纪时的宗教改革家普遍主张过"使徒式贫困"生活。一部分人很快便被罗马教会纳入隐修院的轨道中,另一部分人则坚持游行布道,反对修道士和神职人员聚敛财富、生活腐化,并进而否定罗马教会制定的一些教会法规,甚至教义,因此被罗马教会定为异端,遭到镇压。

一 阿尔诺德与阿尔诺德派

12世纪上半叶,意大利北部最著名的异端运动领袖是唯名论哲学家阿伯拉尔的学生阿尔诺德。他是一位严格的苦行主义者,他认为一个真正的基督徒应当遵照耶稣的教导,抛弃一切财产和权力,主动过一种靠人布施的生活。他强烈抨击教士生活腐化和教会拥有世俗权力,1139年被教皇逐出意大利。阿尔诺德来到法国继续揭露教会和神职人员的罪行,被明谷的伯尔纳利用法王的权力驱逐出境。1141年,阿尔诺德被迫流亡苏黎世等地。1145年,教皇尤金三世以认罪悔改、宣誓效忠教皇为条件准许阿尔诺德返回罗马。阿尔诺德回罗马后更加激烈地抨击教会的世俗权力和教士的腐化生活,他斥责枢机主教团是"一伙盗窃犯",教皇靠火与剑维持权威、压迫无辜、掠夺别人的钱柜以饱私囊,不配受人尊敬。他还鼓吹罗马城应摆脱教皇统治,恢复元老院制。1146年,罗马群众捣毁枢机主教官邸,迫使教皇和枢机主教不敢公开活动。1148年,教皇将阿尔诺德开除教籍。1155年,德皇腓特烈一世进军罗马,教皇哈德良四世(Hadrian Ⅳ,1154—1159在位)以为他加冕为条件指使腓特烈一世处死阿尔诺德。德皇遂以叛逆罪判处阿尔诺德绞刑,并把尸体焚化投入台伯河中,以防群众把他的遗骨奉为圣物。阿尔诺德死后,其追随者继续活动,称为"阿尔诺德派",1184年被教皇判为异端后,仍长期坚持活动。

二　阿尔比派(卡塔尔派)

12世纪下半叶,重要的异端派别之一称"卡塔尔派"。"卡塔尔"(Cathar)一词的希腊文原意为"纯洁",因为这一派信徒谴责世俗,自称是"纯洁的",并要求其领导人必须纯洁无瑕,所以称为"卡塔尔派",亦称"纯洁派"。它本是巴尔干半岛上的一个教派,后来由参加十字军的农民和商人为中介传入西欧,在意大利北部、西班牙西部和法国南部一带活动,特别是在法国南部的阿尔比城最为活跃,因此又被称为"阿尔比派"。

阿尔比派在神学上深受东方教会中的二元论影响,认为宇宙之中有善恶两种势力:灵魂是善良的上帝创造的,物质世界是恶势力创造的,肉体是恶势力用以禁锢灵魂的牢房,原罪由人类繁殖而延续,人类的繁殖是增加禁锢灵魂的牢房,因此,要控制原罪的延续,就必须减少禁锢灵魂的牢房,就必须禁欲以减少繁殖。他们彻底否定物质世界,不承认基督有物质的肉体,也不承认耶稣受死,认为人得救不是靠基督的血,而是靠服从基督的教导,因此,他们既不相信地狱和炼狱,也否定洗礼和弥撒,更不承认教会能使人得救,甚至把教皇斥为魔鬼。

阿尔比派的神职人员称为"完人"。完人必须独身,不得起誓,不得拥有财产,不准吃肉、蛋、牛奶等"生罪之物"。完人都是一些正直、高尚的人,与罗马教会的神职人员形成鲜明的对比,因此深得反对教会腐化的下层群众的民心。到12世纪末,阿尔比派在法国南部的势力已经压倒了罗马教会。为了争夺群众,抵消阿尔比派的影响,罗马教会不断派遣干练的传教士到法国南部去传教,明谷的伯尔纳亲自带领一批本笃会修士前往阿尔比传教,以打击阿尔比派,但收效甚微。到1200年,阿尔比派已被罗马教会认为是最危险的敌人了。

三　韦尔多派

12世纪下半叶,法国南部的里昂出现了另一个异端派别,称

"韦尔多派"。1170年,里昂富商彼得·韦尔多(Pierre Valdes,？—约1217)为追求"通往上帝之处的最佳之路",变卖家产,周济穷人,模仿基督过清贫生活。不久,他赢得了一批追随者,形成了"韦尔多派"。因为他们主张赤贫,反对贪恋世俗,所以亦称"里昂穷人派"。

韦尔多派起初并不反对罗马教廷,他们只是主张赤贫,人人都有权传教,反对教会神职人员腐化。但这些温和主张却遭到里昂大主教和教会神职人员的敌视。该派传入意大利北部后,又形成"伦巴穷人派"。教皇亚历山大三世为笼络他们,曾准许他们活动。1179年,韦尔多派要求第三次拉特兰宗教会议正式批准,遭到教皇的谴责,禁止他们自由传教。韦尔多派拒不接受,认为教皇的决定是以人的意志反对上帝的意志,继续我行我素。约1182年,他们被里昂大主教驱逐出城。1184年,在伐罗那宗教会议上,教皇卢修斯三世(Lucius Ⅲ,1181—1185在位)宣布绝罚韦尔多派。这一措施迫使韦尔多派与罗马教会决裂,他们转入地下,化装成小贩、香客、理发匠等分散到法国南部和意大利北部一带活动。

韦尔多派以《新约》为信仰和生活的惟一准则,严格按照《圣经》中的话去做。他们两人为一组,身穿粗羊毛长袍,赤足或穿便鞋,不带钱财和行李,到各处布道。他们不宣誓,不杀生,不结婚,主张改革教会,简化崇拜仪式,取消神职制度,否认炼狱、弥撒等教义和教规,抵制教会的什一税,认为善功对已死的人没有帮助,贫穷才是灵魂得救的必要条件。

不久,韦尔多派内部因对罗马教会神职人员举行圣礼的有效性产生意见分歧,终于分成两派:法国的一派属温和派,不否认罗马教会神职人员所行圣礼的有效性;伦巴穷人派则较激进,他们只承认本派布道员所行的圣礼,这些布道员又打破了依靠信徒供给生活的做法,改以手工劳动谋生。这些分歧最终导致伦巴人于1205年退出韦尔多派。

1208年,教皇英诺森三世进一步分化韦尔多派,组织"公教穷人团"进行韦尔多派式的活动,但这些活动均严格地置于教皇监督之下。"公教穷人团"虽使一些温和的韦尔多派归附罗马,但收效不大,历时两三年,便销声匿迹了。13世纪,韦尔多派发展到莱茵河地区和波希米亚,在下层群众中进行活动,16世纪汇入宗教改革运动,成为新教教徒。

第三节 教会对异端教派的镇压 托钵修会与宗教裁判所

一 讨伐异端十字军

12世纪中叶,异端运动发展很快,他们不但反对罗马教会的腐败,而且成为西欧,特别是法国和意大利的反专制斗争的重要力量。于是,教俗双方统治者联合起来共同镇压异端运动。1167—1176年,意大利主教们大肆鼓吹反对异端。1176年,法国南部图卢兹伯爵要求英、法国王和西多会协助他共同镇压该地区的异端运动。1178年,英、法两国派兵前往图卢兹搜捕异端分子,西多会也派遣布道团前去宣传反对异端,积极配合武力镇压,但收效不大。1179年,教皇亚历山大三世召开第三次拉特兰宗教会议,宣布绝罚阿尔比派异端,动员西欧各国加强对异端的暴力镇压。1184年,教皇卢修斯三世与德皇腓特烈一世联名声讨异端教派,教皇发布《反对异端》通谕,命令各教区建立异端审判法庭,规定对异端分子的刑罚。图卢兹郡的贵族同情阿尔比派,反对罗马教廷。1208年,教皇特使在图卢兹伯爵宫庭中被杀,教皇绝罚图卢兹伯爵,发动十字军讨伐图卢兹。1208年,教皇英诺森三世组织"公教穷人团"作为镇压异端的别动队。1209年,英诺森三世组织十字军讨伐阿尔比派,宣布凡参加讨伐异端十字军者都不受国家法律约束,他们过去和将来所犯的一切罪都得到教会赦免,所欠债务免付利息。当时,法国北部贵族垂涎南部的财富,早想借机打击南部贵族,所以争相派兵参加讨伐异端十字军。这批十字军实际上是一批合法的盗匪,由西门·孟福尔率领侵入图卢兹地区。南部城市在阿尔比派带领下英勇抵抗,但于1213年遭到决定性失败。十字军大肆屠杀劫掠,当他们攻入比塞埃城时,感到无法区别谁是异端分子,随军的教皇特使就指示说:"只管把他们统统杀光,让上帝去分辨谁是他的子民。"这次讨伐战争持续了4年,阿尔比派遭到残酷镇压,无辜罹难者不计其数。但南部人民并未屈服,1218年,图卢兹人民爆发起义,杀死西门·孟福尔,又开始了长期战争。1229年,起义失败,法王路易九世趁机吞并图卢兹伯爵的领地,使国王的势力伸展到地中海。这次战争使法国南部遭受了20年浩劫(1209—1229),许多富庶的城市化为废墟,田园荒芜,经济破坏,阿尔比派和法国南部的贵族势力都被摧毁了。

二　托钵修会

尽管罗马教会用火与剑来对付异端教派,异端思想仍然深入人心。为了与异端教派争夺群众,罗马教会组织了两个修道团体——方济各会和多明我会。起初,这两个修会的修士都是积极维护正统教义、热心布道、甘愿过清贫禁欲生活的人,他们以标榜赤贫、攻击异端来挽回教会的威信。因为他们起初都以乞食为生,所以被称为"托钵修会"或"乞食修会"("乞食僧团")。除方济各会和多明我会外,还有奥斯定会和加尔默罗会,合称四大托钵修会。

(一)方济各会

方济各会,亦译"法兰西斯会"。其创始人意大利人弗朗西斯科(Francesco,1181—1226,亦译"方济各")出生于一个商人之家。1205年,弗朗西斯科与3名友人开始布道,身穿粗布长袍,以乞食为生,号召组织新修会。1209年,他制定了一个简单的原始会规,主要是摘录《圣经》的一些章节,要求信徒效法基督,过安贫、节欲的生活,谦卑地服从作为基督代表的教会神职人员。1210年,教皇英诺森三世批准他们成立"方济各托钵修会",修士自称"小兄弟",因此又称"小兄弟会"。1215年,英诺森三世在第四次拉特兰会议上正式宣布承认方济各会。

方济各会成立时,教皇正发动十字军讨伐阿尔比派,就把他们派往法国南部配合十字军镇压异端。会士们两人为一组,麻衣赤足,宣传"清贫福音",与阿尔比派争夺群众。还有一些会士先后到西班牙、摩洛哥、埃及等地传教。第五次十字军东侵时,弗朗西斯科还曾亲自争取埃及苏丹皈依基督,但并未成功。

弗朗西斯科本人缺乏组织才能,他所制定的原始会规只能适合较小的修会。后来修会人数增多,就需要有一个有胆识、有能力的领导人和相应的新会规。1217年,弗朗西斯科请求枢机主教乌格利诺(Hugolino)为修会"保护人"(乌格利诺后来成为教皇格列高利九世);1221年,他委任科托纳的伊利亚(Elias of Cortona)为代理人。在这两人的影响下,方济各会发展成为正规的隐修院。1217年,总会决定建立11个会省。1221年制定第一部会规。1223年,制定第二部会规,并经教皇洪诺留三世批准。在教皇支持下,方济各会大规模发展,并获得了许多特权。从此,该修会就成为教皇镇压异端、与世俗君主争夺权力的可靠力量。

方济各修会的女修会称为"第二会"。修女受修士领导,不得参加巡回布道,不准接触社会,整天在修院中自省,追求"内心的宗教"。为扩大势力,方济各会还积极吸收世俗信徒,成立"第三会"。

弗朗西斯科去世后不久,方济各会发生分裂。一批坚持发扬"原始精神"的修士在利奥领导下要求修会过彻底贫困,以乞食、劳动为生的修道生活,这些人被称为"守规派"或"严格派"。另一派修士在科托纳的伊利亚领导下坚持传统的罗马教会修院制度,认为修会靠乞食为生不切实际,他们被称为"住院派"或"放任派"。住院派得到教皇的支持。1230年,教皇格列高利九世宣布法朗西斯科坚持守贫的遗嘱纯属私人文件,对整个修会无约束力。这样他实际上否定了守规派的清贫主张。1245年,教皇英诺森四世宣布,一切赠送给方济各会的财产,所有权归教廷,使用权归修会。守规派强烈反对教皇的决定。1257年后,住院派夺取了修会领导权,选举著名经院哲学家波拿文图拉为总会长。波拿文图拉主张修会拥有自己的修院,以便从事神学研究,因为追求神学真理远较乞食、劳动重要,修会应以布道和忏悔为主旨。这样,他就彻底推翻了法朗西斯科倡导的"原始精神",使方济各会的实质发生了根本的变化。因此,波拿文图拉被称为方济各会的"第二位创始人"。在两派斗争中,守规派不断遭到教皇和住院派的联合镇压,不少人被定为异端,但他们仍不屈服。1517年,教皇利奥十世(Leo Ⅹ,1513—1521在位)最终将方济各会正式分为两派:住院派和守规派,两派各设自己的总会长和领导机构。

(二) 多明我会

多明我会,亦译"多米尼克会"或"道明会"。其创始人西班牙神甫多米尼克(Domingo,1170—1221,亦译"多明我")出身贵族,1196年入奥斯马隐修院。1206年,多米尼克随奥斯马主教迪耶果(Diego)路过法国的郎格多克,看到阿尔比派和韦尔多派在那里深得民心,而西多会则备受冷遇,两人感慨万分。迪耶果在蒙彼利埃会见西多会教士,希望他们采取阿尔比派和韦尔多派那样的方式传教,以争取当地居民,扩大自己的影响。1208年,教皇英诺森三世派多米尼克去图卢兹地区布道,宣传反对异端,他在那里仿效韦尔多派,托钵布道。1215年,多米尼克在图卢兹创立新修会,宣称要"铲除异端,消灭邪恶,宣讲信仰,培养道德"。1217年,教皇洪诺留三世正式批准他们成立多明我会,因为他们注重布道,故亦称"布道兄弟会"。

多明我会在教皇和封建主的支持下,发展迅速。到1221年,该会在西欧已拥有60多座修道院,建立了8个会省,1230年,又增设波兰、丹麦、希腊、耶路撒冷4个会省。到14世纪初,多明我会修院已发展到600多座,成为西欧教会中的一股巨大势力。

多明我会注重布道,积极提倡会士参与社会活动,深入群众,传播正统教义,反对异端。他们也过严格的禁欲生活。1220年,该会在波洛尼亚举行第一次会议,制定了会规,规定多明我会会士必须以乞讨为生。多明我会提倡神学研究和学术活动,希望自己的会士个个都是训练有素的神学家,著名学者大阿尔伯特、托马斯·

阿奎那、爱克哈特（Eckhart）、陶勒尔（J. Tauler）、萨伏那洛拉（G. Savonarola）等都是该修会的杰出代表。多明我会还重视占领大学阵地，欧洲许多大学里都有多明我会会士任教。多明我会会士的渊博学识、巨大的社会影响和对罗马教会的耿耿忠心，深受教皇赏识，因此不少人被任命主持异端裁判所，残酷镇压阿尔比派等异端教派、进步思想家和科学家。

多米尼克并不反对妇女参加修会，他把女修会称为"第二会"，但在他死后，修会中有些人强烈反对女修会。1245年，教皇英诺森四世发布通谕，提倡发展女修院，于是多明我女修会修女人数大增，特别是在法国，修女人数更多。不过，修女受到严格限制，只许过与世隔绝内心自省的生活。此外，多明我会还为在俗教徒设立"第三会"。

（三）奥斯定会

奥斯定会，亦译"奥古斯丁会"。原为采用奥古斯丁会规的各隐修院的总称，起初并未形成统一的修会。1243年，教皇英诺森四世统一了托斯卡纳的各奥古斯丁派隐修院。1255年，教皇亚历山大四世统一了意大利各奥古斯丁派隐修院，1256年，他进一步统一了全欧洲的奥古斯丁派隐修院，正式成立统一的奥斯定会。不久，该会放弃隐修制度，采用多明我会原则，成为托钵修会。奥斯定会直属教皇领导，积极从事布道、神学研究工作，特别注重对《圣经》和奥古斯丁著作的研究，并跻身于欧洲各大学之中。13世纪中叶，该会发展迅速，修道院达2000余所，修士达3万余人，散布于欧洲各地。奥斯定会也为修女设"第二会"，为在俗信徒设"第三会"。

（四）加尔默罗会

1156年，意大利人伯尔刀都（Bertold，？—约1195）率几名隐修士趁十字军东侵之机，到巴勒斯坦的加尔默罗山（即"迦密山"）隐修，按会规请求耶路撒冷宗主教收徒建院，成立修会，故名"加尔默罗会"。该会会士须守"听命"、"神贫"、"贞洁"、"静默"、"斋戒"。1238

年前后,为躲避战祸,许多修士到塞浦路斯、西西里、英、法等地另建隐修院。1265年,英国人西蒙·斯道克任会长,为适应西方环境,改隐修院为托钵修会。据说他曾见圣母显现授以"圣衣",故又被称为"圣衣会"。该会也为修女设"第二会",为世俗信徒设"第三会"。

三 宗教裁判所

中世纪早期,教会对异端的惩罚并没有统一、明确的规定,通常是由地方教会的主教处理,即"主教宗教法庭"。由于阿尔比派在法国南部势力日增,教皇英诺森三世在1215年的第四次拉特兰宗教会议上发布《教皇敕令》,重申教义信条;已判处的异端分子应交世俗政府严加惩罚,没收其财产,处以绝罚;废黜不遵照教会要求严厉镇压异端的主教及诸侯;参加镇压异端的公教徒享受与赴圣地的十字军骑士同样的特权与赦罪规定;被指控的异端分子如不能证明自己无罪,或认罪后再重犯,主教应按教会法规予以惩罚等等。英诺森三世为加强控制异端审理工作,向各地派遣特使,主持组织教会法庭审理异端。

1220年,教皇洪诺留三世认为地方主教镇压异端不力,通令建立直属教皇的"宗教裁判所"或"宗教法庭",不受地方主教节制。1223年,教皇格列高利九世发布通谕,重申上述措施,并规定宗教裁判所可要求地方主教全力协助。于是,在罗马教会统辖区内普遍成立了宗教裁判所,一般设在修道院内,并设有监狱。它直属教皇,审判官由教皇直接任命,由托钵修会——主要是多明我会——中选派,审讯秘密进行。

宗教裁判所制定了严酷的审讯条例:只要有两人作证控告便能成立;证人如撤回证词,就按异端同谋犯论处;被告如不认罪,可用刑;被告不仅自己认罪,还须检举同案犯和异端嫌疑犯;为异端辩护者应受绝罚;被告认罪之后,如果翻供,按异端处理;被判为异端者,没收其全部财产(妻子的嫁妆除外)。

在宗教裁判所及世俗君主的镇压下,加之异端派本身后继无人,到14世纪中叶,阿尔比派被完全消灭,韦尔多派也大为削弱,罗马教会取得了暂时的胜利。

宗教裁判所前后共经历了500年之久。15世纪以后,西班牙的宗教裁判所最为残暴,据统计,仅1483—1820年近350年间,判处的异端分子达38万多人,被火刑处死者达10万余人。

从16世纪起,宗教裁判所随着教皇权势的下降而渐趋衰败。宗教改革时期,教廷利用宗教裁判所来对付新教教徒,已经力不从心了。

第九章 东正教的传播

东西方教会分裂后,东派教会走上了独立发展的道路。在东派教会早期活动的地区(即地中海东部、小亚细亚、巴勒斯坦、阿拉伯半岛及东北非),由于受希腊文化影响,在教会制度、礼仪、传统习惯、神学思想等方面保持了较浓厚的希腊风格,因而这一地区的东派教会习惯上被称为"希腊正教"。以后东派教会通过中亚和巴尔干向东南欧发展,传入塞尔维亚、保加利亚、格鲁吉亚、亚美尼亚并在俄罗斯取得了巨大成功,俄罗斯正教会进而成为这一地区势力最强的教会。东正教在这一地区的活动受到了以俄罗斯为代表的斯拉夫文化的影响,逐步形成某些不同于希腊正教的新特点。习惯上把具有俄罗斯斯拉夫文化传统的东派教会称为"俄罗斯正教"。除上述两大分支外,东派教会在其传播、发展过程中还逐步分化出一些独立教会和教派,其中有的在神学观点、教会制度、礼仪习惯上独具特色,在不同时代被视为异端而不被东正教和罗马天主教所承认。

第一节 希腊正教的发展变化及其传教活动

一 希腊正教的发展变化

东派教会的四大牧首区虽然处于基督教早期传播的中心,但以后的发展很不顺利。一方面受到自7世纪起迅速崛起的伊斯兰教势力在政治、经济、宗教、文化等方面的钳制,另一方面在十字军战争中又多次受到来自西方的"基督徒兄弟"的侵扰,而且后者所起的破坏作用毫不亚于前者。在上述因素的作用下,四大牧首区日渐衰落,内部出现分裂,一些地方教会相继独立,不少信徒改宗天主教或伊斯兰教,特别是拜占庭帝国灭亡后,四大牧首区完全失去了政治势力的支持,处在"异教"政权的政治统治和"异教徒"的包围之中。

君士坦丁堡牧首区的"普世牧首"地位在很大程度上是东罗马政治势力干预的结果,在拜占庭皇帝的控制下,成为与西欧封建主和罗马教皇争夺、抗衡的工具。11世纪开始的十字军战争给君士坦丁堡牧首区造成了巨大破坏,尤其是第四次十字军东侵(1202)罗马教皇借口拜占庭皇位继承纠纷直接以征服拜占庭帝国、控制东方教会为目标,派兵直发君士坦丁堡。十字军攻陷君士坦丁堡后,洗劫了著名的圣索非亚大堂,并迫使君士坦丁堡牧首把驻节地迁往尼西亚。十字军在巴尔干半岛建立起一个"拉丁王国",把占领区内原属君士坦丁堡牧首管辖的东派教会置于罗马教皇的控制之下。1453年,拜占庭帝国灭亡,君士坦丁堡成为奥斯曼帝国首都。奥斯曼帝国虽以伊斯兰教为国教,但对东正教仍采取宽容政策,东正教徒被称为"雷亚"(Rayahs),享有保持原有信仰的权利,但在服饰、生活等方面也受到各种限制,甚至圣索非亚大堂也被改为清真寺。土耳其苏丹承认君士坦丁堡牧首在被占领地区正教会中居首席地位,牧首有权处理教会事务,但又要受土耳其苏丹的控制,成为奥斯曼帝国统治人民的工具。随着奥斯曼帝国领土的扩展,牧首的辖区也随之扩大,但在奥斯曼帝国势力范围以外的各东正教会则出于民族或宗教的理由脱离了君士坦丁堡牧首区的管辖。近代随着奥斯曼帝国势力的削弱,原在其统治下的东南欧国家相继独立,罗马尼亚、塞尔维亚、保加利亚等国的正教会也宣布自主,君士坦丁堡牧首的辖区日渐缩小,失去了在东正教中实际的领袖地位,只保留着"新罗马君士坦丁堡大主教和普世牧首"的名誉。

其他3个牧首区也是日渐衰落。安提阿牧首区在7世纪被信奉伊斯兰教的阿拉伯人占领后受到各种限制,但仍保持一定自主权利。1097年十字军东侵时,安提阿教会又被罗马天主教会所控制,教堂被罗马天主教会占据,主教也由罗马教廷任命,不少信徒改宗天主教。十字军撤离后虽恢复了东正教牧首,但势力已大不如前了。1531年安提阿城毁于地震,安提阿牧首迁至大马士革,这时安提阿教会仍受君士坦丁堡牧首的节制,安提阿牧首多为由君士坦丁堡牧首委派的希腊人,随着近代奥斯曼帝国的衰落,安提阿才成为独立的牧首区,但仍承认君士坦丁堡牧首的名义上的领袖地位。亚历山大里亚牧首区在东西方教会分裂以前就已出现危机,在伊斯兰教势力的影响下分离出独立的科普特派教会,牧首区势力被大大削弱。十字军东侵时又受到罗马教会的辖制,其后在伊斯兰教势力的包围之中每况愈下,到拜占庭帝国灭亡时该牧首区已名存实亡,牧首通常不到任所,所辖仅当地几个由希腊商人和少数埃及人组成的小教会。耶路撒冷牧首区也几经战乱,十字军战争中耶路撒冷作为伊斯兰教的"第二圣地"和基督教圣墓所在地至少在名义上成为双方争夺的焦点。十字军占领耶路撒冷期间建立了听命于罗马教廷的拉丁王国(1099—1187),耶路撒冷教会中罗马天主教神职人员占了多数,1187年萨拉丁率伊斯兰教军队攻陷耶路撒冷,拉丁王国灭亡,东正教会恢复活动,但处境仍很困难。1453年拜占庭帝国灭亡,耶路撒冷牧首区成为独立的正教会,辖巴勒斯坦、约旦、西奈等地正教会,信徒多为阿拉伯人,牧首区的牧首、主教多为希腊人,属圣墓兄弟会。

塞浦路斯正教会原属安提阿牧首管辖,以弗所大公会议时虽准其获独立地位,但以后对塞浦路斯教会的管辖权一直有争论,后经拜占庭皇帝裁定正式享有独立教会的自主权力。该教会领袖称"塞浦路斯总主教",位仅次于耶路撒冷牧首,但实际上仍由拜占庭帝国控制。647年,伊斯兰教势力侵入塞浦路斯,该教会一度受阿拉伯人的统治,964年始重归拜占庭。1190年第三次十字军东侵时,塞浦路斯为英王理查占领,罗马天主教力促塞浦路斯正教会归顺罗马但未能成功,东正教徒虽仍有举行东派宗教仪式的自由,但许多方面要受罗马控制。其后塞浦路斯又处于奥斯曼帝国的长期统治之下。1448年塞浦路斯正教会恢复了独立地位,宗教仪式使用希腊语,同希腊传统关系密切。在近代反对土耳其统治的独立运动中,塞浦路斯正教会起了重要的作用。

早在5世纪时,拜占庭皇帝在西奈半岛穆萨山上修建了一座圣凯瑟琳修道院,由君士坦丁堡牧首管辖,7世纪穆斯林军队占领该地区时,修士们在院中建起一座清真寺以保修道院的安全,1575年君士坦丁堡牧首承认其自主地位,该修道院成为东正教最小的自主教会,领袖为修院院长,领大主教衔,由耶路撒冷牧首祝圣。该教会历史悠久,保存有2000余幅圣像及世界上馆藏数量最多的基督教希腊文皮卷文献,成为其一大特色。

二 东正教在巴尔干及中亚地区的传播与发展

东、西方教会各自的传统形成后,同时向东南欧开展传教活动,双方时有摩擦。东方教会在拜占庭皇帝的支持下在巴尔干地区的塞尔维亚、保加利亚等地和中亚的格鲁吉亚取得了很大进展,而西方教会则在匈牙利、波兰、捷克斯洛伐克等地占据了统治地位。

东正教在巴尔干地区的传播可以追溯到9世纪,当时有西利尔(Cyril)和美多迪乌(Methodius)两兄弟为君士坦丁堡牧首派往巴尔干地区传教,他们创制了斯拉夫文字并用以翻译《圣经》(斯拉夫文字又称西利尔字母即源于此)。由于使用当地语言,传教工作获得很大进展,不久建立了教会,隶属于君士坦丁堡牧首区。9世纪第一保加利亚王国时期,国王鲍里斯一世(Boris I,852—884在位)皈依基督教,定基督教为国教,使用西利尔文字和西利尔兄弟所译《圣经》,实行东派教会礼仪。在拜占庭帝国统治时期,教会受君士坦丁堡牧首管辖。10世纪初,第二保加利亚王国建立,保加利亚教会也召开主教会议,宣布为自主教会。12世纪,塞尔维亚脱离拜占庭帝国的统治建立塞尔维亚王国,塞尔维亚教会也于1185年宣布脱离君士坦丁堡牧首的管辖。1330年,塞尔维亚兼并了保加利亚,两地教会也合并,并于1345年正式成立了独立的塞尔维亚主教区。

不久,塞尔维亚为奥斯曼帝国所灭,在奥斯曼帝国统治下教会虽有宗教活动的自由,但已很难有进一步发展。拜占庭帝国灭亡后,土耳其人把巴尔干地区的正教会置于君士坦丁堡牧首的管辖之下以加强对东正教的控制。这种情况一直延续到近代,随着奥斯曼帝国对这一地区统治的削弱,塞尔维亚、保加利亚等巴尔干地区的正教会才逐渐重获独立地位。

中亚地区教会的发展早于巴尔干地区,它们保留了许多早期东方教会的传统,同时在其历史发展过程中又形成许多特色。格鲁吉亚教会有着古老的传统,据传4世纪时已有教会,隶属安提阿牧首区,6世纪格鲁吉亚建立独立的主教区,主教称"卡托利柯斯"(希腊文 katholikós patriarchēs),驻第比利斯。格鲁吉亚教会在礼仪和教规等方面有许多特殊的传统,在千余年发展过程中虽屡遭外族的袭扰,但在风雨飘摇中保持了独立地位。1801年俄罗斯吞并格鲁吉亚,格鲁吉亚教会也被迫加入俄罗斯正教会,受俄罗斯正教主教公会的管辖,成为俄罗斯正教会中的一个督主教区。由于俄罗斯正教主教公会在沙皇俄国专制制度下已成为封建专制统治的机构,格鲁吉亚正教会也就成了沙皇实施其扩张政策、进行民族压迫的工具。直到20世纪初,沙皇被推翻后,格鲁吉亚正教会才重新选立了卡托利柯斯,再一次宣布独立。

东正教在巴尔干和中亚地区的传播成为在斯拉夫地区进行传教活动的基础,为东正教中另一大支派——俄罗斯正教会的建立准备了条件。

第二节 俄罗斯正教会的形成与发展

一 俄罗斯正教会的建立

基辅罗斯公国同拜占庭帝国在历史上有着极为密切的关系,深受基督教的影响。10世纪末,基辅罗斯公国开始对居民实行基督教化,设立了教堂、修道院,并派传教士到北方罗斯传教。为了使教会、教堂、修道院得以存在和发展,大公们赐予教会大量土地和钱财作为其活动经费。到11世纪末,基督教已传遍罗斯全境。这时,教会内部确立了教阶制度。教会首脑为都主教或大主教。都主教府设在基辅。基辅都主教在组织系统方面受君士坦丁堡教会牧首领导。

俄罗斯正教会原属君士坦丁堡教会管辖。到了14世纪,随着基辅地位的下降,都主教府迁移到弗拉基米尔城,开展传教活动,发展东正教势力。15世纪下半期,俄罗斯统一的封建君主专制制度已经形成,中央集权开始得到加强,这个国家的新的政治中心设在莫斯科。随着莫斯科地位的提高,都主教府又转移到这里。

1448年,俄罗斯正教会借口君士坦丁堡教会牧首在1439年佛罗伦萨宗教会议上与罗马天主教会重新和好是违背正统教义,在莫斯科召开了东正教会议,首次自选俄罗斯人梁赞地区主教约纳任都主教。1453年,奥斯曼帝国攻占君士坦丁堡,拜占庭帝国随之灭亡。东正教所在各东方国家先后臣服奥斯曼帝国土耳其人,俄罗斯正教会趁机自封为东正教会的首脑,宣布俄罗斯政权承袭自罗马帝国,东西罗马帝国既然都已覆亡,莫斯科就是"第三罗马",就是"新的世界基督教中心"。

到了1589年,在沙皇的支持下,俄罗斯正教会举行会议,会议正式建立教会牧首制,确定牧首为教会的最高领导。莫斯科都主教约夫荣获"牧首"尊号,当选为第一任"莫斯科和全俄东正教会"牧首。自那时起,俄罗斯正教会摆脱君士坦丁堡教会牧首的控制,宣布自主,成为独立的牧首区。

俄罗斯正教会牧首为报答沙皇的支持,不遗余力地维护沙皇君主专制,宣称沙皇是"经上帝涂过油的人",是"上帝在人间的代表",因此,所有的人都要听从沙皇的旨意。此外,俄罗斯正教会还配合沙俄政府的外交活动,充当其对外进行侵略扩张的工具,派遣传教士到别国布道,为沙俄的政治、经济利益服务。

二　尼康牧首与俄罗斯正教改革

17世纪是俄国封建专制君主制进一步形成的时期,从1613年起,罗曼诺夫王朝就一直统治着俄国。俄国君主专制制度的建立,要求教会绝对服从国家政府的管辖,以便帮助沙皇巩固政权和统治。为此,就要对俄罗斯正教会进行改革,使全国东正教活动统一化,消除东正教经书中存在的分歧和仪式上的差别,使各地东正教会组织更加严格地服从统一的领导。

为了对东正教会进行有效的改革,当时的沙皇阿列克赛·米哈依洛维奇(1645—1676在位)任命尼康作为俄罗斯正教改革的领导人。尼康的活动,在俄罗斯正教会史上占有极其重要的一页。尼康(1605—1681)的俗名叫尼基塔·米洛夫,出身于伏尔加河流域莫尔多瓦族的农民家庭。19岁时,他已成为自己家乡的一名司祭。1635年进索洛维茨修道院修道。他的才能和勇气深受沙皇的赏识和器重,沙皇称他为自己"心爱的朋友"。从这时起,尼康的地位步步高升,很快当上了莫斯科新帕斯克修道院的大司祭,并在这里参加了有极大影响的俄国"热心宗教事业小组"。1648年晋升为诺夫哥罗德教区的都主教,在这里协助沙皇政府镇压了1650年的城市居民起义。1652年担任了莫斯科和全俄东正教会的牧首职务。当时,尼康公开发表演说,提出要求:既然要他当教会牧首,就得听命于他,犹如听命于上司、牧师、慈父一样。

1653年春,沙皇政府正式下令,要尼康对俄罗斯正教会进行改革,实行划一的宗教仪式和加强教会管理的集权化。尼康根据沙皇的旨意,对俄罗斯正教经书和仪式进行了大刀阔斧的改革。改革的内容主要有以下几个方面:1.按照希腊正教原版《圣经》,修正了俄罗斯正教经文,统一了东正教祈祷词;2.统一了俄罗斯各种东正教仪式,神职人员和教徒划十字的方式不许再用两个手指,而是同希腊教徒一样,必须用三个手指;3.圣像要仿照希腊正教样式来描绘,而不能仿照其他样式;4.环绕教堂的礼仪行列不是自东向西,而是自西向东进行;5.把祈祷时的跪拜改为鞠躬礼;6.十字架可以是8个角和6个角的,也可以是4个角的;7.对耶稣基督的赞美诗(哈利路亚)要唱3遍,而不是2遍;8.举行弥撒时,应在圣像前摆5块饼,而不是7块。此外,在1656年的"东正教周"里,在莫斯科圣母升天大教堂的庄严的祈祷会上,宣布把所有固执地用两个手指划十字的人都革除教门。他的这些改革措施受到沙皇政府的热烈赞同和积极支持,但遭到部分神职人员,特别是下级神职人员和广大教徒群众的强烈不满和坚决反对,因为旧仪式是他们已经习惯的仪式,而新仪式都是教会领导人强加给他们的。于是教会内部产生矛盾和分裂,反对改革的人从教会中分裂出去。他们不响应尼康的改革,要求保持旧礼仪。因此,这些人被称为"分裂派"或"旧礼仪派"。

"分裂派"的首领是教会司祭长阿瓦库姆·彼得罗维奇(他又是当时的著名文学家)和达尼尔(后来成为分裂派的教父)。他们曾上书沙皇,表示反对正教改革,但遭到沙皇的拒绝。于是,他们就开始发动和组织广大教徒反对尼康的宗教改革。阿瓦库姆公开发表演讲,辱骂尼康,说他是"披着羊皮的狼"、"恶贯满盈的罪魁"、"亵渎上帝的异端",还咒诅他"应遭电劈雷打"。"分裂派"不仅上书沙皇,而且还采取其他斗争方式反对宗教改革,如有的人自焚,有的人以武力反抗,有的地方在当时斯杰潘·拉辛领导的农民起义影响下,发展为公开的反封建运动。因此,以尼康为首的东正教协同沙皇政府对反改革者进行了残酷迫害和血腥镇压,其中有的人被流放,有的人被监禁,有的人被鞭打致残,甚至有的人被处以死刑(火刑)。但是,教会分裂却进一步加剧了。由于阿瓦库姆司祭长被处死,旧礼仪派的教徒逃亡到边远地区、森林和沼泽地的深处。然而,旧礼仪派受其宗教思想体系的局限,并未对社会起到什么积极的作用。

尼康牧首拥有大量的财富,除了教会和修道院的大量领地外,还对世俗财产非常贪婪,通过各种手段掠夺农民的地产,以种种名义攫取国家财产,甚至把许多湖泊据为己有,其中所产食盐和鱼类给他带来了巨大收益。他还把修道士的一半收入中饱私囊。在担任牧首不太长的时间里,他就成为仅次于沙皇的全国第二号富翁了。

尼康牧首是一个权欲熏心和专横跋扈的人,对上阿谀奉承,极力讨好,对下蛮横无理,惨无人道,因此下级神职人员和教徒常常称他为"残忍的野兽"。他当了牧首之后,拥有极大的权力和影响,积极参与国家政治,甚至能对军队发号施令,因此,人们往往把他称为俄国的"第二君主"。由于他的权力过分集中和强大,引起了皇宫达官显贵们的嫉妒和不满。沙皇虽然支持尼康的宗教改革措施,却不愿削弱自己手中的权力。按照沙皇的意图,宗教改革基本应使教会更好地服务于皇权,可是尼康却利用这一改革来加强其教权的统治。他提出"教权高于皇权"的主张,企图把教会置于世俗政权之上。他把牧首的权力比做太阳,而把沙皇的权力比做月亮,沙皇从牧首手里接受权力,正如月亮反映太阳的光辉一样。他还要求在棕枝主日,牧首威风凛凛地骑着高头大马,由沙皇手挽缰绳,引出克里姆林宫,以此表明教权高于皇权。1654年,当沙皇阿列克赛·米哈依洛维奇出征与波兰作战时,尼康受命为沙皇代表,在莫斯科独揽大权。尼康的贪横引起了沙皇的极端不满,特别是他的神权思想是同日益巩固的君主专制制度相矛盾的。当尼康得知他已触犯了沙皇后,就采取了在他看来能迫使沙皇屈服的行动。他于1658年7月10日在莫斯科圣母升天大教堂召开的宗教代表大会上当众宣布辞去牧首圣职,脱下牧首神袍,离开莫斯科,去新耶路撒冷复活节修道院隐居,当即使整个教区处于"群龙无首"的局面。但是,沙皇不仅没有理睬他,而且恰恰相反,让他继续留在修道院。当尼康于1664年不经允许,擅自回到莫斯科牧首公署,企图重新占据牧首宝座时,他却被沙皇再次送回修道院。

1666年,在莫斯科召开了有东方各大教会牧首和大主教参加的宗教会议,大会邀请沙皇参加,会上沙皇一方面肯定了尼康所进行的宗教改革,另一方面充当了尼康的主要起诉人,历数了尼康给教会带来的危害,严厉谴责了尼康的专断行为和跟他争权夺利的犯罪行径。于是,大会遵照沙皇的指令,正式把尼康从牧首宝座上废黜下去。随后,尼康被发配到遥远的北方荒凉地带——白湖城菲拉波托修道院,与世隔绝。

沙皇阿列克赛·米哈依洛维奇去世后,继任沙皇费多尔·阿列克赛耶维奇(1676—1682在位)宣布宽赦尼康,决定召他回莫斯科修道院度过他的晚年。但是,他于1681年在返莫斯科途中死去。沙皇费多尔·阿列克赛耶维奇宣布撤销了对他定的罪。

三 彼得一世与教会的关系

17世纪末至18世纪初,沙皇俄国极力维护和加强封建农奴制度,生产力发展受到了严重阻碍。当时的俄国农业落后,只有17世纪前半期兴建起来的手工业工场,大部分工业产品要从国外进口,教育落后,军事力量薄弱,政治腐败,宫廷内部争权夺利,勾心斗角,互相倾轧,国内形势混乱,动荡不安。

在这严峻时刻,彼得一世(Peter,1682—1725在位)被拥立为新沙皇。他登基后,采取有力措施,使国内局势趋于稳定。接着,他下决心治理国家,改变俄国经济落后的面貌,巩固封建专制国家在国内外的地位。他对国内各方面进行了改革,如积极兴办工场,发展贸易,创办学校,改革军制,建立正规的陆海军,加强中央集权。对外,则于1720年发动北方战争,战胜瑞典,取得波罗的海出海口;又于1722年出兵波斯,取得胜利,获得里海出海口。这两次胜利都为俄国发展对外贸易创造了有利条件。在彼得一世的统治下,俄罗斯的国力有了很大增长。为了与社会改革相适应,彼得一世同时着手对教会进行改革,他根据以往教会牧首曾企图取代沙皇,夺取国家最高权力的教训,在政治上力图限制教会牧首的权力,使之处于世俗皇权的控制之下,在经济上也加强了对教会财产的控制,利用教会的财富,扩充国家的实力。彼得一世的改革,虽然遭到当时社会的旧势力和正教会及其牧首阿吉姆等人的反对,但仍取得很大的成功。教会改革的结果是:1721年取消了教会的独立,削弱了反对派的力量,罢黜了反对改革、干预皇权的牧首,并废除了牧首制,确定了管理教会的新体制,成立主教公会(由几名都主教组成的最高权力机构),以主教公会集体领导代替牧首一人掌权。管理主教公会的是一位国家官吏,这位官吏被称做东正教事务管理局局长。这样一来,教会就变成了国家机器的一个组成部分,神职人员变成了沙皇政府的附庸。教会的最高领导权属于沙皇,沙皇被称为东正教会的"最高牧首"和东正教义的"最高保护者"。

彼得一世统治时期,对东正教会管辖下的修道院和修道士采取了限制、取缔政策。他认为修道士制度既无必要,也无用处,因为社会不可能从中得到什么好处,应该取消一切修道院。然而,他并没有完全做到这一点,而只是命令把一些修道院改成养老院。

沙皇彼得一世不仅在宗教事务方面使教会隶属于自己,而且还要求神职人员和教徒在社会生活方面为自己效劳。例如,他要求神职人员用宗教活动来美化、颂扬沙皇,要求他们把沙皇专制制度神圣化,还要求神学院所有成员宣誓效忠于他和他的妻子。此外,彼得一世还要求教会神职人员从告解者身上获取有关阴谋策划反叛沙皇的情报,然后将情报密送上级领导机关,从而使神甫们起到情报人员的作用。

四 18 世纪后半期至 19 世纪俄罗斯正教会的状况

彼得一世病逝于 1725 年。他死后,这个国家经历了 36 年的动乱不安,最后叶卡捷琳娜二世(1762—1796 在位)通过权术终于登上了皇位。为赢得达官显贵们的支持,巩固自己的统治地位,她把大量土地连同大批农奴赐给贵族。与此同时,她表示丝毫无意把教会财产据为己有,以争取教会人士的支持。可是当她的皇位得到巩固后,则换了另一副面孔来对付教会和主教们。她在主教公会上发表演说,要求各位主教放弃掌管财权的妄想,声称教会、修道院不如她的皇宫更需要土地、财产和农奴,主教们的职责是"管理教堂,履行圣礼,传经布道,保护信仰,进行祷告和禁欲",而不是占有财富。大部分主教出于对女皇的威慑而对之大加赞颂。但也有少数主教对女皇把教会和修道院的财产收归国有一事表示不满。例如,阿尔谢尼·马采耶维奇都主教公开出来反对女皇关于没收教会财产和土地的命令。因此,叶卡捷琳娜二世发布指示:取消马采耶维奇的神职,剥夺其教籍,并把他流放到遥远的边疆地区,加以终身监禁。在这种高压下,教会为了自身的生存不得不用最动听的和最美妙的言词来赞颂她,并号召教徒们归顺于她。

进入19世纪,沙皇们也像其前任一样,把东正教作为国教,把教会作为国家机器的一部分,使之为其统治服务,对东正教采取了扶植、保护、发展和利用的政策。教会的全部活动都得按照沙皇的旨意进行。19世纪初出版的《俄罗斯帝国法律大全》指出:沙皇是宗教教义的最高捍卫者和保护人,也是笃信东正教、遵守教规的监护人。另一方面,按照国家法律规定,沙皇必须归附于东正教会。在举行加冕典礼时,他要当众宣读东正教《信经》的全文,以表示忠于东正教教义。

东正教作为国教,包括沙皇在内人人必须信奉。信仰东正教者能受到国家和教会的保护和奖励,不信者或反对者要受到处罚。例如,沙皇尼古拉一世(Nicholas Ⅰ,1825—1855在位)统治时期,曾强迫西伯利亚人民信奉东正教,接受宗教洗礼,若有人不信,或非议东正教,就要受到迫害。又如,19世纪末沙皇亚历山大三世(1881—1894在位)当政时期,民族殖民压迫加剧,东正教会成了沙皇制度对非俄罗斯民族施行暴力的主要工具,东正教传教士用欺骗手段使各地土著的非俄罗斯人改信东正教,拒绝接受东正教的少数民族要受到指控和打击。

这一时期,沙皇政府为了扶植、保护、发展和利用东正教,采取了一些具体措施。如国家拨巨款兴建和扩建大批教堂、修道院;提供庞大教育经费兴办各种类型的宗教学校,培养大批神职人员;在群众中加强宗教思想教育,扩大宗教影响;每年供给巨额补助金作为教会活动经费等。

与此同时,沙皇政府赋予东正教会以各种权利,如:教会有发展信徒、开展宗教教育、培养宗教人才的权利;有出版宗教书刊、进行对外宣传的权利;教会还有权委派传教士到军队中服务,使军官和士兵过好宗教生活,保证军人效忠沙皇政权。

实施上述政策的结果是:到 19 世纪末,东正教有教堂 7 万余座,有神职人员 10 万人左右,有修道院 690 余座,教会拥有雄厚的经济基础,占有耕地 49.6 万多俄亩,对农民进行残酷剥削;接受巨额奉献,摊派其他苛捐杂税等。此外,政府还给予巨额资助。这样,教会不仅是宗教团体,而且还成了经济实体。

东正教会在俄国历史上起的作用是显而易见的。它保护旧制度,鼓吹农奴制,维护地主阶级利益,要求农民绝对服从主人,指示一切神职人员警惕日益高涨的农民运动和工人革命活动,把革命者视为毒蛇猛兽,动员教徒为沙皇而战,要求从肉体上消灭一切站在革命方面的人。教会不允许人民有任何发表言论和写作的自由,否则被视为魔鬼勾引的结果。甚至教会内部的"自由主义"表现也遭到了无情的打击。例如,俄国伟大的进步作家托尔斯泰(1828—1910),因对俄国上层贵族社会、资本主义和农奴制度的剥削、沙皇制度的压迫、法庭的丑剧进行了无情的揭露,对宗教迷信进行了批判,于 1900 年被东正教会革除教门。可见,教会起了遏制人民群众革命运动和社会进步的作用。

第三节 其他地区独立的东派教会

在东派教会形成发展的过程中,不断产生、分化出一个个被视为异端的教派,它们以后分别走上了独立发展的道路。由于这些教派在东方活动,受早期东方教会传统的影响,因而在神学思想、教会制度、礼仪、习惯等方面都带有较强的东派教会的特点,有的甚至与东正教保持着若即若离的关系。这些教会中较为著名的有:叙利亚、波斯的聂斯托利派教会,埃及和埃塞俄比亚的科普特教会、叙利亚等地的雅各派教会等基督一性论派教会和亚美尼亚教会(格列高利教会)。

一 叙利亚、波斯的聂斯托利派

叙利亚、波斯地区的教会活动可追溯到原始基督教会时期,历史记载2世纪已有教会活动。据说是使徒巴多罗买(Bartholomew)传入的,一说是多马派的门徒达太(Thaddeus)建立的教会,使徒犹大(Jude,不是加略人犹大)也在此殉道。280年巴波(Pappa)任波斯首都塞流西亚-泰西封主教,据信他是波斯的首任主教,以后首都的主教成为波斯地区的首席主教,形成了独立的波斯教会。该教会接受《尼西亚信经》,在此基础上还订立了21条法典(410)。在这期间,波斯教会的社会地位往往受到波斯与罗马帝国国家关系的影响。431年召开的以弗所公会议(第三次大公会议)上认定聂斯托利为代表的"二性二位说"为异端,以后罗马皇帝又亲下诏书指责聂斯托利。于是拒不服从以弗所会议决议的人遭到免职和放逐,这些人中有许多人来到波斯,其中著名者如巴尔·扫马(Bar Sauma)。由于当时波斯与罗马帝国的关系紧张,反对罗马正统教会的聂斯托利派自然受到波斯的支持,于是波斯成了聂斯托利派的大本营,而毗邻的美索不达米亚和叙利亚等地聂斯托利派也很活跃。其后在贝斯拉帕特(Beth Lapat)地方召开了主教会议,波斯教会通过正式决议宣布拥护聂斯托利派,反对罗马帝国教会的神学观点,并且更改了某些教会制度,如准许神职人员娶妻等。在主教马拉伯哈(Marabha,540—551在位)在位期间,划分了教区,完善了教会组织,巩固了聂斯托利派教会的地位,断绝了与罗马帝国教会的关系。642—1258年土耳其人占领波斯,聂斯托利派教会受到宽容待遇,而且还因波斯的灭亡免除了波斯国教——祆教在宗教方面的歧视、压迫。于是聂斯托利派教会发展成为非伊斯兰教徒中最大的团体。由于被其他"正统"教会视为异端,无法向西传播只能向东向南发展,11世纪前后聂斯托利派的传教活动达到鼎盛,该派信徒充分利用了他们精于技艺、善于经商的特长把传教活动结合东西方文化、经济交流,沿丝绸之路扩展到印度、中亚、中国甚至南西伯利亚等地,成为在中世纪基督教的各个教派中传教区域最广、传教活动最为成功的一个教派。据史料记载,1265年在亚洲各地有聂斯托利派教会的主教区25处,教会遍布中亚、南亚和东亚。在中国该教会自称"景教",也取得很大发展。直到蒙古西征时,1400年帖木儿的军队攻陷了当时聂斯托利派教会宗主教驻节地巴格达,在帖木儿蒙古帝国统治下,聂斯托利派教会遭到逼迫,逐渐走向衰微。近代以来,仅在今伊拉克、伊朗和印度等地有少量教会留存。

二 埃及、埃塞俄比亚和叙利亚等地的基督一性论派教会

如前所述,埃及科普特教会的形成既有宗教方面的原因,也有民族的原因。科普特教会反对卡尔西顿大公会议关于耶稣基督神、人二性并存的决议,坚持认为二者已结合为一性,故又被称为"基督一性论派"。同时,科普特教会还反对君士坦丁堡牧首区的希腊神职人员对本地教会事务的干预(Copt原意就是埃及人),自卡尔西顿大公会议后逐步成为独立教会,礼仪采用科普特语。567年科普特派选立了自己的宗主教,7世纪初埃及脱离拜占庭统治的一段时间里,科普特教会曾为埃及国教。640年阿拉伯人占领开罗,在埃及教会中的希腊人多返回君士坦丁堡,在阿拉伯人统治下(640—1171)埃及科普特教会获得自治地位,但不准新建教堂、教堂不准撞钟、教堂顶不准装十字架,信徒除必须纳税外在日常生活的许多方面也受到各种歧视性规定的限制。1171年信奉伊斯兰教的埃及法蒂玛王朝被十字军推翻,在十字军占领时代(1171—1250)被视为异端的埃及科普特教会的景况没有改变。1250年,土耳其马木流克军事首领统治埃及,科普特教会更是每况愈下。

埃塞俄比亚教会建于4世纪,据说为推罗(Tyre)人麦尔皮乌斯(Meropius)与学生弗门蒂乌(Fiumentius)和阿克达修(Acdesius)所建。国王皈依基督教后,埃塞俄比亚成为政教合一的基督教王国。340年,亚历山大里亚主教阿塔纳修封立弗门蒂乌为埃塞俄比亚第一任主教,称"阿布拿"(Abuna)。5世纪末6世纪初,埃及科普特派修士从埃及来到此地,建立修道院、翻译《圣经》、宣传基督一性说,使埃塞俄比亚教会接受科普特派基督一性论主张。据说由于埃塞俄比亚王国曾保护过伊斯兰教创始人穆罕默德的家小,穆罕默德留有遗训,不得侵略埃塞俄比亚,所以当信奉伊斯兰

教的阿拉伯人占领北非时一直没有侵入埃塞俄比亚。直至14世纪,埃塞俄比亚仍保持着古老的王国和原有的科普特基督教会。

卡尔西顿会议后,基督一性说在叙利亚也盛行一时。这种情况的出现与埃及的科普特教会类似,同样出于宗教的和民族的原因。6世纪初,在叙利亚出现了一位著名的基督一性论者雅各·巴拉丢,他于541(或543)年出任埃德萨(Edessa,在今土耳其西南部)主教,奔走于叙利亚、小亚细亚和美索不达米亚等地,宣传"基督一性论"的观点,建立基督一性论派教会及其教阶制度,礼仪使用叙利亚语。据说他曾封立了两位大主教,27位主教和数百位其他神职人员。由于他的活动,叙利亚的基督一性论派教会又被正统派教徒贬称为"雅各派教会"。当时在安提阿不但有正统派牧首,而且有雅各派大主教与其分庭抗礼。由于叙利亚处于拜占庭帝国统治之下,君士坦丁堡正教会在拜占庭皇帝的支持下曾屡次强迫叙利亚基督一性论派教会接受卡尔西顿会议决议,但屡遭失败,在查士丁尼一世时对基督一性论派进行了镇压,使该派遭到很大打击。6世纪末,为了躲避受拜占庭皇帝支持的正统派教会的逼迫,雅各派被迫东移迁入波斯。以后雅各派与波斯的聂斯托利派不断发生冲突,相互指责对方为异端。在伊斯兰教统治时期,雅各派与其合作,但教会的处境时好时坏,始终没有明显的发展。在蒙古人西征时,雅各派教会受到很大破坏,其后存留的信徒人数已经很少了。

另外在印度,也有雅各派的活动。据传统说法1世纪时印度就有教会活动,是使徒多马传入的。以后又先后受到聂斯托利派和基督一性论派的影响,直到近代仍存留有一定数量的雅各派信徒。

三 亚美尼亚教会(格列高利教会)

亚美尼亚是最早的以基督教为国教的国家,据说301年亚美尼亚国王蒂瑞达特三世(Tiridates Ⅲ,约238—314)皈依了基督教,这时教会始有主教和教阶制度。由于亚美尼亚毗邻波斯,故传入一些波斯袄教风尚,同时也保留着一些犹太教传统。4世纪时亚美尼亚创立文字并用以翻译《圣经》。由于其礼仪、制度等有些与其他东派教会传统不合，神学观点带有基督一性说倾向，故其所译《圣经》也不为其他教会承认，成为独立于罗马天主教与东正教的一个独立教派。以后数百年亚美尼亚处于波斯统治之下，632年拜占庭帝国占领了亚美尼亚，亚美尼亚教会并入东正教会，但不久伊斯兰教势力侵入亚美尼亚，亚美尼亚教会又重新独立。在以后的年代里，亚美尼亚教会数度与东正教会联合，又因政治形势的变化而分离，由于该教会保留了许多早期东正教会的传统，故人们一般把它看成是东派教会。但亚美尼亚教会始终拒绝承认第四次大公会议，不承认君士坦丁堡牧首具有"普世牧首"的地位。因据传亚美尼亚教会为一位名叫格列高利的传教士所建，故亦称"格列高利教会"。

5世纪时，在亚美尼亚东南部还出现了一个"保罗派"，据说其领袖是一名康斯坦丁的人，该派接受保罗书信和四福音书为《圣经》，但否定原罪观念，反对正统教会的教阶制度、隐修主义和圣像崇拜与圣物崇拜。神学思想受摩尼教影响，主张二元论，认为世界和肉体来自恶神，必须通过清洁的神秘礼仪获得解救。保罗派一度发展很快，7世纪时盛行于西亚地区，后不断遭到拜占庭帝国的镇压，逐渐衰落，10世纪后传入欧洲，对阿尔比派等中世纪异端教派有一定影响。

第四节　东正教的特点

东正教像天主教一样，都是以《旧约全书》和《新约全书》为信仰的依据，宣扬上帝创造并主宰世界，信奉耶稣基督为救世主，但是，由于东部的经济发展和政治情况与西方不同，随着长达数百年东西方教会之争的历史演变，双方都形成了自己的一些特点。

一　东正教的基本特点

东正教特点之一是在意识形态方面富有保守性。东罗马帝国的封建化过程进行得十分缓慢，封建政治统治十分强固，整个社会死气沉沉，处于停滞状态，反映它的意识形态也就变化得缓慢，带有保守性、落后性。东正教这种意识形态也不例外。东正教的保守性主要表现在，它拘泥于古代基督教会的教义和礼仪，信守《尼西亚信经》的基本原则和前七次基督教公会议的各项决议，对它们不作任何改变、补充和革新。

特点之二是在宗教生活方面具有神秘性。教会要求教士做个神秘主义的祈祷者，成为苦修者，追求与神交通，同时实行禁欲主义和与世隔绝，终身过隐修生活。

特点之三是在政治方面具有依附性。东正教是在东罗马帝国皇权统治下产生和形成的，因而它作为精神支柱服务于帝国政权。东正教会承认皇帝是他们的最高首脑，直接受皇帝的控制，没有独立性，完全依附于世俗政权，从来没有起过像罗马天主教会在西方所起过的那种独立于皇权的作用。东罗马皇帝实行独裁政治，大权独揽，有权任免教会牧首、召开宗教会议、批准宗教会议决定、解释教义等。在这里皇权高于教权，教会与国家权力相结合，宗教生活与世俗生活相结合。正如马克思在《希腊人暴动》一文中所指出的："东正教不同于基督教其他教派的特征就是国家与教会、世俗生活与宗教生活混为一体。"

特点之四是在组织方面存在多中心。东正教不像天主教那样在全世界有统一的教会中心和统一的首脑，它的力量比较分散，各自独立，其影响也不及天主教会大。这一点无论从历史上或现实中都可以看出。罗马帝国分裂后，东方教会各主教为争夺牧首地位而经常进行斗争，每个主教都想扩大自己的势力和影响，矛盾和斗争的结果是君士坦丁堡教区主教居于其他3个教区主教之上，因而享有"至圣主教"和"普世牧首"的尊号，但是其他3个教区仍旧保持独立自主的地位。而在西方，罗马教皇就没有这样的竞争对手，发挥作用的只是一个统一的罗马天主教会。

特点之五是在宗教仪式方面具有庄严、华丽的气势。教堂里墙上四周悬挂着众多圣徒的画像。在举行宗教仪式和礼仪时，整个教堂灯火通明，烛光万点，十分隆重、肃穆，圣乐团进行演奏，引领信众从心里同声高唱圣歌，以影响参加者的情绪，使信众陶醉在圣乐和圣歌之中。宗教气氛之浓厚,是天主教和新教所不能比拟的。

二 东正教与天主教的差异

罗马帝国分裂后,基督教会分裂为东西两派。东派是在帝国东部地区的特殊历史环境中形成的。由于帝国东部的政治、经济、文化、语言、民族、风土、人情、习俗等方面与西方不同,东正教在这里的发展与西方天主教有所差异。它们之间的主要差异是:

1. 在经典方面,除了《圣经》(新旧约)外,东正教经典还包括《圣传》(即前七次基督教公会议的决议、《尼西亚信经》、教父阿塔纳修、大巴西勒、金口约翰等人的著作和神学家格里高利等人的作品),而天主教的经典则主要是《圣经》。

2. 在教义方面,东正教主张圣灵只来自于圣父,不同意天主教关于圣灵来自圣父"和圣子"的说法,否认天主教关于罗马教皇"永无谬误"、永远正确,特别重视童贞女马利亚贞洁受孕及其升天的说法。

3. 在宗教礼仪方面,东正教教士在衣着装扮上与天主教教士有所不同。祷告时,东正教除使用希腊语言外,还许可使用地方民族语言,如斯拉夫语,而天主教则在长期内只能使用拉丁语;洗礼时,东正教规定用浸水式,而天主教则采用注水式;东正教的坚振礼在婴儿受洗后不久举行,而天主教的坚振礼则在婴儿长到7—8岁时进行;举行圣餐礼时,东正教食用的是有酵饼,教徒可以饼酒同领,而天主教使用无酵饼,而且规定只有神职人员才能饼酒同领,一般教徒只能领饼不能领杯;东正教准许主教以下的神职人员结婚、离婚、再婚,而天主教则规定,一切神职人员都不能结婚,强调独身主义和禁欲主义。

4. 在宗教节日方面,东正教的一些大节日与天主教节日大体上相同,只是称谓不一样。例如,东正教的主降生节,在天主教里称圣诞节;东正教的主领洗节,即天主教的主显节;东正教的主进堂节,相当于天主教的圣母行洁净礼日;东正教的主进圣城节,在天主教里叫棕枝主日;东正教的主升天节,等于天主教的耶稣升天瞻礼;东正教的圣三主日,在天主教里为天主圣三瞻礼;东正教的主显圣容节,在天主教里称耶稣显圣容日;东正教的圣母安息节,在天主教里称圣母升天瞻礼;东正教的圣母进堂节,在天主教里叫圣母献堂瞻礼;东正教的其他一些小节日则因民族、风俗、习惯不同而异,例如有乔治节、尼古拉节、彼得节、殉教节等。

5. 在神品方面,基督教会的最初神品只有副助祭(副执事)、助祭(执事)和司祭(神甫、主教)3个品位。自基督教会分裂为东西两派后,东正教会实行的是牧首制。牧首制确立后,东正教会的神品分为黑白两种:黑神品有修士、修士辅祭、修士大辅祭、修士司祭、修士大司祭、主教、大主教、督主教(牧首派驻国外教区的代表)、都主教、牧首;白神品有诵经士、副辅祭、辅祭、大辅祭、司祭、大司祭、司祭长等。天主教会的神品分为七品:司门员(一品)、诵经员(二品)、驱魔员(三品)、襄礼员(四品)、副助祭(五品)、助祭(六品)和司祭(七品)。前四品为低级神品,后三品为高级神品。罗马教廷制进一步发展后,主教品位又分为教皇、枢机主教(红衣主教)、宗主教、都主教、大主教和一般主教。

6. 在教历方面,东正教使用儒略历法,儒略历法是现今大多数国家通用的公历的前身,即旧历。罗马教皇格列高利十三世因儒略历不合理而对之进行了改革,于1582年公布新历法,称为格列历。天主教会自那时以来一直采用格列历。此历法后来被多数国家所承认和采用,并被公认为公历。

7. 在教堂式样方面,东正教堂的建筑式样多为拜占庭式或斯拉夫式。拜占庭式教堂,如君士坦丁堡的圣索非亚大堂。斯拉夫式教堂,如莫斯科红场上的升天瓦西里大堂。而天主教堂的建筑式样则多系罗马式或哥特式。罗马式教堂,如梵蒂冈的圣彼得大堂;哥特式教堂,如上海的徐家汇天主教堂。

第十章 文艺复兴时期的西欧教会

第一节 文艺复兴时期的意大利教会

文艺复兴运动是14—16世纪市民阶级采用复兴古典希腊罗马文化的形式发起的一场文学、艺术和思想文化运动。它强调以"人"为中心,把"人"看做美好现实生活的创造者和享受者,不是强调来世,因此也被称为"人文主义"。

一般地说,人文主义者并不反对基督教,尽管他们谴责经院哲学,但并不直接批判基督教教义,他们在很大程度上反映的是上层富裕市民的利益,有很大的妥协性。如但丁(Dante Alighieri,1265—1321)作为虔诚的信徒,反对的只是教会高于国家的观点和教会中的腐败现象。又如佩脱拉克(Francesco Petrach,1304—1374),对教廷的腐败和神职买卖深恶痛绝,但并不反对教皇制度。因此到以后的宗教改革时期,真正由人文主义者转为宗教改革家的人并不多。

文艺复兴运动不仅促使人们对古希腊罗马文化进行研究,而且也促进了对古代基督教文献和古代教父的著作的考证与研究。1440年,著名哲学家兼语言学家罗伦佐·瓦拉证实《君士坦丁的赠礼》确系伪造,并否定《使徒信经》出自耶稣门徒之手。他还将通俗拉丁文本《圣经》与希腊文本《圣经》进行了比较研究。

文艺复兴不但在哲学、文学方面,而且在绘画、雕刻、建筑、音乐以及语言方面都产生了巨大影响。1450年左右,德国人约翰·谷腾堡使用了活字印刷术,更推动了人文主义思想的传播。形势的发展使罗马教廷逐渐改变了对文艺复兴运动和人文主义者的态度。

　　赞成文艺复兴运动的第一位教皇是尼古拉五世（Nicholas V，1447—1455在位）。他喜欢收藏古典书籍，任教皇后，建立梵蒂冈图书馆，派人到各地去收购或抄写古代希腊和拉丁文书籍、文献手稿，并组织翻译。尼古拉五世去世后继任的3任教皇都不支持或反对文艺复兴，但1471—1521年的6任教皇都是文学艺术和大建筑物的赞助者，在他们的支持下，罗马成为意大利的艺术中心。如教皇朱里亚二世（Jules Ⅱ，1503—1513在位）请著名艺术家米开朗基罗为教皇祈祷所梵蒂冈西斯廷小教堂天顶创作了不朽壁画——《创世记》。著名画家拉斐尔也曾是教皇朱里亚二世和利奥十世的宫廷画家，在梵蒂冈留下了宝贵的艺术遗产。但这些教皇在生活上都腐化到了无以复加的地步，引起了广大人民（包括人文主义者在内）的不满。

　　14世纪下半叶，意大利出现了一位很有影响的女宗教活动家——锡耶纳的凯瑟琳（Catherine of Siena，1347—1380）。她对穷人极富同情心，经常不辞劳苦地为穷人、病人以及狱中的犯人服务，她勇敢地痛斥神职人员的罪恶，深受群众拥护。一些多明我会修士在她的影响下发起了"守规派"改革运动。继锡耶纳的凯瑟琳之后，萨伏那洛拉从1486年起直接指责教会中的种种腐败行为，发表预言，呼吁人们悔改。1491年，他任佛罗伦萨圣马可修院院长，在修院中实施"守规派"改革，使该修院成为当时教会改革派的中心。与此同时，热那亚医院院长凯瑟琳（Catherine of Genoa，1447—1510）于1497年带领一批虔诚的妇女组成"神爱教团"，致力于慈善事业，过圣洁的生活。不久，在意大利其他城市都出现了类似的社团，参加者男女都有。这些宗教领袖都是从虔诚的信仰出发要求改革教会的腐败现象，他们同西欧现代虔敬派一起形成了复兴教会的强大潮流，对推动16世纪罗马教会为反对宗教改革运动而在内部实施的相对改革起了一定的作用。

第二节　文艺复兴时期西欧其他国家的教会

15世纪下半叶,意大利文艺复兴运动首先传入德国,以后又发展到法国、英国和西班牙。事实上,早在15世纪上半叶,西欧各国的学者已与意大利人文主义者有了接触,到15世纪中叶,印刷术的推广应用大大帮助了意大利文艺复兴的各种作品的流传,同时,意大利人文主义者也以各种身份,如外交官员、教廷使节、学者、商人等,到西欧各国去,带去了文艺复兴的影响。但真正使文艺复兴在西欧各国植根的还是这些国家到意大利去留学的学者们,他们在意大利深受文艺复兴的熏陶与教育,然后把文艺复兴运动带回本国。

一　西欧各国教会中的人文主义者

最早推动德国文艺复兴的人物是哲学家库萨的尼古拉(Nicholas of Cusa,1401—1464),他早年在德文特共同生活兄弟会的学校里读书,深受现代虔敬派神秘主义思想的影响;后来去意大利留学,十分钦佩罗伦佐·瓦拉对教会的批判精神,回国后,又接受了正统的阿奎那神学思想。尼古拉曾一度是公会议运动的支持者,但1438年以后又成为教皇的积极支持者,1448年被祝圣为枢机主教,1451—1452年,任教皇驻德使节,曾致力于整顿教会和修道院的纪律。尼古拉既是位正统神学家,又是位神秘主义者和人文主义者,因此,他的哲学思想远超出经院哲学的范畴。1440年,尼古拉发表了《饱学的无知》,书中把新柏拉图主义与德国神秘主义思想结合成为独特的泛神论思想。他认为上帝就是有限世界万物的无限统一。因此,万物中都包含着上帝。他不否认基督教以外的其他宗教也含有真理。1453年,他写了《论和平和信仰的和谐》,呼吁各种宗教间应相互谅解,因为各种宗教都处在一种真理的照耀下。

16世纪,德国人文主义者开始步入原为神学家所垄断的大学,成立各种学会,推动学术研究。其中一批基督教人文主义者把古典文化与《圣经》文学相结合,研究基督教的文化渊源。他们吸收了中世纪神秘主义、文艺复兴时期的新柏拉图主义和现代虔敬派的"宗教内在化"思想,用以改造教会和社会,解释基督教神学。其代表人物是约翰·路希林(Johannes Reuchlin,1455—1522)和狄希德利乌·伊拉斯谟(Desiderius Erasmus,1469—1536)。

路希林是一位语言学家,早年便以精通拉丁文而负盛名。1490年,他去佛罗伦萨,对犹太教产生兴趣。从此专心研究希伯来文,以求更好地理解《旧约圣经》。他力图从宗教语言学研究中证明基督教道德对全人类的广泛意义,调和人文主义和基督教教义,强调现世生活的积极意义,在人身中寻找神性。1509—1510年,他反对科隆大学的保守派神学家销毁犹太人的宗教书籍,反对在思想领域和科学研究上的独断行为,主张同犹太教徒进行友好的讨论。为此,路希林和德国宗教裁判所的多明我会修士间发生了一场大辩论,这场争论对马丁·路德发起宗教改革有直接的影响。但是,宗教改革运动兴起后,路希林却并不支持新教徒。

伊拉斯谟生于荷兰的鹿特丹,早年因生活贫困入奥斯定修院。1498年在巴黎获神学博士学位,但他厌恶经院哲学,与法国人文主义者过往甚密。1499年,伊拉斯谟去英国,与著名人文主义者约翰·柯列特(John Colet,1467?—1519)和托马斯·莫尔(Thomas More,1478—1535)等结为好友,在他们的影响下开始研究《圣经》和教父学,为此,他首先用6年时间潜心学习希腊文,为他以后在文学、历史、哲学等方面的学术研究打下了基础。1503年,伊拉斯谟写成《基督的战士手册》,要求信徒仿效基督,强调信仰发自个人内心,而不在于外在的仪礼。1509年,他写成了著名的《愚人颂》,辛辣地讽刺了教俗统治者的种种恶行,揭露并讥笑教皇、主教、修士、经院哲学家等都是一群"愚蠢"的贪婪淫荡之徒,对西欧的宗教改革运动起了先行作用。1519年,他又写了一本嘲弄禁食、朝觐及其他礼仪的《家常谈》。但是,伊拉斯谟并不主张推翻教皇和否定教会,他揭露教会的腐败,只是希望在教会内部进行整顿。他心目中的宗教改革运动只是重整道德运动,对马丁·路德宗教改革运动引起的"骚乱"十分反感,也不赞成路德对传统教义进行的激烈攻击;在"原罪"、"救恩"和人的自由意志等问题上也和路德的信仰主义思想相左。因此,伊拉斯谟同路德之间在1524—1525年发生了激烈的争论并最终决裂。

英国的文艺复兴运动是在15世纪90年代由一批曾去意大利求学的人文主义者发起的,其代表人物有威廉·格罗生(William Grocyn,1446?—1519)和托马斯·林奈克(Thomas Linacre,1460?—1524)。两人在牛津大学发起了研究古典文学的牛津派运动,对约翰·柯列特和托马斯·莫尔影响很大。

约翰·柯列特于1493年去意大利求学,深受新柏拉图主义的影响,1498年在牛津讲授《保罗书信》,开始运用历史和文学的评论方法考证其修辞结构,引起许多学者的兴趣。他反对经院哲学,认为它是"渎神的哲学",不赞成神职人员独身制和信徒秘密向神甫"告解"的传统仪式,抨击教会腐化,怀疑教士的赦罪效能。但是,柯列特仍然是位虔诚的信徒,无意与罗马教廷决裂,只反对教会的弊端,相信《圣经》是上帝的启示,希望通过教育和规劝改进教会与修院的道德纪律。

与柯列特同时的另一位著名人文主义者是托马斯·莫尔。他是一位空想社会主义者,曾于1516年用拉丁文写了《乌托邦》,书中表达了他的人文主义思想和对宗教信仰的宽容态度,描绘了空想的共产主义社会。莫尔15岁时考入牛津大学,很快便醉心于对古典文学的研究。1499年与伊拉斯谟结为莫逆之交。两人在思想上有许多共同之处,都反对教会腐败,主张进行改革,但又都不反对罗马教廷,只希望在教会内进行整顿,都反对使用暴力和教会分裂。因此,莫尔对宗教改革运动的态度基本上是否定的。当英王亨利八世(Henry Ⅷ,1509—1547在位)与罗马教廷决裂时,他坚持教皇制而辞去大法官职务,并拒绝宣誓承认亨利八世为英国教会最高领袖,为此被英王以叛国罪判处死刑。

法国的基督教人文主义者的代表人物是雅克·勒费弗(Jacques Lefevre,1455—1536)。他曾3次去意大利深入研究新柏拉图主义、犹太教和神秘主义哲学。他反对经院哲学和对《圣经》的隐喻解释。1509年,他发表了《五译本诗篇合参》,对5种拉丁文本的《诗篇》进行比较并写了评注。1512年,他发表《保罗书信》的拉丁文译本并加了注释。勒费弗先于马丁·路德提出灵魂得救不靠善功而靠信心和上帝白白赐予的恩典。他认为圣餐的真正含义并不在于祝圣后的饼和酒真正转化为基督的圣体,而是使人们纪念耶稣基督为拯救世人所作的自我牺牲。他也像其他基督教人文主义者一样,从维护罗马教廷的愿望出发要求教会内部进行以《圣经》为准则的整顿,并不支持宗教改革运动。不过他的学生法雷尔(Guillaume Farel,1489—1565)则是法国的宗教改革家,路易·德·贝尔干(Louis de Berguin,1490—1529)则为捍卫新教而牺牲。

二 "重新发现《圣经》"

中世纪的罗马教会虽然没有绝对禁止平信徒阅读《圣经》,但各地方教会为垄断对《圣经》的解释权而对读经及讲经都作了种种限制。罗马教廷也承认《圣经》的权威,但更强调教父、公会议、教皇和正统神学博士对《圣经》的解释。这些自命为《圣经》的最正确的解释者的权威也就是教会的传统权威,实际上是传统权威超过了《圣经》的权威。由于活版印刷术的使用、推广和基督教人文主义者的努力,从15世纪下半叶起,《圣经》的各种版本在西欧各国广泛流行,平信徒有机会直接阅读《圣经》,逐渐对教会传统所作解释的正确性产生了怀疑。基督教人文主义者对《圣经》所进行的历史和文学的探讨,客观上降低了经院哲学家和教廷对《圣经》解释的权威性,也否定了解经学者们对《圣经》所作的隐喻性解释,终于使宗教改革家们得出结论:教会的传统不仅在理论上,而且在实践中并非一贯正确,判断真理的惟一标准只能是《圣经》本身,任何人都无权垄断《圣经》的解释权,从而根本上否定了教会的传统。他们认为,《圣经》的中心启示就是"因信称义",他们可以理直气壮地抛开传统解释,而凭自己的理解向信徒讲解《圣经》。他们把当时的教会和《新约》时代的教会进行对比,使信徒明白什么是"真正的基督教",并以此来反对腐败的罗马教会。因此,到16世纪20年代初期,"重新发现《圣经》"就已成为一股改革的动力了。

应该注意的是,中世纪后期的群众虽然对教会的腐败极为不满,但绝大多数仍是十分虔诚的信徒,他们并不反对罗马教会的教义、圣事和教会组织及体制。这一点在德国尤为明显。当时德国人民由于天灾人祸、社会动荡,而在苦难中挣扎,感到世界末日即将来临,迫切希望与上帝和解以确保来世的幸福,因此,特别注重外在的礼仪。罗马教廷正好利用群众的这种宗教心理积极兜售赎罪券以搜刮民财。与此同时,一批深受神秘主义影响的基督教人文主义者则宣传人得救主要靠神的拯救与人内心的虔诚与谦卑,而不是靠多做善功。宗教改革运动前夕的德国就是这样一个充满了社会矛盾和神学矛盾的社会。马丁·路德就站在这个十字路口上。

第三节 欧洲宗教改革运动的先驱

一 约翰·威克里夫

14世纪,教廷的分裂与腐化、市民阶级的产生与发展、农民反封建情绪的增长以及各国封建君主与教皇的矛盾等因素,使西欧产生了反对罗马教廷、要求改革教会的"新异端"运动。首先提出改革教会的是英国牛津大学神学教授约翰·威克里夫(John Wicliffe,1330?—1384)。

约翰·威克里夫出生于英国约克郡,牛津大学哲学、神学博士,教授,1369年任英王的侍从神甫。当时正是英法百年战争时期,英国对阿维农教皇受法国控制,向教廷交纳的贡金转而支援了法国,以及教会在英国的特权非常不满。在国王支持下,议会拒绝教皇任命英国教会的神职人员,限制英国人向教皇上诉,否认英国是教皇的侍臣国,拒绝教皇乌尔班五世(Urbanus Ⅴ,1362—1370在位)向英国索讨积欠33年贡金的命令。1374年,威克里夫受英王爱德华三世委任参加与法国的停战谈判,并与教皇代表就教皇直接任命英国教会神职人员等问题进行谈判。谈判未达成协议。威克里夫回国后开始抨击教皇。

1375年和1376年,威克里夫先后写了《论神的统治权》和《论世俗的统治权》。他主张上帝是至高的主,世间的一切权力和财富都是上帝赐予人的,暂时"出借"给忠于职守的人掌管,并非让他据为己有;生活在罪中的教士没有资格担任圣职,也无权拥有世俗财富,他们已占有的圣职和财产应由世俗统治者没收。他还认为教皇无权向国王征收赋税;国王的权力来自上帝而非来自教皇;教会不应拥有大量财产。1375年,威克里夫还鼓动英国国会公开谴责教廷。

威克里夫的主张引起教廷、英国教会上层集团和富有修会的反对。伦敦主教控告威克里夫犯异端罪。1377年2月,英国教会法庭传讯威克里夫。威克里夫依靠国王、贵族的保护,拒不出庭。同年,教皇格列高利十一世连发五道通谕谴责威克里夫,并下令坎特伯雷大主教逮捕他听候教皇法庭审理。伦敦市民集会支持威克里夫,牛津大学的教授们认为威克里夫应有言论自由,英王也下令保护,使威克里夫免遭逮捕。

1378年,西欧教会大分裂,两个教皇互相攻击,威克里夫对教会的抨击也日益激烈,并最终否定了中世纪教会。他认为《圣经》是每个基督徒的最高权威;真正的教会是由真正属灵的人组成;有形教会是由选民和弃民两部分组成的,教皇最多只是有形教会的首领;如果教皇醉心于权势和聚敛,他肯定不是上帝的选民,而是个敌基督者;教皇的职位不是基督设立的,而是君士坦丁大帝设立的,他的职权应限于宗教事务范围之内;除上帝外,任何人都没有赦罪权,应以公开忏悔取代告解圣礼;各种修会都是"该隐的孩子",他们标榜赤贫与贞洁都是假冒为善等等。他还鼓吹英国教会脱离罗马教廷,成立国王统治下的国家教会;神职人员不应拥有财产,什一税应改为自愿捐献。威克里夫的一些激进的主张,使他失去了一部分教徒和修士的同情。

1381年,英国农民起义,威胁到封建统治者的根本利益,于是英王和教会握手言和,共同镇压农民起义。威克里夫虽然没有参加起义,但是起义领袖约翰·保尔和瓦特·泰勒都深受威克里夫的影响,于是,国王与教会也联合对威克里夫进行迫害。1382年,坎特伯雷大主教召开牛津宗教会议,指责威克里夫的24种观点为异端,禁止他公开活动。从此,威克里夫被迫幽居,从事写作,把《圣经》由拉丁文译成英文,完成了他的主要神学著作《三人对话录》。1384年12月28日,威克里夫死于心脏病。1414年,康斯坦茨宗教会议判处威克里夫为异端,对之焚尸扬灰,并下令销毁他的著作。

威克里夫生前曾支持一批未经正统教会认可的"穷教士"深入下层社会布道,抨击正式教会,宣传拒绝向教会缴纳什一税,把教会榨取的穷人的财富夺回来。因此,14世纪70年代在英格兰出现了一个"劳拉派",他们身穿粗衣,手持牧杖,游行布道,不但主张改革教会,而且抨击不公平的社会制度,反对封建主。劳拉派在英国农民中得到了广泛的支持,当时有人说,英国农民中每两个人便有一个是劳拉派信徒。劳拉派有力地推动了农民起义,起义领袖神甫约翰·保尔和瓦匠瓦特·泰勒都是劳拉派信徒。农民起义失败后,劳拉派遭到镇压,但他们坚持秘密活动,直到宗教改革运动兴起。

二 约翰·胡斯

13世纪时,波希米亚国王成为神圣罗马帝国七大选侯之一。德意志封建主为了掠夺波希米亚,大批往捷克移民,通过教会占有了全国土地的将近一半。教会的腐化和剥削使原来就具有强烈民族意识的波希米亚人更加不满,被正统教会视为异端的韦尔多派传入后,大批农民加入了"异端运动",建立自己的教会,选举主教,不承认罗马教会的法规。教皇英诺森四世对波希米亚的"异端分子"实行镇压,开除其教籍,没收其财产,但"异端运动"却更加发展。1382年,捷克国王的妹妹远嫁英王查理二世,两国交往密切,大批捷克人到英国去留学,并把在英国流传甚广的威克里夫的主张带回捷克,在捷克出现了一批抨击教会腐化、要求关闭修道院、没收教会财产、改革教会的人物,其主要代表就是约翰·胡斯。

约翰·胡斯出身贫苦,青年时期在布拉格大学读书时靠做工维持生活。1400年他被按立为神甫;1402年被派任布拉格大学校长;1403年兼任皇后的告解神甫。胡斯深受威克里夫思想的影响,但他们在神学上并不完全一致,胡斯在圣礼、教义方面是个正统派。1402年,胡斯用捷克语在布拉格布道,激烈抨击教会的腐化。胡斯进而要求教会改革,取消教会的土地占有制,废除豪华繁琐的宗教仪式,要求神职人员服从国家,主张平信徒在弥撒中与主礼教士同领"圣杯"。胡斯的主张引起了教会上层人士的反对,1408年,他们把胡斯赶出教会,不准他布道。1409年,胡斯反对教皇下令焚毁威克里夫的著作,布拉格人主教向教皇亚历山大五世控告胡斯为异端,胡斯被开除教籍,但他仍在国王和群众的保护下坚持自己的观点,散发传单,继续宣扬威克里夫的主张。

1412年,教皇约翰二十三世(1410—1415在位)为筹集对那不勒斯作战的经费,派特使去捷克推销赎罪券,遭到胡斯的激烈反对,他大声疾呼,只有上帝才有赦罪权,教皇根本无权赦罪。1412年6月,布拉格人民举行反教皇示威,遭到教会与反动统治者的联合镇压。胡斯被迫离开布拉格到捷克南部去进行活动,并写成了他的主要著作《论教会》。1414年,德皇西吉斯孟召开康斯坦茨宗教会议,主要目的之一就是镇压波希米亚的异端运动。西吉斯孟以保证胡斯的人身安全为条件命令他出席会议。胡斯到会后,立即被教皇约翰二十三世逮捕,押在修道院的地牢里。1415年5月,会议判处威克里夫为异端,随后审判胡斯,要求胡斯悔罪并销毁自己的著作,遭胡斯拒绝。7月6日,胡斯以异端罪被判火刑处死。胡斯在火堆上坚持斗争,向群众演讲、唱诗,英勇就义。

胡斯的死激起捷克各阶层人民反对罗马教会的浪潮,各地支持胡斯的群众冲进教堂和修道院,痛打神职人员,夺取教会财产。1415—1419年,捷克南部各地相继爆发大规模农民起义。1419年,布拉格人民起义,各地农民起义队伍齐集布拉格,占领市政府,焚毁修道院,爆发了捷克农民起义战争(1419—1434)。

　　捷克农民战争虽在敌人分化瓦解和武力镇压下被各个击破而最终失败,但却沉重地打击了欧洲教俗两方面的封建势力,促进了人民反封建斗争的高涨。1437年,匈牙利爆发了农民起义;1460年,摩尔达维亚也爆发了农民起义;1476年,德国农民在汉斯·贝海姆领导下起义;1492年,德国农民在"鞋会"组织下起义;1512年,"鞋会"再次起义。这期间,欧洲各国农民起义此起彼伏,始终不断,揭开了16世纪农民、城市平民更大规模的反封建、反罗马教会斗争的序幕,为宗教改革运动和基督教新教的产生准备了社会基础。

第十一章 宗教改革

第一节 宗教改革运动的酝酿

自15世纪下半叶开始,欧洲的资本主义经济开始发展,纺织、冶金、机器制造等行业的机械化程度日益提高。生产力的发展促使社会劳动进一步分工,小手业生产逐渐为较大的手工工场所取代,开始出现了资本主义生产关系的因素;一些工业较发达的国家农村中也开始出现了资本主义生产方式。资本主义经济要求扩大同世界各地的贸易,中国火药、罗盘的传入正好适应了这种要求,达·伽马、哥伦布、麦哲伦等在航海方面的成就给欧洲经济带来了巨大影响,引起了欧洲商业革命,给新兴资产阶级提供了致富的良机,加速了按传统方式收取定额货币地租的封建制度的解体。

欧洲资本主义经济的发展,使各国新兴资产阶级要求有一个统一的国内市场和一个强大的政府作为自己对外贸易竞争时的坚强后盾,因此,他们激烈地反对封建割据,尽力支持统一的王权政府。15世纪下半叶,除德国和意大利外,欧洲各国相继建立了君主专制的政府。当时,教会在欧洲拥有大量土地,是封建势力的主要代表,新兴资产阶级的矛头就必然指向教会,王权的加强势必削弱教权。

另一方面,教会内部争权夺利,教权分裂,神职人员腐化,早已使教会威信扫地,从14世纪起,罗马教廷实际上已沦为法国的附庸。欧洲各国陆续摆脱教廷控制之后,教廷收入锐减,而教皇的挥霍却有增无减。为维持教廷的庞大开支,教皇只好用各种手段来加重自己势力范围内的剥削与掠夺,于是,封建割据的德国就成为他宰割的主要对象。

德国的工业在整个欧洲经济发展的推动下,也有了显著的发展,但是仍然落后于其他欧洲国家。农业不如英国和尼德兰,工业不如意大利和英国,海外贸易也遭到荷兰和英国的排挤。阻碍德国经济发展的根本原因是当时德国封建割据的政治局面决定了经济发展的分散性。到16世纪初,德国仍有七大选侯、十几个大诸侯,200多个小诸侯,还有数以千计独立的帝国骑士。皇帝的势力因与教会斗争而削弱,无力控制众诸侯。众诸侯在自己的领土内各自为政,关卡林立,币制繁杂,彼此间时而结盟,时而对垒。这种割据的政治局面,对内无法形成统一的国内市场,对外不能为本国贸易提供有力的保护,从而严重地阻碍了全国的经济发展。因而当欧洲大部分国家建立起中央集权政府,尽力抵制罗马教廷的横征暴敛后,教廷便把经济损失转嫁到四分五裂的德国身上,他们利用德国当时政治分裂无力自卫、只有宗教热情而缺乏民族意识等机会,对德国进行掠夺。据统计,16世纪初,每年从德国流入教廷的财富高达30万金币,而帝国税收却只有1.4万金币,德国成了"教皇的奶牛"。随着德国资本主义经济的发展,市民阶级不断壮大,民族意识逐渐觉醒,德国社会各阶层分别从自己的利益出发对教廷表现了强烈的不满。

当时,全德国有约1/3的土地属于教会财产,这是皇帝和诸侯难以容忍的事,也是套在德国农民身上的沉重枷锁。15、16世纪时,德国农民占全国人口的80%,多数是依附农,甚至还有农奴。农民们除向地主缴纳地租及无偿劳役外,还要向教会缴纳什一税和其他一些名目繁多的苛捐杂税。教会和地主还可私设公堂,对农民滥施酷刑。处在教俗双重压迫下的农民忍无可忍,进行了多次武装起义。这些起义虽然都被镇压下去,但农民的愤懑情绪有增无减,一场更大的革命风暴正在酝酿中。

由于教会的经济实力和特权禁锢了德国的工商业发展,市民阶级在要求政治民主的同时也强烈要求改革教会。1513年,科隆市民向市政厅提出154项要求书,包括要求限制教会神职人员的特权,如主教、修道院长的亲属不得任市政厅官员,神职人员犯法与平民同罪,神职人员须依法纳税,神职人员不得借宗教活动向教徒索费等等。这些要求反映了市民阶级希望建立一个符合资产阶级需要的"廉价教会"的意愿。

教会特权的增多也使教士们产生了分化。以教皇为首的高级僧侣构成了教会内部的特权阶层,他们是教产的实际占有者,其中有些人本身就是帝国的诸侯。他们滥用宗教特权、买卖神职、出售赎罪券、圣像、圣徒遗物等手段来搜刮民财,用开除教籍、绝罚等来威胁反抗的人民;他们生活腐化,胡作非为,极遭人民痛恨。而一些低级教士则出身平民,收入微薄,生活清苦,信仰虔诚;他们反对高级僧侣穷奢极欲,构成了教会内部的另一派势力;他们也要求改革教会,并得到上层教士中一些洁身自好的有识之士的同情。

皇帝、诸侯等大封建领主在镇压农民起义方面与教廷是同盟军,但实质上他们却是同床异梦。皇帝为了对付骄横的诸侯,不得不与教廷结盟,利用教权的协助来迫使诸侯就范;诸侯则从维护自己的利益出发来决定对教皇与皇帝的态度,时而阳奉阴违,时而公开对抗,例如,1500年,当教皇借大赦年在德国大肆搜刮时,奥格斯堡帝国议会就要求教廷把部分金钱退还给德国。统治阶级内部的这种貌合神离的局面为宗教改革提供了有利的机会。

早在14世纪时,德国多明我会修士爱克哈特和陶勒尔等人就强调信徒个人的宗教经验,认为信徒可以直接与上帝"交通",不用神职人员作中介。他们反对教会繁琐的崇拜仪式,不承认教会对信徒有惩戒和赦罪的职能。这些人被称为"神秘主义者"。16世纪初,这种神秘主义思想在德国市民中颇得人心,神秘主义的神学著作,如《日耳曼神学》等得到了广泛的宣传。

从15世纪中叶起,人文主义开始在德国传播,代表新兴资产阶级的知识分子首先向教会发难,他们抨击教会的伪善,揭露神职人员的腐化。1503年,著名的人文主义者伊拉斯谟写成了《基督的战士手册》,强调信徒个人内心的信仰,反对崇拜圣物和圣徒。1516年,他又发表了《愚人颂》,对上层僧侣进行了辛辣的讽刺。尽管人文主义者们大多数只希望教会进行整顿与改革,并没有否定教会和教皇的动机,但他们对教廷的深刻揭露和抨击,严重地打击了教廷的威信,为马丁·路德进行宗教改革作了思想准备。

15、16世纪,印刷术革新,活铅字版的应用促进了《圣经》的普及。1455年,德国活字版印刷术创始人谷腾堡用活铅字排印了第一部拉丁文《四十二行圣经》。1516年,伊斯拉谟编印了第一本希腊文活字版《圣经·新约全书》,并作了注释,深受信徒欢迎,于是,欧洲各国翻译和出版《圣经》之风大盛。《圣经》的普及,打破了教会对《圣经》的垄断,从而也动摇了教皇的绝对权威。

第二节 马丁·路德与德国宗教改革运动

一 马丁·路德的早期活动

马丁·路德(Martin Luther,1483—1546)出身于一个虔诚的天主教徒家庭,早年家境贫寒,以后受到正规教育。1501年,考入爱尔福特大学,主修拉丁古典文学,但也读神学和哲学,深受唯名论经院哲学家奥卡姆的威廉的思想影响。1505年,路德获文学硕士学位,不久便弃学遁入爱尔福特奥斯定会修道院。起初,他力图用苦修、禁食、自我鞭笞等方式来寻求灵魂的解脱。1507年,路德受神甫职,以后读了陶勒尔、爱克哈特、胡斯等人的著作,对罗马教会的传统教义产生了疑问。奥古斯丁会地区主教、神秘主义者斯托皮兹(Johannes von Staupitz,? —1524)劝他放弃苦修,深入研究《圣经》和奥古斯丁的著作。《新约·罗马人书》中的"义人必因信得生"和奥古斯丁的预定论(即人得救不在于善功,而在于上帝的恩典,在于他给人们心灵中注入的坚定信仰)对路德的影响极大,使他对当时教会中占统治地位的阿奎那神学思想和亚里士多德思想逐渐产生了抵触情绪。1509年,路德去罗马教廷汇报德国奥古斯丁修院的情况,罗马教廷的腐败使他大为震惊,他对教廷由敬畏开始变为厌恶。从罗马回国后,路德便长住维滕堡。1512年,路德获神学博士学位,在维滕堡大学讲授《圣经》,1515年,升任副主教,管理11所奥斯定会修院,同时任维滕堡大学神学教授。从1512年起,路德开始形成自己的"因信称义"的神学思想。1516年,他读到神秘主义著作《日耳曼神学》,更坚定了自己的观点,并进而否定教皇和主教有赦罪权。他的主张得到维滕堡大学一些同事的支持。

二 《九十五条论纲》

1515年,教皇利奥十世为聚敛财富,以修缮圣彼得大教堂为名发售赎罪券,并答应将一部分收入分给各国君主。勃兰登堡大主教阿尔伯特(Albrecht of Brandenburg)向德国富商富格尔家族借得巨款对利奥十世行贿;1517年,利奥十世答应阿尔伯特兼任美因兹大主教,负责在德国发售赎罪券,将收入一半还债,一半上交教皇。阿尔伯特又把这件事交给多明我会修士台彻尔(Johannes Tetzel)具体负责。台彻尔为了推销赎罪券,大肆宣扬赎罪券的功效,他说:"赎罪券乃是上帝高尚的礼物,买了赎罪券的人,不但他以往的罪得赦免,就是将来的罪也可得赦免。而且为已死的人买赎罪券也能使他们立刻脱免罪罚……现在你们就是只有一件衣服,也当脱下来卖了,火速来买赎罪券,因为不久上帝要追寻忽略救恩的人。你们要相信上帝已将赦罪的全权交给教皇了。"并说只要买赎罪券的钱币落入钱箱丁当一响,其已死亲属的灵魂马上就从炼狱飞升天堂云云。

台彻尔的这种宣传与马丁·路德等人在大学里所讲授的神学理论完全相反,使他们很气愤。在同事们的支持下,马丁·路德于1517年11月1日晨在维滕堡教堂大门前贴出题为《关于赎罪券效能的辩论的九十五条论纲》(以下简称《论纲》)。这本是当时学术辩论的一种正常做法,却在德国掀起了一场轩然大波,轰轰烈烈的宗教改革运动便由此开始了。

在《论纲》中,马丁·路德首先把有关惩罚、悔改、赦免的问题作为讨论的重点,因为这些问题既与赎罪券的买卖、宣传直接相关,又为当时信徒所普遍关心。马丁·路德认为惩罚并非如教廷所说是指炼狱中受到的各种折磨痛苦,它主要指的是在罪恶过犯中人的内心总是处于一种恐惧、绝望、自相矛盾的境地中,"罪恶的惩罚是与自恨同长久"(第4条),"地狱、炼狱和天堂之间的区别似乎是与绝望、将要绝望和确信之间的区别相同的"(第16条)。而且这种惩罚是针对着活着的人的,"临死者因死亡就免除了一切惩罚"(第13条)。所以将惩罚解释成死后在炼狱中的外在的、肉体上的惩罚是荒谬的。"将教条所定的惩罚变为炼狱中的惩罚,很显然是仇敌在主教们睡觉的时候所撒的一种稗子。"(第11条)马丁·路德认为既然惩罚主要针对的是内心的罪,所以悔改也应发自内心,"……与自恨同长久,因为这才是真正内心的悔改"(第4条)。当然,内心的悔改应该表现出行动来,"因为内心的悔改若不产生肉体外表各种刻苦,便是虚空的"(第3条)。马丁·路德还认为悔改"是说信徒一生应当悔改"(第1条),"一直继续到我们进天国"(第4条),"这句话不是指告解礼,即神甫所行的认罪和补罪说的"(第2条)。因此"每一个真正悔改的基督徒,即令没有赎罪票,也完全脱离了惩罚和罪债"(第36条),只要悔改就能得救。相反,"那些说为求获得救赎或赎罪券并不需要痛悔的人,是在传与基督教不符的道理"(第35条)。所以,悔改与购赎罪券二者是对立的,"最有学问的神学家也很难一面宣讲赎罪票的好处一面又宣讲真心痛悔的必要"(第39条)。针对罗马教廷关于教皇有赦罪之权,所以要被赦罪就得购买赎罪券的宣传,马丁·路德尖锐地指出,赦罪之权只在上帝,"教皇不能赦免任何罪债"(第6条),"教皇除凭自己的权柄或凭教条所科的惩罚外,既无意也无权免除任何惩罚"(第5条)。所以赦罪的恩典来自神,"任何活着或死了的真基督徒,即令没有赎罪券,也都分享基督和教会的一切恩惠,这些恩惠是上帝所赐的"(第37条)。通过上述分析可以明确地得出结论:"靠赎罪券得救,乃是虚空的"(第52条),"说教皇的赎罪券能使人免除各种惩罚,而且得救,乃是犯了错误"(第21条)。马丁·路德认为赎罪券的买卖不但与基督教关于惩罚、悔改、赦免的教义相矛盾,而且还具有很坏的社会效果,它造成了人们的思想混乱,使人贪欲大增,远离上帝,

"那些说钱币一丁当落入钱筒,灵魂就超脱炼狱的人是在传人的捏造"(第27条),"钱币一丁当落入钱筒,只能使贪婪增多"(第28条),"赎罪券,照宣讲者所说的,是最大的恩典,其实它所谓'最大',不过是指它们为最大的牟利工具"(第67条)。在《论纲》中马丁·路德还揭露了罗马教廷在宣传赎罪券买卖时的许多自相矛盾之处,他质问"教皇若为得钱以建立一个教堂的小理由而救赎无数的灵魂,他何不为神圣的爱和灵魂痛苦的大理由而使炼狱空虚呢?"(第82条)"教皇的财富今日远超过最富有者的财富,他为建筑一个圣彼得堂,为何不用自己的钱,而要用贫穷信徒的钱呢?"(第86条)"如果教皇现在颁发赎罪券,是为拯救灵魂,而不是为得钱,那么以前所颁发的赎罪券既是同样有效,他为什么把它们搁置呢?"(第89条)综上所述可以看出,马丁·路德所攻击的,是对赎罪券效用的过分宣传,在《论纲》中,他并没有直接攻击教皇和罗马教会,甚至也不完全否认赎罪券的功用,不否认炼狱的存在与教会的补赎。相反,他还多次提到教皇对赎罪券买卖中的各种弊端并无责任,主张维护教皇和罗马教廷的声誉。但是,由于赎罪券的买卖、宣传涉及罗马教会的许多传统,因而马丁·路德对赎罪券买卖的抨击不能不同时对罗马教会有所触动,从中也能够看出以后的宗教改革思想的端倪。关于教皇制度,《论纲》肯定"……教皇的赦免是不可蔑视的",但又指出这只是因为"他宣布上帝的赦免",(第38条)二者不可等同,"说那饰以教皇徽号的十字架是与基督的十字架同样有效,这是亵渎。"(第79条)关于圣品阶级,《论纲》也承认他们有"代表上帝"的权力,但同时强调真正赦免人罪债的是上帝(第7条)。在理性与权威的关系上,《论纲》一方面声言"……赎罪券若是按照教皇的意旨和精神宣讲的,那么这一切疑问都要迎刃而解,而且根本就不会发生。"(第91条)但指出:"对平信徒的这些论点和疑问仅用教皇权来压服,而不用理智来解答,乃是使教会和教皇受敌人耻笑,并使基督徒不愉快。"(第90条)在所谓教会的"宝藏"(功德库)问题上马丁·路德强调"教会的真宝藏乃是上帝的荣耀和恩典的神圣福音。"(第62条)这真宝藏也与赎罪券的买卖无关。(以上所引《论纲》条目均摘自《路德选集》上册,徐庆誉、汤清译)《论纲》中的上述观点,有意无意地向罗马教会的传统提出了挑战,因此,《九十五条论纲》一经发表,立刻遭到了代表罗马教廷顽固势力的美因兹大主教阿尔伯特和台彻尔等多明我会修士们的攻击,他们向罗马控告马丁·路德蔑视教皇权威。起初,教皇利奥十世认为这不过是"醉汉的呓语",用不着大惊小怪。但是,由于《论纲》表达了长期以来郁结在广大德国人民心中反抗教廷的心声,两星期之内,《论纲》便传遍了整个德国,一个月之中就传遍了全欧洲,并被译成多种语言文字。

　　教皇因路德的《论纲》引起的麻烦而大为震怒。1518年,路德写了《解答》(Resolutions)为自己辩解。书中强调他承认罗马教会的正统性,表示自己的原意完全是为了维护教会的权威,不想竟引起了争端,愿听从教皇发落。不过,他在书中又肯定公会议的权威高于教皇,否定圣徒的圣迹和历任教皇所增加的各种赦罪理论和行为,而后者却正是教廷主要财政收入的依据。因此,教皇于1518年7月召路德去罗马受审。路德马上请求萨克逊选侯腓特烈给予庇护。腓特烈为了维护自身的经济、政治利益,宣布支持路德。德意志诸侯的不合作态度,迫使教皇不再坚持要求路德去罗马,而改为去奥格斯堡见枢机主教卡叶坦(Cajetanus)。1518年10月,路德在帝国卫队保护下前往奥格斯堡,卡叶坦十分蛮横地要路德公开承认错误,遭路德拒绝。路德返回维滕堡,留下了一封要求向不明真相的教皇申诉的信。

　　1519年,德皇马克西米连去世,利奥十世担心与他有矛盾的法王或西班牙王当选皇帝,便拉拢萨克逊选侯,派特使米尔提兹(Karl von Miltitz)送金玫瑰给腓特烈。米尔提兹到德国后,看到几乎半个德国都公开仇视教廷,只得同路德私下谈判,双方都作了妥协:教皇不再要求路德到罗马去受审,并将台彻尔免职;路德则答应不再发表任何煽动性言论和文字。1519年3月,路德写信向教皇请罪,并呼吁德国社会各阶层群众忠于罗马教会。

三　马丁·路德的改革活动

路德虽然作了让步,但教廷中的强硬派却不肯就此罢休。强硬派代表著名神学家约翰·艾克(Johannes Maier Eck,1486—1543)要求与路德就教皇权力至上问题进行公开辩论。1519年7月,双方在莱比锡举行论战,结果艾克取胜,他迫使路德承认自己的立场同胡斯有些类似,认为康斯坦茨公会议处死胡斯的做法是错误的。这样一来,路德便由否定教皇的绝对权威发展到否定公会议的权力至上,最后只承认《圣经》的权威了。在罗马教会看来,路德在这场辩论中彻底失败了,因为他承认自己是异端。1520年春,由教皇驻德使节起草通谕将路德开除教籍,当众焚毁其著作。6月15日,教皇签署通谕,并勒令路德在通谕公布之日起60天内公开声明放弃自己的观点。于是,路德被迫与教廷决裂。

1520年8—10月间,路德先后写成了被称为德国宗教改革运动的三大论著:《致德意志基督教贵族公开书》、《论教会的巴比伦之囚》、《论基督徒的自由》。

《致德意志基督教贵族公开书》的内容主要是反对罗马教廷的三道护墙。罗马教会主张神权至上,把神职人员称做"属灵等级",高居于"世俗等级"之上。路德则宣称世俗权力也为上帝所委派,同样是"属灵等级",对教皇、主教、神甫都有权施行惩罚,包括使用武力。路德捅破了这道神权至上的纸墙,实际上是主张君权神授,君权至上。他还宣称,所有基督徒都是"属灵等级",教徒一经洗礼,便成为神甫。因此,神职人员同一般教徒的区别只是分工专职不同,而不是等级地位不同。对此,马克思评论说:路德"把僧侣变成了俗人,但又把俗人变成了僧侣"(马克思:《〈黑格尔法哲学批判〉导言》)。罗马教廷的第二道护墙是强调教皇、教会具有至高无上的神圣权威;而路德则主张《圣经》的权威高于教皇及教会,而且每个虔诚的教徒都能根据信仰解释《圣经》。所以,马克思评论说,路德"破除了对权威的信仰,却恢复了信仰的权威"。(同上)罗马教廷的第三道护墙是,只有教皇才有权召开宗教会议,路德则呼吁德意志皇帝仿效4世纪时罗马皇帝君士坦丁召开宗教会议,讨论改革教会的弊端,如谴责罗马教廷在德国榨取大量财富,从事神职买卖和教廷的奢华挥霍等。

《论教会的巴比伦之囚》是路德以学者、神职人员为对象,用拉丁文写成的。文中用巴比伦来影射罗马,指责罗马用不合《圣经》的圣礼制度把教会变成了俘虏。他以《圣经》为根据,否认除洗礼、圣餐以外的其他圣事。因为圣礼制度和教士特权是罗马教会赖以存在的基础,所以路德不承认圣礼制度,也就等于不承认教皇的权威。

《论基督徒的自由》是路德与教皇妥协的产物。1520年10月11日,路德与教皇特使密晤,达成协议:只要路德写一本书表明自己的正统信仰,并给教皇写一封信表明并未攻击教皇本人,便可对他既往不咎。于是,路德就写了《论基督徒的自由》,并故意把写作日期倒填为9月,以表示本书是写在教皇通谕在德国正式公布之前。其第一部分论证"因信称义",宣称基督徒可依靠信仰上帝而获得心灵上的自由,摆脱教会繁文缛节的束缚。第二部分论证基督徒言行必须合乎信仰,举行任何宗教仪式都必须是信仰的表征,真正出自内心。同时,路德还真的给教皇写了一封信,表示效忠。信中说:"我决无意攻击您个人,我甚至期望能蒙您赏识,为您的事业服务。"

谁知教皇却撕毁了协议,在德国公布开除路德教籍的通谕。路德便又写了《反对敌基督者的通谕》,斥责教皇是假基督,教皇的座位是撒旦的椅子,并在12月10日当众把通谕烧毁,与教皇公开决裂。

1520年10月,西班牙人查理五世当选为德皇,名义上他是一位除了英格兰、法国、葡萄牙和教皇国以外的整个中西欧的统治者,实际上他在德国的势力很弱。他是位虔诚的正统派信徒,拥护罗马教廷,也需要教会的支持。教皇对他则一面拉拢,一面施加压力要他镇压德国的宗教改革运动。1521年1月2日,教皇宣布给路德定罪,但腓特烈选侯等认为未经帝国会议审讯,不算定论。查理五世不顾教皇使节的抗议,对选侯让步,于1521年1月27日在沃尔姆斯召开帝国会议,传讯路德。当时,德国诸侯既不满教皇对他们的压榨,又不愿皇帝势力过于强大,而且鉴于康斯坦茨会议处死胡斯后所引起的严重后果,害怕处死路德也会引起农民和平民的暴动,所以,他们联合向皇帝提出了102条意见,对教廷表示不满。4月17日,路德到会后,依靠诸侯们作后盾,拒不让步,坚决表示不放弃自己的主张,除非有人能用《圣经》或其他正当理由指出他的错误。4月19日,皇帝查理五世发表了反马丁·路德的宣言,但遭到腓特烈等人的反对。查理五世既不愿得罪教皇,又不敢得罪德国诸侯,只好先让路德离开沃尔姆斯,然后再下逮捕令。4月底,路德离沃尔姆斯返维滕堡,腓特烈为保护其安全,派人故意在半途将他劫走,送往瓦特堡将他保护起来。5月6日,帝国会议发布《沃尔姆斯敕令》,宣布马丁·路德为异端,不再受帝国保护,焚毁其著作,并在帝国境内通缉路德及其支持者,但已经是一纸空文了。

路德在瓦特堡隐居期间,主要从事《圣经》的德文翻译工作。不久,维滕堡因宗教改革发生动乱,路德返回维滕堡。

四 德国宗教改革运动的分化

路德在瓦特堡隐居期间,宗教改革运动在德国风起云涌。在维滕堡大学,路德的支持者对公共礼拜和修道生活提出改革,反对弥撒,要求废除修道誓愿,反对圣像、圣物崇拜,在他们的倡导下,维滕堡奥斯定修道院一些修士脱离修院自行还俗。不久,其他各地的修院相继效仿。1521年12月,维滕堡的一批学生和市民闯入教堂,赶走教士,破坏了圣方济各修院圣坛。当年圣诞节,城堡教堂副主教卡斯塔特在主持圣餐礼时不穿神甫服装并准许平信徒领圣杯,他还废除了告解和禁食,主张教士结婚。在他领导下,维滕堡市政府下令解散各保守派宗教团体,没收其财产,规定一律用德语举行礼拜。1522年,宗教改革迅速发展成一场反封建教会的群众运动,在图林根地区,已经出现了群众武装起义的迹象。

这时，德国的政治舞台上形成了3派势力：一派是由皇帝、部分诸侯和城市贵族组成的保守派，他们支持罗马教廷，维护封建统治，反对宗教改革；一派是由部分对罗马教廷不满的诸侯、低级贵族和城市中产阶级组成的温和改革派，他们支持路德，主张没收教产，取消教会特权、森严的等级制和繁琐的崇拜仪式，要求建立一个摆脱教皇控制的国家教会，但他们反对暴力，害怕宗教改革引起武装革命损害自身的利益；一派是由城市平民、广大农民和部分激进的知识分子组成的激进改革派，他们在宗教改革的旗帜下进而要求变革整个社会制度。

1520年，德国的茨威考城出现了一个以矿工、纺织工人为主体的再洗礼派，他们反对西欧的封建制度及其主要支柱罗马教会，以《新约·启示录》中关于千年王国的说法为根据，抱着在现世实现公平社会的狂热，用模糊的宗教形式提出一个与封建制度对抗的社会理想，主张财产公有，反对贵族和教会的封建土地占有制，宣传一个人人平等的千年王国即将到来，基督将再次降临，永远统治；压迫他们的封建王侯和僧侣都将毁灭，接受末日审判；他们不承认罗马教会强制儿童的洗礼，主张成人后必须再次受洗等等。1521年12月27日，3位"茨威考先知"来到维滕堡，声称他们受圣灵感动解释《圣经》。他们的宣传对卡斯塔特等的影响很大。1522年1月底，在卡斯塔特推动下，维滕堡通过法令，强行拆除各教堂内的圣像，禁止弥撒，只准举行简单的礼仪。群众用石块攻击不服从的教士。维滕堡的社会动荡起来。

维滕堡的动乱对萨克逊选侯不利，也不符合路德的意愿。1522年初，路德发表了《劝基督徒勿从事叛乱书》，书中宣称：基督徒必须服从执政者，"上帝禁戒叛乱"，并诅咒群众起义是由于"魔鬼的挑动"。他鼓吹：第一，群众首先应承认自己有罪；第二，反对教皇统治要靠"谦卑祷告"，等候上帝施行审判；第三，要靠宣传基督教"信仰"去消灭教皇制度。1522年3月，路德从瓦特堡赶回维滕堡，接连8天发表演说，反对用暴力改革教会，驱逐"茨威考先知"。卡斯塔特指责路德是"维滕堡的新教皇"，被市议会解职，不得已离开维滕堡。随后,路德又到撒克逊选侯区各城市去宣传宗教改革是要求教徒内心的转变,反对使用暴力。1523年春,路德又发表了《论世俗当局的权力》,宣扬封建统治的法律与武力是出于上帝的旨意,世俗君主是上帝"惩罚的手",人人都应顺从。从此,路德就与平民阶级的宗教改革运动分道扬镳了。恩格斯在《德国农民战争》中曾评论说:路德"毫不踌躇地抛弃运动中的下层人民,倒向市民、贵族和诸侯一边去了。剿灭罗马的号召销声匿迹了。路德的调子改成和平发展与消极抵抗了"。

五 路德派新教在德国的确立

以马丁·路德为代表的市民温和派在宗教改革中为使德意志摆脱教廷的掠夺,提出建立不受教廷统辖的、本民族的、独立的国家教会。他主张废除教会法和教会法庭,根据《新约·罗马人书》第13章第1—7节,信徒应服从世俗政府的"在上的权柄",而教皇的统治权在《圣经》中找不到根据,是不合法的。路德还积极提倡用本民族语言举行崇拜活动。1526年,他编定了"德文弥撒和崇拜仪式"。

1529年,皇帝查理五世(Richard V)在斯拜耶召开帝国会议解决德国宗教改革问题。会上支持罗马教会的诸侯占多数,重申1521年沃尔姆斯帝国会议反对异端的禁令,恢复罗马教会的一切特权和产业。为此,支持路德派的诸侯于4月6日联合向会议提出抗议书,被称为"抗议者"(因此,后来一切由宗教改革运动而产生的不承认罗马教廷权威的各教派统称"抗议者"、"抗议宗"或"抗罗宗",也称"新教",而称罗马教会为"旧教")。

1530年1月,查理五世为尽快解决国内宗教争端,以便全力对付再洗礼派叛乱和土耳其人的威胁,提出在奥格斯堡举行帝国会议。为此,路德派起草了《奥格斯堡信纲》供会议讨论。《信纲》措辞温和,共28条。前21条是阐述路德派的基本主张和"因信称义"的神学思想,并宣称:"在信仰方面,我们的教会没有哪一项和罗马教会的意见相左,我们只是消除了各时代所造成的违反教规宗旨的一些弊端而已。"还指名攻击再洗礼派等激进教派。后7条指出罗马教会应改革的弊端,主张废除繁琐豪华的崇拜仪式,简化教士等级,准许神职人员结婚,准许平信徒在圣餐中饼酒同领,取消修道誓愿等。《信纲》虽有和解之意,但教廷中的强硬派却发表了措辞激烈的驳斥书。最后,皇帝支持教廷,发布《奥格斯堡敕令》,谴责路德派,迫令路德派收回《信纲》,严惩侵占教会财产者。路德派不服,发表了《奥格斯堡信条之辩护》。会议期间,支持罗马教会的诸侯(即旧教诸侯)结成士瓦本联盟,支持路德派的诸侯(即新教诸侯)结成施马尔卡登联盟,双方对峙。查理五世只好于1532年7月同施马尔卡登联盟签订协约,答应在下次宗教会议或帝国会议召开之前不干涉路德派的活动。

1534年,教皇保罗三世(Paulus III,1534—1549在位)即位,他的政策是联合法国反对德国,激化了旧教诸侯与教廷的矛盾。1534年,闵斯特等地爆发再洗礼派起义,旧教诸侯与主教无法应付,被迫求救于新教诸侯。1535年,新教诸侯帮助他们镇压了再洗礼派,并扩大了自己的势力。1536年,士瓦本联盟瓦解,施马尔卡登联盟成为惟一强大的诸侯联盟,一些旧教诸侯也倒向新教一边。与此同时,英国和北欧诸国纷纷建立国家教会,脱离罗马教廷;信奉旧教的法王为对抗查理五世,转而支持路德派。于是新教势力大增。1538年9月,教皇驻德国使节惊呼,除波希米亚外,几乎所有诸侯都成了新教徒。

1540年,查理五世为扭转德国局势,提出新旧教诸侯进行谈判,探讨建立德国教会的可能性。1541年,谈判失败。1547年,查理五世利用新教诸侯内部的矛盾战败政敌。1550年,颁布《血腥诏令》,镇压新教,恢复旧教的封建神权统治。皇权的增长引起教皇和所有诸侯的普遍不安。新旧教诸侯结成同盟共同反对查理五世。1552年,查理五世战败。1555年,双方缔结《奥格斯堡和约》,承认路德派的合法地位(其他新教派仍属非法),并根据"教随国定"的原则,承认诸侯拥有决定其臣民宗教信仰的权利。从此,路德派新教教会才正式享有合法地位。

德国的宗教改革运动,在罗马教廷统治范围内引起了连锁反应。欧洲各国内相继发生了反对罗马教廷的宗教改革运动,不仅派生出许许多多适应新兴资产阶级需要、脱离罗马教廷的新教派(如路德宗、加尔文宗、安立甘宗等),更重要的是它以宗教改革运动的形式,揭开了西欧资产阶级革命的序幕,是资产阶级反对封建阶级的第一次大决战。

第三节　托马斯·闵采尔与德国农民战争

把宗教改革运动同社会革命密切结合起来的代表人物是托马斯·闵采尔(Thomas Münzer, 1490?—1525)。闵采尔生于施托尔堡,1507年入莱比锡大学攻读哲学和神学,升神甫后,在农村中传教。闵采尔精通《圣经》,他先于路德提出《圣经》是惟一的最高权威,并早有改革教会的强烈愿望,对马丁·路德早期发表的反对教皇的言论都给予积极的支持。1520年,闵采尔任茨威考城神甫,积极与当地再洗礼派合作。1521年,再洗礼派被镇压,闵采尔被迫出走,曾到过维滕堡和布拉格。他在布拉格贴出"抗议书",表示"要继基督的卓越战士约翰·胡斯之后,使响亮的号角发出新的歌声"。1522年,闵采尔到图林根的阿尔斯特任神甫,开始革命活动。他建立了一个秘密团体,宣誓要建立一个地上天国,即一个博爱、平等、自由、纯洁的国家。这时,他不仅否认罗马教会的权威,而且也否定《圣经》的绝对权威。他认为信仰主要靠圣灵的"活的启示",即人的理性,人人都有理性,也都可以有神性,都可进天国,这个天国不在来世,而在今生。他反对偶像崇拜,认为人类得救的惟一道路就是恢复人类原有的平等,恢复基督教教会的本来面貌,把一切"败坏基督统治"的、使人民陷入贫困的贵族、僧侣等障碍统统铲除。他不仅抨击教会封建主,而且抨击世俗封建主,把"天国"降临解释为社会革命运动。所以,恩格斯在《德国农民战争》一书中评论说:"闵采尔所了解的天国不是别的,只不过是没有阶级差别,没有私有财产,没有高高在上和社会成员作对的国家政权的一种社会而已。"

闵采尔的主张,深受当地下层群众的欢迎,在他周围形成了激进的宗教改革派并与农民的反封建革命斗争结合起来。而马丁·路德则反对农民革命。路德发表了《为反对叛逆的妖精致撒克逊诸侯书》,辱骂闵采尔是魔鬼的工具,"撒旦就是通过这些邪恶精灵作怪",说他宣传异端、鼓吹暴动、反对政府,呼吁诸侯对他严加镇压。闵采尔则针锋相对,斥责路德变节投降,献媚诸侯,是"说谎者",是"维滕堡的行尸走肉"等。

1524年6月,爆发了德国农民战争。起义者在闵采尔的思想影响下提出了自己的斗争纲领——《书简》,要求推翻封建制度。1525年2月,闵采尔来到图林根的缪尔豪森,3月,他亲自领导当地人民起义,从贵族手中夺取市议会,建立革命政权"永久议会",被选为主席,宣布没收教会财产,取消贵族与农民签订的一切契约,废除封建特权。同时,士瓦本的6支农民起义军领袖在梅明根集会,制定了著名的《十二条款》。《十二条款》比《书简》温和得多,它没有要求没收地主土地,不是从根本上推翻封建制度。起义军把《十二条款》寄给路德,希望能得到他的支持。4月,路德却发表了《和平的谏言》。他一方面要求统治者采取仁慈政策,"放弃一些专制和压迫,让可怜的百姓得到一点生存的空间";另一方面引用"动刀的必死于刀下"这段圣经,要求农民抑制暴力和复仇行为,放弃过分的条款。5月,路德又发表了攻击农民起义的《反对杀人越货的农民暴徒书》,大骂起义农民"像疯狗似的抢劫","从事的是恶魔的勾当","任何虔诚的基督徒,宁愿死一百次也不能向农民的要求作丝毫让步"。他还要统治者"赶快拿起刀剑……刀剑是用以对付这些家伙的……假如他可以惩罚而不惩罚(甚至是夺取生命或流血的惩罚),那么这些人所犯的谋杀和罪恶,全部是他的罪恶"。

德国农民起义使封建统治者惊慌万分,教皇、皇帝、诸侯、贵族、教士和以马丁·路德为代表的市民温和派不得不暂时握手言和,联合起来共同反对起义农民。缺乏装备的农民遭到使用枪炮、训练有素的军队的屠杀,仅1525年被杀农民就有10余万之多。农民起义最终失败,闵采尔也英勇牺牲。

德国农民战争失败的原因很多,其中之一就是受到以马丁·路德为代表的市民温和派的反对。所以,马克思在《〈黑格尔法哲学批判〉导言》中指出:"当时,农民战争这个德国历史上最彻底的事件,因碰到了神学而垮台了。"同时,农民战争的失败也削弱了路德派的宗教改革,尤其是首先发动农民起义的南部地区,人民不再支持路德;而原来支持路德的诸侯,认为宗教改革是农民起义的诱因,也转而反对路德。所以,德国南部始终是罗马教廷的势力范围。而一些从农民战争中渔利的诸侯,为了保住他们夺取的罗马教会的教产,又积极支持宗教改革,并亲自充任改革派教会的首领,与罗马教会对抗。

第四节 瑞士的宗教改革运动与再洗礼派

16世纪初,瑞士由13个州组成松散的联邦,名义上隶属神圣罗马帝国,但各州州议会各自为政。苏黎世、日内瓦、巴塞尔等城市由于地处交通要道,商业活动相当活跃,手工业工场也相当发达,市议会和市政机构控制在各行业公会的上层市民手中。他们强烈反对教皇干预瑞士事务,要求取消教会政治特权,抨击教会腐化,否认教皇有赦罪权。苏黎世市政府反对将该市作为康斯坦茨大主教的采邑,向他交纳什一税,相反,市政府设立了监督教会的机构,并对教产征税。日内瓦市政府从1510年起接管了本市各修道院。1520年,联邦议会宣布逮捕买卖神职者,并反对销售赎罪券。茨温利和加尔文就是在这种条件下进行宗教改革的。

一 茨温利与苏黎世的宗教改革

茨温利(Huldreich Zwingli,1484—1531)出身于农民家庭,曾在巴塞尔、维也纳等地求学,受人文主义者的影响较大。1516年任艾因西德教堂神甫,开始要求"净化宗教",建立一个完全以《圣经》为根据的教会,认为教皇的职权在《圣经》中找不出根据,并提出废除"朝圣"活动。1518年,在马丁·路德的影响下,他积极反对教皇在瑞士出售赎罪券。苏黎世议会支持茨温利,迫使教皇召回去兜售赎罪券的方济各会修士。茨温利的博学和爱国主义思想深得人心,被选为苏黎世大教堂的"民众教士",系统地向人们讲解《新约圣经》。1520年,茨温利在胡斯思想影响下,反对修道院制度,反对教堂悬挂圣像,反对斋戒与教士独身制,特别反对教会什一税制度。他认为,根据《圣经》,什一税应出于自愿。1521年,苏黎世议会根据茨温利的提议禁止外国政府(包括教皇)在瑞士召募雇佣兵;1522年又规定只准宣讲有《圣经》根据的道理。于是,茨温利遭到康斯坦茨大主教及托钵修会的攻击。1523年1月,苏黎世议会根据茨温利的动议召开神学辩论会,全州神职人员600余人参加大会。茨温利发表《六十七条目》,系统地阐述自己的教义主张。他强调《圣经》权威,否定教皇和教会的职权,认为只有基督才是教会的元首,《圣经》中有肯定世俗政府权力的论述,因此,基督徒应服从政府。他反对"善功赎罪",否认弥撒的献祭性和圣徒代祷作用,强调得救在于"信心"。他还否定炼狱,提倡教士结婚。茨温利的主张得到市议会的支持,宗教改革运动在全州迅速发展,群众焚烧教堂内的圣像,捣毁修道院。1524年,苏黎世封闭了修道院,没收教产,把宗教节日减为4个。大批修士、修女纷纷还俗。同时,苏黎世成立了政教合一的枢密院,茨温利成为枢密院实际的领袖。1525年,全州停止弥撒,改行圣餐礼,废除主教制,并规定罗马教会教徒不得出任公职。运动由苏黎世发展到伯尔尼、巴塞尔、圣加伦等地,甚至连德国的斯特拉斯堡也由路德派转向茨温利派。

　　茨温利的宗教改革遭到瑞士几个乡村州的抵制,其中5个州结成旧教联盟,谋求与奥地利联合共同对付宗教改革,为此,苏黎世先后联合康斯坦茨、伯尔尼、圣加伦、巴塞尔等城市州组成"基督教公民协会",谋求法国的支持,与旧教联盟相对抗。1529年5月,苏黎世议会向旧教联盟宣战,茨温利亲自随军出征。旧教联盟由于没有得到奥地利的支援,被迫于6月在卡匹尔签订和约,茨温利派取胜。1531年,双方再战于卡匹尔,茨温利阵亡,旧教联盟取胜。

茨温利派各州的宗教改革因此遭到沉重打击。继茨温利任职的布林格尔(Heinrich Bullinger,1504—1575)不再直接参政,各州的信仰由各州自行决定。此后,瑞士宗教改革的中心就由苏黎世转移到了日内瓦。

茨温利的神学思想与马丁·路德不尽相同,最大的分歧在于对"圣餐"的解释。路德认为圣餐中的饼和酒经祝圣后实体虽未发生变化,但基督的体与血却与之联合而共存,这种主张称为"同体论"。茨温利既反对罗马教会的"变体论",也反对路德的"同体论"。他认为圣餐只是一种象征性纪念礼仪,基督的体与血并不真正存在于圣餐中。双方自1524年起曾就此问题撰文争论。1525年以后,路德认为茨温利派支持群众暴动,咒骂他们是"狂人、异端、谋杀犯、魔鬼、假冒为善"。1529年,为对付罗马教廷的反攻,茨温利与路德在马尔堡会谈,签订了14条协议,但在圣餐问题上仍然没有取得一致的看法。会后,路德又订了17条信纲,重申"同体论",遭到茨温利的反对,双方最终决裂。

二 加尔文在日内瓦的宗教改革

日内瓦位于瑞士西南部,是法国、尼德兰和意大利之间的贸易枢纽,商业发达。1290年,日内瓦被阿尔卑斯山南麓的萨伏依公国所控制,市政官员均由萨伏依公爵委任。1444年,萨伏依公爵控制了日内瓦主教职位,践踏市民权利,激起市民阶级的反抗。16世纪初,市民阶级的力量逐渐壮大,组成市民大会与主教和市政官共同管理日内瓦。市民大会每年召开1次,选举4个理事、1个司库,由当年和上年的理事再加上25名市民代表组成小议会,负责管理公共事务(1527年又增设200人的大议会讨论决定重大政治问题)。1526年,日内瓦与信奉新教的伯尔尼、弗赖堡结盟,推翻市政官,逼走主教。1530年,日内瓦主教勾结萨伏依公爵攻打日内瓦,日内瓦市民在伯尔尼、弗赖堡支援下击败了主教的进攻。日内瓦市民要求宗教改革的呼声日高。

1532年,教皇克雷芒七世派人在日内瓦兜售赎罪券。6月8

日,反对派市民一夜之间把大标语贴到全城各教堂的大门上,抨击教皇权威,要求宗教改革,宣称任何人只要诚心悔改,罪就能得赦免。神甫们派人撕标语,双方发生械斗。10月,法国宗教改革家法雷尔来到日内瓦宣传宗教改革。日内瓦市议会一面禁止市民侮辱罗马教会,一面又宽容宗教改革派的宣传。1534年后,法雷尔等新教徒举行公开辩论会宣传改革,新教徒人数猛增,他们占领教堂,捣毁圣像,废除弥撒,赶走修士。两派冲突造成流血事件。1535年,日内瓦主教再次勾结萨伏依公爵出兵,企图占领日内瓦,镇压宗教改革。日内瓦市民在伯尔尼支援下于1536年1月取得胜利。5月21日,日内瓦市民大会决定皈依新教,建立归正教会,对原有宗教机构和礼仪进行改革。法雷尔深感任务艰巨,便邀请密友加尔文出山协助。

加尔文(Jean Calvin,1509—1564)出身于法国一个律师家庭,在巴黎学习期间深受人文主义及宗教改革的影响,从1531年起便参加了新教徒的活动。1533年,加尔文的密友尼古拉·哥普(Nicholas Cop)就任巴黎大学校长,发表就职演说时,他引用了伊拉斯谟和路德的话抨击教会,要求改革,在法国引起很大震动,为此,当局要逮捕他。同时,当局怀疑哥普的讲演稿是加尔文撰写的,指控他为异端。加尔文被迫逃亡。1534年12月,加尔文流亡到瑞士巴塞尔,结识了许多新教领袖人物,形成了比较系统的神学思想。1535年,加尔文在巴塞尔完成了他的主要神学著作《基督教原理》。1536年7月,加尔文去斯特拉斯堡途中,因战乱被阻于日内瓦,应法雷尔的邀请留下来帮助他进行宗教改革。

为了把日内瓦建成加尔文理想的社会,他提出重整日内瓦的宗教道德。他编订了《教会信条》《教理问答》,1537年7月由大议会通过后强制市民宣誓遵守,规定对信奉旧教或保留圣物者给以处罚,不准妇女穿奇装异服和色彩鲜艳的衣服,否则,连他母亲一起关押两天,礼拜天禁止娱乐,不对儿童进行宗教教育的父母要取消市民资格等等。加尔文的这套强制措施,激起部分市民的不满,处于地下状态的罗马教会趁机活动,反对派势力渐占上风。1538

年2月,反对派控制了大议会,勒令教士不得过问政治。4月,议会决议解除法雷尔和加尔文的职务,限二人于3天内离境。1540年,日内瓦支持加尔文的一派掌握了政权。1545年5月,议会宣布恢复加尔文和法雷尔的荣誉地位,请加尔文回日内瓦工作。此后,加尔文在日内瓦又工作了23年,帮助新兴资产阶级建立起主张加尔文派信仰的神权共和国。

1542年1月,大议会核准了加尔文编定的《教会宪章》(Ordonnances Ecclésiastiques),确立长老制教会组织体制,除加尔文派外,其他教派均为异端。为镇压异端,加尔文甚至与罗马教会合作。如西班牙人文主义者塞尔维特(Miguel Serveto,1511—1553)曾因反对三位一体说和同情再洗礼派而受到教会迫害,1540年在里昂附近的维恩行医过活,并写了《再论基督教原理》,反对加尔文的预定论。加尔文向里昂的罗马教会异端裁判所告密,塞尔维特被捕。后来,塞尔维特逃出监狱到那不勒斯去的途中经过日内瓦,被加尔文发现,将其拘捕交付小议会审判。结果,塞尔维特被判火刑。1553年10月,塞尔维特被处死。1555年,加尔文镇压了反对派的武装暴动,从此,加尔文在日内瓦大权独揽,运用各种手段传播自己的神学思想。1559年,加尔文创建了日内瓦学院,用重金聘请西欧著名学者前去讲学,使日内瓦学院成为培养改革派传教士的中心,他还把大批毕业生派往法国、尼德兰、苏格兰、英格兰、德国、意大利等地宣传加尔文派主张,使日内瓦获得了"新教的罗马"的绰号。

三 加尔文的神学思想

《基督教原理》是加尔文的主要神学作品,完成于1535年。当时加尔文还没有形成自己的系统神学思想,书中的主要观点和马丁·路德基本相同。全书按《使徒信经》的方式分为四部分:论圣父,论圣子,论圣灵,论圣教会。原书篇幅不大,几经增订,到1559年再版时,已增加到初版的5倍。

加尔文的神学思想很受路德与茨温利的影响,如反对罗马教会和教皇的绝对权威,主张"因信称义",认为《圣经》中上帝的启示是惟一最高权威等。后来加尔文在这个基础上形成了以"预定论"为中心的神学体系,在新教诸教派中创立了"加尔文宗"(亦称"长老宗"、"归正宗")。

加尔文认为,由于亚当犯罪,人的本性完全败坏,陷于罪中,绝无行善的能力,灵魂永无得救的希望。上帝为了彰显自己的荣耀,对世上的每个人都作了永恒的判决,这个判决就是预定。根据预定,有人得救,称为上帝的"选民",有人受永罚,称为"弃民"。"选民"并不能自救,为了拯救陷于罪中的"选民",基督道成肉身,代为受死,承担了"选民"的全部罪孽。上帝先将救恩赐给他所预定的"选民","选民"才能凭这恩赐相信基督的救赎,"因信称义",获得永生。既然得救完全取决于上帝的预定,"选民"获救的恩宠永不失落,那么,一切善功、圣事等就都不起作用,这就否定了神职人员和罗马教会的作用与权威。

关于教会,加尔文认为应分为两种:真正的教会是无形的,是由"选民"组成的;另一种教会是外在的有形教会,包括一切"自认为敬拜一位上帝与基督的人"。有形教会中有"选民",也有永无得救希望的"弃民",只是为了彰显上帝的荣耀,必须由有形教会强迫他们服从上帝的诫命,接受教会的约束。但是,"选民"必须加入教会,因为"教会之外无救赎"。在这个问题上加尔文与茨温利意见相左,茨温利认为只要上帝预定,非基督徒也可以得救。

加尔文只承认洗礼和圣餐为圣事,而且他从预定论出发完全否定圣事与得救的必然联系。路德认为圣事是显示上帝的应许,唤起信仰的手段;加尔文则认为上帝只通过圣灵直接启迪"选民",使之产生得救的信心,圣事不过是为荣耀上帝而制定的礼仪,所以必须服从,并非获救的手段。对于圣餐的解释,加尔文既不同意路德的"同体论",也不像茨温利那样认为只是象征性的纪念仪式,他认为领圣餐并不是领受基督的实在肉体,而是凭着信仰领受那实在的属灵的基督,是获得上帝恩宠的证据。

加尔文比路德更重视《圣经》的权威。路德从未试图单纯依靠

《圣经》的权威创立一种教理体系或《圣经》学理,他甚至把《圣经》中的律法和福音对立起来,对律法充满了反感。加尔文则视《圣经》为"永恒的真理准则",是教义和生活的标准,是一切完美信仰和对上帝正确认识的源泉,是教会组织、纪律的依据。他重视律法,认为律法虽不是得救的途径,却是上帝的启示,是社会秩序和法律的基础。

　　加尔文的"预定论"认为,谁是上帝的"选民"虽是个奥秘,但人可以凭借自己对基督的信心和按《圣经》的准则行事来获得救恩的确证。"选民"在现世的使命是尽力遵守上帝的诫命,在社会上有所成就,以彰显上帝的荣耀。他认为做官执政、经商赢利、放债取息、发财致富和担任神职一样,都是受命于上帝,财富不是罪恶,而是蒙恩的标志,只要在道德品质上不违背《圣经》,在财富使用上不挥霍浪费,就应该鼓励人积累财富。他还用《圣经》中的亚伯拉罕是个拥有大批财产的富翁作为自己的理论根据。加尔文的这种主张冲破了教会劝人安贫修道的传统,体现了资本主义原始积累的精神,为新兴资产阶级追求利润提供了神学根据。因此,在加尔文派信徒中出现了一批克勤克俭、冒险进取的新兴资产阶级实业家。另一方面,加尔文提倡"选民"世俗生活的目的是"荣耀上帝",他们必须努力从事日常工作与劳动,积极为社会服务,在教徒中就出现了一批视劳动为神圣、全心全意工作的劳动者,同时也培养出一批具有强烈政治责任感的信徒,他们把与违反上帝意志(即不符合《圣经》)的政权作斗争看做是上帝赋予他们这些"选民"的神圣职责,为荣耀上帝不惜牺牲一切。虔诚的加尔文派信徒都相信自己是预定的"选民",为荣耀上帝而自觉地过着以勤劳、俭朴、积极向上为光荣,以奢侈、浪费、不劳而获为耻辱的生活。因此,加尔文的"预定论"比路德的"因信称义"更能直接满足新兴资产阶级在政治、经济等方面的需要,为他们提供了一批精明的统治者、刻苦的劳动者和反封建的坚强斗士。加尔文派的教会也更符合新兴资产阶级建立"廉价教会"的要求。加尔文思想成为新兴资产阶级精神的真正代表。

四 加尔文宗教会的体制

加尔文非常重视教会本身的建制。他认为教会与国家都是由上帝创造，都是神圣的，上帝的目的是使两者协调工作。教会负责信仰、崇拜和道德，国家则保证教会行使其职能。因此，神权政治是最理想的社会制度。在日内瓦的神权共和国中，为保证教会不受世俗政权的控制，加尔文根据《新约圣经》和日内瓦市政权的组织形式，创立了"长老制"教会。教会的最高权力机构是"长老会"或"长老法庭"，由平信徒中推选长老12人和牧师5人组成。牧师为终身制神职人员，由议会推举，长老则每年改选1次。长老会定期开会，商讨教会诸项事宜。教会的惩处以开除教籍为限，更重的惩处则由政府处理。长老的任务是注意人们的道德纪律，维持社会秩序；牧师的职责是讲解《圣经》，负责管理教会和培养神职人员。由日内瓦各教堂的牧师共同组成"牧师团"，不经牧师团许可，任何人也不得在日内瓦传教。此外，教会中还设立教师和执事，教师负责领导日内瓦的学校和宗教教育工作，执事是由平信徒选出来协助牧师、长老工作的非专职工作人员，从事救济、医药等慈善事业工作。这种组织形式后来为其他国家加尔文派教会所采用，各基层教堂由平信徒选举长老来管理，牧师由长老聘请。教区长老会由基层教堂的长老、牧师各1人组成；全国长老会由教区选举长老1—2人、牧师1人共同组成。这种组织形式使教会带有更浓厚的反封建性和更多的民主性，更易为资本主义发达的西欧各国所接受，因而传播较广。

五 再洗礼派

再洗礼派的思想可能渊源于法国的韦尔多派。他们反对婴儿受洗，主张信徒成年后须重新受洗，故称再洗礼派。16世纪初，再洗礼派在瑞士、德国、奥地利的下层群众中发展成许多小社团，没有统一的组织、教义和领导。信徒们强调过虔敬清贫的生活，反对罗马教会礼仪，主张信徒直接与上帝交通，无须教会神职人员作中介。当时,瑞士的再洗礼派有3位重要领袖:格雷贝尔(Conrad Grebel,1498—1526)、曼兹(Felix Manz,?—1527)、胡普麦耳(Balthasar Hubmaier,1480—1528)。1524年,受托马斯·闵采尔的影响,他们认为路德与茨温利的宗教改革过于保守,积极要求废除什一税,宣传基督即将来临,在人间建立公平社会;他们还拒绝服兵役,拒绝对世俗统治者宣誓效忠。1525年1月,茨温利要求再洗礼派服从世俗政权,接受婴儿洗礼。同年2月,曼兹在苏黎世为成年人行再洗礼,运动很快发展到圣加伦、伯尔尼和巴塞尔等地,瓦尔茨胡特几乎全城信徒都加入了再洗礼派。1525年,德国农民起义,瑞士的再洗礼派积极响应。农民起义失败后,再洗礼派被镇压,3位领袖被逮捕,2人死难,胡普麦耳逃到莫拉维亚继续活动,1528年在维也纳被焚死。瑞士的再洗礼派纷纷逃往德国。

16世纪20年代,德国的再洗礼派主要是在茨威考一带的矿工、纺织工人中传播。1524年,德国农民战争爆发,再洗礼派在托马斯·闵采尔影响下,与农民并肩作战。农民战争失败后,再洗礼派也遭到镇压。这时,在瑞士遭茨温利迫害的再洗礼派逃入德国,扩大了再洗礼派的力量。1527年2月,再洗礼派在斯特拉斯堡开会,制订了7项信条:肯定成人受洗的原则;强调《圣经》是教会和国家的惟一立法,是在现世实现公平社会——千年王国——的根据;反对罗马教会的一切礼仪;主张教会应当自治,由信徒自己管理,不受政府和罗马主教的管辖,教会的惟一制裁权力是开除教籍;反对教徒参政、宣誓、服兵役,反对一切战争;教徒应严守律法,过禁欲生活,认为这样才能得救等等。再洗礼派的主张很快传遍了德国南部,农民、工人等下层群众纷纷参加。多数再洗礼派是和平主义者,但一些激进派则鼓励穷人反对富人,反对统治者,进行社会革命,实行财产公有。1529年,斯拜耶帝国会议通过了查理五世的命令,镇压再洗礼派,不加审讯即可立即处决,所用手段极其残酷。结果,无数再洗礼派信徒横遭杀害。

1533年,尼德兰的一位再洗礼派面包师马太斯(Jan Matthys)提出了用武力推翻现政权,建立人间天国的主张。裁缝柏克尔斯生(Jan Beuckelszoon)又声称上帝已拣选德国西部的闵斯特城为新耶路撒冷,于是,成千上万名再洗礼派信徒到闵斯特集结。1534年2月,再洗礼派在宗教旗帜下进行贫民起义,打败主教军队,夺取市政权,建立闵斯特公社和新的市政机构,没收教俗封建主的财产,实行财物公有,禁止高利贷。柏克尔斯生被选为"以色列王"。于是,罗马教会、德皇和德国新、旧教诸侯联合起来共同镇压再洗礼派。1535年6月,闵斯特城因叛徒出卖被攻陷。主教军队入城后大肆烧杀,柏克尔斯生被酷刑处死,再洗礼派幸免者甚少。

1536年,原尼德兰罗马教会神甫门诺·西门斯(Menno Simons,1492—1559)参加再洗礼派,为使再洗礼派继续存在下去,他设法调和再洗礼派与罗马教会的分歧。他一面坚持婴儿受洗无效,因为婴儿没有判断能力,成年后须重新受洗;一面强调原罪,认为信徒称义既靠信仰,也靠善功,并承认洗礼与圣餐为基督亲自设立的圣事;反对战争和暴力革命,主张和平。支持他的人组成了教会,后被称为"门诺派",在尼德兰、德国等地传播。

第五节　法国的宗教改革运动

一　法国宗教改革运动的形成与发展

16世纪前期,法国经济繁荣,马赛成为地中海最重要的商港,在法国大西洋沿岸兴起一批工商业城市。一些中小手工业工场规模逐渐扩大为资本主义手工工场。农村中则是小农经济占优势,即使承租贵族土地的农民,与贵族地主间也没有人身依附关系。

1515年,法兰西斯一世即位后,加强中央集权,对贵族采取抑制政策。贵族不能拥兵自重,多数贵族只能在政治、经济上依靠王权来保持自己的特权,但少数大贵族并不甘心听命于法王。法王则用高价出售官职和贵族封号,使新兴资产阶级挤入贵族行列,形成新贵族集团。

1516年,法兰西斯一世迫使教皇利奥十世签订《波洛尼亚条约》，规定法国教会神职人员由法王任命，教会收入大部分归国王。国王成为法国教会的真正首领，法国教会实际上已摆脱了教皇的控制。

当时的法国教会与其他国家的教会一样，非常腐化，因此，社会上流行着"神甫必贪，僧侣必淫"的说法。这种现象，引起一批人文主义者（包括法兰西斯一世之妹玛格丽特在内）的不满，他们提出了宗教改革的要求。

1512年，著名人文主义学者扎克·勒菲弗·戴塔普尔(Jacques Lefèvre of Etaples, 1455—1537)发表《保罗书信》的拉丁文新译本，先于马丁·路德提出灵魂得救单靠"因信称义"的思想，反对"善功赎罪"、"圣礼得救"和圣餐的"实体转化说"。他从人文主义理性主义出发，主张把基督教从中世纪的传说和神话中解放出来。他还把《新约圣经》译成法文，并抨击教会的腐败。戴塔普尔的思想对加尔文和其他许多人文主义者影响很大。1516年，戴塔普尔的学生布里松涅(Briconnet)被任命为莫城主教。他在那里成立了"莫城小组"，着手进行类似路德宗的宗教改革，希望用改良来平息群众对教会的不满，得到玛格丽特公主的支持。1521年，当巴黎大学神学院宣布路德为有罪时，布里松涅却站在罗马教会一边，于是，他们的改革就流产了。与此同时，路德的著作却在法国广为流传，宗教改革的思想日益深入人心。

法兰西斯一世对宗教改革的态度是依自己的政治利益而变化的。当宗教改革没有对他的统治构成威胁时，他还能容忍，后来，改革引起了法国农民战争，他便改变了态度。1524年，他下令主教禁止路德派在法国活动。1526年，他为反对德皇查理五世，需要新教徒的支持，就允许新教徒在法国存在。1528年，罗马教会答应支持他，他又镇压新教。1532年，为联合英、德的新教势力共同对付查理五世，他又扶植法国宗教改革运动。

法国的宗教改革起初受路德派的影响较大，后来瑞士宗教改革的浪潮冲击法国，茨温利和加尔文的激进主张在法国的先进思想家中更受欢迎。1534年，法国新旧两派教会斗争激化，两派都在巴黎大街上张贴海报攻击对方，广大市民也卷入了这场斗争。激进的新教徒在海报中痛斥罗马教会的弥撒是亵渎神灵,神职人员是"假先知、骗子、豺狼、假牧人、叛徒、盗贼、谋害灵魂的刽子手,崇拜偶像、说谎比魔鬼还坏"。1534年10月,这类海报甚至贴到了国王寝宫的大门上,以致1534年成了宗教改革运动史上著名的"海报年"。法兰西斯一世认为新教徒的行动已对他构成威胁,于是下令逮捕新教徒以平息"骚乱",镇压持续了半年之久。此后,法兰西斯一世曾多次下令镇压新教徒,赋予教会法庭以与政府法庭同等的权力;巴黎大学神学院制定了《二十五条信纲》驳斥新教,由国王及御前会议批准颁发全国,命令所有教会及学校遵行;巴黎大学神学院还编订禁书目录,其中包括《圣经》新译本及加尔文、路德等人的著作。1545年,法兰西斯一世下令对法国西南部世代坚持韦尔多派信仰的农民进行镇压,两月之内把22个村庄夷为平地,被杀者达3000多人。

1547年,亨利二世继位,他对新教徒的镇压更加残暴。他组织专门镇压新教徒的宗教法庭,两年内判处异端分子500多人,火刑处死60余人,以致当时人们把宗教法庭称为"火焰法庭"。1551年,亨利二世又下令,凡印刷、出售或持有异端书籍者均判重刑,坚持对异端信仰者格杀勿论,检举异端者可获得被告财产的1/3,对异端宽大者也受惩罚。

二 胡格诺战争与《南特敕令》

法国统治当局对宗教改革运动的镇压并没能阻止运动的发展。加尔文原是法国人,他的《基督教原理》一书特别容易为法国人所接受。许多学校的教师在暗中宣传加尔文的主张,一些下层神甫、修士也逐渐倾向改革,加尔文又不断派人由瑞士进入法国活动。到1550年,法国的新教徒几乎全是加尔文派,其中有手工业工人、雇工、小商人、农民以及一些与专制王权对立的中小贵族。1555年以后,新教徒开始在巴黎、莫城等地组织新教会,称"胡格诺派"(Huguenots,亦译"雨格诺派",得名于德文Eidgenossen,意为"结盟者")。1559年,全国已建立72个胡格诺派教会,并在巴黎召开第一次大会,通过具有加尔文思想的信经和长老宗教会宪章。到1560年,全国胡格诺派信徒已超过30万。不久,胡格诺派的领导权被大贵族控制,作为对抗王权、夺取教会财产的政治工具。

　　1559年,长达65年的意大利战争结束,法国在战争中失败,经济也遭受极大损失。大贵族利用战争掠夺财富的希望落空,就把目标对准了国内最富有的教会。1560年,年仅10岁的查理九世即位,由太后凯瑟琳摄政。当时法国大贵族分为两大集团:一个是以东北部的吉斯家族为首的集团,依靠罗马教会为后盾,支持凯瑟琳;一个是中部以波旁家族的那瓦尔国王和海军大将科利尼为首的集团,利用胡格诺派为后盾与吉斯家族对抗。凯瑟琳为维护王权,利用双方矛盾,使之互相制约。1561年1月,凯瑟琳宣布停止对胡格诺派的迫害,释放被捕的新教徒。于是,新教徒人数迅速增加。新旧教信徒在两派贵族煽动下互相仇视,到处寻衅,发展成武装对抗。1562年3月1日,吉斯公爵路经瓦西镇,正值胡格诺派信徒举行礼拜,双方发生争吵,公爵的武装随从袭击胡格诺派,死伤200余人,造成了"瓦西惨案"。事件发生后,双方立即开始军事行动,一场在新、旧教旗帜下争夺政治权力的"胡格诺战争"就开始了。这次内战历时30多年,分3个阶段,进行了10次战役。

　　第一阶段(1562—1572)进行了3次战役。双方都谋求外国支持。西班牙支持旧教徒,英、德两国新教诸侯支持胡格诺派。吉斯公爵和胡格诺派的孔德亲王先后被杀,双方损失都不小。1570年,胡格诺派在科利尼指挥下向巴黎挺进,法国政府难以应付,凯瑟琳不得不与胡格诺派签订和约,答应给胡格诺派以更多的宗教自由,任命科利尼为法王的首相,并将女儿玛格丽特许配给那瓦尔王亨利。不久,吉斯公爵之子亨利·吉斯串通凯瑟琳密谋对胡格诺派进行屠杀。1572年8月,那瓦尔王亨利来巴黎完婚,胡格诺派重要人物及信徒数千人齐集巴黎参加婚礼。8月24日(圣巴托罗缪节)凌晨3时,亨利·吉斯以巴黎各教堂钟声为号,率领武装部队袭击胡格诺派。胡格诺派措手不及,科利尼当场被杀,那瓦尔的亨利因同意改奉旧教才幸免一死。这一夜被屠杀的胡格诺派信徒达2000多人。这次惨案被称为"圣巴托罗缪之夜"。巴黎的暴行立即波及其他各省,里昂、第戎、奥尔良、莫城等地的旧教徒于8月24—26日也对当地的胡格诺派进行突然袭击,全国被杀者达数万人。

"圣巴托罗缪之夜"开始了胡格诺战争的第二阶段(1572—1585),战争比以前更为激烈。1573年,胡格诺派在法国南部和西南部组成联邦共和国。1574年,查理九世去世,亨利三世即位。1576年,以亨利·吉斯为首的旧教贵族组成旧教同盟。国王亨利三世不甘心忍受旧教同盟的控制,力图利用胡格诺派来加强自己的地位,巴黎信奉旧教的资产阶级既不满意国王对胡格诺派让步,也不满意旧教同盟的专横,于1583—1584年组成"巴黎联盟"。

第三阶段(1585—1594)以"三亨利之战"开始,"三亨利"即法王亨利三世、亨利·吉斯和那瓦尔的亨利。"圣巴托罗缪之夜"那瓦尔的亨利委曲求全幸免于难,返回南方后立即率领胡格诺派进行反攻。起初,亨利三世与亨利·吉斯联合共同对付那瓦尔的亨利,后来,两人发生矛盾。1588年,亨利三世派人刺杀亨利·吉斯。巴黎的旧教徒拒绝服从国王,全城在"十六人委员会"领导下实际上形成独立共和国。亨利三世被迫离开巴黎。这期间,法国各地农民纷纷起义,声势日大,他们既反对胡格诺派,也反对旧教同盟。亨利三世遂与那瓦尔的亨利妥协。1589年,他们联合向巴黎进军,途中亨利三世被旧教同盟的多明我会修士刺杀。根据法律,那瓦尔的亨利继位,称亨利四世。但巴黎的旧教徒不能容忍一位新教徒作国王。1590年,亨利四世进军巴黎,不克。1593年7月,为摆脱困境,亨利四世不顾胡格诺派的反对,宣布皈依旧教,声称:"为了巴黎是值得作弥撒的。"1594年3月,亨利四世进入巴黎成为全国公认的国王,从而结束了历时30多年的胡格诺战争。

1598年,在新、旧教贵族妥协的基础上,亨利四世颁布《南特敕令》,宣布旧教为法国国教,恢复旧教弥撒,发还没收的教产;胡格诺派则获得信仰与崇拜自由,有权召开自己的宗教会议,新教徒与旧教徒享有同等权利。胡格诺派还在法国南部保留了200多个城镇的武装作为国王履行敕令的担保。此后,法国的新教会发展甚快。1685年,法王路易十四废除了《南特敕令》,胡格诺派重受迫害,许多人逃往尼德兰、英国、北美等地,加强了那里的新教力量。

第六节　尼德兰的宗教改革运动

一　尼德兰宗教改革运动的形成与发展

16世纪初期的尼德兰包括现今的荷兰、比利时、卢森堡和法国东北的一部分,由17个省组成联邦,各省享有一定的自治权,神圣罗马帝国皇帝派总督进行统治。

当时,尼德兰是欧洲主要的文化中心,人民深受人文主义的影响。身受贵族、教会、商人、高利贷者几重剥削的城市手工业工人、贫民和广大农民具有强烈的反抗情绪,许多人参加了再洗礼派。15世纪末,荷兰文《圣经》已广为流传,到16世纪30年代,已有25种荷兰文、佛来米文、法文的《新约》译本出现。许多具有反封建、反神权统治的先进思想的人,利用《圣经》作为反对诸侯、贵族、教会的武器。早在马丁·路德发表《九十五条论纲》之前,荷兰就已经出现了反对出售赎罪券的小册子。

1517年以后,路德、茨温利、加尔文等派的思想先后传入尼德兰,使尼德兰形成了三股政治势力:北方荷兰等省的新兴资产阶级和部分新贵族在宗教上接受最能反映资产阶级要求的加尔文派思想,要求推翻封建统治,势力最强;旧贵族希望没收教产以加强自己的经济地位,保持封建土地所有制及各种特权,倾向路德派,后来又转向茨温利派;城市贵族和行会上层分子则支持罗马教会,反对改革。1521年,沃尔姆斯会议之后,查理五世下令在尼德兰查禁路德的著作,镇压宗教改革,1522年,在尼德兰建立宗教裁判所,禁止新教徒公开集会、私下阅读《圣经》、讨论有关信经、圣事、教皇权力和宗教会议权力等问题。1534—1535年,闵斯特公社起义时,尼德兰北部几省的再洗礼派也发起暴动,遭到查理五世的残酷镇压。1550年,查理五世发布敕令,宣布窝藏、帮助异端者与异端同罪,人们把这个敕令称为"血腥敕令"。查理五世在位期间在尼德兰处死的异端分子达5万—10万人之多。

二 在加尔文宗旗帜下进行的资产阶级革命

1555年,查理五世退位,其子腓力二世继任西班牙国王,加紧对尼德兰的控制,派西班牙军队进驻尼德兰城市,在尼德兰增设14个主教区,赋予主教们以严惩异端的全权。1559年,腓力二世又把尼德兰旧贵族掌握的部分权力全部夺去,以其妹帕尔玛女公爵玛格丽特为尼德兰总督,任命3名大臣辅政,实权由枢机主教格兰维尔(Granvelle)掌握。

1564年,腓力二世命令尼德兰总督执行特兰托会议镇压异端的法令,恐怖笼罩着尼德兰,大批新教徒外逃,致使工厂倒闭,商店关门,工人失业,工商业萧条。1565年,与资产阶级利害相关的贵族利用人民的反抗情绪组成"贵族同盟"。1566年4月,"贵族同盟"向尼德兰总督递交请愿书,要求废止"血腥敕令",停止宗教裁判所,罢免格兰维尔,撤退西班牙驻军,召开三级会议等。当时在场的一位总督顾问轻蔑地把请愿者称为"乞丐",请愿者则挑衅性地接受了这一名称。此后,尼德兰的加尔文派教徒遂常自称为"乞丐"。

尼德兰总督拒绝了"贵族同盟"的要求,但同意把请愿书转交腓力二世。1566年7月,腓力二世迫于群众的压力,同意废除宗教裁判所,允许加尔文派教徒在指定地点举行礼拜,赦免"贵族同盟"成员。于是尼德兰各派新教徒由地下转为公开,许多流亡国外的新教徒也纷纷回国。8月11日,尼德兰中部佛兰德尔的一些工业城市中爆发了大规模的破坏圣像运动,有400多座教堂的圣像被手持斧头、铁锤、木棍的群众捣毁。运动很快蔓延到北部和南部的12个省,参加者达数万人。群众捣毁了教堂、修道院里的圣像、十字架、圣龛、祭器、圣物等,还焚烧了大量宗教书籍、教会债券、地契,没收了教产。仅8—10月,被冲击的教堂和修院达5500余所。贵族对于群众暴动不予支持,一部分贵族则协助政府镇压群众。于是开始了历时40年的尼德兰独立战争。

1567年,腓力二世派遣阿尔伐公爵率1.8万名西班牙精兵前来镇压尼德兰人民,总督玛格丽特被迫辞职。阿尔伐任尼德兰总督,成立

"除暴委员会",制定18条叛国罪名,搜捕一切反对西班牙政府和罗马教会的人,包括嫌疑分子及同情新教的人,对被控犯"叛国罪"的人,一律处死,不需要任何证据,只要有所谓"合理的怀疑"便可判决。因此,"除暴委员会"被称为"血腥法庭"。1568年,"贵族同盟"的领袖厄格蒙特伯爵、荷恩大将被处死,奥兰治亲王威廉逃往德国。大批工人、手工业者、农民、水手、渔民和部分革命资产阶级分子组成"森林乞丐"、"海上乞丐"游击队坚持反对西班牙的武装斗争。与此同时,尼德兰的加尔文派新教徒日益增多。1571年,他们召开第一次全国总议会,建立长老会教会。

1572年4月,"海上乞丐"游击队夺取了北方西兰省的布里尔,以此为根据地,打击西班牙军队。到夏天,北方的荷兰和西兰两省几乎赶走了全部西班牙军队。同年7月,奥兰治亲王威廉在北方各省议会上被推举为总督。1573年底,北方各省先后宣布独立,建立城市政权,镇压亲西班牙的教会势力,农民群众捣毁教堂、修道院和贵族庄园,拒付什一税,北方7省事实上已成为一个独立的国家。

三 《根特协定》和联省共和国的建立

阿尔伐的残酷镇压没能挽救西班牙在尼德兰北部的失败,反而使西班牙在尼德兰众叛亲离。1573年10月,阿尔伐辞职,同年11月,腓力二世任命列揆生为尼德兰总督。1574年5—8月,列揆生围攻来登,遭受重创。为了分化尼德兰人民的抵抗,他宣布免除10%的交易税,大赦不坚持异端者。奥兰治亲王领导尼德兰人民粉碎了列揆生的分化阴谋。

1576年9月,尼德兰南方人民在北方人民胜利的鼓舞下,在布鲁塞尔爆发起义,起义军逮捕了原市政务会议官员,另组三级会议。同年10月,南、北双方代表在根特召开三级会议,商讨南、北统一问题。会上南方有些代表仍对西班牙抱有幻想。11月4日,西班牙军队洗劫了安特卫普。这一暴行促成了南北联合的协议,11月28日双方缔结《根特协定》:废除阿尔伐颁布的一切法令;重申各城市原有权力和驱逐西班牙军队的决心;南部各省仍保留旧教信仰,承认荷兰、西兰两省的新教信仰;拒绝唐·约翰为尼德兰新任总督。

1577年底,除那慕尔省外,其他各省先后起义,推翻市政委员会,建立"十八人委员会",加入"布鲁塞尔联盟",逮捕罗马教会和反动贵族集团首领,没收并拍卖教会财产,捣毁修道院,处决反抗的修士等;同时农民运动也席卷南方各省,起义农民抗交租税,摧毁贵族城堡,夺取贵族与教会的土地。1578年1月,西班牙将领亚历山大·法内塞击败尼德兰三级会议军,被任命为尼德兰新总督。尼德兰联盟政府国务会议由布鲁塞尔迁往安特卫普。1579年1月6日,南方反动贵族在西班牙支持下成立"阿拉斯联盟",不准许新教信仰在境内存在。1月23日,北方各省与南方部分城市成立"乌特勒支同盟",制定共同的军事、外交政策,宣布"永不分裂"。于是,在尼德兰发生了南北人口对迁,许多北方的旧教徒迁往南方,南方的新教徒则迁往北方。

1581年,乌特勒支同盟三级会议宣布成立"联省共和国",废黜腓力二世,以加尔文宗为国教。1584年,奥兰治亲王威廉被刺,法内塞趁机进攻。到1585年,南方各省几乎全恢复了西班牙的统治。联省共和国一面抗击西班牙军,一面争取英法等国的支援,孤立西班牙。1588年,西班牙海军遭到英国的毁灭性打击;1589—1598年对法国胡格诺战争的武力干涉失败,西班牙就无力对付联省共和国了。1609年,西班牙王腓力三世与联省共和国缔结12年休战协定,实际上承认共和国独立。联省共和国成为欧洲第一个资产阶级共和国。

尼德兰革命是一场资产阶级民族、民主革命,实质上不是宗教改革与反宗教改革的斗争,不过它是以最能体现资本主义精神的加尔文宗思想为旗帜,在进行宗教改革的同时打击西班牙在尼德兰的势力,在斗争中,新、旧教徒经常并肩作战。在西欧的新教国家中,尼德兰是较为宽容的,在共和国中旧教徒虽然不准从政做官,不准举行公开崇拜仪式,但允许他们自由居住,也允许再洗礼派自由活动。因此,欧洲各国受宗教迫害的人都逃往尼德兰去,这对增强尼德兰的国力是大有帮助的。

第七节 英国的宗教改革运动

一 英国宗教改革运动的兴起

英格兰自玫瑰战争(1455—1485)以后,旧贵族的势力大为削弱,王权增强,逐渐形成中央集权的封建君主国家。亨利七世(Henry Ⅶ,1485—1509在位)实施了一系列保护本国工商业发展的政策,使英国国内形成了统一市场,并加速了海外贸易的发展。16世纪初,毛纺业的发展刺激了畜牧业,许多地主贵族使用各种手段把大片土地圈作牧场,致使大批农民失去土地,沦为靠出卖劳动力为生的无产者。同时,土地集中化、农产品商品化为资本主义经营方式准备了条件。新兴资产阶级和新贵族都积极支持王权。

英国的罗马教会和欧洲各国的教会一样十分腐化,除什一税外,还巧立各种捐税,放高利贷、出卖伪造"圣物"等欺骗剥削广大群众,以供神职人员挥霍。早在14世纪,英国人民在威克里夫领导下就提出过改革教会的要求。威克里夫的改革虽遭失败,但他的思想却深深留在广大人民中间。15世纪,人文主义传入英国,16世纪初,他们开始抨击教会腐化,强调《圣经》权威,要求改革教会。马丁·路德的宗教改革传入英国后,要求改革的"异端分子"急剧增加并遭到当局的镇压,仅1506—1521年,审理的"异端案"就多达342起,不少"异端分子"被处死。1518年,英王亨利八世还亲自出面攻击马丁·路德,镇压异端教派。从1521年起,牛津、剑桥两大学内出现了不少热心宗教改革、反对罗马教会的学者,廷得尔(William Tyndale, 1492?—1536)就是其中的代表人物之一。他曾把《圣经》译成英文,以打破罗马教会对《圣经》的垄断,为此遭到迫害,逃亡德国。

当时,英国新兴资产阶级的力量发展极快,民族意识空前强烈,人民普遍反对教皇及外国干预英国事务,宗教改革家进一步要求摆脱罗马教会的控制与剥削。于是,英王就借助这种民族感情,自上而下地发动了英国的宗教改革。

二 英国国教会的建立

亨利八世登基初期,需要罗马教会的支持,因此积极参加反异端活动。1521年,用他的名义发表了《七圣事确定论》,驳斥路德,被教皇利奥十世封为"基督教卫士"。自20年代起,英国卷入法、西战争,为筹集军费,1524年,亨利八世下令关闭英国国内7人以下的修道院,没收其财产。1527年,查理五世攻占罗马,教皇克雷芒七世被迫听命于西班牙。这时,亨利八世向教皇提出要与原配西班牙公主凯瑟琳离婚。凯瑟琳是查理五世的姑母,教皇不敢开罪于查理五世,迟迟不予批准。亨利八世便利用宗教改革,打击罗马教廷在英国的势力,摆脱教皇的控制。

自1529年到1536年间,亨利八世先后召开8次会议,进行宗教改革。1529年,亨利八世把罗马教廷驻英国代表、约克大主教兼国王枢密大臣乌尔西免职,利用国会揭露神职人员的腐化。1531年,亨利八世指控英国神职人员接受教皇特使命令是背叛国王,罚款10万英镑,强令教士会议宣布他是"英国教会最高元首"。1532年,亨利八世利用国会作出教会立法须经国王批准的规定,禁止教士将第一年俸金上交教廷,还委派效忠自己的克兰默(Thomas Cramer,1489—1556)为坎特伯雷大主教,取消教皇法庭的最高司法权威。1534年,国会通过《至尊法案》,正式承认英王是"英国教会在世惟一最高元首",国王有权召开宗教会议,教会向教廷交纳的贡金一律上交国王。《至尊法案》标志着英国国教会(安立甘宗,亦称"圣公宗")的产生,不过这时的国教会还基本保留着罗马教会的教义、组织、礼仪等,只是以国王的权威代替了教皇的权威。1536年,亨利八世下令调查修道院的罪恶。由国会通过法令,将年收入在200镑以下的376所修道院封闭,其财产收归国王;为对新教徒表示和解,他草拟了10条信经,承认"因信称义",否定罗马教会的"炼狱说"和教皇的作用,但并不否定善功和圣礼的作用。1539年,国会下令封闭一切修道院;没收其财产。教皇保罗三世宣布革除亨利八世的教籍,亨利置之不理。亨利八世的这些措施固然削弱了罗马教廷的势力,却也推动了农民反封建神权的斗争,在林肯郡、约克郡、兰开夏郡都爆发了农民起义。为巩固神权统治,亨利八世于1539年操纵国会通过了《取缔分歧意见六条款法案》(亦称《六条信仰法》),除不承认教皇权威外,几乎全部恢复了罗马教会的礼仪与教规,如轻忽圣事者及否认圣餐"实体转化论"者都是异端,判火刑,没收其财产。法案公布后,两周之内,仅伦敦地区就有500人被逮捕,因此,这项法案当时被称为"带六根刺的血腥鞭子"。

1547年,亨利八世去世,年仅9岁的爱德华六世即位,由其舅父爱德华·赛姆摄政。爱德华·赛姆是个新教徒,在他摄政期间,逃亡国外的新教徒纷纷回国,给英国带来了路德宗、加尔文宗、再洗礼派等的思想。1547年,英国教会允许平信徒在圣餐礼中领杯,禁止弥撒和圣像崇拜,取消《取缔分歧意见六条款法案》。1548年,坎特伯雷大主教克兰默吸收路德的部分思想,编定了初版《公祷书》以取代罗马教会的弥撒书。1549年1月,国会通过信仰《划一法》,规定英国各教堂一律根据《公祷书》进行礼拜。爱德华·赛姆曾设法限制地主霸占过多的土地,被新贵族地主推翻。1549年,窝立克摄政,他为了确保新贵族地主的支持,使新贵族占有原修院土地合法化,进一步支持新教。1552年,国会通过新的《划一法》,修订初版《公祷书》,清除浓厚的罗马教会色彩和礼仪,称"二版《公祷书》"。1553年,爱德华六世批准由克兰默拟定的《四十二条信纲》,要求全国遵行。同年7月,爱德华六世去世,亨利八世前妻的女儿玛丽继位。

玛丽女王对内依靠旧贵族,对外依靠西班牙与梵蒂冈。1554年,废除爱德华六世时代的宗教立法,恢复罗马教会在英国的权威,宣布新教为异端,对新教徒大肆迫害,三年半之内,先后以火刑处死的新教徒达300多人,包括大主教克兰默在内,死于狱中者不计其数,因此,她被称为"血腥的玛丽"。

1558年,玛丽去世,亨利八世后妻的女儿伊利莎白即位。她不满教皇对英国的控制,在新贵族和资产阶级的支持下,于1559年利用国会恢复了英国国教会,规定神职人员必须效忠女王,否则革职。当时,英国的旧教徒约占全国人口的2/3—3/4,尤其是西、北部的乡村中几乎全是旧教徒,新教徒人数甚少,只集中在伦敦等南方港口和工业城市中。伊利莎白和她父亲亨利八世一样要在英国建立一个没有教皇的罗马式教会,这样,国王既可成为教会最高首领,又可照顾到占人口绝大多数的旧教徒的宗教感情。1559年,国会通过新的"至尊法案"宣布伊利莎白女王为英国教俗双方的"最高管理者"(因为"最高元首"的称号容易引起旧教徒的反感),规定主要神职的任命和教会决议的实施由政府指定的高级宗教法庭执行。在女王授意下,教会选举帕克尔(Parker)为坎特伯雷大主教,并迅速建立主教制的英国国教会。帕克尔等修订二版《公祷书》,吸收路德宗《奥格斯堡信纲》的精神,保留旧教的一些礼仪。以后,《公祷书》虽略有修改,但已成为固定形式,一直沿用至今。1567年,伊利莎白女王授意帕克尔等把爱德华六世批准的《四十二条信纲》修改为《三十九条信纲》,吸收了路德宗的"因信称义"说和加尔文宗的"预定论",反对教皇权威。为避免关于圣餐的争议,当时公布的只有38条。1571年,国会将关于圣餐的第29条加入,把《三十九条信纲》由拉丁文译成英文,宣布为英国国教会的官方教义,所有神职人员和宗教教师都必须签字认可。该信纲沿用至今。《三十九条信纲》标志着英国国教会安立甘宗的最终确立,完成了英国自上而下的宗教改革运动。

英国国教会自成立之日起,内部就存在着教义和礼仪之争,随着资本主义的发展,新兴资产阶级的力量不断壮大,他们对英王专制政体和控制教会的做法日益不满,纷纷举起加尔文宗的旗帜,要求教会摆脱英王控制,进行彻底改革。于是,在16世纪末和17世纪初,就产生了英国清教徒运动。

三 清教徒运动

"血腥的玛丽"统治时期,许多新教徒逃往瑞士,深受加尔文思想的影响。伊利莎白时期,他们回到英国,对英国国教会内保留了大量罗马教会的旧制很不满,要求"清洗"一切不符合《新约圣经》的旧教礼仪,宣扬加尔文宗的"绝对预定论",自称是上帝预定的选民,反对骄奢淫逸,提倡勤俭清洁,一切行为都须合乎宗教伦理。这些人被称为"清教徒"。

英国的清教徒运动首先从牛津和剑桥两大学发起。起初,清教徒指出神职人员不应穿特定的教士服,平信徒不应跪领圣餐,认为这样实际上是使教士的地位高于平信徒,不符合《圣经》的教导。伊利莎白拒不接受这些意见。1566年,女王命令坎特伯雷大主教发布通告,将不穿统一祭服的清教徒牧师撤职。清教徒将国教会与加尔文宗的组织原则对比,认为国教会不符合《圣经》,《圣经》中的监督(主教)、长老、执事和平信徒在灵性方面是平等的。1569年,剑桥大学神学教授托马斯·卡特赖特(Thomas Cartwright,1535?—1602)提出恢复早期基督教会的长老制,取消大主教、会长等职,由平信徒选举长老管理教会。1570年,卡特赖特被伊利莎白解职,流亡日内瓦,使他得以进一步了解加尔文神权国家理论的精华。不久,卡特赖特返回英国,按加尔文宗的组织体系建立清教徒教会:由平信徒选举长老和牧师组成长老会主持教会工作;长老会有权根据《圣经》决定教义、礼仪和道德律,执行宗教惩处,国家不得干预教会等。不过,他们并不主张脱离国教会,只希望通过修改《公祷书》对国教会进行内部改革,逐步由主教制过渡到长老制。这些人是清教徒中的温和派,被称为"长老派",代表大资产阶级和中小贵族的利益。1574年,坎特伯雷大主教帕克尔去世,继任主教格林德尔(Edmund Grindal,1519?—1583)同情清教徒,清教徒运动迅速发展,大多数伦敦市民中的新教徒和下议院议员都成了清教徒,而且在英格兰东部和南部出现了一批类似"长老会"的教区。这种情况引起了伊利莎白的不安,遂对清教徒采取迫害政策,禁止清教徒集会、演说和出版,并将格林德尔解职。一批思想激进的清教徒认为要彻底改革必须脱离国教会,另建真正符合《圣经》的独立教会,并进而主张共和政体。这批人被称为"独立派"(亦称"分离派"),代表中层资产阶级和中小贵族的利益。后来,长老派和独立派分歧日深,长老派形成长老宗教会,独立派则发展成公理宗教会。

公理会(亦称"勃朗派")的创始人罗伯特·勃朗(Robert Browne,1550?—1633)在剑桥求学时就深受卡特赖特的影响,1572年毕业后便成为长老派清教徒。1580年,勃朗接受了独立派的主张,1581年他在诺里奇建立了第一所不从属于国教会的独立教堂。由于他拒绝遵守国教会的教制,1582年被流放。他在尼德兰发表文章,阐明公理宗的要义。他主张政教分离,教会不受政府干预;教会由信徒自愿结合共同管理;各教会独立自治,不设统一管理的上级机构;各教会自由选择自己的教义、礼仪、教规等。1593年,国会决议,凡不承认女王对教会拥有最高权力或不参加国教会礼拜、举行不合法礼仪者一律被驱逐或处死。公理会遭镇压,大批信徒逃往国外。

在清教徒运动的冲击下,为维护国教会的权威,伊利莎白女王一方面通过教会法庭镇压异端,一方面组织神学家为她的宗教政策辩护。1594年,理查德·胡克(Richard Hooker,1553?—1600)发表《论教会政体之法规》,攻击清教徒利用《圣经》反对世俗政权,声称宗教是国家的构成部分,国王对国民统治决不能放弃管理教会的权力,主教制是最合理的制度等。这种理论为后来英国国教会内的高教会派打下了思想基础。此后,反对清教徒思想就成为英国国教会的特点之一。尽管如此,在清教徒运动的影响下,安立甘宗信条中还是吸收了不少加尔文宗的内容,这在16世纪末惠特吉夫编订的《兰伯信条》中反映出来。

四 苏格兰的宗教改革

苏格兰到16世纪时,仍然人烟稀少,土地贫瘠,工商业落后,人民生活贫困。政治上则是贵族拥兵自重,全国处于封建割据状态,国会被贵族控制。国王为对抗贵族常求助于罗马教会,而贵族为反对国王则常与教会作对,并企图夺取教产以自肥。因此,苏格兰贵族在一定程度上支持宗教改革。

苏格兰教会利用人民对宗教的虔诚而大肆掠夺,据统计,15世纪末,苏格兰教会的收入等于全苏格兰其他一切收入的总和。教会神职人员生活腐化,修道院内生活放荡,其程度都是欧洲其他地区所罕见的。早在15世纪中叶,苏格兰就受到威克里夫宗教改革思想的影响。1523年,路德派传入苏格兰。1534年,苏格兰教会处死了一批新教徒。1546年,乔治·威斯哈特(George Wishart)因在苏格兰宣传加尔文宗思想被教会处死。约翰·诺克斯(John Knox,1513?—1572)成为苏格兰宗教改革的主要领导人。

约翰·诺克斯于1532年曾在格拉斯哥任神职,1546年成为威斯哈特的热心支持者,参加宗教改革。威斯哈特遇难后,诺克斯与其他新教徒被迫流亡。1554年,诺克斯逃往日内瓦,在那里协助翻译英文版《圣经》,受到加尔文的重视。1555年返回苏格兰,1556年再度逃往日内瓦。这时他已被公认为苏格兰新教运动的领袖了。诺克斯在日内瓦研究加尔文教会的管理与建制,加尔文思想成为他的力量源泉。他坚信自己是上帝预定的选民,上帝赋予他的使命是解救苏格兰。他在日内瓦编印了许多反对罗马教会的小册子,运回苏格兰鼓吹改革。这些小册子在苏格兰影响很大,统治者下令凡持有这类书籍者一律处极刑。这时,英格兰女王玛丽镇压新教徒,大批英格兰新教徒逃入苏格兰,带来了大量《圣经》和新教宣传品,给苏格兰民族主义者提供了反对法国和罗马教会的思想武器。

五 加尔文宗在苏格兰的确立

1557年12月3日,一些苏格兰新教徒和反法的贵族在爱丁堡集会,签订了《第一苏格兰盟约》,决心在全苏格兰建立改革派教会,采用爱德华六世批准的二版《公祷书》。1559年,诺克斯自日内瓦回苏格兰,积极传播加尔文思想,反对圣像崇拜。群众起来捣毁教堂圣像,夺取修院教产。苏格兰统治者勾结法国进行镇压,改革派在英格兰支援下迫使法国撤军,推翻了罗马教会在苏格兰的统治。1560年8月,新教贵族控制的国会通过了由诺克斯起草的《信经》,废除教皇在苏格兰的裁决权,禁止弥撒,规定加尔文宗为苏格兰教会合法信仰。同年12月,苏格兰召开全国宗教会议。1561年1月,诺克斯向国会提出《教会管理法》,完全根据加尔文宗的组织原则建立教会。诺克斯原来设想把苏格兰建成神权共和国,但遭到贵族反对。结果,苏格兰修院的教产全被贵族占有,苏格兰新教教会成为基督教国家中最贫穷的教会。正因为如此,苏格兰长老会成为支持平民反对国王和贵族专制、要求民主的一支力量。既然在苏格兰无法建立神权政体,诺克斯便致力于健全苏格兰的新教体制。1564年,大议会决定采用诺克斯根据加尔文宗礼仪编订的"公共仪式"(即"诺克斯仪式")。

1572年,诺克斯去世,苏格兰统治者把由国王控制的主教制定为永久制度。1578年,诺克斯的继任人安德烈·麦尔维勒(Andrew Melville)编订《惩治第二法典》(Second Book of Discipline),完善苏格兰长老会体制。1580年,苏格兰长老会大议会谴责主教制,要求政府停止主教职权,遭政府拒绝。1582年,麦尔维勒领导大议会决议驱逐格拉斯哥大主教,被政府指控犯有煽动叛变罪,于1584年被迫逃离苏格兰。国王詹姆士六世与国会随即宣布,凡拒绝服从世俗政权、反抗主教制者,未经国王同意召开宗教会议者,均属叛国罪。这项命令激起了苏格兰新教徒的反抗,一些新教贵族趁机反对国王。1592年,国王被迫宣布取消主教制,国会承认长老会为苏格兰国教,恢复长老会的审判权及各项规定。从此,长老宗在苏格兰确立并成为苏格兰人民反对专制王权的支柱。

第八节　北欧国家的宗教改革

自1397年起,北欧三国——丹麦、挪威、瑞典——名义上都在丹麦国王统治之下,实际上,王权并不算强大。16世纪初,教会在这里占有大量土地,丹麦的1/2、瑞典的2/3土地都归教会所有,替教会耕种土地的佃户生活贫困,如同农奴。人民除向教会交纳什一税外,盖房、婚丧嫁娶、立遗嘱等等都要向教会交钱。教士则享有各种特权、过着骄奢淫逸的生活。教会与贵族控制了对外贸易,与市民阶级矛盾很深。国王和贵族又都垂涎教会财产,常与教会发生摩擦,国王与贵族之间也常有权力之争。1517年,教皇利奥十世派特使去丹麦兜售赎罪券,遭到当地托钵修士赫尔基生(Paul Helgesen)的反对,国王也因分成太少而将赎罪券收入全部没收。不久,法国宗教改革之风传入丹麦,丹麦国王克里斯丁二世(Christian Ⅱ)决心推行路德派宗教改革,把教会置于国王控制之下。

1519年,克里斯丁二世无视贵族国会,重用了一批市民阶级人物;1521年,制定法律,禁止向罗马上诉,限制主教权限,改革修道院。由于他同时触犯了贵族和教会两股政治势力的利益,遭到他们的联合反击。1523年,克里斯丁二世被迫退位。腓特烈一世继任丹麦国王,许诺保护旧贵族和教会的利益,反对路德派。1524年,路德派传教士汉斯·陶生(Hans Tausen)来丹麦传教,宣传废除什一税,深受群众欢迎。同年,丹麦文《圣经》译本开始流传,路德派信徒人数迅速增加,腓特烈一世也倒向路德派。1526年,腓特烈一世聘请汉斯·陶生为宫廷牧师,把主教叙任权收归国王所有,1527年,允许路德派传教自由。1530年,路德派控制了哥本哈根和维堡。同年,哥本哈根国民议会宣布路德派新教在丹麦取得胜利,并制定路德派信条《哥本哈根43条》。1533年,腓特烈一世去世,丹麦国内展开争夺王位的斗争。1536年,腓特烈之子克里斯丁三世夺得王位,他利用贵族打击教会,逮捕反对他的主教,没收教产,另行委派7名督察员(仍称主教),正式建立路德派国家教会,国王为教会最高领袖。当时挪威、冰岛都属丹麦管辖,它们也随丹麦实施了路德派宗教改革。

瑞典人民除遭受本国教会和贵族的压迫外,还受丹麦的民族压迫,因此宗教改革与争取民族独立紧密地连在一起。1512年,瑞典人民要求独立,遭到大主教反对。瑞典摄政王把大主教免职。教皇利奥十世挑动丹麦国王克里斯丁二世进攻瑞典。1520年,摄政王战死,瑞典人民在丹麦王答应既往不咎的条件下投降。但丹麦王取得斯德哥尔摩之后便立即撕毁协议,把反对大主教的70多名领袖全部处死。这种行动激起瑞典全国人民的愤怒,他们在古斯塔夫领导下奋起反抗,血战3年,终于在1523年取得独立,古斯塔夫当选为瑞典国王。他推行路德派宗教改革,没收教会和修道院的财产。1527年,古斯塔夫要求国民议会通过决议,规定教会由国王管理,主教由国王委任。古斯塔夫死后,罗马教会曾进行反扑,直到1592年,瑞典才重新确立路德派国家教会,真正接受了《奥格斯堡信纲》。

北欧三国的宗教改革有一个共同点,就是自上而下地由国王发起与推行,最后建立起以国王为首的路德派国家教会,仍保留主教制形式。这是路德派宗教改革具有较大的妥协性,因而容易被封建君主所接受的结果。

第十二章 罗马教会的反改革运动及其内部整顿

第一节 罗马教会内部要求整顿的呼声

教会的腐化和宗教改革运动的冲击,使罗马教会中的一些有识之士痛感如不改变教会内部的腐败作风,可能导致整个罗马教会的毁灭。于是,他们在反击宗教改革的指导思想下,积极提倡在罗马教会内部整顿纪律,严格道德规范。早在1517年,罗马就有50名高级教士组成了"圣爱祈祷所"(The Oratory of Divine Love),其主要领导人卡拉法(Giovanni Pietro Caraffa,1476—1559)即后来的教皇保罗四世。他们希望通过祈祷、布道、听道、圣礼等活动来恢复灵性,净化教会。在"圣爱祈祷所"的影响下,意大利成立了许多类似的社团,一般都是由神学家和人文主义者组成的。他们都希望在教皇领导下维持传统教义与礼仪。认为引起罗马教会危机的是神职人员道德败坏、无视弥撒、缺乏虔诚的信仰。因此,他们着重恢复神职人员的道德情操、安贫布道、照顾病人、帮助穷人等。1527年,查理五世劫掠罗马城,"圣爱祈祷所"被迫解散,一般人都认为这次灾难是上帝对罗马教会腐化的警告。不少主教更加热衷于教会内部的整顿,在自己的教区内实施改革,如强调神职人员的责任心,保持高尚情操,过清贫生活,开办学校,施医济贫等。

在这些人的推动下,教皇面对日益强大的新教势力也逐渐认识到,如果罗马教会不进行内部整顿,将会失去更多的特权与人心。1534年,教皇保罗三世责成3名枢机主教起草教会道德改革计划;1536年,召开改革会议。一些力主进行内部整顿的人列举了教会的种种弊端,教皇则利用整顿把教会法庭的权力收归己有,勒令闲住在罗马城的 80 余位主教和大主教返回各自的教区。1558年 8 月,教皇保罗四世采用强制手段,下令关闭罗马城门,清查城内闲居、游荡的教士,再次勒令他们返回本教区,否则驱逐出城,不发薪俸,并提出禁止出卖神职。

在罗马教会被迫进行内部整顿以对付宗教改革运动的形势下,产生了耶稣会。

第二节 耶稣会

一 罗耀拉与耶稣会

伊纳爵·罗耀拉(Ignacio de Loyola,1491?—1556)出身于西班牙贵族,1521 年在对法作战中受伤。养伤期间,他读了两本宗教书籍,因而大发热心,发誓当一名耶稣的战士,迫使异教徒皈依基督,并决心把圣城耶路撒冷从穆斯林手中夺回来。伤好后,他仿效圣徒,身穿破衣,一路行乞向耶路撒冷进发,1523 年到达耶路撒冷。当时占领耶路撒冷的土耳其人虽然允许基督徒前去朝圣,但基督教势力非常弱小。罗耀拉提出要使穆斯林皈依基督的主张引起耶路撒冷方济各修会的担忧,怕由此引起与占绝对优势的穆斯林的矛盾,便设法使罗耀拉回国。1524 年,罗耀拉回到巴塞罗那,开始研读拉丁文、哲学和神学。1528 年,罗耀拉前往巴黎大学求学,学习期间,他的思想深深地影响了 6 位同学。1534 年 8 月,罗耀拉和他的 6 位同学决心去耶路撒冷传教,这个 7 人学生组织就是耶稣会的雏形。

1537 年初,他们到达威尼斯,正值威尼斯与土耳其作战,无船去耶路撒冷,只得滞留在那里。这期间,他们在原"圣爱祈祷所"首领卡拉法的影响下改变了计划,决定既然不能去耶路撒冷,便把罗马作为自己心中的圣城。罗耀拉称自己的 7 人小组为"耶稣的战士",小组成员完全听命于教皇,决心终身与异教徒或脱离罗马教会者战斗到底。不久,罗耀拉被祝圣为神甫,然后,他们徒步向罗马进发。1538年,教皇保罗三世在罗马接见他们,并资助他们去耶路撒冷的路费,但终因战事关系而未能成行。1540年9月27日,教皇批准他们成立"耶稣会"。1541年4月,罗耀拉当选为耶稣会第一任会长。

二 耶稣会的组织与活动

耶稣会仿效军队编制,纪律森严。最高领导为总会长,亦称"将军",由大会选举产生,常驻罗马,对全体会士拥有绝对统治权,故有"黑衣教皇"之称。总会长下设"规劝者"1名,助理4名,组成耶稣会中央领导机构。总会下分设若干教省,每教省包括几个国家,每教省设省会长1人,由4位助理分管。省会下分若干区会,每区会设区会长1人。助理、省会长、区会长由总会长指定,或由宗教大会选举产生。宗教大会由中央机构、省会长和每省区代表2人组成。各省会长每月向总会长书面汇报一次。各区会长每周向省会长汇报一次。

耶稣会的宗旨是振兴罗马教会,重树教皇的绝对权威。会士入会除发"三绝"誓愿(绝意、绝色、绝财)以强调"听命、贞洁、清贫"外,还强调绝对效忠教皇,无条件执行教皇一切命令。罗耀拉不只是要求会士简单地服从上级,而且要求他们心甘情愿地放弃自己的理性,以上级的意志为意志,把服从上级视若服从上帝。

耶稣会反对脱离社会的隐修,要求会士深入社会各阶层,不必住修院、穿僧衣,强调通过社会服务扩大影响。

为反对宗教改革运动,耶稣会士深入群众,开展通俗布道活动,不强调深奥的神学命题,而是用教理问答的浅近方式讲述罗马教会的教义、教规、伦理和实践,以加强信徒对罗马教会的忠诚,成为罗马教会反宗教改革的中坚力量。

耶稣会注重教育事业,他们在德、法、英、尼德兰等地开办学校,还派会士在各旧教大学里任教,并控制或垄断了某些课程的教学。耶稣会所办的学校,除少数几所大学是专收贵族子弟外,大部分学校都是免费的,不分贫富,只要够资格就可入学。课程设置有古典文学、拉丁文、希腊文、伦理学、哲学、自然科学等,把中世纪的教义神学与文艺复兴文化巧妙地结合起来,发展成一整套统一的教育体制,划分中、小学各年级,定期进行考试,不断修订教科书。不过,这些学校不鼓励师生独立思考,培养出来的学生一般都是思想保守、坚持旧教信仰,有一定文化修养的人,这正是罗马教会所需要的。耶稣会的教育事业发展极快,1615年共创办了372所学院,到1700年增至769所学院和24所大学。他们还垄断了旧教国家中的全部中等教育,控制了这些国家中的知识分子,从而产生了巨大的影响。耶稣会的另一项重要任务是从事政治活动。他们提出,要塑造一个国家,最好的办法就是塑造该国国王。因此,他们千方百计地渗入各国宫廷和上流社会,充当上层教徒的忏悔神甫,争取最大限度地影响最高统治者,利用王权来打击宗教改革运动。为了扩大罗马教廷的政治势力,他们不择手段地策动包括谋杀在内的各种政治阴谋。例如,1589年,他们支持刺杀法王亨利三世;1594年,他们阴谋暗杀法王亨利四世未遂;1605年,他们制造"炸药阴谋事件"企图暗杀英王詹姆士一世等。

耶稣会的阴谋活动使各国统治者为之侧目,它的骄横也招致许多罗马教会人士和其他修会的嫉妒与排挤。16世纪末,多明我会就曾在维护教义的旗帜下与耶稣会展开过激烈的论战。随着资产阶级自由思想和反教权主义的兴起,耶稣会日益孤立。16世纪末和17世纪初,耶稣会先后在英国和威尼斯被取缔,18世纪中叶后,又陆续在法国、葡萄牙、西班牙被取缔。1773年,教皇克雷芒十四世(Clemens XIV,1769—1774在位)被迫解散耶稣会,但1814年,教皇庇护七世(Pius VII,1800—1823在位)又予恢复。

第三节　特兰托公会议

宗教改革运动的蓬勃发展使罗马教廷认识到,要维持自己的权威必须在内部进行适当的改革,但教皇担心改革有可能削弱教皇的权力,因而迟疑不决。西欧各国新教势力的不断壮大,迫使教皇不得不召开宗教会议以调动各国旧教势力共同对付宗教改革运动。当时,英国已与教廷决裂,法国因与德国的矛盾而态度暧昧,教皇所能依靠的只有德皇查理五世。查理五世则既希望通过会议来打击国内的新教势力,又希望通过会议扩大皇权、抑制教权。

1536年,教皇保罗三世诏令在意大利召开宗教会议,并邀请新教代表参加。新教徒拒绝参加会议。查理五世为控制会议,则坚持会议在德国召开,双方争执不下,经再三磋商,决定会议在特兰托举行,因为特兰托当时属德国管辖,但居民大多数是意大利人。不过由于法王法兰西斯一世的抵制,会议仍无法召开。直到1545年,德法和解后,特兰托公会议才于12月正式召开,这就是罗马教会的第十九次公会议。

会议的目的有三:克服宗教分裂,反对新教运动;改革罗马教会;组织十字军对付东方的"不信者"。会议自1545年12月13日开始,中间由于法西战争等原因时断时续,历时18年,直到1563年才告结束。整个会议大体上可分为3个阶段。

第一阶段(1545—1549):会议开始由教皇代表主持,数月后教皇才到会。与会者中意大利主教占多数,教皇控制了会议。会议一开始就辩论议程问题。教皇和意大利主教们要求先讨论教义后讨论改革,目的是提高教皇权威,维护正统,打击新教势力;而德、法等国的代表则主张先讨论改革后讨论教义,目的是提高公会议权力,削弱教皇权威,然后对付新教势力。最后双方妥协:教义问题与改革问题同时讨论。

会议在教皇代表主持下着重讨论了教义问题。针对新教徒利用《圣经》权威对抗教皇权威,会议确认"圣传"(教会传统)为教会信条来源之一,与《圣经》有同等权威,惟有教会有权解释《圣经》;肯定原罪说,反对马丁·路德的"因信称义",强调圣事的作用。当查理五世等提出讨论在罗马教会内部进行改革问题时,教皇却以教会改革是教皇权限以内的事而加以抵制。为控制会议,教皇于1547年3月将会址迁至博隆那。查理五世等拒绝前往博隆那,结果形成了两个会议。经过两年的争执,保罗三世让步将会议迁回特兰托。

第二阶段(1551—1552):1549年,教皇保罗三世去世,继任教皇朱里亚三世(Julius Ⅲ,1550—1555在位)与查理五世谈判,决定继续召开特兰托公会议。1551年,会议进入第二阶段。查理五世为笼络德国新教诸侯,要求会议吸收新教徒参加,并由萨克逊选侯莫里斯和德国南部一些城市推选几名新教代表。会议针对茨温利对"圣体"的非议,肯定了"实体转化论",并确认"告解"、"终傅"符合《圣经》。新教徒代表在会上发言,主张公会议权力高于教皇,要求推翻以往公会议的决议,重新召开有新教徒代表参加的扩大会议,均遭教皇拒绝。这时,德国新教诸侯于1552年1月结成同盟联合法国共同反对查理五世。同年3月,萨克逊选侯莫里斯打败查理五世。特兰托随时有被攻陷的危险,于是,会议在1552年4月草草休会。

第三阶段(1561—1563):自1552年起,特兰托公会议休会长达9年。1559年,查理五世去世,神圣罗马帝国分为腓力普三世统治的西班牙和斐迪南一世统治的德国。同年,教皇庇护四世(Pius Ⅳ,1559—1565在位)继位,他看到新教在许多国家已确立了稳固地位,便于1561年夏复会,并向新教徒代表发出邀请,以达到妥协的目的。新教徒抵制会议。教皇为了得到旧教君主的支持,只好承认他们在国内宗教事务上有更大的权力。在意大利和波兰主教们的支持下,会议确认教皇权力高于一般主教,确认"神品"、"婚配"、"弥撒"为圣事,定"炼狱"为信条,决定增设修院,宣布新教各派均为异端。1563年12月,漫长的特兰托公会议终于结束。

1564年11月13日,教皇庇护四世公布了根据特兰托公会议决定制定的《特兰托会议信纲》:确认《尼西亚信经》包括教会基本信仰;宣布圣哲罗姆的通俗拉丁文本《圣经》为法定《圣经》版本;肯定罗马教会对"原罪"、"称义"的正统解释,谴责新教对"因信称义"和"恩宠"的"谬解";谴责新教各派对"圣事"的30条主张;肯定圣餐的"实体转化论"、"炼狱说"和圣像崇拜;确认教皇的赦罪权力,承认赎罪券的功效及措施以及一些整顿教会的规定,如神职人员应独身,不得擅离职守,不得兼职等。《特兰托会议信纲》肯定了中世纪罗马教会的信条和仪式全部正确无误,教皇是教会的最高权威,新教为异端,后来被罗马教会认为是继《使徒信经》、《尼西亚信经》、《亚大纳西信经》之后最重要的教会文献之一。

第四节 教皇反对宗教改革的措施

一 教皇的审书制度

为制止异端思想的传播,罗马教会一直努力在文化思想领域中进行严格控制。随着文艺复兴运动、印刷术的革新,特别是宗教改革运动的发展,罗马教廷逐渐建立并健全了审书制度。1501年,教皇亚历山大六世下令德国各大主教控制书刊的印刷与发行。1516年,教皇利奥十世在第五次拉特兰会议上发布敕令禁止刊印未经教会审查的书籍。1543年,教皇保罗三世建立查禁书刊主教会议;罗马教会控制的一些大学,如法国的巴黎大学、比利时的卢汶大学、德国的科隆大学等都先后发布禁书目录。1557年,教皇保罗四世把查禁书刊主教会议列入教廷组织,并于1559年亲自刊行禁书目录,把48种《圣经》译本列为禁书,禁止61家出版商出版书籍。此后,一切书刊都必须经过教会官方许可方可阅读,成千上万册禁书被焚毁。特兰托公会议并指定专门委员会制定查禁书刊的10条规章,公布新的禁书目录,路德、加尔文等人的著作被禁止,除哲罗姆通俗拉丁文本《圣经》外,其他《圣经》版本也被禁止,《圣经》词典及神学著作均须经严格审查后才能刊印。1571年,教皇庇护五世(Pius V,1566—1572在位)建立罗马禁书审定院,一切书刊均须经此院审定后才能发行。罗马教会一面通过审书制度禁止异端思想传播,一面加强出版工作,大力宣传它所谓的"正统教义",如出版托马斯·阿奎那的《神学大全》、弥撒经、教理问答等。

二　意大利的宗教裁判所

罗马教会为反对宗教改革，一方面实行禁书制度，从文化思想上进行围剿，一方面加强宗教裁判所的镇压活动。16世纪时，教皇设立了教廷宗教裁判所，保罗四世、庇护五世在就任教皇前，都曾任过教廷宗教裁判所大法官。在他们的推动下，意大利的宗教裁判所大大加强。1542年，保罗三世任命卡拉发（即后来的教皇保罗四世）和5位枢机主教重组宗教裁判所，在意大利建立裁判所总部并设立监狱，残酷地处置异端分子。1550年，宗教裁判所下令审判那些不反对新教的罗马教会教士，不少虔诚的旧教人士只因对新教较为宽容便受到严厉制裁，无数无辜的人，包括一些科学家、思想家在内，都被判火刑处死。保罗四世继位后，镇压活动更加残酷，以致引起罗马人民的义愤。1559年，保罗四世去世时，罗马城竟欢庆了4天。此后，镇压活动虽有所缓和，但没有中止，文艺复兴时期文学艺术欣欣向荣的局面完全消失了。

三　西班牙的宗教裁判所

这一时期在罗马教会反宗教改革活动中最狂热的是西班牙。

8世纪初，西班牙曾被信奉伊斯兰教的摩尔人占领，西班牙人民始终把基督教信仰同爱国主义密切结合在一起。13世纪后，西班牙人民赶走摩尔人，在整个伊比利亚半岛建立起4个基督教王国。15世纪末，西班牙统一后，人民仍把基督教当做自己的精神支柱。历任国王虽因争权夺利而与教皇矛盾重重，但始终把罗马公教视为国教。15世纪末，西班牙在国王领导下设立新的宗教裁判法庭，国王自任最高审判官，法官均由国王委派。宗教裁判法庭是国家机构的一部分，有严密的组织，国王通过它实行恐怖统治。宗教裁判法庭不仅镇压新教异端分子，而且强迫摩尔人、犹太人改信基督教，凡不愿受洗者一律驱逐出境，而许多新皈依者又往往被指控为异端，被判刑，并没收其财产。据统计，仅1480—1488年间，被处火刑者达8800人，受惩处者达96494人。16世纪，当新教在欧洲各国传播时,西班牙则通过宗教裁判法庭的残酷镇压使新教无立足之地。宗教裁判法庭之残酷甚至连教皇都为之瞠目。

1556年,腓力二世开始统治西班牙。当时罗马教会在西班牙势力很大,全国有9088座修道院,多明我会和方济各会修士达32000人,耶稣会人数也不断增加。腓力二世利用人民的宗教狂热镇压异己,1559—1560年对各种异端分子连续进行5次大屠杀。腓力二世不仅在国内镇压异端,而且出兵国外镇压新教徒。1588年,西班牙舰队被英国击败,此后,西班牙国力日衰,但它始终是欧洲反宗教改革的顽固堡垒。西班牙的宗教裁判法庭自15世纪末开始建立,到17世纪初140年间,使西班牙人口减少了300多万,在宗教裁判法庭的活动最疯狂的18年中,有11.4万人被指控,10220人被处火刑烧死,9.7万人被判终生监禁或公开悔罪。16世纪下半叶罗马教会的势力得以巩固并加强,是与西班牙的支持分不开的。

罗马教廷在实行了一系列的反宗教改革和内部整顿措施之后,暂时得到了巩固,教会的纪律、道德也有所改观,增强了教会的活动力,在欧洲一些国家中,如法国、意大利、西班牙、比利时、波兰、奥地利、德国南部,稳住了阵脚。此后,随着葡萄牙、西班牙的殖民活动,罗马教会把势力逐渐扩大到新大陆,以至全世界。

第十三章　宗教改革后期的新教与天主教

第一节　新教各派间的神学纷争和罗马教会势力的发展

一　新教各派间的神学纷争

1555年,《奥格斯堡和约》签订后,德国的新、旧教势力大致相等,7大选侯中,勃兰登堡、萨克逊、巴拉丁(普法尔茨)3大选侯信奉新教,其他4选侯信奉旧教。1562年,巴拉丁选侯腓特烈三世(Frederick Ⅲ)接受了加尔文宗的信仰,并于1563年支持两位加尔文宗神学家编订《海德堡问答书》以解释加尔文宗的信仰。根据《奥格斯堡和约》,加尔文宗在德国没有合法地位,因此,巴拉丁选侯遭到旧教诸侯和路德派诸侯的反对。与此同时,以萨克逊、黑森和勃兰登堡为中心的路德派内部也发生了神学争论。

早在路德生前,他和自己的主要助手梅兰西顿(Philip Melanchthon,1497—1560,曾代表路德起草《奥格斯堡信纲》)在神学上就有了分歧。梅兰西顿是一位人文主义者,他不赞成路德提出的人在得救方面完全是被动的主张。他提出了"神人协作说",认为只有当人的意志积极与神的意志合作时才能得救,因此,他很重视善功。在圣餐问题上,他也不完全同意路德的"临在说"。路德死后,以马蒂亚斯·弗莱修(Matthias Flacius,1520—1575)为首的路德宗正统派便攻击梅兰西顿等是隐蔽的加尔文派。1573年,萨克逊选侯接受了梅兰西顿派(亦称"腓力派"),驱逐了几名路德派正统神学家,但第二年,他却转而镇压腓力派。1576年,萨克逊选侯为调解路德派内部分歧,在贝尔根(Bergen)召集6名神学家起草《协和信条》。几经协商修改，《协和信条》于1580年纪念《奥格斯堡信纲》发表50周年时正式宣布。《协和信条》既反对"神人协作说"，也反对加尔文的"绝对预定论"。当时接受此信条的有51个诸侯，35个城市，8000多名牧师，只有个别路德派诸侯和城市表示反对。从此以后，路德派正统神学得到了确立，腓力派则转向加尔文派了。

这期间，加尔文派思想影响在德国日益扩大，除巴拉丁地区外，拿骚（1577）、不来梅（1581）、安哈特（1597）及黑森部分地区都接受了加尔文派，1613年勃兰登堡选侯也改信加尔文宗。根据"教随国定"的原则，诸侯改宗以后，就要求自己的臣民也改宗，并排斥原来的教派。于是，新教各派间的矛盾日益加剧，大大削弱了新教徒的力量。

自1566年以后，新教势力在内部纷争中逐渐削弱，而罗马教会则在反宗教改革运动中逐渐振兴，尤其是在耶稣会和旧教诸侯的努力下，势力逐渐加强。他们不仅在自己的势力范围内加紧迫害新教徒，而且陆续夺回了被新教徒赢得的大片土地，德国信奉旧教的人数日渐增多。这种状况不能不引起新教诸侯的重视。1607年，新教城市多纳味特被旧教诸侯巴伐利亚公爵占领，后者取缔新教活动，还要收回1555年以后被新教没收的教产。这加剧了新、旧教诸侯间的矛盾。于是新教各派暂时联合起来共同对付罗马教会。1608年，新教诸侯组成新教同盟，以加尔文派巴拉丁选侯腓特烈四世为首领；旧教诸侯则于1609年组成旧教同盟，以巴伐利亚的马克西米连一世为首领。新教同盟得到法国、荷兰和英国的支持，旧教同盟则以教皇、德皇和西班牙为后盾。对方对峙，战争一触即发。

二　三十年战争和《威斯特伐利亚和约》

1526年，波希米亚重新并入神圣罗马帝国版图，德皇兼任波希米亚国王，但波希米亚保有较大的自治权。1609年，皇帝鲁道夫二世被迫承认波希米亚人民宗教信仰自决。1612年，皇帝马提亚派遣耶稣会士深入波希米亚进行活动,企图恢复罗马教会。1617年,德皇指定狂热的旧教徒斐迪南为波希米亚国王,遭波希米亚国会拒绝,马提亚坚持己见,并宣布新教徒为暴民。1618年,波希米亚人民起义,冲入王宫,把国王的两名钦差从窗口掷入壕沟,这一"掷出窗外事件"揭开了三十年战争的帷幕。

三十年战争(1618—1648)共分4个阶段。战争的性质由德国新旧教诸侯之争逐渐扩大为西欧各国争权夺利的混战,神学分歧退居于次要地位。旷日持久的战争,把双方都拖得精疲力竭。从1643年起,交战双方边打边谈。谈判分别在威斯特伐利亚省的奥斯那布鲁克和闵斯特两城进行。1648年10月,双方终于达成协议,缔结了两个和约。因为两个缔约地点都在威斯特伐利亚省,所以把两个和约合称为《威斯特伐利亚和约》。和约的基本内容是欧洲各国领土和德国各诸侯领地的重新分割,以及欧洲新的国际均势的建立;宗教方面则是规定加尔文派享有与路德派同样的权利,教会财产的归属以1624年初持有的情况为准,新、旧教在帝国法庭中拥有人数相等的法官。三十年战争使罗马教会的势力受到很大打击,罗马教廷不再是欧洲的主要政治力量,残酷的战争在人民心灵上留下了创伤,影响了基督教的声誉,使人们转而向科学和哲学中去寻求人生的答案,为理性主义开辟了道路。

三　詹森派

加尔文思想不仅对新教产生了巨大影响,而且对罗马教会也产生了影响。詹森派就是罗马教会内受加尔文思想影响而产生的一个派别。

詹森派的创始人詹森(Cornelius Otto Jansen,1585—1638)是荷兰乌特勒支省人。该省属罗马教会教区,但邻近地区的加尔文派势力较大。1602年,詹森到罗马教会的卢汶大学读书。卢汶大学中有两派,一派支持耶稣会提倡的经院哲学,一派支持奥古斯丁所强调的"预定论"和"恩宠论",詹森赞成后者。从1614年起,詹森认真研究《保罗书信》和奥古斯丁的著作,认为要想维护罗马教会,与加尔文派对抗,就得接受奥古斯丁的"预定"和"恩宠"的观点,在罗马教会的教士和信徒中建立严格的道德纪律,以挽救教会和修院的衰败。1617年,詹森回卢汶大学任教,与该校学生一起反对耶稣会的主张。1628年,他着手撰写《奥古斯丁书》。该书于1640年出版,成为詹森派的主要神学著作。

詹森认为人性因原罪而完全败坏,自由意志也随之完全丧失,败坏了的人性不可能有自我赎罪的能力。人只能靠着上帝的恩典,借着耶稣基督的牺牲而得救。得救与否是上帝的预定,单靠善功不可能得救,否则,耶稣就白白地死了。因此,他认为耶稣会强调人的自由意志就是夸大善功的作用。詹森还强调信仰高于理性,灵魂直接与上帝交通远比宗教礼仪重要得多。

在教皇看来,詹森派的主张本质上就是加尔文派,因此1642年他们受到教皇乌尔班八世(Urbanus Ⅷ,1624—1644在位)的谴责,耶稣会也对他们大肆攻击。1653年,教皇英诺森十世(Innocentius Ⅹ,1644—1655在位)发布通谕,指责詹森派为异端。于是,詹森派逐渐与教皇对立,他们在反对耶稣会的同时,公开反对教皇权威及教皇永无谬误说,主张公会议权力高于教皇。1713年,教皇克雷芒十一世(Clement Ⅺ,1676—1689在位)谕令法国教会绝罚詹森派,遭法国教士反对,他们认为教皇无权过多干预法国教务。同时,克雷芒十一世的绝罚令也引起荷兰詹森派的反对。1723年,乌特勒支的总主教率领所属主教、神甫等神职人员脱离罗马教会自称"古老罗马公教会",不承认"教皇永无谬误"和圣母马利亚无玷始孕的信条。罗马教会不承认该教会,但不否认其圣事和神职的有效性。

四　阿明尼乌派

荷兰的加尔文派中,有一些人受人文主义的影响,对加尔文的"绝对预定论"提出了异议。他们给"预定论"以新的解释,并主张在荷兰教会内实行宗教宽容政策,允许信徒对教义发表不同意见。这些人逐渐形成一派,称"阿明尼乌派"(亦称"荷兰新归正派")。

阿明尼乌(Jacobus Arminius,1560—1609),荷兰人。1576年

在莱顿大学学习。1582年去日内瓦和巴塞尔深造,成为加尔文派信徒。1588年,任阿姆斯特丹市牧师。1589年后,阿明尼乌开始对加尔文的"绝对预定论"产生了怀疑。他认为人有自由意志,上帝只是预知人类堕落,而非预定人类堕落,在亚当犯罪后,上帝才预定谁将得救,谁将沉沦。这种主张被称为"堕落后预定论",受到正统加尔文派的反对,双方曾展开论战。正统派坚持上帝在亚当犯罪前就已预定了整个人类的命运,人类的自由意志无法改变上帝的预定。这种"绝对预定论"又被称为"堕落前预定论"。阿明尼乌死后,他的追随者于1610年起草了一个"抗议信条",递交国会。该信条共有5条,史称"阿明尼乌派五条款",是阿明尼乌派的信仰核心。

阿明尼乌派认为,人的本性虽因亚当犯罪而受到严重破坏,但灵性并没有完全堕落,罪人也有自由意志,他的永恒命运取决于他自己是否愿意择善弃恶。上帝的预定是以人的行动为拣选条件,因此,救恩首先取决于人自己。基督不仅为被拣选者而死,而且为整个人类的罪得赦免而受死。人若不信基督的救赎,圣灵也无法使他重生,人在接受救恩后,如不坚守信仰,恩典也会失落。得救与否的关键是人本着自己自由意志对上帝恩宠的接受或拒绝。这些主张是与正统加尔文派意见相左的。

正统加尔文派得到荷兰国务议会首脑奥兰治公爵莫里斯为首的"统一派"的支持。阿明尼乌派得到荷兰各省主张地方自治的"地方派"的支持。统一派要求召开全国会议解决宗教争端,遭到地方派反对,地方派主张宗教问题应由各省自行决定。1618年7月,莫里斯武装镇压地方派;11月,正统加尔文派在多尔德雷赫特召开宗教会议,英国、巴拉丁、黑森、不来梅、瑞士都派代表参加。会议取缔阿明尼乌派,批判"抗议信条",并针对"抗议信条"制定《多尔德教会法》,确立了《加尔文五要点》,重申加尔文的预定论,但没有完全采用"堕落前预定论"。《加尔文派五要点》后来为加尔文宗各派普遍接受,与《比利时声明》《海德堡问答》共同构成正统加尔文派的基本教义。

多尔德雷赫特会议后,阿明尼乌派被镇压。1626年,莫里斯去世。1630年,国王颁布赦令,恢复阿明尼乌派的自由,逃亡的阿明尼乌派信徒陆续回国,但此后该派在荷兰发展很慢。

第二节 英国对清教徒的镇压与浸礼宗的产生

一 浸礼宗的产生

1603年,英王詹姆士一世即位,开始了斯图亚特王朝在英国的统治。詹姆士一世登上王位后,清教徒便立即请愿,要求在国教会内进行改革,停止对清教徒的迫害。詹姆士一世需要国教会的支持,以维持其君主专制制度,便于1604年在罕普顿宫召开御前宗教会议,宣布"没有主教,也就没有国王",坚持国教会的主教制,拒绝清教徒的改革倡议,并撤销了一部分清教徒的教职,只答应组织人力翻译适合英国新教各教会使用的英文版《圣经》,这就是1611年出版的詹姆士王钦定本《圣经》。

为了抑制清教徒的发展,1618年,英王发布《文体活动规定》,针对清教徒不准在星期日进行娱乐活动的主张,允许教徒在星期日参加礼拜后可从事合法的文体娱乐活动,不改信国教会的清教徒一律被驱逐出境。这一措施更加激怒了清教徒,不久,清教徒中激进的独立派组成的公理宗又分出了一个新派别——浸礼宗。

约1602年,原国教会牧师约翰·斯密(John Smith,1554—1612)在盖恩斯巴勒接受了清教徒独立派原则,建立了公理会地方教会。不久,斯克罗比在约翰·斯密的影响下建立了第二所地方教会,由原国教会牧师约翰·罗宾逊(John Robinson,1575—1625)领导。由于地方教会受国教会的迫害,1607年,约翰·斯密带领一批信徒迁往阿姆斯特丹,不久,约翰·罗宾逊也迁往荷兰,1609年在莱顿建立教会。

约翰·斯密在阿姆斯特丹受到门诺派思想的影响,认为婴儿受洗不符合基督教原始教义,主张成人受洗。1609年,他为自己的信徒重行洗礼。由于内部矛盾,他们中的一部分人于1611年返回英国,在伦敦建立起第一所浸礼会教堂。留在荷兰的一部分信徒受阿明尼乌派影响,反对加尔文的"绝对预定论",强调人的自由意志,后来被称为"普通浸礼会"。

1616年,莱顿公理会成员亨利·雅各(Henry Jacob,1563—1624)返回英国,在绍得瓦克建立公理会教会。1633年,一部分信徒脱离公理会,单独成立浸礼会。他们坚持加尔文的预定论,反对阿明尼乌派,后来被称为"特殊浸礼会"。

"普通浸礼会"与"特殊浸礼会"分别于1660年和1644年发表"信仰宣言"。1677年,特殊浸礼会对自己的宣言进行了修订。两派除对加尔文预定论意见不同外,其他各项教义并无多大分歧。

浸礼会在组织原则和建制方面都和公理会相同,教义也无大差别。其特点是采用浸礼式洗礼,即受洗者必须全身浸入水中,以象征受死埋葬而后重生,他们认为洗礼虽不能获得救恩,但是表示悔改的标志。受洗者必须是成年人,因为成年人才能理解受洗的意义,能够选择,自愿受洗;而婴儿受洗并非自愿,因而无效。

17世纪英国浸礼会最著名的领袖是约翰·班扬(John Bunyan,1628—1688)。1660年,约翰·班扬反对查理二世王政复辟、宣扬清教徒信仰而被囚12年。他在狱中完成了著名的《天路历程》,以寓言的形式反映英国王政复辟时期的社会情况,讽刺贵族阶级的荒淫与贪婪,体现了一名虔诚清教徒的宗教信仰,成为英国文学名著之一。

二 英王对清教徒和苏格兰长老会的镇压

1625年,查理一世继詹姆士一世为英王,进一步镇压清教徒,重用反对加尔文派的国教会强硬派威廉·劳德(William Laud,1573—1645)。劳德主张罗马教会是真正的普世大公教会,英国国教会是大公教会中最纯洁的一支,他是"安立甘-大公派"的创始人。1633年,劳德被查理一世任命为坎特伯雷大主教。1625年,劳德就发表宣言,禁止人讨论英国国教会的教义。1629年,查理一世根据劳德的建议限制加尔文派活动。同时,查理一世不经议会同意强行征税,议会则制定《权利请愿书》拒绝纳税,保障臣民的人身、财产等自由不受侵犯,并反对迫害清教徒。于是查理一世下令解散国会。1633年,劳德在国王支持下对清教徒进一步采取高压行动,完全禁止他们活动,对违犯国教会教规者施以酷刑。清教徒纷纷逃往国外,其中许多人逃往北美。到1640年,移居新英格兰的清教徒已达2万余人。

詹姆士一世和查理一世对苏格兰长老会也采取镇压政策。詹姆士一世在1597年就宣布,只有国王有权召开全国宗教大议会,把反对他的长老会首领驱逐出境。1610年,詹姆士一世在苏格兰强制推行主教制;1612年,强迫国会通过主教有权管理教区全权的提案;1621年,强制大议会通过跪领圣餐、按手礼等礼仪。为取得苏格兰贵族的支持,詹姆士一世把许多教产划归贵族所有。查理一世即位后,把原属罗马教会的地产收归主教制教会所有,遭到贵族的反对。1637年,查理一世下令全苏格兰教会在主要礼仪上使用英国国教会《公祷书》,于是激起全苏格兰人民的武装反抗。1638年,起义人民订立"民族圣约",反对"倾向于罗马教会的英国国教会"。同年12月,苏格兰取消主教制教会。查理一世先后于1639年和1640年两次派兵镇压苏格兰,均遭失败,被迫求和。这次战争成为英国资产阶级革命的导火线。

三 英国资产阶级革命与清教徒内部的分化

1640年,查理一世为筹集对苏格兰的战争经费,曾先后两次召开国会。第一次国会很快被他解散,史称"短期国会"。11月,召开第二次国会并延续到1653年,史称"长期国会"。国会内代表资产阶级和新贵族利益的长老会清教徒占多数,他们以《圣经》为旗帜,借助人民的革命情绪,反对迫害清教徒,以叛国罪逮捕大主教劳德,取消教会法庭。同时,1.5万名伦敦市民向国会请愿,要求"把主教制连根拔掉"。国会内的旧贵族则反对取消主教制。1642年初,查理一世被迫同意撤销主教在上议院的表决权,下议院进而要求废除主教制,代以长老制。查理一世亲往北方集结军队讨伐国会,发动了历时6年的内战。

在这次战争中,西北部多数贵族和农民都是国教会信徒或旧教徒,他们支持国王;东南部工业发达地区,多数资产阶级、资产阶级化的新贵族和清教徒支持国会。1644年,国会军在克伦威尔领导下取得决定性胜利。1646年,查理一世乞降,1649年被押上了断头台。

内战期间,国会于1643年宣布废除主教制,同年7月,召开威斯敏斯特会议。1644年,会议向国会提出长老宗教会管理法和《礼拜规则书》。1645年1月,国会通过决议,取消《公祷书》,采用《礼拜规则书》。1646年,国会批准成立长老会教会建制。同年11月,威斯敏斯特会议编订《威斯敏斯特信纲》,1647年8月为苏格兰长老会全部接受,1648年6月,英国国会批准经过修改的《威斯敏斯特信纲》。

《威斯敏斯特信纲》被称为"加尔文主义最后最大的信纲"。由于该《信纲》是经过充分讨论产生的,所以比早期的加尔文宗信条要详细、明确得多。它是以《信经》形式出现的最完整的加尔文神学体系,不仅至今仍为苏格兰教会的准则,而且是全世界英语地区和国家中的长老会的基本信条,并对公理会、浸礼会及其他教会都产生直接或间接的影响。

在"长期国会"中,最初是长老派占优势,他们希望在英国建立长老宗统治的教会。但以克伦威尔为首的军人独立派对在英国建立长老制教会不感兴趣,他们主张对新教各派一律实施宽容政策,只要共同反对罗马教会和主教制的国教会,不管是长老会还是公理会、浸礼会,全都给以支持。因此,在全国无法贯彻国会批准的把长老宗作为英国国教的决议,引起国会中的长老派的不满,他们试图勾结保皇党反对克伦威尔,结果于1648年被克伦威尔赶出国会。此后,独立派在国会中占了绝对优势。1649年,克伦威尔处死查理一世,宣布英国为共和国。

独立派资产阶级共和国的成立,并没有给英国人民带来好处,而克伦威尔政权又逐渐走向军事独裁,人民群众日益不满,表现为各种新教派纷纷兴起,要求宗教自由,实际上是要求思想、言论、集会自由。这些小教派中,以贵格会人数最多,影响最大。

四 贵格会

贵格会亦称"公谊会"或"教友派",由乔治·福克斯(George Fox,1624—1691)创立。1652年,福克斯的信徒在普雷斯顿·帕特里克集体而居,彼此互称"朋友",故称"朋友会"(汉译为"教友会"或"公谊会")。因为聚会时常有人全身颤抖,被称为"Quaker",音译为"贵格会"。贵格会主张信徒应按上帝赋予的"内心之光"过虔敬的生活,不必表面上遵守教义教规、行圣礼、进教堂;他们反对一切圣礼的外表形式,不领洗、不领圣餐,认为人与上帝之间没有建立任何仪式的必要,只要虔诚地事奉上帝,就可以得到上帝的恩宠;他们还取消一切宗教节日。他们既反对罗马教会主张的神职人员的中介作用和教权至上,也反对各派新教徒主张的《圣经》是最高权威。他们认为在《圣经》中可以发现真理,但《圣经》中所写的并非全是真理。他们强调人人平等,反对奴隶制,反对一切战争,反对死刑,注重办教育和其他社会服务工作,努力建立良好的基督教经济和社会秩序,反对酗酒、赌博,对任何人不脱帽致敬,也不宣誓效忠世俗政府。

贵格会成立之初,缺乏严格的组织形式,他们相信圣灵的直接感动,信仰上狂热,常常冲击其他教派的教堂,影响别人的正常宗教活动。为了严格组织纪律,1666年福克斯草拟了贵格会惩治大纲,设立"月会"、"季会"和"年会",严格监督会友的生活和行为。"年会"是全国或一个大区域内的最高组织,由若干"季会"组成。"季会"以郡为单位,由若干"月会"组成。"月会"是贵格会的基层组织。信徒聚集在一起过宗教生活的地方不称教堂,而称"聚会处"。教会内部事务均须经全体信徒民主讨论,求得一致,记录在案。该派不设牧师,由信徒选举的长老和监督主持各类集会。

贵格会在一定程度上反映了17世纪中叶英国下层群众对现实

社会的不满,要求实现一个政治民主、宗教信仰自由、经济状况有所改善的人人平等、安定和平的社会。

五 英国王朝复辟时期的教会

1658年,克伦威尔去世,其子查理无法控制国内局势。保皇党趁机勾结长老派把流亡荷兰的查理一世的儿子接回英国,1660年复辟封建王朝,称查理二世。不久,查理二世组成保皇党国会,恢复英国国教会,禁止其他新教派活动。1661年,坎特伯雷和约克大主教区两次召开宗教会议,修订《公祷书》。1662年,查理二世批准《信仰划一法案》,规定对不根据新《公祷书》和《信仰划一法案》进行崇拜者予以重罚,神职人员必须由国教会主教按立。于是近2000名清教徒牧师被免职。国会内的长老派发现拥立查理二世的措施事与愿违,只好走上反国教会的道路。1664年,国会规定5人以上聚会必须按《公祷书》的仪式举行礼拜,违者受监禁、罚款或驱逐。1665年,国会颁布《五哩法》,规定居民必须宣誓决不改变国家与教会的体制,拒绝宣誓的神职人员不准进入任何离城市五英里以内的地区,违者立即逮捕。查理二世为取得罗马教会的支持,于1672年颁布宗教宽容令,允许旧教徒在家中举行崇拜仪式,并任命旧教徒为政府要员,同时,非国教会的新教各派也恢复了活动。国教会则于1673年控制国会通过《验忠法》,规定非国教会信徒不得担任政府公职,并撤销宗教宽容令。

1685年,詹姆士二世即位,他本人是个热心的旧教徒,尽力准备恢复以罗马教会为国教。1686年,他强使高级法院承认他在特殊情况下可以废除刑律,以后又恢复教会法庭。1687年詹姆士二世发布宗教宽容令,恢复罗马教会的自由,遭到国会与国教会的坚决反对,清教徒更不能容忍罗马教会在英国复辟。于是,国教会派便和清教徒结成同盟共同反对封建王权与罗马教会的复辟。1688年,他们发动政变,废黜詹姆士二世,迎立信奉加尔文宗新教的荷兰总督奥兰治亲王为英王,称威廉三世(William Ⅲ,1650—1702在位)。威廉三世对新教各派均采取宽容态度,1689年,他颁布宽容法,宣布宗教信仰自由,条件是:宣誓效忠新国王,反对罗马教廷,接受"三位一体"说和《圣经》启示说,不向圣母马利亚和圣徒祈祷,或承认《三十九条信纲》的一部分。此后,非国教会各派得到了信仰自由,罗马教会则直到1778年才获得信仰自由。

英国王朝复辟期间,苏格兰新教会所受迫害更深。1661年,查理二世召开苏格兰大议会,宣布恢复主教制。1663年规定不得在非主教管理的教堂内举行礼拜,许多长老会牧师被撤职。1664年,成立宗教法庭进一步镇压长老派。1666、1679年,苏格兰人民先后起义,均被镇压。詹姆士二世复辟罗马教会的活动,遭到主教派和长老派的共同反对。1690年,威廉三世恢复苏格兰自1661年以后被撤职的长老会牧师的神职,长老宗仍为苏格兰国教。1712年,苏格兰颁布宗教宽容法,允许主教制教会享有宗教信仰自由。

第十四章　英国和美国的福音运动

资本主义制度给社会带来了巨大变化。产业革命为新兴资产阶级创造出数以万计的财富,同时也使社会出现了极度的贫困,劳资矛盾十分尖锐。一般说来,上等和中等阶层生活条件得到了提高,而成千上万的下层群众则不得已离开农村,涌向城市贫民区。中上阶级有各自的宗教要求,新工人则因贫病交加,生活潦倒,对各种形式的宗教持冷漠或敌视态度。在这种情况下,一批基督教新教教会人士不是从社会制度本身去找社会罪恶的根源,而是认为宗教出了问题。在他们看来,经院主义的天主教和理性主义的新教都过于抽象,缺乏虔诚,没有感情,不能吸引群众,于社会也无益。他们强调阅读《圣经》,提倡个人节制,开办国内外差会、主日学校,提高医院和监狱的条件等,试图以复兴宗教来达到社会改良的目的。因这些人倡导宣讲福音,特别注重在下层群众中宣讲福音,故称"福音派"。

Evangelical(福音派)源于希腊文 euaggelikos,意思是 good news(福音、好消息)。在宗教改革时期,这个词被广泛应用,凡是接受基督教新教信仰的人都被罗马天主教徒称为"福音派"。宗教改革之后,不同的宗教团体及其思想运动一直运用这个词来表明"宗教复兴"和"传教热忱"。18世纪,约翰·卫斯理(John Wesley,1703—1791)和乔治·怀特菲尔德(George Whitefield,1714—1770)先后在英国和美国掀起的布道运动,被称为"福音复兴"运动。

第十四章 英国和美国的福音运动

第一节 英国的福音运动

英国是欧洲最早的工业国家。在工业化初期工人没有选举权,没有工会组织,没有工厂法,更没有起码的居住、卫生和受教育的条件。在动荡不安的社会形势下,宗教生活呈现一片萧条景象,下层群众普遍对宗教持淡漠的态度,而中上阶级则热衷于聚敛财富,关心的不是天国,而是世间,对宗教持世俗主义态度。英国的福音运动就是在社会道德低落、宗教感情普遍淡漠的情况下产生的。

一 卫斯理宗的形成与发展

威廉·劳(William Law,1686—1761)是一位英格兰宗教作家,出生于诺森慈的金斯克利夫(Kings Cliffe, Northants),受教于剑桥的以马内利学院。他在其著作中曾批判廷得尔(Matthew Tindal,1653—1733)的自然神论,他的《严肃号召实行虔诚和神圣的宗教生活》(1728)论文,曾对约翰·卫斯理、乔治·怀特菲尔德及亨利·维恩(Henry Venn,1725—1797)等福音主义者产生过极大影响。威廉·劳在文章中,极力主张对教徒进行道德、祷告和节制训练,共同礼拜。他特别强调教徒在日常生活当中要有德行、自我克制、谦让、禁酒,并认为每个人的行为都应是为了上帝的荣耀。威廉·劳本人生活简朴、虔诚、乐善好施。他组建学校和救济院,关心下层群众。威廉·劳的思想和实践后来为福音派所采纳,故被称为福音运动的先驱。

约翰·卫斯理是英国福音派三领袖之一,卫斯理宗(Methodism)创始人。卫斯理出生在英格兰林肯郡的爱泼沃思,1714年进卡尔特修道院,1720年入牛津基督教会学院。他在牛津时组织一批包括他弟弟查理·卫斯理(Charles Wesley,1707—1788)在内的虔诚基督徒学者,成立"神圣俱乐部"(The Holy Club,即"圣社")。他曾拜访威廉·劳,接受他和其他虔敬主义者的影响。他与同事一起研读圣经,注重"因信称义"和"重生"的道理,因其强调道德生活,严守律法,而被人称为"循道派"(Methodists)。1735年他带人前往美洲殖民地佐治亚州传教,因他的观点较为保守,特别是由于他反对奴隶制和杜松子酒贸易因而不受殖民主义者欢迎,两年以后返回英国。返英后深受德国虔敬派"莫拉维亚兄弟会"虔敬、俭朴生活的影响,接受"惟有信仰方能得救"的主张,此后他便把"尽我最大的努力去宣传具有强大生命力的实用宗教,并借上帝的恩典在人们心灵中萌发,保持和增强上帝的生命"作为己任。

卫斯理的大部分时间都用在福音布道上。他的传教特点首先是"巡回布道",采取户外形式,每到一处建立一个布道中心,范围所至达整个英伦三岛。1739年,卫斯理和他的弟弟查理在英格兰的布累斯特建起第一个传教组织。1747年第一次到爱尔兰,1751年到苏格兰,此后到苏格兰布道达21次之多。从1760年开始,卫斯理运动逐渐向美国扩展。1768年在纽约建成一所卫斯理礼拜堂,按立他的同事托马斯·科克(Thomas Coke,1747—1814)任美国卫斯理运动的"会督",又让科克为美国人弗朗西斯·阿斯伯里(Francis Asbury,1745—1816)按立圣职,共同负责美国的卫斯理运动,卫斯理宗在美国的组织称美国布道会。到卫斯理去世为止,英国的卫斯理宗信徒约7万名,美国有4万余名。卫斯理布道的第二个特点是针对下层,如约克郡的纺织工人、林肯郡的农民、康维尔的锡矿工人等。卫斯理宗传教士为普通人参加宗教仪式和组织创造了各种条件,普通人还可以参加培训班,甚至担任布道员。卫斯理还主张从事社会活动,他和他的信徒提倡改善监狱条件、工厂立法,建立更有代表性的议会,在全世界范围内取消奴隶贸易。卫斯理布道活动的第三个特点是强调统一管理。卫斯理运动首先是一个传教运动,其牧师流动布道,称"巡回骑手"(Circuit Rider),他们必须服从地区监督。新发展的信徒组成班级,每星期集会,发誓过一定纪律约束的生活。每次集会签到,教徒的信仰和行为均接受检查。卫斯理指派平信徒布道员流动布道,出席班级集会,并担任某个传教协会的负责人,向外选派"会督",尽管他自己并不担任圣职。

卫斯理运动原本是英国国教会里的一种思潮,与清教运动一样旨在"清净"教会,即反对英国国教会内所保留的一些罗马天主教会传统的礼仪、教规及神职人员不良的行为,以恢复基督教的"原貌"。随着运动的发展,他们与圣公会的距离越来越大,特别是卫斯理所实行的班级制、年会制、平信徒布道制及统一管理制度等,在圣公会看来是图谋独立。结果在约翰·卫斯理死后第四年,即1795年,卫斯理运动与英国国教会圣公会分裂,正式成立了卫斯理宗教会(亦称"循道宗")。

怀特菲尔德出身于英格兰格洛斯特一个穷人家庭,曾是牛津大学彭布罗克学院的工读生,1735年加入"牛津俱乐部",与卫斯理兄弟一起研读《圣经》。1736年受按立后与卫斯理兄弟一起前往美洲殖民地佐治亚州传教,并筹建一所孤儿院。怀特菲尔德返英后正式开始户外布道,并先后在布累斯特和伦敦建立布道所和礼拜堂。他布道时的宗教热忱和雄辩的口才,很快引起人们的注意,并在威尔士和苏格兰受到欢迎。

怀特菲尔德的影响主要在美洲,他曾多次到美洲殖民地布道,与当地基督教福音派的公理会、长老会、荷兰归正教会接触频繁。佐治亚、费城、纽约、新英格兰等地都有他的足迹。怀特菲尔德尽管也主张在上帝面前人人平等,但其主要神学思想源于加尔文宗"预定论",因而受到美国新教福音派欢迎。然而也正因为如此,他不久便与卫斯理兄弟分道扬镳了。

二 圣公会内的福音派

18世纪末到19世纪初,英国国教会面临着教区减少、神职人员脱离等问题,结果不少信徒甚至教区的宗教生活无人过问。据英国议会1740—1812年调查得知,当时英格兰有1000多个教区找不到国教会牧师;而国教会对此无能为力,仍以垄断地位自居。在英国福音派当中,除不从国教的福音主义者,如卫斯理派等外,也有福音派圣公会教徒。因为圣公会具有统一的组织形式,垂直领导,因此,相对而言各教区之间的横向联系不很容易。而一些牧师正是利用了他们在教区内的权力,在本教区范围内推行福音运动。

1789年,汉纳·莫尔(Hannah More)女士鉴于许多人对宗教生活的淡漠在切达教区建立了第一所主日学校,在星期日指导儿童读《圣经》,进行教理训练。她还在教区进行家庭走访,散发宗教小册子和《圣经》。她谴责上层阶级对社会缺乏个人责任感,要求富人改变他们奢华的生活方式,主张改革必须从大人物开始,否则便没有效果。在莫尔的努力下,切达教区参加教会崇拜仪式的人数逐渐增加。邻近教区采用类似的方式,宗教活动也有所加强。因这种尝试脱离了圣公会的主流,因此,莫尔小姐在筹建第一所主日学校时,不得不向卫斯理派信徒求援。19世纪初,她的工作在圣公会内部受到了严厉批评。

另一位圣公会牧师冈恩(Rev. Gun),在萨里的法纳姆(Farnham)教区采用福音派传教方式6年之后,不仅本教区的信徒绝大部分参加宗教活动,邻近教区的宗教生活也开始活跃。由于传教方式背离了圣公会传统,冈恩于1792年被革职,由别的人代替,其结果是教徒脱离教会。后来这些脱离教会的人得到从伦敦去的一些不从国教者的帮助,买到地基盖了一所礼拜堂,成立了一个实际上独立的社团。

与欧洲大陆一些国家不同,16、17世纪英国的宗教改革是自上而下的,英国国教会的建立与其说是宗教派系之争的结果,倒不如说是政治斗争的产物。以亨利八世为首的英国统治阶级的目的只是为摆脱罗马的控制,夺取国内罗马天主教会的财产。圣公会基本上保留了罗马天主教会的教义、组织和崇拜仪式。宗教改革后,英国王权几经更替,以宗教形式出现的权力之争表明,英国教会已变成世俗统治者的工具,要求改革国教会的呼声日渐加强,圣公会中分化出的长老派、独立派、分离主义派等就是这种改革要求的产物。17世纪英国资产阶级革命胜利之后,由于科学技术的发展和贸易的日益频繁,人们的视野进一步扩大,一批自然科学家和哲学家用科学实验和推理所得出的结论批评教会传统。他们提倡宗教宽容,反对迷信,抨击教条主义,主张"爱"的宗教。16世纪中叶的清教主义,17世纪中叶的自然神论,18世纪中叶开始的福音主义,均反映了随着社会的发展人的宗教观念的变化。福音主义是在英国资本主义工业化的过程中产生和发展的,福音派的一些主张,如提倡灵修、圣洁,强调道德,开办福利事业,兴办教育等,从侧面反映了当时资本主义制度的黑暗。但在资本主义政治经济条件下,要求富人施舍、要求穷人安于现状,在客观上使福音运动纳入了资本主义对外扩张的轨道。

第二节 北美的福音运动

美国的土著居民是印第安人。他们信奉原始宗教,相信一个创造万物的天神,认为世界分3层,天上世界为神和好人死后的居所,中间世界是地上人间栖息之处,地下世界是邪恶灵魂受惩罚的地方,在太阳落山的地方,很遥远,是一个大深渊。他们也崇拜自然神,如太阳神,月亮神,东、西、南、北风神。他们还相信保护神,把用木头按人的形象造的保护神放在寺庙,或带到战场。印第安人尽管各部落也有上层和下层两个阶级之分,部落之间也常有战争,但一般说来,他们有自己的文明,过着简单而自给自足、相对平静的生活,他们的宗教正好是这种生活状况的反映。欧洲殖民主义者到来之后,对土著居民实行种族灭绝政策,把他们的宗教斥为迷信,予以取缔。因此,美国实际上是一个以欧洲移民为主的国家,其宗教也主要源于欧洲。

一 殖民时期教会的建立和发展

17世纪,信仰天主教的西班牙和法国、信仰基督教新教的英国和荷兰争先恐后地在美洲建立殖民地。英王詹姆士一世在1606年公布的《弗吉尼亚宪章》上宣布:"……根据我们英格兰国内目前钦定的教旨、仪式、信仰",必须"宣传、灌输并执行上帝的意旨,做礼拜"。因此,殖民主义者在哪里安营扎寨,传教士就在哪里传教。

罗马天主教向欧洲以外的传教活动在16、17世纪达到高潮。耶稣会、方济各会、多明我会和其他天主教修会向亚洲和美洲派遣了大批传教士。当时西班牙和葡萄牙是欧洲实力最强的政教合一的天主教国家。西班牙政府鼓励传教士和军人合作,因此,西班牙和葡萄牙对殖民地的征服和传教是同时进行的。从16世纪到17世纪,天主教各修会先后在南美、中美和北美的部分地方建立了天主教会。方济各会于1597年在新墨西哥州,1700年在得克萨斯州,1769年在加利福尼亚州传教并建立天主教会。1568—1700年间,多明我会、方济各会、耶稣会通过在佛罗里达州100多年的传教活动,最终在那里建立了天主教会。可以说,欧洲向美洲殖民时期,天主教势力几乎到达了现为美国的各个地区。但是,马里兰州、宾夕法尼亚州和纽约3个州的天主教会,在美国教会史上占有一种特殊地位。马里兰州是1634年乔治·卡尔弗特(George Calvert,巴尔的摩第一任勋爵)建立的殖民地。卡尔弗特是天主教徒,在议会通过了《信仰自由法》(*Act of Toleration*, 1649)。这是殖民地的第一部有关宗教自由的立法。宾夕法尼亚州是威廉·佩恩(William Penn)建立的殖民地。佩恩是贵格派教徒,他发起所谓"神圣实验运动",允许各教派教徒到宾夕法尼亚定居。天主教徒来自各地,且享有相对自由。纽约的前几任总督,要么是宗教宽容主义者,要么本人就是天主教徒,因而各教派之间的关系比那些以圣公会为官方教会的地方融洽得多。尽管这3个地方后来由于种种原因,圣公会占了主导地位,其他教派也受到不同程度的挫折;但仍被视为美国宗教自由的发祥地。

17世纪英国斯图亚特王朝时期,尽管圣公会已是英国国教,但不从国教者大有人在,这些清教徒移居北美,以寻求宗教自由和经济利益,他们把不从国教的各种思潮也带到了北美殖民地。

英国在北美建立的第一批殖民地是弗吉尼亚和马萨诸塞的普利茅斯。1606年,英国一批清教徒地主为发展贸易和种植园的需要,成立了弗吉尼亚公司,并于次年来到弗吉尼亚。圣公会虽被宣布为官方宗教,弗吉尼亚圣公会却更像加尔文的日内瓦教会。那里的每个移民都要申请入教,成年人每周参加两次教堂仪式,辱骂上帝者受惩罚,政府还拨出专门土地资助教会和牧师。英国殖民主义者到普利茅斯是在1620年底。这些人被称为分离派(Seperatists),其信仰与独立派类似,故两派同称做"公理派"(Congregationalists)。分离派制定教会契约(教会协议),规定了该派的信仰、崇拜形式、教会管理制度和教规。分离派的每个教会完全独立,新入教者必须接受教会规定的原则。分离派与独立派不同的是,前者不同意其他教会仪式的合法性。

这一时期,最有影响的清教徒殖民地,当推1630年建立的马萨诸塞的波士顿。波士顿殖民主义者在信仰上多与南部邻近的普利茅斯接近,但前者属较高的社会阶层,其中绝大部分人出身地主家庭,受教育程度高。许多教徒、所有牧师都是剑桥大学毕业生。他们为了教牧需要成立了出版社,并于1636年开办了哈佛神学院。波士顿殖民地要求每个居民遵守教规,参加教会的所有仪式。教徒分正式和非正式两类。正式教徒不仅要接受教会制定的规章制度,而且要由年长教徒以"正直生活标准"加以检验,即在教会仪式上讲个人的宗教经验,以使人相信其确实忏悔了自己的罪,并得到了上帝的怜悯。正式教徒才是正式公民,只有正式公民才有选举权,才能领圣餐。可以看出,波士顿殖民地属于清教徒保守派,正因为如此,该地教会将有独立倾向的罗杰·威廉斯(Roger Williams,1603—1683)和安妮·哈钦森(Anne Hutchison,1643去世)驱逐出教。

罗杰·威廉斯是北美宗教自由的先驱者。他是在圣公会按立的一位牧师,但他主张,政府不能建立官方教会,原则上教会应自己管理自己的事务,而无需政府帮助或干预。他还指出,殖民地从当地居民手中夺取土地是非法的、不道德的举动,因此,殖民地应该放弃这种特权。1635年他被迫离开马萨诸塞州,1636年在普罗维登斯(今罗德岛首府)建立了美州的第一个浸礼宗教会。安妮倡导信义宗的"因信称义"神学,强调由于基督在十字架上的救赎奇功,人神之间的阻隔已经排除,只凭藉信仰,信徒就能被上帝称为义人,无需理睬道德法规。她认为,波士顿的牧师们宣扬的保持与上帝的某种正式契约,把祷告、参加教会活动和过有道德的生活作为获得拯救的保证完全背离了路德和加尔文"因信称义"的主张。安妮不仅自己参与神学争论,还组织其他妇女参加星期天礼拜仪式之后的神学讨论会。这被当时教会认为违背了圣保罗不许妇女当神学家的教导,最终她被驱逐,在经过无数磨难之后于1643年与她的孩子们一起被杀于今天的纽约。

新英格兰殖民地是现在美国东北部6个州(缅因、佛蒙特、新罕布什尔、马萨诸塞、罗德岛、康涅狄格)的总称。这里的殖民主义者教会与英国国内保持着密切联系。当英国议会指定一批神学家修改《三十九条信纲》,并于1646年完成了《威斯敏斯特信纲》之后,他们于1646—1648年在马萨诸塞的坎布里奇召开主教会议,以《威斯敏斯特信纲》为基础制定共同信纲,把长老会管理体制改为公理会体制。共同信纲被称为《坎布里奇宣言》(Cambridge Platform)。《宣言》规定,长老只对本教堂教徒具有权威,而不像长老宗那样去帮助管理别的教堂。牧师由本教堂教徒按立。虽然每一教堂独立,但该派各教堂设立一主教会议,大家可以在主教会议上协商共同的信仰、仪式、教堂管理和教规等问题。主教会议没有决定权,每个教会可以根据情况自行其是。新英格兰清教徒仪式比欧洲改革派(或归正派)要简单,其中包括祷告、读《圣经》、唱赞美诗。仪式的中心是讲道,内容联系教徒的生活实际,时间往往长达一两个小时。

具有长老宗观念的苏格兰、爱尔兰移民在早期殖民时期就分布在新罕布什尔的伦敦德里到南卡罗来纳的查尔斯顿的各个港口城市。直到1700年,官方圣公会压力越来越大时,才决定成立一个单独的教派。为此,一批长老宗信徒于1706年集会于费城,组建了美国第一个长老宗教会。长老宗教会筹建者是苏格兰人弗兰西斯·梅肯米(Francis Makemie,1658—1708)。1681年他被按立为向美洲传教的传教师,曾在巴巴多斯、马里兰、弗吉尼亚、纽约(包括长岛)和新英格兰讲道,并建立教会。教会基本上保留了苏格兰模式,但与其他教会不发生关系。早期信徒绝大多数是由分散在长岛、特拉华和新泽西的清教徒组成,共同的信纲《威斯敏斯特信纲》促成了他们的联合。因此,长老会初期新英格兰教会因素占优势。随着苏格兰-爱尔兰移民的增加,特别是在宾夕法尼亚地区,长老会的成员组成发生了变化。18世纪初,长老会教堂急剧增加,设有费城、纽卡斯尔和长岛3个长老会教区。

到18世纪,英国先后击败西、葡、法等国之后,基本确立了它在北美的殖民体系。与殖民主义几乎同步进行的欧洲宗教扩张,其势力范围业已形成。英国在北美13个殖民地中,教会的情况大致可以分为以下几类:第一类是以清教徒为主的地区,如马萨诸塞州。清教徒根据所谓契约神学,建立了政教合一的统治制度。虽然他们最初反对英国国教,要求清廉教会,但到美洲后,却实行了宗教专制,用各种清规戒律使教徒就范,迫害别的教派。第二类是以英国国教会为主的地区,如早期殖民地弗吉尼亚。在这些地方英国圣公会实际上享有国教地位,总督行使主教职权,他指派牧师,主持牧师受职礼,颁发结婚证书或遗嘱。圣公会与清教派长老宗一样,不仅对别的教派进行迫害,还把本教派普通教徒置于严厉的神权统治之下,对违犯教规的信徒分别给予扣工资、鞭鞑、服苦役、直至处死等惩罚。第三类是实行宗教信仰自由、政教分离的地区,如罗德岛,这是由不堪忍受宗教迫害而逃出马萨诸塞的浸礼派创建的殖民地。这里没有官方宗教,居民享有宗教自由。第四类是实行宗教宽容的宾夕法尼亚等中部殖民地。根据英王特许状规定,英国国教会在这里应占特殊地位,但实际上,在这里教友派占主导地位,其他教派得以共存。

18世纪,北美殖民地的农业和工场手工业已相当发达,贸易兴旺,城市崛起。社会生活世俗化,人们关心的是"事业"的发展,而不是灵性生活,对宗教持淡漠态度。据统计,在第二代移民中,正式信徒只占1/4。后来,教会不得不实行"半道契约"的妥协方法,即从小受洗入教者,只要成人后保证过基督徒生活,仍可与教会保持关系,只是不能参加领圣餐。"半道契约"是原清教徒教规的一大让步,"半道契约"信徒不必公开宣布其信仰,更不必在宗教仪式上表白自己的信仰经验。这种信徒实际只是空洞的称号,是实现"教会成员-公民-选举权和被选举权",特别是能实现被选为政府官员这一目标的手段。因此,基督教信仰只成了一种仪式,一种传统。

18世纪,欧洲的理性主义,自然神论传到北美。在北美,理性主义者和自然神论者也不乏其人。不满意新教正统而要求复兴教会的德国虔敬运动和英国的卫斯理运动,在北美也已蓬勃开展。

二 18世纪上半叶的福音运动

到18世纪初,北美南北殖民地的基督教新教会已处于衰微状态。政教合一的统治体制严重地钳制了新兴资产阶级"雄心勃勃"的"事业心";教会上层则墨守传统教义,致使宗教生活毫无生气。更为严重的是,由于阶级剥削和压迫造成了社会的动荡不安,贫富之间的两极分化日趋严重。在这种情况下,劳苦群众的反抗也越来越激烈。反抗的形式除暴力外,更多的是奴隶逃跑,工人怠工,议会斗争,教派斗争等非暴力方式。一些中下层神职人员认为,不公平和动乱是整个社会普遍堕落的结果,而社会堕落的原因又是由于传统教会不能维系人心。因此,要改变这个"罪恶世界"必须重新点燃人的心灵之火,培养宗教感情,使人性得以复初,即通过复兴宗教,唤起人们的觉醒。因此,北美洲的宗教复兴运动亦称"大觉醒运动"。

北美大觉醒运动于18世纪20年代发端于长老宗教会中,发祥地是新泽西,领袖人物是弗莱林休森(Theodore Frelinghuysen, 1691—1747)。他于1720年由荷兰到北美,由于受虔敬主义影响,他指责教会的形式主义和缺乏活力,强调个人信仰和宗教道德,并以此作为教徒是否虔诚的标准。为此,他主张教会独立,并首先在荷兰归正教会中培训宗教复兴的青年传道师。他的复兴活动很快波及到中部的长老宗教会。爱尔兰人坦南特(William Tennent, 1673—1746)原是爱尔兰圣公会神职人员,1716年到北美后改信长老宗,两年之后任长老会神职。他先后在纽约的贝德福德和宾夕法尼亚的内沙米尼主持教务。1726年他在内沙米尼创建罗格学院(Log College,亦译"木舍学院"),为长老派教会培养了一批牧师,其中有他的3个儿子(吉尔伯特、约翰和小威廉)。吉尔伯特(Gilbert Tennent)在新泽西的布伦瑞克主持教务时,深受弗莱林休森的影响,虔信新英格兰清教主义。他认为,就基督徒而言,重生经验是得救的保证。因此,他把对基督徒个人传教和规劝视为己任,以改造"罪人"为其教牧的主要目的,指责那些尚未具有重生经验的牧师为"瞎眼的领路人"。坦南特父子的复兴活动,使新泽西、纽约、宾夕法尼亚成为长老会大觉醒运动的早期中心。

随着复兴运动的深入,长老会内部发生了分歧,以苏格兰-爱尔兰传统主义为一方,称"旧派",以罗格学院派为一方,称"新派"。旧派认为,长老宗牧师如没有上名牌大学并取得学位,需经宗教委员会考试,否则就被取消资格;新派则坚持,长老在其管辖的范围内有不可争辩的权威,宗教委员会无权干涉。旧派强调正统教义;而新派却注重宗教经验,抨击旧派忽视个人的重生经验,说旧派所强调的牧师标准是肤浅的。由于旧派不承认新派,新派于是重建教会,成立了新布伦瑞克和伦敦德里联合长老会,1745年又与别的教会组成纽约宗教会议。新的宗教会议强调教牧人员的教育以及教义和经验水平,重申宗教复兴是上帝的工作,愿与别的长老会联合。吉尔伯特本人于1743年将教会改为费城第二长老会,而他的一些更加激进的追随者则加入了浸礼派,或贵格派教会。然而,新派与旧派之争并未完结。新派为了本身的发展,于18世纪末建成了普林斯顿神学院,并多次提出与旧派联合。但是,由于在教牧人员职责等问题上的分歧,长老宗教会继1741年分裂之后,又连续发生了1758年和1761年两次分裂,以至有些旧派神职人员改信了圣公宗。随着苏格兰-爱尔兰移民影响的与日俱增,长老宗教会感到急需推选一位普林斯顿新院长(前五任都是代表新派),以维护教会的统一。最后,宗教委员会董事会推荐了苏格兰人威瑟斯庞(John Witherspoon, 1723—1794)。他在当选之前已是苏格兰教会公认的福音运动领导人、启蒙运动哲学家。威瑟斯庞后来成为签署美国《独立宣言》的惟一教会神职人员。

新英格兰的宗教复兴始于马萨诸塞的北安普敦,发起人是斯托达德(Solomon Stoddard,1643—1729)。他在北安普顿讲道达60年之久,先后掀起过5次宗教复兴高潮。他死后其女婿乔纳森·爱德华兹(Jonathan Edwards,1703—1758)继续布道,后者成为宗教复兴运动中著名的神学家。

爱德华兹于1703年出生在康涅狄格的东温泽,在纽黑文和韦瑟斯菲尔德受教育,1720年大学毕业的时候,对洛克的新哲学就已发生了浓厚的兴趣。此后,他先后在纽黑文攻读两年神学,在纽约当了两年长老会牧师,以后与斯托达德一起做布道工作。爱德华兹在系统神学方面的著作不多,主要是一些札记和讲道。但是,正是这些札记和讲道,体现了他的复兴思想和复兴方式。他的神学思想归纳起来是:人堕落有罪(甚至儿童也有罪),忏悔才能重生;得救只能来自上帝,不能靠人类本身的努力;因此,上帝是绝对的主宰,上帝的预定是无条件的,惟有皈依上帝方可重生。他复兴教会的方式是采用巡回布道。他反对牧师在教堂里的那种"僵死"、"教条"式的说教,主张神职人员走出教堂,用"感情"感染信徒。他认为:"没有感情的宗教不是真正的宗教","那些只有教义知识和理论而没有感情的人,决没有皈依宗教"。他的所谓"感情"从他的布道题目上可看出:《落在愤怒之神手中的罪人》。他说:"这可怕的题目,是为唤醒教会中未悔改的人。"他的这种布道方式无非是要唤起人们的有罪感以及对罪恶的恐惧感,比如他宣传地狱如何可怕,上帝怎样惩治罪人,人如若不悔改重生,涤除罪孽,随时随地都会被神投入地狱,被硫磺烈焰烧死并吞噬,以此来激发人的"爱、恨、欲、望、惧或其他感情",以达到使人悔改重生的目的。爱德华兹的这一方法(其他复兴布道者也大致如此)确实达到了他的目的,有的人听讲道时吓得下跪;有的人声泪俱下,大喊大叫,甚至昏厥、战栗;还有的人因担心灵魂不能得救竟然自杀。信徒人数也随之迅速增加,据说仅6个月就接纳了3000人入教。正如爱德华兹在回忆北安普敦的情况时所说:"随着上帝工程的进行和真正教徒的增加,北安普敦……从来没有像现在这样充满爱,充满欢乐,充满不安,几乎每家都有上帝显灵的表象。"由于布道工作的成功,爱德华兹被称为大觉醒运动的布道家和领导人,有人甚至说他是美国的第一位杰出的神学家,他的"预定论"思想不仅影响到新教其他各派的神学观点,也影响了美国的建国思想。

在爱德华兹的影响下,18世纪30—40年代在新英格兰掀起了宗教复兴高潮,正如复兴运动另一位领导人乔治·怀特菲尔德所评价的:"新英格兰的大觉醒运动超过其他殖民地的热烈程度。"新英格兰的复兴运动很快由马萨诸塞传到康涅狄格等地,后又与中部殖民地各教派的复兴运动遥相呼应。美洲宗教复兴运动前期尽管轰轰烈烈,但是局部却呈分散状态。使复兴运动真正成为一种联合行动的关键人物当推英国卫斯理宗福音传道师怀特菲尔德。他曾于1739年到达北美,足迹遍及新英格兰、宾夕法尼亚、纽约及南方各地,他的巡回布道方式及滔滔不绝的演说才能,深受群众欢迎。他与美洲复兴派领导人弗莱林休森、吉尔伯特和爱德华兹关系密切。"没有感情的宗教不是真正的宗教",这是所有宗教复兴派共同的口号。怀特菲尔德向圣公会、改革宗教会、兄弟会等各派所宣传的也正是这一点。他在新英格兰的一次讲道中,曾指责那些牧师们所讲的基督是"鲜为人知、毫无感情的基督"。公理会之"无生气",是因为"无生气的人"向教徒讲道的缘故。怀特菲尔德不分种族、不分教派的巡回布道活动,使北美各宗派的复兴运动逐渐联合起来。因此,有人评论说,代表美国复兴传统的不是神学家爱德华兹,而是布道家怀特菲尔德。

公理会的复兴运动由达文波特(James Davenport,1716—1757)发起。此人出生在康涅狄格的斯坦福,1738年任长岛索斯霍德旧派清教徒牧师,1741年前往新英格兰巡回布道。由于他的巡回布道方式及抨击"未重生牧师"的做法不受欢迎,结果几次遭到驱逐和逮捕,甚至被判为精神病患者。1743年他返回新伦敦后,组建了一个分离派教会,因而为康涅狄格法律所不容,迫害随之而来。然而,分离派教会在声明中,仍然谴责政府对教会的控制和干预。达文波特号召烧掉假发、戒指等虚荣豪华之物及思想不良的书籍。达文波特代表了公理会复兴派中的激进派,反映了中下层教徒的呼声。后来在"新派"牧师的规劝下,达文波特放弃其极端立场成为温和派,1754年被选为纽约宗教会议的主席。

大觉醒运动开始时,浸礼宗教会不以为然,他们甚至抨击复兴派的讲道。随着复兴运动的深入,越来越多的人认为,重生是基督徒最重要的宗教经验,起决定作用的并非婴儿受洗。在许多复兴主义者看来,无论是洗礼还是圣餐都不是传统意义上的"恩典的方式"。这些倾向再加上人们对官方宗教的怀疑,对那些支持政府征税的牧师们的反感,浸礼派内部发生分裂,要求摆脱官方控制,纷纷起来组成独立的教会。因为浸礼派没有上一级教会团体的制约,不少公理会"新光派"(The New Lights)教徒加入浸礼会。浸礼会分离主义派主要分布在罗德岛、马萨诸塞和康涅狄格,后来在怀特菲尔德复兴活动的影响下传到南方。

浸礼宗教会在美洲殖民地的活动中心是费城,18世纪,费城浸礼宗联合会(1707)将浸礼会传到北方和南方。但是,使浸礼宗在南方得以广泛传播并使其扎根的,不是费城浸礼派联合会(倾向阿明尼乌主义,反对预定论),而是赞同加尔文预定论的浸礼会分离主义派。分离主义派的代表人物是斯特恩斯(Shubal Stearns,1706—1771)和他的妹夫马歇尔(Daniel Marshall,1706—1784)。斯特恩斯出生在波士顿,在1745年怀特菲尔德第二次到波士顿布道时成为"新光派"分离主义者,1751年在康涅狄格的托兰德受洗,前往新英格兰传教。3年之后,他加入其妹夫的传教活动,向南方边疆居民传教。1755年,他们在北卡罗来纳建立第一个教会,后又相继建立了以北卡罗来纳为母教会的桑迪湾、阿博特港和深河教会。1758年成立桑迪湾教会联合会,到1760年,联合会已包括10个子教会。斯特恩斯和马歇尔在神学上坚持加尔文的预定论;在传教方法上主张巡回布道,渲染宗教感情;注重边远地区及中下层群众。因此,他们的活动不仅受到官方的阻止,而且也受到浸礼会"正规派"(The Regulars)的抨击。分离主义派指责正规派在教义上坚持教条主义,正规派则对分离主义派"无节制的热情"持有戒心。但是,分离主义派的活动能量及其传教成果则使正规派望尘莫及。最后,正规派在信条上作了些改动,同意除福音的"基本真理教义"之外,《信纲》当中不一定所有的东西都要相信。18世纪末,两派同意取消各自的名称,逐渐联合。尽管分离主义派各支派没有了,但该派在南部浸礼会的宗教生活和思想当中的影响却一直存在,如鼓励宗教复兴,传教集会上的感情表露,不看重教规,不重视神学理论等等。

三　18世纪下半叶的宗教复兴运动

18世纪中,英国政府通过各种条例加强对殖民地政治上、经济上的控制。同时,欧洲殖民主义者对北美殖民地的争夺也达到白热化程度,以致爆发了英法之间的七年战争(1756—1763),最终法国退出北美。另一方面,北美殖民地人民在英国自然神论的影响下反控制、要独立的斗争从未停止过。因此,18世纪下半叶北美的宗教复兴运动带有强烈的反对外来干涉的色彩。

前面说过,卫斯理兄弟和怀特菲尔德曾于1736年到北美传教,福音运动随之传播开来,但是,直到美国独立前,卫斯理运动只限于圣公会内部,影响有限,主要是在南方。由于卫斯理运动在政治上具有明显的亲英倾向而受到运动中爱国者的不满。许多圣公会亲英的教士被驱逐。英国卫斯理运动布道人,除阿斯伯里外,全部返回英国,而阿斯伯里的活动也受到严格限制,有两年过的实际是流浪生活。在这种情况下,虽然卫斯理运动在弗吉尼亚和北卡罗来纳仍在发展,但从整体上看,卫斯理运动已处于危机当中。殖民地人民要求卫斯理宗教会自治,由北美神职人员主持宗教礼仪。他们于1777年和1778年两次提出由北美殖民地信徒按立自己的神职人员。为此,1779年,南方宗教大会指定一个委员会,授权按立神职,并不顾阿斯伯里和北方宗教会议的抗议立即行使职权。

1778年底美国独立战争基本结束时,美国各教派达到了最低落阶段。参加教会活动的人虽然不少,但正式承认自己属某派教会的人数却不到7%。1784年9月1日,卫斯理在日记中写道:经过长时间的深思熟虑,他决定向美国派遣会督、牧师,以在美国建立教牧机构,"为美国无人照管的羊群服务",并答应与英国圣公会分家。同年底,卫斯理的3人代表团抵美,并在巴尔的摩召开了有名的"圣诞节大会"以组建美国教会。据阿斯伯里说,大会同意成立主教制教会,选举自己的神职人员。最后,美国卫斯理宗教会正式成立,阿斯伯里任会督。美国卫斯理宗教会完全脱离圣公会,实行英国卫斯理派教规,如仪式、祈祷书、圣诗和卫斯理专为美国教徒准备的《二十四条宗教条款》等。

美国卫斯理宗在教义和组织结构上基本保持了英国卫斯理宗的特点,即强调个人的宗教经验、基督教道德和简化礼仪。其教义的基本原则是:① 上帝的恩典是为所有人的;② 人可以接受也可以不接受上帝的恩典;③ 罪人借圣灵的帮助,必须寻求达到"完善"的目标。独立教会的最高权威是会督,他为巡回布道者指定布道范围,指派执事来主持几个教区事务,掌管人事权和财权。基层机构称为班会,或地方基督徒小组,小组成员每星期集会一次,通过为基督作见证、忏悔、祷告、学《圣经》等方式来加强团结。美国卫斯理宗在教义和组织上的特点正好适应了开拓者的需要。在当时恶劣的环境下,开拓者需要有信心,需要强调个人的作用,信仰既要有感情因素,也要有社会因素;再加上开拓者的分散性、游动性及文化低,使得他们需要一个统一领导的组织,一批进行"牧养"工作的神职人员。正因为如此,卫斯理宗的复兴运动成了18世纪下半叶基督教新教各派向南部和西部发展的动力。

18世纪北美的宗教复兴运动,固然加速了基督教在北美的传播和发展,但它不仅仅只是一个简单的宗教运动。通过宗教复兴,加强了各教派之间的联系,促成了美利坚民族的形成。怀特菲尔德在一次布道时曾说:"上帝帮助我们忘掉各教派的名称,使我们名副其实地成为基督教徒。"这种思想后来被越来越多的美国人所接受。由于教派之间关系相对的融洽,导致1791年《人权法案》中有关宗教信仰自由原则的出现。

第十五章　近代天主教

17、18世纪,随着科学技术的发展、启蒙思想的传播,统治欧洲达1000多年的基督教世界观受到前所未有的挑战。人们对宇宙、人生、历史和宗教的态度不再为《圣经》字句或教会权威所左右,而更多地依赖理性和社会实践。天主教会对这种现代变革采取了"防守"和"否定"的对策,一方面对现代思潮进行"谴责",另一方面对启蒙思想家实行镇压。这就是教会史上的"天主教改革"。与此同时,一些天主教国家,如西班牙、葡萄牙、意大利等,由于宗教战争而精疲力竭,它们要求摆脱教皇的控制,发展自己的民族教会,使教会置于民族国家的控制之下。以葡萄牙为例,若泽(José,1750—1777在位)当国王后,任命卡瓦略·埃·梅洛为首相。梅洛主张国家应在教会之上;不允许神职人员参与政治;不准宗教裁判所对异端进行审判定罪,未经政府同意,不许对人判处死刑。1755年,葡萄牙政府以耶稣会干涉国家事务为由,将几乎所有耶稣会士赶出朝廷。1759年政府下令逮捕10名耶稣会成员之后,没收了耶稣会士的财产,关闭了该会开办的学校,耶稣会士有的流落到意大利。其他天主教国家的耶稣会士也先后遭到了同样的下场。1764年,法国驱逐了耶稣会士。1767年西班牙采取了同样的措施。1773年罗马教皇克雷芒十四世在法国和西班牙的压力下,取缔了耶稣会。

第一节　法国的天主教会

16世纪胡格诺战争后,法国国王亨利四世于1598年颁布了《南特敕令》,肯定了天主教会的地位,同时保证胡格诺派信仰、仪式的自由及人身安全。路易十三(1610—1643在位)接任国王后,由于实权掌握在首相、红衣主教黎士留(Armand de Richelieu,1585—1642)手中,政府撤销了以前给予新教徒的保证,仅给他们做礼拜的自由。然而对法国天主教影响最大的国王当推路易十四。

一　路易十四的宗教改革

路易十四(1643—1715)22岁登基,亲政后即宣称"朕即国家",并且自任首相,撤销资产阶级的官职,废除平民升为贵族的制度,严禁出版自由,对资产阶级自由思想进行迫害。他的专制统治得到天主教正统派代言人、主教白尼涅(Jacques Bénigne,1627—1704)的支持。他在《从圣经摘录的政治》中称皇权神圣而绝对。路易十四在推行专制主义统治时面临着两方面的挑战:一个是新教的存在,一个是教皇的权力。

从15世纪开始,法国始终把对罗马教廷的绝对独立作为追求"法国宗教自由"的基础。路易十四在1682年掀起了"高卢主义"(Gallicanism),主张教皇命令只有经过国王许可才能到达法国;梵蒂冈在法国没有立法权;法国公民不受梵蒂冈法庭审判;法国法院有权处理本国的宗教事务。同年又颁布《限制教皇权力条款》(Gallican Artiices),《条款》规定:① 国王在政治问题上不受教皇干涉;② 法国教会的特殊地位(早期法王在反对亚利安伦巴族人的斗争中曾保卫过教皇)不能改变;③ 大公会议的权威高于教皇;④ 教皇的裁决只有经大公会议的批准才算最终裁决。《限制教皇权力条款》受到法国多数神职人员的拥护,因此,尽管罗马教皇在1690年予以谴责,并于1693年在教皇派的抨击下最终被废除,但其中的独立精神,在法国教会中仍然存在。

路易十四为使法国强大,声称只能有一种信仰,即天主教。为此,他对新教施以各种暴力,剥夺新教徒的一切就业机会,禁止他们进学校、当律师和加入行会,派兵驻到不愿改信天主教的人们家里进行骚扰迫害。1685年他正式宣布废除《南特敕令》,拆毁所有新教教堂;新教牧师两周内必须离开法国,否则就要被送上"大帆船"(古代装运奴隶的船)放逐;新教徒子女必须改信天主教;对于国内的普通新教徒,则使用各种措施禁止其逃往国外,强迫他们改信天主教。尽管如此,还是有20万胡格诺派商人和工匠逃往英国、荷兰和德国。

路易十四对罗马天主教会中的反对派(如詹森派、寂静派)也实行镇压。到法国大革命时期教会遭到更进一步的全面批判和打击。

二 法国大革命对天主教的影响

革命前,教会拥有大量土地,管理出生、婚姻和死亡登记,控制所有学校和慈善机构,以及有关信仰和道德书刊的出版发行等。但是由于伏尔泰、卢梭和其他哲学家的抨击,教会对人民的思想控制受到削弱。1789年当法国人民起来反对国王、高税收和腐败时,君主专制制度和教会都成为攻击的目标。革命和教会之间的冲突有一个发展过程。开始时第三等级会议就对教会组织表示不满,他们要求出卖教会财产、停止法国教会对罗马的经济供给、减少或解散修道院。当时国民议会同意重组天主教会作为官方的祈祷团体。1790年国民议会制定了《神职人员组织法》,要求教会民主化,制止教皇对法国教会的控制、增设大主教;选举主教和教区教士,神甫与世俗公职人员待遇同等。当要求所有神职人员宣誓服从该组织法时,矛盾公开化了。教皇庇护六世(Pius Ⅵ,1775—1799在位)于1791年3月10日谴责革命,不允许神职人员宣誓。于是法国神职人员发生分裂,出现了所谓"宣誓派"和"拒宣誓派",后者受到教皇支持。因此,当奥地利和普鲁士进攻法国,试图破坏法国革命时,"拒宣誓派"作为"潜在反对派"受到了镇压。1792年5月26日政府下令称,"拒宣誓派"神甫如受到20

个"积极"公民的谴责便被驱逐。结果被驱逐的神甫达三四万人,这些人离开本地转入地下,或被流放异国。1793年3月18日命令又规定,被逐者如返回原籍要被处死刑。随着革命的深入,特别在王朝被推翻之后,革命派和教会的矛盾进一步深化。教士通常都是保皇派,反对处死国王,而且不少人参与了1793年5月在博尔多的公开叛乱。当布伦威克公爵带着轻骑兵进入巴黎时,20名待逐神甫被杀,被杀的还有3名主教和220名神甫。

1793年雅各宾专政时期,艾贝尔和肖美特等人倡导了法国"反基督教运动"。第一步,将基督教格列高利历法改为共和国历法,改一星期7天为10天,停止所有宗教节日,定1792年为元年。第二步是把教堂改为"理性神庙",选派年轻貌美的女郎为"理性女神",强迫神甫辞职、结婚,婚丧仪式改在非宗教场所举行。在举行"理性崇拜"时,公开谴责富人和腐败的政治家。这场运动始于巴黎,革命者将所有教堂关闭,将巴黎圣母院改为"理性神庙",在一个月之内,各地教堂改为"理性神庙"的达2643所之多。许多主教和神甫放弃了教职,有些人结了婚以表示与正统天主教决裂。据统计,法国革命期间结婚的神甫就有4000人,脱下神甫服饰者达两万人。

法国资产阶级革命家在反对封建特权的斗争中,为迎合群众的宗教情感,曾试图创立所谓的"新宗教"。罗伯斯庇尔(1758—1794)于1793年5月7日的会议上,倡导一种崇拜"最高实体"的宗教。他称这种宗教只有一条教义——灵魂不灭,一条教规——履行个人义务。因此,天主教徒和新教徒可以在同一祭坛上过宗教生活。罗伯斯庇尔自己作为高级祭司,举行了第一次新仪式。他身着天蓝色外衣,头戴涂粉的假发,手执一束浆果、粮食和花,领着游行队伍高唱共和国歌曲。一段时间里,类似的宗教形式相继出现。如"共和国十字架"、"共和国救主祈祷"等。这些新宗教的创立旨在安定社会秩序,使群众服从,以巩固雅各宾专政;但在一个天主教影响极深、文盲占绝大多数的社会里,这种新宗教太抽象、太朦胧,随着政治变迁,也就消失了。

罗马天主教会始终把法国革命看做圣经启示录中描述的灾

难。罗马教皇一方面煽动法国国内叛乱,一方面煽动外国,如俄国和奥地利对法国革命进行干预,而法国革命者也针锋相对,争取群众。1795年2月21日,革命政府发布宗教信仰自由法,天主教堂重新开放,"反基督教运动"接近尾声。但这并非意味着与罗马关系的改善。1796年拿破仑攻占米兰,并按法国模式在意大利北部建立了一些共和国。1797年12月28日,一位法国将军被教廷卫队暗杀,次年法国军队攻入罗马,教皇庇护六世被俘,罗马改为共和国。为躲避奥地利的援救,法国军队准备将教皇转移到法国,在转移过程中,81岁的庇护六世死于法国的瓦朗斯。1799年11月30日,在奥地利国王主持下,新教皇产生,称庇护七世,教皇国得以恢复。1800年6月14日,拿破仑打败奥地利,占领意大利,此后,罗马天主教会便成了拿破仑手中的玩物。

拿破仑于1799年发动雾月政变,组成政府,自任第一执政官。他意识到,为稳固其统治,必须实现宗教和平;如法国不承认天主教,宗教和平就难以实现。拿破仑认为,"拒宣誓派"人数多,影响大。他命红衣主教马蒂尼亚纳(Martiniana)去罗马告诉教皇:"第一执政官愿把3000万法国人作为礼物馈赠教皇。"1801年7月,拿破仑与罗马教皇达成协议,罗马天主教被承认为大多数法国人的宗教,即法国国教,"拒宣誓派"和"宣誓派"之间的分歧从此了结。根据协议,两派主教都向教皇辞职;国王指派主教,主教神权由教皇授予;教会不要求追回被没收的财产,神职人员由国家开支;天主教活动遵守官方制定的公共秩序条例,给予改革宗教会和犹太教会以自由。另外,拿破仑制定了秘密的77条《组织条例》,严格限制法国主教与罗马的联系,并规定在神学院强制执行1682年的《限制教皇权力条款》。这些规定显然对罗马教廷不利,法国和罗马教廷关系再度紧张。其结果是,拿破仑夺取教皇国(1807—1808),庇护七世开除拿破仑的教籍,拿破仑最后于1808年派兵进驻罗马,逮捕教皇,将其转移到法国,囚禁近6年之久,直到拿破仑在俄国战败,教皇才被放回罗马。拿破仑下台后,维也纳会议(1814—1815)恢复了教皇国,教皇也恢复了以前的地位,天主教重新成为法国国教。

但这时拿破仑已将教会置于国家的控制之下,因此,尽管天主教重新成为国教,但是这实际上只是部分恢复了教会的权力。修会和修道制并未恢复;教会什一税也未恢复;主教区比原先减少了一半,经过调整后与各省行政区相适应;国家只给主教和教区长一份微薄的工资。革命对天主教会的冲击无疑是巨大的,自此之后,以往那种政教合一的现象一去不复返了。天主教在德、奥等国也受到限制。对于天主教来说,18世纪是一个非宗教的世纪。

三 罗马天主教的反动时期

19世纪上半叶,拿破仑帝国在欧洲反法联盟军队的攻击下覆亡,波旁王朝复辟。作为欧洲反法联盟中一支重要精神力量的罗马教廷恢复了地位和权力。此后,罗马天主教进入了一段反动时期。

教皇庇护七世回到罗马后,着手重建宗教裁判所和耶稣会。他在恢复耶稣会的通令中写道:"如果我们在基督教受到威胁时,拒绝神赐予我们的帮助,推开圣彼得在狂风大浪中颠簸前进的独木船,推开那些准备冲破随时都会吞没我们的海浪的坚强和经受过考验的樵夫,那我们在上帝面前将是有罪的。"在教皇的授意下,耶稣会牢牢控制了教会管理机构,并渗入到社会生活的各个方面,而把镇压革命、围剿先进思想作为其首要任务。早在1814年1月,即耶稣会恢复的前几个月,耶稣会士就在法国巴黎建立了"法兰西传教协会",该组织名义上是要使"不信教者"信仰耶稣,而实际上是波旁王朝搜捕革命者的一个分支机构。耶稣会组织保王党极端分子举行游行,树立所谓"传教十字架"替革命"赎罪",甚至焚毁伏尔泰的著作。他们提议,通过处死"渎神者"的法案。复辟政府把巴黎大学交给教会管理,受教会监督,连政府官吏的任免都受教会团体的左右。耶稣会在意大利也很活跃,是意大利各地区保王党"恢复秩序"的得力助手。

在宗教改革过程中一些曾受到抨击的旧传统和惯例,此时在罗马教会内部又占了统治地位。如神职和圣物买卖,教廷的专横和奢华,对进步思想家和自然科学家的迫害等。据法国历史学家索林说,当时在罗马禁止点煤气灯,禁止种牛痘,其理由是,这些发明会使人联想到异教徒来到罗马。由罗马教廷红衣主教主持的宗教裁判所,其活动比以前有增无减,他们四处派暗探,搜查有民主思想的人和爱国者。被判犯有"渎神罪"者处以刺穿舌头的刑罚,或被判犯有"自由主义者"被处死。1825年一年内被判为"自由主义者"而被处死的就有568人。至于在宗教裁判所的审讯室中和监狱的囚禁室中被折磨的人就更多了,到了教皇格列高利十六世去世前,罗马和教皇领地中的监狱"已经是满坑满谷",以至于开始在所有公共建筑物中囚禁政治犯。书刊检查制度仍然盛行,编写了所谓"禁书目录"。罗马教会认为,论述经济问题的书籍因"反上帝,危险"而不准发行。科学书刊上也不准提地球旋转等科学知识,教皇领地的经济本来就是欧洲最落后的封建经济,此时以教皇为首的高级神职人员徇私舞弊成风,因此,尽管官税名目繁多,教皇国库把酒类、食盐、鱼类和食糖的买卖交给投机商包办,但仍入不敷出,格列高利十六世(Gregorius XVI,1831—1846在位)任教皇的最后一年,教皇国的债务超过2600万兹库提,每年的赤字达90万兹库提。

第二节 19世纪的天主教

19世纪初波旁王朝复辟之后,罗马天主教会进入反动时期;在19世纪天主教历史上,起关键作用的当推庇护九世(Pius IX,1846—1878在位)和利奥十三世(Leo XIII,1878—1903在位)两任教皇,前者任期1/3个世纪,后者在位1/4个世纪。他们竭力宣扬教皇至上,并通过通谕和教令,坚持中世纪的社会政治思想,抵制自由主义和现代化思想。

一 浪漫主义与教皇至上

从17世纪开始,欧洲各国的资产阶级逐渐形成。17世纪下半叶,在资产阶级取得胜利的基础上,英国国内发生了工业革命,并在政治上控制了印度,商业势力扩张到世界各地。继英国之后,18世纪末,史无前例的法国大革命使法国跃居统治地位,几乎夺得了整个欧洲。欧洲其他国家的民族民主主义运动也相继发生。在政治革命的同时,思想革命日益深入人心,经过理性主义和启蒙运动,人们更加向往科学、民主和自由。但是,拿破仑失败之后,某些原先受革命冲击的东西又有所抬头,其中以封建主义的精神支柱罗马天主教会的表现尤为突出。浪漫主义就是在这一系列复杂的形势下产生的。

浪漫主义是一种文艺思潮,但也牵涉到政治、哲学、宗教各个领域。浪漫主义者在政治思想上有分歧。有的人认为,资产阶级所建立的"理想王国"其实并不理想,因而要求进一步改变现状,他们在揭露封建专制制度和罗马天主教会的同时,也抨击资产阶级社会的"黑暗"。有的人在资产阶级革命冲击下,试图逃避现实,思慕中世纪,幻想历史倒退。二者都怀疑和抵制理性主义和资产阶级革命,不少人还是神秘主义者。幻想历史倒退的浪漫主义者往往是天主教复兴的鼓吹者。

浪漫主义运动源于德国和英国;法国的浪漫派对19世纪天主教的复兴影响更大。

拉蒙纳(Fèlictt Robert de Lamennais,1782—1854)是法国宗教和政治著作家,早年熟读卢梭著作,不相信宗教,后在其兄让·马力耶(Jean Marie,1780—1860)神甫影响下,22岁时皈依天主教,并于1804年任圣马诺主教学院数学教授,1816年被祝圣为神甫,1818年开始出版其代表作《世俗社会里政治和宗教权力评论》第一卷,1820年和1823年又出版了其余3卷。拉蒙纳在这一套书中表明了他对权威及理性主义的观点。他认为,欧洲需要恢复传统信仰,宽容是一种错误。决定信仰的根本原则是权威;洛克、笛卡尔和卢梭主张信仰由个人判断的主张只能导致无神论和政治动乱。他坚持,世俗权威应服从教会权威,基督教的核心是自由,但这种自由是政治意义的。拉蒙纳以其雄辩的文笔吸引了不少人,其中有夏多勃里昂(Francis Renē de Chateaubriand, 1768—1848),梅斯特(Joseph de Maistre, 1753—1821),博纳德(Louis Gabriel de Bonald, 1754—1840)等人。他们都认为,和平和社会安定的关键是历史和传统,而不是理性和科学。他们还称,自由和民主是无神时代的产物,是邪恶,社会必须建立在超自然和传统之上;上帝则是中保和解释者。拉蒙纳的观点受到罗马教廷的欢迎,罗马教皇利奥十二世邀请他前往罗马,让他担任红衣主教。他的几位朋友夏多勃里昂、博纳德和梅斯特,则是越山主义(即教权至上派,Ultramontanism)的代表人物。

德国的浪漫派代表是施莱格尔(Friedrich Schlegel, 1772—1829)和戈勒斯(Joseph von Görres, 1776—1848)。前者是德国文学家和诗人,对中世纪诗歌有浓厚兴趣,1797年定居柏林后,成为浪漫主义领袖之一。1808年加入罗马天主教,此后从事天主教原理研究。1810—1812年在维也纳讲授文学和现代史时,维护中世纪封建帝国,反对拿破仑帝国,并试图使罗马天主教在奥地利和德国复辟,梦想欧洲成为在教皇统治下的联盟。他扬言:"传统是一种缓慢进化的表现,在酝酿中成熟,它不是由任意的理性所决定,而是一种神工生活。"

戈勒斯是德国天主教著作家,青年时代是法国革命的积极支持者;当革命进一步深入时,特别是亲眼看到巴黎革命(1799—1800在巴黎逗留)的盛况时,他"失望"了,转而要求恢复罗马天主教在公共生活中的地位。他批评天主教会中的理性主义倾向,写成《基督教神秘主义》(*Christliche Mystik*,4卷本,1836—1842),宣扬宗教神秘主义。1837年当科隆大主教被废黜,遭普鲁士政府监禁时,戈勒斯写成《阿塔纳修》小册子,公开号召全德天主教徒起来保卫教会。次年在教皇特许下他还写文章点名批评维护国家独立的人。

当然这里并没有对浪漫主义作全面评价,浪漫主义运动冲破了僵死的封建主义条条框框,从而丰富了文艺的创作形式,扩大了文艺创作的题材。在这方面作出过贡献的浪漫主义作家也大有人在。上面列举的几位只不过与19世纪天主教复兴关系比较密切而已,他们几乎都主张教皇权威至上。

二 罗马天主教会与自由主义思想

在19世纪早期与复兴运动同时,天主教会内也涌现出一批自由主义者。他们对资产阶级革命后教会的方向持乐观态度,希望教会改变思想上的封闭状态,认真考虑如何与自由派世俗文化建立一种更加积极的关系。总之,他们要求教会仿照自由派那样,建立保证自由(包括宗教自由)的议会式的教会制度。在自由主义者看来,要维护天主教信仰,必须要保证思想自由,以便找出与中世纪不同的新方法。而要做到这点,德国天主教会与欧洲其他国家相比,有得天独厚的条件。德国天主教神学院设在世俗大学里,他们有机会接触科学的发展,因此也深刻体会到,教会必须现实地对待世俗文化所提出的各种问题。他们认识到,教会只有仿效理性主义者不带偏见的科学精神,才能有效地应付理性主义者所提出的争论。

德国天主教自由派是以莫勒(J. A. Möhler, 1796—1838)为首的一批图宾根学派的学者,他们不分什么启示和自然宗教,认为一切宗教都有自己的一种启示,而人类理性能够接受这种启示,超自然主义与唯理主义一样,都不能理解人类精神生活的真谛。教义并非出自权威的抽象主张,传统也不是一成不变的,而是一种渐进过程。他们还指出,真理不必设防,以避免历史和哲学的批评,因为一种有生命力的信仰有它自己赖以存在的充足理由。图宾根学派只是到19世纪末被现代主义者重新发现,其影响才真正扩大。德国的另一位自由主义者是多林格(Ignaz von Döllinger, 1799—1890),他是历史学家,1822年祝圣为神甫,1823—1873年先后在几所大学任教会史教授。多林格年轻时是一个狂热的越山主义者,后与纽曼、阿克顿等人接触后,转而对教会持批评态度,50年代后逐渐对罗马教廷不满。1861年因抨击教皇的世俗权力而遭耶稣会反对。1863年在慕尼黑大会上带头为自由派天主教徒辩护。他指出，教会不应干预神学家的个人自由，除非神学家的结论明显与教义矛盾，而这种情况是极少的；反对错误惟一有效的武器是科学，不是教会的非难。

英国自由主义者阿克顿(John Emerich Edward Dalberg Acton，1834—1902)1859年接替纽曼任《漫笔者》(Ramber)编辑。他将该杂志更名为《国内外评论》(Home and Foreign Review)，载文欢迎多林格的主张，认为多林格开创了神学的新纪元，表示完全服从经过解释的教义，从而保卫了教会权威的合法权力。由于他宣扬自由派观点，反对越山主义(教权主义)，1864年其编辑职务被撤销。此后，他一直留在天主教会内从事反教权主义，反对《邪说提要》的斗争，并于1869年在第一届梵蒂冈大公会议上与多林格一起组织力量反对"教皇永无谬误说"。

在慕尼黑大会召开的前一个月，另一个天主教大会在马利勒(Malines)召开，主持人是法国自由派天主教历史学家蒙塔朗贝(Charles René Forbes Montalembert，1810—1870)，他当着红衣主教、主教、神甫和平信徒的面，号召教会接受现代自由思想，了解世界。他以比利时为例，说比利时天主教徒与自由主义者相处，教会得以发展。他还谈到，不宽容、宗教裁判所、神圣同盟等老一套已寿终正寝，天主教徒应带头为此而欢呼。慕尼黑和马利勒两次大会说明，天主教会内的自由主义思想发展很快，它对教皇的威信和罗马天主教会的地位提出了严重的挑战。

1864年12月8日，庇护九世以通谕形式发表《邪说提要》(亦译《现代错误学说汇编》)，谴责包括自由主义在内的所谓"现代邪说"共80条之多。庇护九世称之为"邪说"的有：理性主义、自然主义、共产主义等。他在第27条和第80条中谴责宗教自由、进步和自由主义，以及罗马教皇应同自由主义和现代文明协调之说。他特别诅咒"教会在其活动中不应使用暴力和具有世俗当局的特权"(第24条)，"教会没有自然和合法的权利占有人世间的财产"(第26条)。庇护九世把信仰自由称做"疯狂"，把言论自由称为"发恶臭的邪说"等。《邪说提要》也抨击民众教育和政教分离。总之，庇护九世的《邪说提要》,正如大英百科全书所说,是"向现代政治和社会秩序的一个战争宣言,在当时受到公众一致谴责"。

早在 1867 年,罗马教廷就设想召开一次公会议。如果说 16 世纪召开的特兰托公会议(Council of Trent,1545—1563)是为反对新教,那么此次公会议则是为反对 19 世纪的"理性主义"。这便有 1869—1870 年的第一届梵蒂冈大公会议(Vatican Council)。会议提出"教皇永无谬误论",即罗马教皇是全体基督徒的教牧者,他以此身份在有关普世教会的"信仰"和"道德"问题上发表的正式意见,代表基督意愿,永无谬误。然而,教会的形势并非罗马教廷所想像的那样简单,"教皇永无谬误"说遇到了极大的反对。会议开始时,在是否把这一主题列入议程的问题上,拥护者和反对者之间的争论就达两个月之久。该教义通过之后,马上就有 60 多位不赞成的主教退出会议,离开罗马。这条教义得到留下的多数主教支持而通过(533 票对 2 票)。于是,教会中的反对派就形成了所谓"老公会",该派不同意"教皇永无谬误"和"圣母无玷受孕"的信条。"老公会"主要分布在德国、瑞士和奥地利,后流传到美国。

对第一届梵蒂冈大公会议反对最激烈的还是罗马教廷的所在地意大利。由于教皇国保留古代封建制度、宗教裁判所并实施严格的思想控制,这一切严重地阻碍了意大利统一。再加上当时法国和普鲁士战争,意大利便利用法国无暇顾及在意大利的利益,于 1870 年 9 月 20 日用武力把罗马并入意大利领土,从此结束了教皇国。因为这一结果顺乎民心,所以在决定教皇国前途的公民投票中全罗马只有 42 人投票拥护教皇国的存在。

庇护九世于 1878 年去世,继任者利奥十三世曾雄心勃勃地要恢复罗马天主教会在现代世界上的领导地位。他首先以各种方式为教会积累财富。在他的指使下,罗马银行于 1880 年建立。他本人对证券投机、股票买卖有特殊兴趣。为恢复罗马教廷经济上的元气,教皇曾先后(1888 和 1893)庆祝自己在位 10 周年和 15 周年,以此接受各种馈赠。到 19 世纪末,梵蒂冈的资本控制了罗马日常生活的各个领域,梵蒂冈的代表出席意大利政府国家银行的经理会议。其次，利奥十三世还积极参与政治活动。德国、奥地利、比利时、法国都先后成立了天主教政党，为所在国天主教会，进而为罗马教廷在世俗方面谋求领导权。

利奥十三世与其前任相比，目标与庇护九世相近但手段更为多样。他仍把阿奎那哲学作为教义的基础，因而受到法国、英国和美国天主教现代主义者的抵制，他们要求教义采纳现代哲学、历史批评、《圣经》评断、社会科学等方面的新成果，也就是说，基督教必须"适应哲学和科学的发展，适应人在政治和社会问题上的见解"。教皇与世俗统治者争夺领导权的愿望，也没有如愿以偿，经常同欧洲各国政府发生矛盾。利奥十三世在位25年，他始终试图恢复"神圣同盟"，以反对各国的进步力量；然而，意大利的统一事业照样进行，法国政府也于1905年宣布实行政教分离。

第十六章 近代传教运动

近代传教运动是基督教史上一个极为重要的内容。从时间上说,近代传教运动涉及从"地理大发现"到第一次世界大战爆发这几百年的历史。从空间上说,这一运动使基督教扩展到欧亚大陆以外的所有地区,真正成为全球范围的世界宗教。另外,从政治、经济和文化的角度看,它又与欧美国家在亚、非、拉地区进行的殖民主义、帝国主义的侵略掠夺活动以及海外贸易和文化渗透活动联系密切。同时,它还与亚、非、拉人民反对帝国主义、争取民族解放、维护国家主权、复兴民族传统文化的活动始终处于矛盾冲突之中。

第一节 16世纪前后罗马天主教会的传教活动

一 新航路的开辟与海外传教组织的建立

16世纪初,西班牙和葡萄牙已分别完成了政治上的统一,建立了中央集权制。专制王权企图占领新的领土;封建贵族也想开辟新航路以获取领地和财富;正在形成中的资产阶级更是迫切需要新的商品市场和原料产地,加之这两个国家的造船业和航海业都比较发达,这些条件促使西班牙和葡萄牙成为最早的殖民主义者,相继开辟了从欧洲不经地中海直达东方的航路和横渡大西洋通往美洲的航路,并且成功地完成了第一次环球航行。

另一方面,西班牙和葡萄牙也是当时罗马天主教会最牢固的堡垒。"宗教改革"运动使天主教会在欧洲丧失了大片地盘和大批的信徒,因此,天主教会需要弥补自己的损失,渴望向外发展。从这个意义上说,西、葡两国与罗马教廷向外发展的愿望是吻合的,新航路的开辟为天主教会的向外扩展提供了条件。西、葡两国前往非洲和拉美的探险队都带有传教士、十字架和各种圣像。每到一地,他们首先竖起十字架,许多新占领区的名称是以圣徒的名字命名的(如圣马利亚)。传教士的足迹随着殖民者出现在每一块新占领的殖民地上。

1493年,罗马教皇亚历山大六世(Alexander Ⅵ,1492—1503在位)为裁决西班牙和葡萄牙的殖民地势力范围的争端,颁布《划界通谕》(Bull of Demarcation)。从此,罗马教廷开始重视和积极支持海外传教活动。教皇保罗三世曾设立了许多主教区,并积极发展耶稣会组织。教皇格列高利十三世成立了"东方事务部"(Congregation for Oriental Affairs)。克雷芒八世时期,建立起"传教问题部"(Congregation for Mission Questions)。1622年,格列高利十五世组织起最重要的传教机构——"传信部"(Congregation of the Propaganda)。它是罗马教廷发展、监督和管理传教士的最高指挥部,它在天主教会的近代传教运动中发挥了重要作用。不久,教皇乌尔班八世建立了专门培养传教人员的"传信学院"(College of the Propaganda)。上述机构均为教皇直接控制,是罗马教廷开展海外传教活动的主要机构。

除了上述机构外,天主教会的传教活动主要是由天主教会的各个修会进行的。这些修会一方面在组织形式上服从罗马教廷的调遣;另一方面又与罗马教廷保持一定程度的独立性,它们是天主教传教运动的主力军。其中比较大的修会组织有:耶稣会、方济各会、多明我会、奥斯定会、加尔默罗会、嘉布遣小兄弟会等。其中,耶稣会规模最大,人数最多,它实行军事化的组织形式,集权管理体制,提倡成员绝对服从和完全献身,对罗马天主教会在各地的传播产生了重大影响。

二 传教活动

罗马天主教会这一时期的传教活动主要是通过西班牙和葡萄牙的传教士进行的,它与殖民者充满欺骗、野蛮和暴力的征服活动同步进行。德国天主教史学家约瑟夫·施米德林指出,从哥伦布和达·伽马起,探险家们都把他们的探险看做是类似于十字军的征战和传教性的航行。西、葡殖民者为传教活动开辟了道路,他们不仅为传教士提供必需的物品和保护,而且还证明他们自己就是主要的传教力量。"他们用十字架和宝剑进行的征战是为神和国王而进行的政治性和宗教性的征战。"(Joseph Schmidlin: *Catholic Mission History*, Mission Press, S. V. D. Illinois, 1933, p. 261.)通过西、葡两国殖民主义者和传教士在东、西半球的活动,罗马天主教会进入了在亚、非、拉的全面传教时期。

1. 在非洲。最早进入非洲传教的是葡萄牙人。早在1452年教皇尼古拉五世就授权葡萄牙国王阿方索征服和统治异教徒,并且宣称异教徒是神"赏给信徒的产业"。1454年教皇批准葡萄牙垄断非洲的奴隶贸易。1458年,葡萄牙国王派出一批传教士到冈比亚从事传教活动。

1485年葡萄牙国王派出的远征队把几名黑人带到葡萄牙,使其受洗入教。1491年葡萄牙远征队再次抵达刚果。他们带着受洗的黑人和传教士,企图使刚果王国全部信奉天主教,并归顺葡萄牙的统治。这批传教士在刚果建起教堂,并且使刚果国王、王子和一些部落酋长受洗入教。1534年左右,教皇批准将一名刚果王子祝圣为主教。1548年,几名耶稣会传教士在3个月内给5000多名土著人施洗。1552年,葡萄牙国王向教皇克雷芒七世宣称,全体刚果人都已受洗入教。但实际上只有少数酋长和国王算是真正的信徒。一些散居四方的传教士贪图财富,生活奢侈,相互排挤,结果引起刚果人民的极大不满,遭到刚果新国王的驱逐。葡萄牙人16世纪在西非海岸实行殖民统治和传教的结果,使刚果成为葡萄牙的附庸和奴隶贩子的据点。一些传教士成批地给被掳掠来将被押上船的黑奴施洗,从中获取可观的洗礼费,成为奴隶贸易的帮手。葡萄牙人的暴行和部落酋长的驯顺,激起刚果人民极大的愤慨。刚果王族成员布拉·马他迪率领刚果人民举行反对葡萄牙殖民者和传教士的大起义。16世纪末,由于刚果人民的反对和传教人员缺乏等原因,天主教在刚果逐步消失。

葡萄牙人在刚果传教的同时发现了安哥拉。1560年,4名耶稣会士抵达安哥拉,结果遭到安哥拉国王的囚禁。直到1584年,传教士在安哥拉才有一些进展,约有1000人接受了洗礼。由于受葡萄牙传教士的欺骗,这些入教者曾协助葡萄牙殖民者镇压安哥拉人民的反抗斗争。1590年安哥拉约有天主教徒两万人。此后,在罗安达和马萨根这两个据点每年约有1500人受洗,马萨根后来发展成为主教区。

这一时期,传教士还进入几内亚、贝宁、塞拉利昂、马达加斯加和莫桑比克等地,但均无大的进展。

2. 在拉丁美洲。这一时期,传教士在拉丁美洲的传教活动遇到的阻力最小,进展较大。这主要是靠西班牙政府对这一地区的直接统治、殖民者对当地居民的野蛮屠杀以及政府对教会传教活动的直接干预促成的。1526年西班牙国王查理五世下令,每支船队必须携传教士同行,否则不得离港。1532年查理五世请求教皇派200名传教士前往拉美。根据著名传教士拉斯·卡萨斯(Bartolomé Las de Casas)的记载,西班牙征服者每征服一个地方就宣布一道命令,用最残酷的死刑和武力胁迫当地居民皈依基督教,并接受西班牙国王的统治,拒不服从者,立刻处死。安的列斯岛原有300万印第安人,1514年减至14000人,最后只剩下200人。

1492年,哥伦布登上巴哈马群岛上的华特林岛,立刻在那里树起圣坛,举行弥撒仪式,感谢神的恩赐,并宣布以西班牙国王和王后的名义占领该岛,给它取名"圣萨尔瓦多"(源于"Salvador",意思是"救世主")。

1536年拉斯·卡萨斯与另外两名多明我会的传教士抵达新格

拉那达。拉斯·卡萨斯欺骗当地居民说,西班牙人是"公正的太阳之子",他将向他们宣传天主教的道理。于是当地居民同意在太阳神庙树起十字架。为了使当地居民迅速归顺,1549年西班牙国王再次派传教士到达新格拉那达。他们以各种方式使这一地区的人们受洗入教。他们还向人们宣传天主教信仰的知识,以便使他们能够更驯服地听从传教士的指导。1577年,分散各地的传教士组成统一的教省,包括17个修道院和170多个信徒团体。

17世纪初,天主教在西班牙所属的秘鲁、新格拉那达、智利、圣大马利亚等地取得较大的进展。1610年,这些地区已设立大主教区5个,主教区27个,修道院400所和许多小堂区。每个城市还设有由多明我会、方济各会、奥斯定会和耶稣会主持的修道院。尽管如此,西班牙在拉美当地居民中建立起的教会在一定程度上只是一种表面现象。许多传教士贪婪、无知,把圣职作为发财的机会,对教务很少关心。西班牙传教士由政府任命和供养,同殖民主义者关系密切,因而遭到印第安人的痛恨。另外,印第安人入教完全是被迫的,实际上他们依然秘密崇拜自己的图腾或神像。为了改变这种状况及更加有效地控制当地居民,1602年耶稣会会长阿夸比瓦(Aquaviva)提出建立印第安人宗教归化区的设想。这项建议立刻得到西班牙政府的赞赏。因为西班牙政府当时正在寻求一种用宗教手段对逃往森林深处的印第安人进行"灵性征服"的方式。从1610年起,耶稣会在巴拉圭的居民当中建起所谓的"基督教神权国家",有15万印第安人分住在30个归化区内。这种把当地居民与殖民征服者分开的村庄由传教士负责管理,印第安人接受传教士的保护,听从传教士的命令,并从事沉重的种植与采矿劳动,事实上,他们已成为传教士的奴隶。这种做法使天主教在当地居民中比较彻底地扎下根来。

1519年,西班牙殖民者科尔特斯(Hernán Cortés)征服了阿兹特克人的家乡墨西哥。科尔特斯欺骗阿兹特克国王孟特祖玛说,西班牙人的到来"完全是为了传播基督教的光明"。不久他囚禁了孟特祖玛,并假借他的名义进行统治,残酷地屠杀反抗的墨西哥人。1524年教皇和西班牙国王联合派出十几名传教士到墨西哥传教。他们给部落酋长之子及印第安人行洗礼,并且开办了修道院。科尔特斯还强迫部落酋长的儿子接受宗教教育,其中一些人后来成为西班牙传教士的助手。天主教在墨西哥发展很快,根据方济各会的报告,1536年受洗的人数多达500万,1540年超过900万。

西班牙在拉美传教成功有许多原因,其中主要有:

第一,传教是西班牙在拉美实行殖民统治的一部分,神甫和传教士是殖民机构的重要成员,传教是殖民者的首要任务之一。

第二,西班牙在拉美的传教从一开始就受西班牙王室的控制。所有传教士均由国王委派,未经批准任何传教士不得进入或离开美洲,教堂和修院的修建须由国王批准,甚至连神甫写给梵蒂冈的信件也要由国王派人检查。

第三,教会与殖民统治融为一体。西班牙在拉美建立的教会全面参与当地政治、经济生活的各个方面,一些高级教士同时又是政府委派的行政官员或富商巨贾。

最后,西班牙在拉美建起完整的教会体制,设立了大主教区、主教区、堂区和修道院,为以后的发展奠定了基础。

3. 在亚洲。天主教在亚洲的传播与在非洲和拉美的传播不尽相同,其原因主要有两个:第一,亚洲国家的封建制度强固,在亚洲国家中,除菲律宾和印度部分地区沦为殖民地外,其他国家依然保持了领土完整和国家主权,致使传教士不能同在非洲和拉美那样借助殖民统治者的保护,随意传教和建堂;第二,亚洲具有悠久的历史和文化传统,外来的天主教受到发达的印度教、佛教、伊斯兰教和中国、日本等国的传统文化的强烈抵制,一时难以进入。因而,天主教会这一时期在亚洲的传播障碍重重,而且传教活动的宗教性比政治性要强。

1540年著名的耶稣会传教士沙勿略(Francisco Xavier,1506—1552)奉葡萄牙国王若奥三世的派遣,以教皇保罗三世使者的名义航海东来,于1542年抵达葡萄牙在印度的殖民据点果阿。在两名毕业于"传信学院"的印度人的帮助下,他的传教活动取得初步进展,数以千计的印度低种姓群众加入了天主教会。沙勿略还动员他们拆毁庙宇,砸烂偶像,建立教堂。除了在印度从事传教活动外,沙勿略还前往锡兰、马六甲和日本进行传教。1551年他抵达中国广东省的上川岛,因明朝政府实行海禁无法进入,后来死于该岛。

17世纪初,耶稣会士诺贝利(Robert de Nobili)神甫抵达果阿。他总结了传教活动在印度进展缓慢的原因,发现传教士无视当地风俗习惯,传教活动中带有过多的欧洲化特征是传教效果不佳的主要原因。于是,他采取了迁就的策略。他身着婆罗门僧侣服,学习当地语言,钻研印度典籍,翻译教理问答,并且用问答的方式向听众说明天主教教义。结果,许多婆罗门高种姓成了这位"罗马婆罗门"的信徒。但是,诺贝利的做法受到罗马教廷的谴责。尽管他尽了种种努力,天主教在印度的发展仍然非常缓慢。除了耶稣会以外,这一时期在印度传教的还有多明我会、奥斯丁会的传教士,但都未取得大的进展。

西班牙人在菲律宾的传教活动始于1552年。1559年奥斯丁会传教士随西班牙征服者到达菲律宾。1577年方济各会成员抵达马尼拉。到1600年,传教士已多达130多人,发展信徒20多万人,建起教堂230座,《圣经》和赞美诗被译成地方语言。为了使当地居民完全忠实于天主教会和西班牙政府,一些传教士也曾"友好地"对待当地群众,充当他们的保护人。为了向传教士表示感谢,西班牙政府积极援助和支持传教士,允许他们参与殖民地的统治,帮助他们设立教区,修建教堂和修道院,并且鼓励他们开办学校和医院。到17世纪中叶,大部分菲律宾人皈依了天主教,传教活动也通过教会组织、教阶体制的建立得到巩固。

日本的天主教是1549年由沙勿略传入的。此后,传教士陆续到达,但是传教的发展极其缓慢,对传教士的镇压和袭击事件时有发生。1590年以后,传教的发展开始加快。17世纪初,日本有天主教徒75万人,并且建立起一些教堂、学校和慈善机构,《圣经》和其他天主教书籍也被译成日语。但是,为了争夺贸易市场,西班牙、葡萄牙、荷兰和英国竞相用武力威胁日本开放门户,西班牙政府还派传教士以外交使节的名义威逼日本政府给予优惠待遇,结果导致日本政府采取闭关锁国政策。1612年日本下令取缔天主教,教堂被烧毁,传教士被处死或被驱逐。1640年天主教在日本几近消失。

这一时期,天主教在中国的传播进展也比较突出(参见本书第二十章),此外,天主教还传到缅甸和泰国等地。

第二节 天主教会传教的衰退与新教传教活动的兴起

17世纪下半叶至19世纪初是基督教近代传教运动的第二阶段。相对于上一阶段,罗马天主教会的传教运动处于低潮,而新教的传教运动则刚刚开始。

一 天主教会的传教活动

随着葡萄牙和西班牙海外殖民地的减少与传教力量的削弱,法国在欧洲的地位上升和力量的增强,天主教会的传教力量逐步转移到法国。这一时期,法国先后成立了"巴黎外方传教会"(Société des Missions Etrangères de Paris,1658)、遣使会(亦称"辣匝禄会"[Lazaristes])和仁爱会等组织。遣使会和仁爱会的创始人味增爵(Vincent de Paul,1581—1660)神甫是当时较有影响的人物。但是,总的来说,这一时期天主教会的传教活动在许多地方不仅没有发展,而且有很大的退步。

1667年法国嘉布遣修会传教士进入几内亚活动。1764年一位叫德芒纳(Demanet)的传教士给一个叫幸(Sin)的黑人部落的1000多名黑人施洗,据载这是这一时期天主教在西非海岸取得的一次最大的"成功"。17世纪后期,嘉布遣修会恢复了向刚果的传教活动。1673年十几名意大利传教士被桑果部王子驱逐。不久,一些传教士又卷土重来。17世纪嘉布遣修会在刚果建立6个传教据点。在东非虽有少数传教士多次冒险进入,而且也曾给一些当地居民和奴隶施洗,但是由于伊斯兰教徒和马达加斯加人的反抗,传教士被迫撤离。总之,这一时期天主教在非洲的传教活动是失败的,未取得任何实际效果。

这一时期,天主教在拉美的传教活动继续发展。巴西、危地马拉等地的修道院和教区机构进一步完善。1754年,秘鲁信徒达37万人。在玻利维亚、厄瓜多尔、委内瑞拉、智利和安的列斯岛等地,传教活动都有一定的进展。据统计,18世纪中叶,仅耶稣会管辖的印第安人信徒就有100万人。由于西属殖民地人民不断反抗和教会内部冲突加剧,18世纪中叶教皇本笃十四世和西班牙国王查理三世被迫下令将基层堂会交给当地神职人员管理。这对后来天主教在拉美的发展有重要意义。

天主教的传教活动在亚洲也受到重大挫折。传教活动在印度虽然已有一定的基础,但是荷兰人竭力排挤葡萄牙势力,反对天主教会,使许多印度天主教徒改信新教或重新信仰印度教或伊斯兰教。在耶稣会被取缔以前,耶稣会士曾给几万名印度人施洗。在锡兰,天主教传教士早在1658年就被驱逐,教堂内禁止举行任何宗教仪式,许多信徒被杀,少数幸存者不得不逃往丛林中。

在菲律宾,奥斯定会、方济各会、多明我会和耶稣会的传教士继续从事传教活动。耶稣会在被取缔之前一直是天主教会在菲律宾的主要传教力量。1668年,一个叫德·桑里托(Luis de Sanvitores)的神甫抵达关岛,给部族酋长施洗。接着他又在提尼安(Tinian)、三藩(Saipan)、罗达(Rota)等岛屿传教。到1672年时,他在周围13个岛上建起8座教堂和13所修道院。在世俗政权的支持下,天主教在菲律宾扎下了根。但在亚洲的其他地方,这一时期天主教的传教活动没有任何实质性进展。相反,随着耶稣会的撤离,天主教在各地的传教变得十分缓慢。

二 天主教传教活动衰退的原因

这一阶段,欧洲的历史发生了根本变化。经历了资产阶级革命的新教国家荷兰和英国取代了西班牙和葡萄牙的海上优势地位,致使天主教会的传教活动失去了传统的保护者,传教活动的范围也随着西、葡殖民地的不断丧失而缩小,这是天主教传教活动衰退的原因之一。

17世纪初,荷兰首先完成了资产阶级革命,推翻了西班牙在尼德兰北部的封建统治,沉重打击了天主教会的势力。在革命中,仅被拆毁的教堂和修道院就有5000多所,教会财产也被没收。资产阶级掌握政权以后,荷兰的资本主义经济有了较快的发展。荷兰的商船遍航世界各地,荷兰被誉为"全世界的海上马车夫"。1623年荷兰从葡萄牙手中夺取巴西,葡萄牙在印度也受到荷兰东印度公司的排挤。17世纪中叶,英国资产阶级革命推翻了封建专制统治,确立了资本主义的生产关系。英国的实力迅速增长,西班牙和葡萄牙的船只不断遭到英国船只的袭击,西、葡两国在拉美、加勒比、印度和非洲的一些殖民地也相继被英国占领。

在法国启蒙运动和法国大革命中,欧洲的天主教会受到空前的冲击。启蒙运动推崇理性,通过宣传自然神论和无神论,从思想上对天主教进行了批判。在法国大革命中,教会财产被没收,修院被拆散,许多高级教士被送上断头台。拿破仑执政后,两次攻占罗马,驱逐教皇,并一度关闭了教廷传信部,给罗马教廷带来致命打击。

这一时期,天主教会内部矛盾重重,神职人员道德败坏、贪婪的现象十分普遍,罗马教廷领导软弱无力,教皇大多无所作为,不重视传教事业,这是导致传教活动衰退的又一重要原因。

从17世纪末起,欧洲天主教会内部,特别是法国、德国和奥地利的天主教会,在世俗王权的支持下,坚决反对教皇权力至上的观点,不允许教皇干涉世俗事务和各国天主教会的内务,主张公会议的权威高于教皇的原则,积极限制教皇的权力。教皇极权派与要求分散教廷权力的一些神职人员之间的斗争一直持续到19世纪初。这种斗争从内部削弱了天主教会的力量。

另一方面,传教区的修会组织互相指责,争夺地盘,纠纷此起彼伏。最大的修会组织耶稣会受到教会内部和欧洲许多国家政府的夹攻,先后遭到葡萄牙(1759)、法国(1764)和西班牙(1767)的驱逐。1773年,教皇克雷芒十四世被迫下令"永远"取缔耶稣会。这次禁令涉及西班牙会士2100多人,葡萄牙会士900多人,法国会士近200人,使天主教会的传教活动受到毁灭性打击。

三　基督教新教传教活动的开始

17世纪,随着欧洲新教国家的海外扩张活动的展开,新教开始传到海外。新教在这一时期的传教活动大多是神职人员或信徒以零散的个人的方式在新教国家的殖民地进行的。

首先进行传教活动的是荷兰。荷兰归正宗教会的传教士逐步出现在印度、锡兰、爪哇等荷属殖民地。他们的活动同天主教会早期传教士一样,依附于荷兰殖民势力,带有浓厚的为殖民主义服务的色彩。据说,到17世纪末,荷兰传教士在爪哇、印度曾给二三十万人施洗。

丹麦也是较早从事传教活动的国家之一。1705年,根据丹麦国王腓特烈四世(Frederick Ⅳ,1699—1730)的旨意,德国哈雷大学的两名神学学生被派往丹麦在印度的殖民据点特兰克巴尔(Tranquebar)从事传教活动。丹麦在印度的传教活动主要控制在哈雷大学的虔敬主义者手中,而且受弗兰克(August Hermann Francke, 1663—1727)的影响较大。所以,丹麦在印度的传教组织一般被称为"丹麦-哈雷传教会"(Danish-Halle Missions)。为了便于传教活动,传教士齐根鲍格(Bartholomäus Ziegenbalg,1683—1719)学会了泰米尔语,并于1711年完成了《新约》泰米尔语的翻译。但是,齐根鲍格及其同伴在发展信徒方面进展不大。到1778年时,特兰克巴尔约有15100人入教。

作为有组织的传教活动,18世纪初新教各派中最活跃的是莫拉维亚兄弟会。这个组织的领导人岑曾多夫(Nikolaus Ludwig Zinzendorf,1700—1760)深受德国虔敬运动的影响,认为兄弟会是基督的战士的团体,应广泛开展传教活动,促进基督的事业。在他的领导下,莫拉维亚兄弟会派出许多传教士到各地活动。这些人文化水平不高,也未受过任何专门训练,他们主要在下层群众中开展活动。这个兄弟会的活动范围很广,包括格陵兰、北美的印第安人部落、西印度群岛、圭亚那以及南非、东非中部和亚洲的印度等地。但从整体上看,莫拉维亚兄弟会的传教人员要比天主教会少得多,其影响也十分有限。它只是新教大规模全球传教运动兴起的前奏。

第三节 近代传教活动的高潮

一 19世纪传教活动的新变化

进入19世纪后,资本主义在西方疾速发展。继法国和美国确立资本主义制度以后,德国和意大利也结束了四分五裂的局面,实现了国家统一,完成了资本主义革命。资本主义在西方主要国家的确立,为经济的发展奠定了基础。18世纪中叶以后,英、法、德和美国等主要西方国家先后发生了工业革命,它带来了经济的飞跃,使航海、交通和通讯事业得到改善,为国际间的交往提供了便利。19世纪70年代以后,西方各主要资本主义国家先后进入帝国主义阶段,进行海外领土扩张,掠夺殖民地原料,开辟国际市场成为他们的迫切要求。19世纪末,整个非洲大陆已被帝国主义者瓜分完毕,亚洲的主要国家特别是中国和日本在西方炮火的威逼下,被迫结束了长期闭关自守的局面,实行了门户开放。在西方帝国主义向全球推行殖民主义的过程中,基督教作为"西方文明"的代表扩展到亚、非、拉的许多国家。殖民主义者企图从精神上和思想上控制亚、非、拉人民,从而达到有效地维护西方列强在亚、非、拉的殖民统治的目的。19世纪初至20世纪初,基督教会的传教活动是整个西方海外扩张主义的一个重要组成部分,因而带有强烈的殖民主义和帝国主义色彩。

这一时期,基督教的传教活动取得较大进展,这一点在亚洲尤其明显,主要表现在下列几个方面:第一,传教组织增多,特别是欧美新教国家传教组织纷纷成立。第二,传教人员增加,女传教人员的作用增强。比如1900年前后,在7万名天主教传教士中,女性多达5.3万人。第三,传教活动形式多样,而且伸展到传教区国家的各个阶层中间。基督教对传教区国家的政治和文化发生了影响。最后,所有传教区都建立了由西方传教士控制的教会组织,使基督教在新的土地上生根结果,对基督教在这些地区以后的发展具有重大影响。

1815年拿破仑战争失败后,在欧洲封建专制主义复辟的过程中,罗马教廷也经历了"复辟阶段",从而在一定程度上得到复兴。"传信部"和耶稣会重新恢复活动,新的传教组织的成立又给天主教会的传教活动增添了力量。在这一时期天主教会的传教活动中,法国一直居领先地位,其次是意大利、德国和比利时。在传教人员中,男性传教士的2/3—3/4,女性传教人员的4/5均来自法国。在传教组织中,耶稣会再次发挥了主要作用,其次是辣匝禄会、多明我会、方济各会、嘉布遣修会等。在传教方式上,这一时期西班牙和葡萄牙早期在拉美和非洲所推行的武力逼迫集体入教的情况较少发生,皈依者大多数是以个人或家庭入教的方式加入教会的。

新教的传教运动与罗马天主教会不尽相同。首先,新教的传教组织是在18世纪末至19世纪初欧洲国家和美国的新教福音奋兴的推动下成立的。英国是新教大规模传教运动的发祥地,第一个海外传教组织——"浸礼宗广传福音会"(The Particular Baptist Society for Propagating the Gospel Among the Heathens)是由新教近代传教运动的先驱威廉·凯里(William Carey, 1761—1834)成立的。在他的影响下,1795年主要由公理会和其他自由教会组成的"伦敦传教差会"(the London Missionary Society)宣告成立。这个差会是新教传教运动中影响非常大的组织之一,许多著名传教士如约翰·威廉、罗伯特·马礼逊、李文斯顿(David Livingstone, 1813—1873)和莫费特都属于这个差会。此后,英国"国教会传教差会"(The Church Missionary Society, 1799)、"苏格兰传教差会"

(the Scottish Missionary Society)和"格拉斯哥差会"(The Glasgow Missionary Society)也先后成立。这些组织的活动遍及英国的各个殖民地,为维护英国的殖民统治和传教领先地位发挥了很大作用。美国在新教传教运动中的地位和作用仅次于英国。1810年主要由公理会和长老会组成的联合传教组织"美部会"(The American Board of Commissioners for Foreign Missions)率先在美国成立。不久,美国又出现了"美国浸礼宗传教差会"(the American Baptist Missionary Convention,1814)、"美国圣经公会"(American Bible Society,1816)等组织。随着美国海外传教运动的扩大,美国大学生中出现了以动员和派遣学生基督徒去海外从事传教活动为宗旨的组织——"学生志愿传道团"(the Student Volunteer Movement),给美国的传教运动增添了新的活力。除了上述较大的组织外,英美两国还出现了一些宗教书刊发行组织和妇女传教组织。欧洲大陆的传教组织是新教传教运动的又一支力量,其中较大的组织有:"巴塞尔福音传教差会"(the Basel Evangelical Missionary Society,1815)、"丹麦传教差会"(the Danish Missionary Society,1821)、"巴黎福音传教差会"(Paris Evangelical Missionary Society,1824)、"莱比锡路德宗福音传教差会"(the Leipzig Evangelical Lutheran Missionary Society,1836)和"德国北方传教差会"(the North German Missionary Society,1836)等等。此外,挪威、瑞典和芬兰也成立了一些传教组织。就英、美和欧洲大陆这3支力量看,20世纪以前,作为世界头号强国,英国的传教运动无论在人数还是在经费方面,一直独占鳌头。仅在第一次世界大战的前10年,美国才跃居首位。比如1900年,新教传教人员总数为13600人,其中英国人5900名,美国人4100名。英美两国的传教士竟占当时新教海外传教人员总数的3/4。这一现象同英美两国的经济实力、海外扩张活动及其在国际社会中的地位是一致的。

新教传教组织的特点是实行多元化的管理方式,各个国家、各个宗派的传教士接受所属差会的调遣。这就赋予传教士很大的灵活性和自主权,是新教传教活动迅速发展的原因之一。同时,新教的传教活动比较注重在大城市里兴办各类学校、医院和出版书局,利用西方文化来扩大基督教的影响。即使在发展一般信徒时,也注意向他们灌输宗教知识,加深其信仰的深度,这也促进了基督教新教势力的迅速扩展。

二 基督教在 19 世纪的广泛传播

相对而言,这一时期基督教的传教活动在亚洲的进展较大,到第一次世界大战前后,传教士已在亚洲的主要国家建立了完备的教会组织体系。

印度长期以来一直处于西方殖民主义者的奴役之下。自从英国的东印度公司占领印度之后,葡萄牙政府便失去了对印度的控制,这对天主教在印度的传教活动造成一定的负面影响。19 世纪中叶,耶稣会在恢复后派传教士重返印度继续从事传教活动。传教士为了使天主教能在印度长期发展下去,办起了学校、医院和慈善机构,培养印度血统的神职人员,使天主教在原有的基础上又有新的发展。到罗马天主教会第一届梵蒂冈大公会议时,印度已有主教 21 名,神甫 900 名,教徒超过 100 万人。种姓制度问题一直存在于教会之中。在不同种姓之中,西方传教士对富有的高种姓更有兴趣,一些人歧视低种姓群众,甚至拒不接待他们,从而引起他们的不满。一些地区的低种姓信徒甚至脱离教会以示抗议。第一次世界大战前夕,印度约有天主教徒 225 万人,主要集中在印度南部。

新教在印度的传教始于 17 世纪初。随着英国殖民主义者全面占领印度之后,19 世纪初英、美、德等国的传教士蜂拥而至。仅在 1857 年在印度的西方新教传教士约有 500 人,其中一些英国传教士同时也是英国东印度公司的职员,直接为殖民主义者服务。在新教传教士中,威廉·凯里和亨利·马丁(Henry Martin,1781—1812)是较有影响的传教士。马丁毕业于英国圣约翰大学,是英国国教会的牧师,于 1806 年抵达印度。他在印度期间掌握了印地语、梵文、阿拉伯文、波斯文和乌尔都语,并于 1810 年完成了《新约》印地语的翻译,而且开始了《新约》阿拉伯语和波斯语的翻译,对后来的传教活动产生了深刻的影响。英国在印度的殖民统治十分有利于传教活动,为传教士提供了政治和军事保护。但是东印度公司对印度的经济掠夺和剥削以及推行全盘西化的政策,激起印度人民强烈的反对。1857年爆发的印度人民大起义,打击了教会的传教活动。直到英国在印度设立总督后,新教的传教活动才开始稳定下来。传教士除了发展信徒之外,还通过医疗传教、教育传教和兴办慈善事业的方式,扩大传教的效果。1914年印度已有新教徒100万人,其中多数属于英国圣公会。为了巩固和扩展传教活动,西方传教士于1908年在印度成立了"南印度联合教会"(the South India United Church),1914年又组织起"全国基督教协进会"(the National Christian Council),由1912年第一个领受圣公会主教职的印度主教阿泽里(V. S. Azariah)担任会长。随着20世纪印度民族主义运动的高涨和印度教、伊斯兰教在印度的复兴,印度基督教会人士开始为掌握本国教会的领导权而努力。

这一时期,基督教在中国的活动是伴随着西方帝国主义列强的侵略活动进行的。鸦片战争后在不平等条约的保护下,传教活动有了很大发展。罗马天主教与基督教新教相继在中国建立了各自的修会、差会,按立神职,但教会的领导权均掌握在外国传教士、主教、神甫手中。在传教活动中基督教与中国文化传统也出现了尖锐冲突,在反抗帝国主义对华侵略的背景下,曾多次发生反"洋教"的教案,使传教活动也屡遭挫折。

与此同时,基督教的传教活动在亚洲的其他国家也取得一定进展。在菲律宾,西班牙天主教传教士及其修道院和教会占有大量土地,攫取巨额财富,并垄断了教会的高级圣职,引起菲律宾人民和下层教士的不满。19世纪末,菲律宾人民掀起推翻西班牙殖民统治的独立运动,使天主教会受到一定程度的打击。随着美国侵入菲律宾,美国新教传教士进入菲律宾开始传教。到1914年,菲律宾已成为亚洲惟一的基督教占主导地位的国家。

19世纪60年代,日本被迫结束了长达200多年的闭关自守局面,传教士再次进入日本。新教传教士主要在新兴城市中的中产阶级和知识分子中活动。1914年,日本有新教徒10万多人,属于长老会、公理会和卫理公会等宗派。与此同时,天主教会也恢复了在日本的传教活动,但直到明治维新后,天主教会才在日本取得合法地位。随着天主教在日本的发展,梵蒂冈把日本划分为若干教区,并于1891年在东京设立大主教。

由于葡萄牙势力在非洲减弱,欧洲天主教会内部衰退,非洲部落天主教徒放弃天主教信仰以及环境、气候、语言等因素的影响,虽然天主教传教士在非洲传教已有400年左右的历史,但是到19世纪中叶天主教会在非洲几乎没有什么影响。19世纪上半叶,西班牙传教士除在西非、南非局部地区深入内地外,多数还只限于非洲东、西海岸的少数地区。19世纪后半叶,西方传教士才逐渐深入非洲内陆,他们为欧美殖民者掠夺财富、抢占殖民地充当了先遣队的角色。在非洲传教的天主教传教士主要来自法国,活动大多集中在原法国殖民地和比利时殖民地。1914年,非洲中部的天主教徒有100多万人,沿海岛屿有50万人,其中马达加斯加和毛里求斯的信徒占多数。另外,天主教的传教活动在摩洛哥、突尼斯和阿尔及利亚也取得一定的进展,1914年仅阿尔及利亚和突尼斯就有天主教徒75万人。

新教在非洲的传教活动集中在英属殖民地,这与欧洲殖民主义者对南非矿产的大肆掠夺活动是分不开的。在南非从事传教活动的传教士来自荷兰、英国、德国和法国,其中英国圣公会的传教士占多数。英国传教士罗伯特·莫费特(Robert Moffat,1795—1883)于1817年抵达南非,他走遍了贝专纳地区,一直深入到北方的马塔别列族地区。他曾说服抵抗英国殖民者的霍屯督族领袖受洗入教,并使他带领该部落的人屈从于英国的统治。另一名传教士李文斯顿于1841年进入南非。从1852年起,他自称传教探险家,受英国"皇家地理学会"的委派,在英国政府的支持下,深入到非洲腹地,为西方殖民者占领和掠夺非洲内陆充当了开路先锋。在英国殖民统治者的保护下,新教在非洲发展较快。1914年撒哈拉以南有新教徒150万人,其中南非占一半以上。

第十六章 近代传教运动

1810—1826 年,一场巨大的革命风暴席卷了整个拉丁美洲。印第安人、黑人、各种混血人种和土生白人要求推翻西班牙、葡萄牙等国的殖民统治,建立独立的民族国家。在这场革命中,阿根廷、智利、墨西哥、秘鲁、厄瓜多尔和玻利维亚等国摆脱了欧洲殖民者的控制,实现了民族自决,建立起独立国家。拉丁美洲独立革命胜利后,各独立国家为了巩固胜利成果,从西班牙、葡萄牙手中夺回了对教会及其财产的控制权,大批西、葡天主教高级教士被驱逐出境。各国政府还对教会在政治、经济和教育方面实行种种严厉限制,剥夺其特权,结果沉重地打击了拉美的天主教会势力,削弱了他们对世俗权力的影响。

19 世纪 20 年代,在拉美有近 40 个主教区,但只有 5 个比较活跃。19 世纪下半叶,拉美各国的政教冲突愈演愈烈,拉美人民要求实现政教分离、信仰自由的呼声日益高涨。虽然天主教会传入拉美已有几百年的历史,而且在各地都建立了比较稳定的教会组织,但是由于西方殖民者对拉美人民的掠夺和剥削,由于西、葡天主教会对拉美教会的长期控制,20 世纪初拉美各国教会在经费和神职人员方面仍然不能保证自给。

19 世纪下半叶,新教传教士开始进入拉丁美洲从事传教活动,其中美国传教士居多。新教在智利、巴拿马、阿根廷和巴西取得一定进展。1914 年拉美有新教徒约 12 万人,新教成为与天主教会争夺信徒的有力对手。

最后,应当特别指出,同帝国主义对亚、非、拉的殖民统治一样,基督教会的传教活动也是西方传教士向亚、非、拉地区传播基督教,并对这些地区的教会实行全面控制的运动。传教区教会的领导权都掌握在欧美国家传教士的手中,教会经费几乎全部由西方传教差会、修会或罗马教廷供给,教会的一切活动包括神职人员的培养、机构的设立、经费的使用等事项均由西方传教士决定。正如美国基督教史学家赖德烈所说,"基督教的传教活动是一项家长式的统治事业,是一种宗教帝国主义"。

第十七章 19世纪德国和欧洲大陆其他国家的基督教新教

19世纪德国和欧洲大陆其他国家基督教新教的发展是很不平衡的。新教在法国一直处于次要地位;在荷兰和丹麦、瑞典等国,新教较少受到世俗政权的影响和控制。同欧洲大陆最主要的新教国家德国一样,1815年以后新教在这些国家也都有不同程度的发展。19世纪德国的新教不仅在神学思想方面,而且在教会组织、礼仪和实践方面,都对欧美其他国家产生了不同程度的影响。

19世纪初,德国在政治上依然处于四分五裂的状态。它包括大小不等的38个邦国和4个自由市。各邦独据一方,各自为政。1848年,在法国巴黎二月革命的影响下,德国爆发了资产阶级民主革命,成立了自由资产阶级政府。1849年3月,法兰克福国民议会通过德意志帝国宪法,决定建立统一的立宪君主国。这个宪法提出了一些民主权力,但遭到各邦君主的拒绝,并且受到他们的敌视和抵制。为此,全德掀起了维护帝国宪法的运动;但是由于封建统治阶级的镇压,护宪运动终告失败。19世纪60年代,俾斯麦充分利用了普鲁士在德意志各邦中的强国地位和有利的国际形势,贯彻他的"铁血政策",先后进行了3次王朝战争,到1871年终于实现了德意志的统一。在经济方面,工业革命在德国开始较晚,但1848年革命后,德国资本主义得到迅速发展。到19世纪60年代,它已基本上由农业国转变为工业国,80—90年代,德国完成工业革命,建立起现代化的工业体系。19世纪中叶以后,马克思主义开始在德国传播。在马克思主义的影响下,德国的工人运动蓬勃发展。

第十七章 19世纪德国和欧洲大陆其他国家的基督教新教

19世纪七八十年代,德国的对外政策具有强烈的争霸欧洲和侵略扩张的性质。进入80年代,在帝国主义列强抢占殖民地的高潮中,德国也开始向外扩张,抢占殖民地。

19世纪德国的理性主义继续发展,哲学唯心主义兴盛,对基督教的神学思想产生了较大影响。另外,德国也出现了一些反对基督教的哲学家和思想家,如费尔巴哈和尼采等。在马克思主义者李卜克内西和倍倍尔的领导下,德国社会主义工人党在同德国统治阶级进行斗争的同时,大力宣传马克思主义的唯物史观,猛烈抨击统治阶级所控制的教会组织,削弱了基督教在工人阶级中间的影响,德国的基督教新教就是在这样的背景下发展变化的。

第一节 德国的新教神学思想

19世纪德国新教神学思想的发展,是欧洲大陆新教发展中最重要的方面。这一时期的德国,不仅在哲学领域里巨匠辈出,而且在神学领域中也是群英荟萃,成为整个欧洲大陆的思想宝库。德国的《圣经》评注以图宾根大学为中心,运用黑格尔的辩证方法,在研究新的史料的基础上,提出了前所未有的见解。这一时期德国新教神学在《圣经》研究和早期教会史研究方面,不仅对大陆国家,而且对英国和美国也产生了深远的影响。

一 康 德

康德(Immanuel Kant,1724—1804)生于哥尼斯堡,早期受虔敬主义的影响,1755年开始在哥尼斯堡大学任教。康德一方面是理性启蒙运动时期宗教思想发展的顶峰;另一方面,他以敏锐的眼光指出启蒙运动的不足和局限性,因而又是启蒙运动的批判者。

康德哲学对基督教思想的影响在于彻底批判了信仰的纯粹理性依据,而将信仰置于其他心智功能(如道德理性)的基础上。中世纪思想家大抵认为,人类理性是按上帝形象受造的,人类心智中有上帝的光照或痕迹,启示真理不可悖于理性,而人类可运用理性由受造的万物推导出上帝的存在等,于是提出了关于上帝存在的"本体论证明"、"宇宙论证明"和"目的论证明"等。这种观点在经院末期及宗教改革时期已经发生动摇,但到17、18世纪,唯理主义和自然神论仍坚信上帝存在等观念是先天的理性原则,也就是以理性为宗教信仰的基础。康德在《纯粹理性批判》(1781)中则论证,人类获得知识的途径只有经验,而获得知识的主观结构是一些先验的原则,即纯粹理性,包括时空、实体、因果、质量等范畴。人类可以通过这些先验原则的综合能力去认识经验中给定的现象(Phänomena),而现象以外的自在之物(Das Ding an Sich)则是不可知的。上帝存在、自由意志、灵魂不朽等观念既不是经验中的现象,又不是先验的范畴,因此不是理性认识的对象;纯粹理性对这些观念不能给予证明,关于这些观念的肯定性陈述和否定性陈述是同样合理可通的,这就是康德的"二律背反"。

在彻底批判了宗教信仰的纯粹理性基础之后,康德在《道德的形而上学基础》(1785)和《实践理性批判》(1788)中指出,上帝存在等观念是人类实践或道德理性的一种公设(逻辑前提)。他称基本道德为"绝对命令"。它是人类普遍知道的道德原则,其内容是:我必须愿我的行为准则同时成为适用于一切人类的普遍法则。这蕴涵着:人具有道德责任感,人本身是目的而不是他人的手段。绝对命令有3个公设。1. 人要履行道德责任,就必须有自由意志。2. 道德的至善包含美德和幸福,即幸福应按美德的比例分配。这在现世是做不到的,只有永生才能做到,故必有灵魂不朽。3. 履行道德责任要求有道德的因果秩序,这又要求有一个具有道德因果秩序的至高实体来主宰宇宙;他的行动既具有因果性,必是理性的;他的行为又以他的意志为动因;他既具理性与意志,必有人格上帝。这样,康德论证了灵魂不死、上帝存在等宗教的基本内容虽不能为纯粹理性(知识原则)所证明,却能够为道德理性(实践原则)所证明。

在晚年著作《单纯理性限度内的宗教》(1793)中,康德表述了启蒙运动时期的自然宗教观,并试图用悖论形式处理神的恩典与人的自由的问题。他认为宗教惟一真实性来自道德理性,因此恩典、仪礼不具有独立的实在性,而属于迷信。这种思想引起普鲁士当局不满,国王腓特烈·威廉二世警告康德不要再对宗教发表议论。

康德哲学对19、20世纪基督教思想产生了极为深刻的影响。

1. 康德彻底结束了理性时代及其自然神论。

2. 既然人类知识的先决条件(纯粹理性)与宗教问题无关,那么理性对于启示真理既不能给予肯定也不能给予否定,信仰取决于意志的抉择。这是经院末期意志论的发展。受这种观点的影响,有些神学家又回到启示中去寻找信仰的依据,如新正统神学(巴特)。

3. 也有神学家将信仰置于理性以外的其他心智功能,如伦理(利舍尔学派)、直感经验(施莱尔马赫)。

4. 既然理性知识对信仰问题无能为力,那么信仰何以成为个人主体的存在性抉择,这便构成19世纪以来基督教存在主义(克尔恺郭尔)的思想基础。

5. 认为理性是知识的先验结构,这种思想可以导致强调宇宙理性原则的观点(绝对理念),这便是黑尔格哲学的一种基础。在此思潮下产生了图宾根学派的观念论(鲍尔、施特劳斯)。

6. 19世纪末以来的路德神学复兴也与康德主义有关。先验原则是认知的先决条件,此种观点可借用于信仰问题。上帝本身是不可知的,人所知的只是启示中的上帝,而启示是人的话语,故人的信心也是认识启示的必要条件。

总之,康德是对于近现代基督教思想最具深刻影响的哲学家。

二 施莱尔马赫

施莱尔马赫(Friedrich Danie Ernst Schleiermacher,1768—1834),出身于牧师家庭,早年受莫拉维亚兄弟会宗教虔敬主义的影响很深,后来又受到柏拉图、斯宾诺莎、康德和浪漫主义的影响,1799年出版《宗教讲演录》(*Addresses on Religion*),1821—1822年完成《基督教信仰阐明》。施莱尔马赫曾担任过柏林"三一教堂"的牧师,并且在柏林大学担任神学教授多年。他至今仍被西方教会(新教)认为是加尔文与卡尔·巴特之间最重要的新教神学家。

施莱尔马赫的主要贡献是他的上述两部著作。在第一部著作里,他对"宗教"概念提出了新的革命性的解释。当时欧洲大陆基督教正统派和理性主义者或者把宗教变成一套知识体系,或者把宗教作为一套外在的行为准则让人接受。在正统派看来,宗教的基础是承认启示真理,服从神意。而理性主义者则坚持,宗教就是接受自然神学和由理性规定的普遍道德。18世纪时,这两派都把宗教和道德视为获得"永生"的手段。但是,施莱尔马赫对上述两种观点均持否定态度。他提出,宗教本身既不是一套教义,也不是一套行为方式,宗教属于"直感"(feeling)的范畴。

施莱尔马赫认为,以往的人们都是从理论(形而上学)或实践(道德)的角度来考虑宗教问题的。实际上,所有宗教的基础都是人们内心的绝对依赖感,教义是人们对这种绝对依赖感思辨的结果。他提出,人们看待世界与人类自身时,是以对神的绝对依赖——整个世界依赖于神——为出发点的。世上一切似乎都处于因果关系之中,所有事件发生的过程是由神规定的。人们的这种感觉正是由人自身对神的全部依赖产生的。对神的绝对依赖告诉人们神的一切属性,如永恒、全在、全知等等。人们对这些属性的阐释,并不是关于神本身的陈述,而是人们对神的绝对依赖感的表述和反映。

在《基督教信仰阐明》中,施莱尔马赫对基督教信仰提出许多新的解释。他坚持,基督教是人类所有宗教中最好的宗教,因为它最完满地达到了使人与神和好的目的。基督教所关心的问题,如罪恶、宽恕、人与神的分离与和好,是所有宗教中最根本的问题。他认为基督是基督教信仰的核心,基督本身就是神与人的联合。由此可见,施莱尔马赫是一位强烈的基督中心论者。

如果说康德把神的观念变为实践道德理性的公设,那么施莱尔马赫从人的心理感觉的角度出发,指出宗教的本质是人们内心对神的绝对依赖感,人们关于神的存在及其属性的观念与这种绝对依赖感有着直接的联系。

三　鲍尔、施特劳斯与圣经评断学

《圣经》在新时代的价值究竟是什么？这个问题对于新教有特殊的重要性。这是因为虽然《圣经》是新教各宗派及东正教会和罗马天主教会所敬奉的经典，但是，东正教会和天主教会除《圣经》外还拥其内部公认的其他权威，如古老的教会传统和教皇（牧首）制等。新教否认罗马天主教会的地位和传统，新教各派也没有一个为各个宗派所共同认可的权威性机构，他们认为《圣经》是惟一的权威，因此，《圣经》的价值对他们尤其重要。

圣经评断学（Biblical Criticism）始于18世纪，是自然神论和启蒙运动的产物。进入19世纪以后，自然科学的发展和历史学、考古学领域的新成就成为促进圣经评断学发展的两股力量。首先，人类在天文学、地质学和生物学方面的新发现进一步展示出宇宙和人类起源的科学道理，提出了种种假说，与《圣经》里的创世说相对立，促使一些人开始思考甚至怀疑《圣经》的权威性，把《圣经》作为分析、研究的对象。其次，在历史学与考古学领域中，学术研究强调完全的客观性，不少学者对新发现的古代文献和记载进行了大量细致的考证和研究，并在此基础上整理出版了大批的原始资料汇编，专论和专著更是层出不穷。所有这些成就都促使德国的神学家和《圣经》研究者对耶稣生平和早期教会历史的研究达到一个新的阶段。在众多的学者中，图宾根学派的影响比较突出。

图宾根学派是以图宾根大学为中心，由该校的神学教授鲍尔（Ferdinand Christian Baur, 1792—1860）倡导的从事教会史和《圣经》研究的一个派别，希勒根费尔特（Adolf Hilgerfeld, 1823—1907）、施维格勒（Albert Schwegler, 1819—1857）和施特劳斯（David Friedrich Strauss, 1808—1874）等人都是这个学派的活跃人物。他们运用黑格尔的哲学研究方法，对基督教的信条史、教会史、《新约》和早期教会文献作了分析。同时，他们还利用历史学、古文字学和典籍考证等方面的知识，对《圣经》卷册的正误、真伪和资料来源作了大量研究,开创了"圣经评断学"中"高级考证"(Higher Criticism)的先河,对英国和美国的《圣经》研究的产生和发展具有很大的影响。

鲍尔是19世纪上半叶德国最有影响的教会史学家。他1815年毕业于图宾根大学神学系,担任牧师职。从1826年起,鲍尔担任了图宾根大学的神学和教会史教授,直至1860年逝世。他运用黑格尔的辩证方法,以历史的自然演变来解释基督教,提出早期基督教的发展与"彼得派"和"保罗派"之间的矛盾关系很大的观点。他把彼得派(犹太人基督徒)看做早期教会发展中的正题,把保罗派(外邦人基督徒)看做反题,把这两派之间的斗争、融合的结果——古代公教会(Catholic Church)看成合题,从而提出《新约》也应分为属彼得派的和属保罗派的。《马太福音》代表犹太基督徒的观点,出现最早;《约翰福音》与其他3部福音书不同,是彼得派与保罗派调和之后的作品,所以成书最晚。在《保罗书信》中,鲍尔只承认《罗马人书》、《哥林多书》和《加拉太书》为保罗所作。鲍尔的主要著作有《保罗——耶稣基督的使徒》、《福音探索》和《最初三世纪的基督教会》等。鲍尔对早期基督教会史和《圣经》的研究不仅在当时,而且对后世的学者影响都比较大,他的一些观点至今都被认为有重要学术价值。

大卫·施特劳斯生于路德维希堡,1821—1825年就读于布劳堡仑的一所神学院,受教于鲍尔。从1825年起,他开始在图宾根大学学习,受到黑格尔著作的影响。1831年,施特劳斯赴柏林聆听施莱尔马赫和黑格尔的演讲,后来回到图宾根大学任助教。1835年,《耶稣传》(全名为《经过批判处理的耶稣生平》)的问世使他名声大振,同时也使图宾根学派更加引人注目。为此施特劳斯被解除助教职务。后来他曾在苏黎世担任教义学教授。

同当时的许多神学学者一样,施特劳斯也深受黑格尔哲学的影响,他使用黑格尔的术语"精神"来表述神。他提出基督的根本意义在于他是"精神"与人的结合;整个人类也因这种结合而成为"精神"与人的结合,基督就是整个人类,而不仅仅是耶稣本人。但是,传统的基督教会只是把耶稣作为特别对象敬拜,使他与普通人疏远而成为一个精神实体。在《福音书》的史料来源方面,施特劳斯认为《约翰福音》的历史价值最小。他比较重视《马太福音》,但他认为四部《福音书》都不是目击者的作品。他认为所谓"神迹"从来就是不可能的,但《福音书》里却充满了神迹,因而是不能完全为人们所接受的。他指出,《福音书》中描述的耶稣生平充满了神话,它反映了当时的人们对创造奇迹的救世主"弥赛亚"的盼望和人们对实现《旧约》预言的渴望。耶稣确有其人,但《新约》中的基督就其超验的特点而论,基本上是神化地创造。施特劳斯的《耶稣传》使《福音书》的历史可靠性受到尖锐的挑战,是对基督教传统及其所谓亘古不变的信仰依据的威胁。

德国的圣经研究,在当时的知识界产生了较大的影响。恩格斯在《论早期基督教的历史》中,对圣经批评学作了较高的评价,称它是迄今人们在早期教会史领域中认识的惟一科学基础。他提出:"在批判研究方面,这个学派(指图宾根学派——引者)达到了一个神学派别所可能做的最高限度。它承认所有4篇福音书都不是目击者的传述,而是已佚典籍的后来加工品,在据说是使徒保罗写的使徒书信中,最多有4篇是真的,如此等等。它把历史记叙中的一切奇迹和矛盾都作为无法接受的东西而勾销了;但对于其余部分,它却企图'挽救一切还能挽救的',这就非常清楚地显示出它的神学家学派的性质……但是无论如何,图宾根学派从新约中作为非历史的或伪造的东西而摒弃的那一切,可以认为在科学上已经被最后消除了。"(恩格斯:《论早期基督教的历史》,《马克思恩格斯全集》第22卷第531页。)

四 利舍尔及其学派

利舍尔(Albrecht Benjamin Ritschl,1822—1889)是19世纪下半叶德国神学和早期教会史研究方面影响最大的神学家,是德国神学自由主义的先驱。利舍尔生于柏林,其父是柏林路德教会的一位著名讲道员,因而他从小就受到路德教派的影响。1839年,利舍尔开始在柏林大学研习神学,后来又在波恩、哈雷和海德堡参加神学讲座。在图宾根大学,他受到鲍尔的影响,在早期关于福音书的论述中,赞成鲍尔关于基督教起源的假设。1857年以后,利舍尔的观点发生了变化。1864年他应邀去哥廷根大学任教。他的主要著作有《释罪和复交的教义》(1870—1874)和《神学与形而上学》等等。正是前一部著作的问世,使利舍尔的神学影响直到1890年仍在德国占统治地位。

在基督教起源的问题上,利舍尔与鲍尔之间有很大的区别。鲍尔只是从基督教本身来考察它的起源,而利舍尔则注重从基督教产生的社会历史背景与环境进行研究。他提出,基督教不是在虚空的世界里产生的,它受到当时的宗教、哲学和制度观念的影响,而且正是在这些观念的影响下,特别是在非犹太教的外族人的土地上,基督教最初的简单内容才发生了深刻的变化,由此产生了古代公教会的神学和制度。利舍尔还利用历史批评的方法对早期基督教的社团和历史上的耶稣作了有益的探讨。

在神是否可知的问题上,利舍尔受到康德的影响,并同意康德的观点,认为"自在之物"是不可知的。但是,他又提出,人们可以通过神对人的影响和人对神的反映来了解神、认识神,从神在基督里的启示来了解神对人的价值。在神学研究方法上,利舍尔否认形而上学有助于论证基督教的真理,抵制黑格尔的宗教哲学对神学的影响,强调神学应研究信仰者认为与价值有关的内容。他不赞成神学研究从作为绝对的上帝开始,而认为应当从《福音书》开始;他还指出基督是关于上帝知识的惟一源泉。他强调基督教的内容主要有两个:即信仰(通过耶稣得救)和道德(上帝的国)。利舍尔否认原罪的教义,坚持人有向善的倾向,提出上帝的国就是爱,耶稣基督的工作就是使人亲近上帝,把人们带入道德的王国。由此可见,利舍尔的神学不再完全是玄而又玄的思辨,而是比较注重把神学与现实相结合,强调神学对人们的价值,重视"爱"的道德,这实际上代表了16世纪后期欧美新教神学的一种倾向。

利舍尔的学生和追随者进一步发展了他的思想,这些人一般被称为"利舍尔学派",其中阿道夫·哈纳克(Adolf von Harnack,1851—1930)堪称是这一派的佼佼者。哈纳克生于爱沙尼亚的塔尔图,他的父亲是大学的神学教授,并且是路德教会一位严格虔敬的信徒。哈纳克先后就学于道尔帕特和埃尔兰根,1872年进入莱比锡大学,并于次年获得博士学位。他先后在莱比锡、吉森、马尔堡和柏林讲授教会史。1888年被选为柏林大学教授时,由于他在《信条史》一书中表露的自由主义神学思想,哈纳克遭到普鲁士教会(路德宗)的反对,其父也因此与他断绝了关系。哈纳克是19—20世纪转折时期新教会中影响最大的教会史学家,他撰写的专著和论文很多,其中最著名的著作有《信条史》、《马西昂》和《基督教的使命与传播》等等。他的《基督教的本质》被认为是自由主义新教神学最精辟、影响最广的论著。《信条史》着重研究宗教改革以前基督教信条的产生和演变,目的是要说明,如果基督教的福音想要在现代社会继续保持活力就必须摆脱信条的羁绊,因为基督教最初并没有任何信条。在哈纳克的努力下,19世纪末信条史一直是德国神学的研究中心。在《基督教的本质》里,哈纳克曾试图给《福音书》下定义。另外,他还探讨了穷人和社会问题等等。他是基督教社会福音的积极倡导者之一。

海尔曼(Wilhelm Herrmann,1846—1922)也是利舍尔学派中著名的神学家,曾在马尔堡大学担任神学教授。他曾对基督教神学中神与人在基督里和好的含义作过专门研究,认为基督不仅是历史上"上帝国"的创立者,而且也是成为肉身的神,是人们敬拜的对象。在《基督徒与上帝的交通》中,他提出个人与复活的基督的关系是基督教信仰的基础。

五 特劳赤与宗教史学派

19世纪90年代,一些被称为"宗教史学派"的德国学者对利舍尔学派的观点提出挑战。这一派力图运用历史方法把基督教置于古代东方地区其他宗教的背景中进行研究,批评利舍尔神学研究中的"狭隘性"。这一派的主要代表是神学家特劳赤(Ernst Peter

Wilhelm Troetsch,1865—1923)。他提出,基督教只是许多宗教中的一种,各种宗教都与其产生和发展的历史条件和环境密切相关,没有一种宗教是绝对的或始终不变的。特劳赤在20世纪前20年的影响很大,他的主要著作有《基督教会的社会宝训》(1912)、《现代基督教新教与教会》(1909)和《新教在现代世界进步中的意义》等。

总之,19世纪德国新教神学十分注重同当时变化中的知识理论和思潮以及科学的新发现相结合,吸收并运用哲学、历史学和考古学方面的研究成果,对上帝的存在、宗教的本质和基础、《四福音书》、耶稣生平和早期教会史等重要的神学研究课题进行广泛、大胆和批判性的研究,得出了非常大胆、新颖的结论,这在以往的教会史上是从未有过的,其影响和意义十分深远。

第二节 新教在德国和欧洲大陆其他国家的活动

一 德国教会的复兴

18世纪末至19世纪初,欧美国家的新教会普遍出现了教会觉醒与复兴运动。德国教会的复兴运动主要表现在教会生活复兴与国内传教方面,而且主要是在路德宗教会内部进行的。

19世纪上半叶,德国仍然处于四分五裂的局面。德国政治上的不统一,导致了教会生活的复杂多样性,"教随国定"的原则一直为各国诸侯所遵循。教会的复兴运动在各个诸侯国之间、在同一诸侯国的各个教会里的表现形式不尽相同。这一运动主要是在莱茵河下游、威斯特伐利亚和符腾堡等地流传。这些地区曾经是17、18世纪虔敬运动的中心。另外,巴伐利亚、汉诺威、不来梅、汉堡、西里西亚和柏林等地教会复兴运动都有一定的影响。早在反对拿破仑占领德国的战争中,普鲁士教会的复兴运动就已经开始。著名神学家施莱尔马赫在讲坛上曾多次号召人们拿起武器反抗入侵者。当时,许多人把解放普鲁士的战争看做是十字军式的征战,人们手中的武器得到教会的祝福,他们甚至在战场上唱起嘹亮的赞美诗。1815年以后,教会复兴运动在各地普遍传播。在新教徒屡遭迫害的天主教诸侯国——莱茵河下游和威斯特伐利亚,路德教会的牧师用生动的讲道来吸引听众,并向他们分发《圣经》和宗教小册子,而且还向北美的德国移民派遣传教士。在符腾堡,教会复兴运动主要在农民中进行,复兴运动具有强烈的虔敬运动的色彩。虔敬派布道家 L. 郝伐克特(Ludwig Hofacter,1798—1828)和 W. 郝伐克特(Wilhelm Hofacter,1805—1848)十分强调"原罪"的观念,号召人们悔改,宣传神恩的奇迹和瞬时蒙召得救,吸引了许多信徒。巴伐利亚的复兴运动的主要领袖略荷(Johann Konrad Wilhelm Löhe,1808—1872)和哈莱斯(Gottlieb Christoph Adolf von Harless,1806—1878)都强调要坚持《奥格斯堡信纲》,重视教会的地位,希望教会对国家有更大的独立性。略荷同时还提倡神职人员实行禁欲和独身,重视宗教礼仪和圣餐仪式。另外,他很重视路德宗在北美的传教工作,对美国"密苏里会议"和"依阿华会议"的成立产生了较大的影响。在萨克森,教会的复兴运动则坚持《圣经》是信仰的最高权威,教会的首要责任是宣传上帝的话,反对虔敬主义和莫拉维亚兄弟会。

在德国教会的复兴运动中,新教的其他宗派,如循道宗、浸礼宗、安息日会、摩门教和基督教科学派先后从英国或美国传入,并取得一定进展。然而同英、美国家的教会觉醒运动相比,德国的教会复兴运动无论在规模还是在影响方面都要逊色得多。

这一时期出现了一些由普通信徒组成的志愿团体从事国内传教和慈善活动,其中影响较大的是维谢恩(Johann Hinrich Wichern,1808—1881)领导的"内传会"(the Inner Mission)。它的主要对象是城市里的下层群众。另外,19世纪后期,主日学校、圣经协会、基督教青年会等组织也传入德国,它们的共同目的之一就是要反对马克思主义在工人中的传播,反对唯物主义,抵制工业化、世俗化造成的冷淡宗教信仰的倾向,尽力把人们吸引到教会中去。

二 德国教会的联合与分化

自从《威斯特伐利亚和约》以后,根据"教随国定"的原则,德国各个诸侯国的君主尤其是信仰新教的君主以自己领土的教会最高首脑自居,对教会实行绝对的控制。由于德国政治分裂的缘故,德国的教会也处于分裂状态。从1817年起,在国王的直接干预下,普鲁士新教会揭开了路德宗与归正宗教会联合的序幕。经过几十年的努力,普鲁士新教会终于实现了联合。

普鲁士是德国信仰新教的主要诸侯国,路德宗的力量大于归正宗。18世纪的启蒙运动和虔敬主义在一定程度上削弱了双方教义上的分歧,为普鲁士教会的联合奠定了一定的基础。另外,拿破仑战争时期,法国军队的入侵严重地动摇了普鲁士的封建秩序,结束了人们彼此封闭、隔绝的状态,有利于教会的联合。普鲁士教会的联合主要是由普鲁士国王威廉三世(William Ⅲ,1797—1840在位)实施的。威廉三世于1799年就宣称,他可以施行普鲁士教会主教的权力,并组成专门委员会研究路德宗和归正宗教会的礼仪。1808年他又下令取消教会的自治权力,把教会事务交国家内务部管理。在1815年的维也纳会议上,普鲁士获得大片领土。于是,普鲁士政府无论在政治上,还是在教会体制上都面临着如何巩固封建专制统治把几个大的行省联成一体的问题。从这个意义上说,普鲁士新教会自上而下的联合是政府加强专制统治的重要措施之一,是为政治目的服务的。

为了使普鲁士教会的联合带有一定的宗教色彩,威廉三世宣布在纪念马丁·路德发表《九十五条论纲》300周年(1817)时实现路德宗与归正宗的联合,并以双方的联合礼拜为标志。威廉三世的主张得到这两个教会许多神职人员的赞同,他们决定放弃原有名称,改称"普鲁士联合福音教会"(the United Evangelical Church of Prussia)。1822年威廉三世颁布了他亲自编纂的礼拜仪式书(the Service Book),并命令教会必须使用。从而普鲁士国王实际上成为教会真正的最高领袖。但是,威廉三世颁布的这套新的礼拜仪式书遭到神职人员的一致反对。神学家施莱尔马赫曾经多次严厉指责威廉三世的做法,谴责当时的普鲁士教会是"宫廷的"教会,而不是"人民的"教会。路德宗在德国的东部和北部一直占主导地位,在萨克森和西里西亚路德宗仍对归正宗教会耿耿于怀,坚持认为他们是异端,不能与自己的教会实现联合。在布雷斯劳(Breslau)所有路德宗教会的牧师均拒绝采用新的礼拜仪式,并于1830年脱离普鲁士联合教会组成"老路德派"(Old Lutherans,亦译"旧礼仪派")。威廉三世多次使用武力对老路德派实行镇压,并禁止他们移居美国。直到19世纪40年代威廉四世采取较宽容的政策,他们才被允许迁往美国和澳大利亚,留在德国的老路德派组成"福音路德宗大会议"(the General Synod of the Evangelical Lutheran Church)。但是,大多数路德宗教徒留在联合福音教会中,其中的一些保守的信徒自称"新路德派"(New Lutherans)。而另一些人则带有强烈的自由主义倾向,否认任何信条,只承认《圣经》的权威,并提倡对它进行较灵活的解释。他们虽然也支持联合教会,但是更倾向于政教分离。尽管如此,在普鲁士政府的努力下,"联合福音教会"一直延续下来,到20世纪初,它已成为欧洲大陆最大的新教会。

除普鲁士以外,19世纪德国境内其他诸侯国的归正宗教会和路德宗教会也逐步实行了联合,但是,这种联合并不等于统一,而且德国也没有出现过任何全德意志范围的、跨宗派的联合组织。

由于各诸侯国的教会均在政府控制之下,直到19世纪下半叶,教会要求摆脱国家控制的趋势才在德国出现。但是这种趋势一直很弱,只是到1914年以后德国才实现了政教分离。

19世纪后期,德国工人运动高涨,马克思主义迅速传播,各种非基督教倾向日益发展,在这种条件下,德国新教教会,尤其是路德宗教会深切感到有联合、合作共求发展的必要。于是,一些全国性、国际性的单一宗派的合作组织便应运而生,"福音教会大会"(the Evangelical Church Conference)就是其中的一例。它是在1848年欧洲资产阶级革命的冲击下产生的,其宗旨是在《奥格斯堡信纲》的基础上对教会生活和教会间的合作等重要问题进行自由讨论,以便对社会的疾速变化采取对策。1868年首次召开的"路德宗福音教会大会"是重要的国际性路德宗教会组织,它包括德国、斯堪的纳维亚各国和美国的路德宗教会,他们互相交流对教会改革、联合与合作的看法,研究时局的变化,谋求对付社会的挑战。1923年这个组织发展成为"路德宗世界会议",1947年又更名为"世界路德宗教会同盟"(the Lutheran World Federation)。

三 欧洲大陆其他国家的新教

除德国以外,路德宗在斯堪的纳维亚也占据重要地位。同其他国家一样,丹麦、挪威和瑞典的宗教也受到启蒙运动和理性主义的强烈冲击,自然神论削弱了人们对基督教启示的信心,许多神职人员着重强调耶稣的道德教训和神的恩典。18世纪末到19世纪初,虽然按照习俗在教堂里举行洗礼、婚礼和葬礼的现象比较普遍,但是无论在知识阶层还是在乡村参加礼拜活动的人数都大大减少。

路德宗在丹麦、挪威和瑞典一直享有国教的地位。在德国教会复兴活动的影响下,这些国家的教会也出现了形式多样的复兴活动。丹麦宫廷牧师、神学家闵斯特(J. P. Minster,1775—1854)代表的是一种类似自由教会的倾向。他早年崇拜法国革命和理性主义哲学,后来又受到康德哲学的影响。从1834年到1854年,他担任西兰岛主教达20年之久,成为丹麦教会的首席领导。丹麦另一位重要人物是格伦维赫(Nicolai Fredericke Severin Grundtvig, 1783—1872),他使丹麦的宗教生活发生了很大的改变。他主张教会应以《使徒信经》为基础,重视教会权威、洗礼和圣餐,而不要过分强调《圣经》的权威。这一时期挪威教会有影响的人物是豪格(Hans Nielsen Hauge,1771—1824)和约翰逊(Gisle Johnson, 1822—1894)。豪格是一位平信徒传教士,曾因抨击国教会信仰冷淡现象被囚禁10年。他重视信徒的皈依和灵性的重生,在乡村和城市下层人们当中影响较大。约翰逊曾在克利斯蒂安尼亚的一所大学教授神学和教会史,继豪格之后领导了挪威教会的复兴活动。与豪格相比,他比较重视"因信称义"的信仰,而且对社会各阶层都有影响。瑞典路德宗教会的觉醒在一定程度上类似于英国国教会的牛津运动,强调古代教会的传统和基督在圣餐中的临在,其中沙尔陶(Henrik Schartau,1757—1825)牧师作用较突出。

欧洲大陆的加尔文宗教会受到法国大革命的冲击,19世纪初在英国福音运动的影响下,才逐渐恢复活力。无论是信仰新教还是信仰天主教的国家都企图控制和管理加尔文宗教会的事务,无视教会当局,所以几乎每一个地方都发生了政教冲突,许多地方出现了自由派教会与国教会的分离。因此,19世纪加尔文宗教会主要表现为摆脱世俗压力的羁绊,实现教会自主,而在神学方面影响不大。

拿破仑执政时期,法国南部的新教徒遭到屠杀,教堂礼拜活动被禁止,教会组织被取消,由国家指定的董事会管理信徒,牧师领取政府的薪金,增强了对国家的依赖性。波旁王朝统治时期,新教出现复兴,改革宗教会的著作得以再版,圣经书局和宗教书册协会先后成立,平信徒成为教会复兴的主力。在瑞士的日内瓦,英国的福音派牧师举办学习班培养神学学生,介绍苏格兰福音派的教义,对法国和瑞士法语区的改革宗产生了较大影响。19世纪30年代,瑞士、法国和荷兰的加尔文宗在信仰和教规方面出现了分歧,他们对预定论、耶稣受难等问题的看法不同,有人主张依赖国家,有人主张与政权分离。1834年荷兰的一些分离者脱离教会。到19世纪中叶,瑞士和法国也先后实现政教分离。

另外,这些国家的路德宗教会或加尔文宗教会在19世纪的复兴运动中,先后产生了一些从事传教和慈善事业的志愿团体,在近代新教的全球传播活动中发挥了一定的作用。

第十八章 19世纪英国和美国的基督教

1800年至1914年的世界史是以英国为首的西方资本主义国家在世界其他地区全面推行帝国主义扩张政策的历史,也是其政治、经济、文化及社会组织诸方面充分发展的历史时期。英美两国在国际政治舞台上,甚至在宗教方面都对世界产生了巨大影响。

第一节 19世纪基督教在英国的发展变化

英国是最大的殖民国家,随着英国经济的蓬勃发展,其海外贸易扩大到世界许多地方,其殖民地领土和人口迅速增长。1914年英国殖民地面积达3350万平方公里,殖民地人口近4亿。19世纪70年代以前,英国经济的发展一直居世界之首,有"世界工厂"之称。由于资产阶级激进派和工人运动的影响,19世纪英国议会进行了一系列的改革,工业资产阶级最终取代了土地贵族,完全控制了国家政权。19世纪末20世纪初,英国和其他资本主义国家一样过渡到帝国主义阶段。伴随着资本主义的发展,英国的工人运动此起彼伏,1819年发生的"彼得卢惨案"和三四十年代的"宪章运动"是最突出的例子。19世纪40年代,马克思主义的创立为国际工人运动的发展提供了思想武器。马克思主义对宗教的公开批评,震动了基督教会。此外,功利主义、浪漫主义、空想社会主义思潮和《圣经》批评、进化论学说都在不同程度上影响了基督教的发展。

一　福音运动的继续

由于英国基督教会自身的特点,英国的福音运动分为国教会的福音运动与不从国教者的福音运动及海外传教运动等几个方面。

19世纪初,英国国教会十分不景气。教徒忽视宗教义务,无视基督教教义、教规的现象十分普遍。30年代以前,高级教士道德水平下降,一般神职人员兼领圣俸和教职缺席现象风行。许多乡村教堂信徒稀少,门可罗雀,难以组织起正常的礼拜活动。而大城市里则教堂缺乏,无法容纳涌入城市的大量人口,致使不少国教会信徒改信其他教派。

福音运动就是在这种情况下发展的,它是一些神职人员复兴国教会的一种方式,是19世纪前期英国基督教会中最重要的事件。福音派在宗教方面与欧洲大陆的虔敬主义十分相似。他们四处布道,宣讲耶稣受难的无限价值和圣灵对每个信徒的灵魂重生、纯洁和引导作用,号召人们改邪归正,回到教会中来。福音运动的主要领袖有:威廉·威尔伯福斯(William Wilberforce,1759—1833)、汉纳·莫尔和查理·西门(Charles Simeon,1759—1836)等人。《基督教观察家》是福音派的喉舌。福音派的活动主要表现是,在新形势下复兴教会生活,改善信徒的道德状况,奋兴信徒的宗教热情。但是在神学方面他们的影响不大。

国教会的福音运动在一般信徒中发展很快,而在神职人员特别是高级教士中发展缓慢。1815年,第一个福音派主教的任命引起教士们普遍的不满,他们称他为"宗教上的主教"(Bishop in religion,意指只担任主教职务,不享有政治特权)。随着英国各阶层人民要求改革选举制度的呼声的高涨,福音派在上层社会中有所发展,其中一些人逐渐担任了教会内的重要职务,如1828年约翰·萨姆纳(John Bird Sumner,1780—1862)担任了切斯特教区的主教,1848年他又晋升为坎特伯雷大主教。福音派在国教会中一直是重要的少数派,他们在政治上与英国资产阶级激进派是一致的。但

19世纪中叶以后,他们开始转向保守,反对任何形式的改革。

英国国教会是统治阶级和国家的教会,在英国法令的保护下,国教会信徒享有种种政治特权。他们垄断公职、控制大学,对不从国教者采取歧视态度。因此不从国教者的福音运动表现为发展壮大自己的力量和争取教派间权利平等两个方面。

19世纪初,大多数不从国教者属于长老会、公理会、浸礼会和贵格会等宗派。这些教派福音运动的发展与都市中产阶级、现代科学和资本主义有密切关系。1800年英国不从国教者占全国总人口的1/5,19世纪参加不从国教者礼拜仪式的人数与参加国教会礼拜仪式的人数相等,19世纪中叶后,不从国教者改称自由教会(Free Churches),1910年自由教会教堂的信徒人数超过了国教会。不从国教者人数的迅速增加与他们的福音运动是分不开的。

随着英国工业革命的深入发展,大量农村人口放弃土地涌向城市。不从国教者不失时机地适应这一变化,在广大群众中积极开展活动,使不少国教会信徒加入了自由教会。自由教会的布道员在各地举行大型布道集会,规劝人们遵守基督教的信条和道德规范,及时地满足了他们的宗教生活要求。有的布道员还深入到贫民区和监狱做劝戒工作。值得一提的是,著名的美国布道家穆迪在英国的游行布道极大地助长了自由教会的福音运动。在福音运动的推动下,自由教会迅速发展。如卫斯理宗,从1800年到1860年,信徒增加了4倍,1908年卫斯理宗的信徒达到90万人。

19世纪初,不从国教者的公民权利受到法律的严厉限制。1828年至1832年议会选举法改革后,非国教派公民才有资格被选进国会。在他们长期不懈的努力下,国会被迫进行了一系列的改革,使自由教会的成员在税收、教育、婚丧仪式等方面与国教会信徒享有同等待遇。尽管如此,非国教会的公民在政治上仍然受到一定程度的歧视。

英国基督教福音运动的影响还表现在海外传教运动方面。英国"国教会传教差会"、"宗教书册出版协会"就是国教会中的福音派组织成立的。在传教运动中影响最大的传教组织"伦敦传教差会"是由公理会、长老会等宗派联合组成的。在福音运动的影响下,英国基督教会各宗派在传教区的许多国家建立起教会组织,并影响了它们的发展。1846年在伦敦成立的"福音派同盟"(Evangelical Alliance)是英国福音运动的另一重要结果。这个组织后来在促进各教会联合方面发挥了一定的作用。

二 牛津运动

英国的福音运动和1828年以后议会实行的一系列改革,使国教会的保守人士感到国教会与国家的基础正在发生动摇,并且对国教会的性质产生了怀疑。于是,他们重新强调教会的权威,反对世俗政权干预教会事务,要求恢复正统的教会传统和礼仪。1833—1845年,牛津大学的弗洛德(Richard Hurrell Froude, 1803—1836)、纽曼(John Henry Newman, 1801—1890)、凯布勒(John Keble, 1792—1866)和皮由兹(Edward Bouverie Pusey, 1800—1882)等人领导的"牛津运动"(Oxford Movement)就是这种要求的反映。

1833年7月,凯布勒发表《论民族的叛教》(*National Apostasy*)的演讲,揭开了牛津运动的序幕。这一运动的领导人认为,英国自1828年以来进行的改革是危险的。他们反对政府干涉国教会,认为圣公会的独立比充当国教更有价值。在宗教上,他们标榜复兴早期基督教会的传统,主张改变现有的礼仪。他们坚持,得救的方式是在圣餐仪式上领受基督的体和血,而惟有拥有使徒传统的人主持的圣餐礼才是有效的。

纽曼是牛津运动的主要领导人。他于1824年领受圣公会牧师职,1828年担任牛津大学圣马利亚教堂的代理牧师。从1833年凯布勒发表《论民族的叛教》之后,纽曼开始出版《时代书册》(*Tracts for the Times*)。它成为牛津运动的领袖宣传自己的观点,抨击国教会中的福音派和不从国教者的论坛。到1841年《时代书册》共发行90卷,牛津运动因此也被称为"书册派运动"。在第90卷书册里,纽曼提出国教会的《三十九条信纲》并不与罗马天主教会的信条相冲突。他的观点在国教会内引起普遍的争议和反对,纽曼本人也遭到坎特伯雷大主教的谴责,《时代书册》也被禁止。1845年10月,纽曼脱离英国国教会转而改信罗马天主教。这场历时12年的牛津运动被国教会称为"教皇的袭击"。

与福音运动不同,牛津运动主要在神职人员中间影响较大,它是对19世纪20年代以后英国国教会至尊地位的丧失和神职人员的特权日益被削弱的一种反动。在强调教会权威地位方面,它与19世纪罗马天主教会流行的教皇权力至上论(Ultramontanism,即越山主义)有一定的关系。在社会关系上,牛津运动的领袖与旧贵族和绅士关系密切。在政治上,他们基本上是保守的。

三 基督教社会主义与教会的社会改良活动

基督教社会主义(Christian Socialism)是19世纪中叶英国国教会中出现的一种思潮,它是在英国资本主义发展过程中社会弊病日益显露,宪章运动日趋高涨,空想社会主义者在各地开始进行合作社试验的背景下产生的。这一思潮的主要代表人物有莫里斯(John Frederich Denison Maurice,1805—1872)和金斯莱(Charles Kingsley,1819—1875)等。莫里斯认为基督教与社会主义的精髓同为博爱、平等和正义。他反对资本主义的自由竞争,主张通过合作运动实现社会主义,以便解决工人贫困的问题。他提出基督的降临就是要拯救全人类,基督是全人类的首领。因此,人生的每一方面都与基督相关,都应限制在基督教的范围内。穷人的贫困是错误的经济关系和社会的非正义造成的。而错误的经济关系及其所导致的社会邪恶是由自由竞争造成的,因而社会迫切需要合作原则。同莫里斯相比,金斯莱比较熟悉英国劳工的状况,同情宪章运动,主张采取渐进的方式进行改革,反对使用激烈的手段。金斯莱认为,《圣经》并不是要穷人安于贫困,而是一本劝戒富人的书,是"改革者的指南"。同其他基督教社会主义者一样,他们都是说教者,并未采取任何行动来实现自己的主张。虽然他们也看到了资本主义制度下的不合理现象,但是却不认为资本主义剥削制度本身是造成社会两极分化和工人生活贫困的根本原因。尽管如此,基督教社会主义依然是英国圣公会关注现代社会问题开端的标志。

与基督教社会主义者不同,英国福音派是社会改良主义的积极行动者。为了维护资本主义制度,缓和社会的阶级矛盾,19世纪中叶以后,英国教会的各个宗派都开始从事社会改良活动。在社会活动方面,一些神职人员深入到贫民区,了解穷苦信徒的生活状况,并给予一定的安慰。他们还办起孤儿院、精神病院等机构,收留那些无家可归的儿童和患者。在教育方面,他们兴办主日学校,传授宗教知识和其他知识,为提高人们的文化水平发挥了一定的作用。19世纪后期,随着都市化的发展,城市中出现了一些由教会办的"新村"、"服务性教堂"或类似的机构,收留和照顾那些流落街头的失业者、移民或孤儿、老人等下层群众。在道德方面,福音派提倡节俭自制,反对淫乱、赌博等行为,广泛开展禁酒活动。"基督教青年会"(the Young Men's Christian Association)和"救世军"(the Salvation Army)等组织在这方面也发挥了一定的作用。英国国教会的"基督教社会协会"(the Christian Social Union)在韦斯科特(Henry Scott Holland Westcott, 1847—1918)和戈尔(Charles Gore, 1853—1932)等人的领导下,把基督教的道德原则用于社会经济问题,在社会行动方面产生了一定的影响。

四 19世纪英国基督教的主要思潮

19世纪英国流行的哲学是功利主义。它始于边沁和詹姆士·穆勒。边沁(Jeremy Bentham, 1748—1832)继承了18世纪的经验主义和科学传统,深受爱尔维修和洛克的影响,提出功利主义原则,成为近代西方功利学说的代表人物。边沁把求乐避苦作为人生惟一的目的,认为"个人的利益是惟一现实的利益","社会利益只是一种抽象,它不过是个人利益的总和",提出了著名的"最大多数的最大幸福"的功利主义原则。在信仰上,边沁排斥宗教,主张摒弃一切没有理性根据的信念,包括对上帝的信仰。边沁的功利主义经过穆勒父子得到发展。功利主义者崇尚理性,压抑感情,反对各种浪漫主义。虽然它公开敌视宗教,但它倡导个人主义和改革精神,对代表资本主义上升时期资产阶级利益的福音派的观点产生了一定的影响。

柯勒律治(Samuel Taylor Coleridge,1772—1834)是19世纪早期英国浪漫主义的重要代表人物之一,同时也是一位较有影响的神学家,但他的神学思想缺乏系统性。柯勒律治曾在德国学习,在哲学上受到德国哲学家康德、费希特和谢林的影响。1825年柯勒律治出版了他最重要的神学著作《思考指南》(Aids to Reflection)。柯勒律治对理性与知性加以区分,认为理性是一种直觉感知的能力,是人们内在的感受,宗教真理只有通过这种理性才能被人们感知到。宗教是无需外在证明的,它依赖于人们内心的宗教意识。在他看来,基督教主要不是一整套的教义,而是一种生活方式。基督教的存在不必进行证明,只要人们进行尝试便可确知,人们在实践中会自然发现它的存在。柯勒律治不赞成对《圣经》作拘泥于字面的解释,他大胆地提出必须把《圣经》作为别的任何一本书来读的主张,他认为读者会发现它不同于别的书。《圣经》的魅力在于它本身,人的内心体验是最后的检验标准。柯勒律治在神学方面与施莱尔马赫有许多相似之处,为此他被称为"英国的施莱尔马赫"。

19世纪上半叶,德国的圣经评断学在鲍尔和施特劳斯等人的领导下得到充分的发展。通过自由教会和苏格兰学者的介绍,从19世纪40年代起,圣经评断学在英国产生了很大影响。在此之前,《圣经》字句无谬误的观点在英国一直占主导地位。1846年施特劳斯的《耶稣传》经乔治·艾略特翻译在英国出版,标志着英国圣经评断学的开端。此后,许多学者和教会人士从不同的侧面对《圣经》作了大量研究。1860年本杰明·乔伊特(Benjamin Jowett,1817—1893)等人所写的《评论集》(Essays and Reviews)问世,使英国的圣经评断研究达到一个新的阶段。这本书一经出版便立刻成为争论的焦点。书中收集的论文涉及到神学研究自由和用历史学与自然科学方面的新发现、新材料对《圣经》进行自由研究的问题。其中乔伊特在《论〈圣经〉的解释》一文中提出把《圣经》作为一本普通的书来解释和从《圣经》本身来解释《圣经》的观点。查理·葛德文在《论〈摩西五经〉的宇宙起源说》中主张,神学家要调和《摩西五经》的宇宙起源说与地质学的新发现的关系。这本《评论集》的作者的目的是要通过运用科学的新发现,对《圣经》进行评论,保持它在知识界,特别是大学青年中的地位。然而,由于《评论集》倡导自由研究的观点,结果遭到塞缪尔·威尔伯福斯等正统派的谴责,这本书的7位作者也被谴责为"反基督的七人"。

1862年,科伦索(John William Colenso,1814—1883)主教撰写的《摩西五经与约书亚书的批判研究》(*The Pentateuch and Book of Joshua Critically Examined*)使英国的圣经研究掀起新的波澜。科伦索提出,《摩西五经》的内容很少是属于摩西时代的,摩西本人的历史真实性也是可疑的,对《摩西五经》提出种种质疑。科伦索因此受到许多神职人员的反对,40多名主教签名要求他辞职。另外,剑桥大学的学者对《圣经》也作了大量研究,对英国圣经评断学的发展产生了一定影响。

英国圣经评断学发展的结果之一,是削弱了人们对《圣经》的信念,降低了它的传统权威地位,使教会内部的教义纷争变得更加难以裁决,这种倾向在福音派中尤其明显。

19世纪后期,英国教育体制中宗教教育的地位逐渐削弱。这种趋势因科学技术的飞速发展而进一步加剧,《物种起源》的发表对此起了推动作用。进化论主张各种生物都是由共同祖先逐渐发展演变而来的,进化的动力是生存竞争和自然选择的原则。进化论学说是对基督教会的直接挑战,它与基督教会一贯坚持的"创世说"是背道而驰的。19世纪后期,在进化论等学说的影响下,人们日益相信科学能带来美好的生活,通过人的道德努力和科技进步,社会的进步是可能的。许多人的头脑中"科学"已取代基督教成为一种生活和得救的途径。

五 19世纪英国天主教会

19世纪初,英格兰只有一小部分天主教徒。随着30年代法国天主教会的复兴,英格兰的天主教徒也开始活跃起来。19世纪40年代,大批爱尔兰天主教徒移居苏格兰、英格兰,促进了英国天主教会的发展。牛津运动后期,一些圣公会的信徒追随纽曼改信天主教。1850年,教皇庇护九世在英格兰重新恢复了自宗教改革以来一直停止的主教区。同年,红衣主教威斯曼晋升为威斯敏斯特大主教,管辖12个主教区。1851年,牛津运动的另一个领袖曼宁(Henry Edward Manning,1808—1892)加入罗马天主教会,并且赴罗马补修神学。1854年曼宁返回伦敦,建立修道院。1865年,他接替威斯曼升任威斯敏斯特大主教。曼宁是梵蒂冈第一届大公会议上"教皇权力至上论"的积极支持者和"教皇永无谬误说"的拥护者,同时还是一位活跃的社会改良主义者,他曾积极从事禁酒、劳工立法和慈善活动。天主教会虽然有上述发展,但在英国一直居次要地位,直到1914年它才在英国社会中真正立足。

第二节 美国的基督教

19世纪是美国资本主义迅速发展的重要时期。1783年,美国还仅仅是一个面积约有200万平方公里的落后的农业国家。但经过一个多世纪的发展,20世纪初它已经成为世界头号强国,在国际政治舞台上发挥着举足轻重的作用。

美国的发展主要表现在疆域的扩大、人口增长和经济繁荣等几个方面。1872年,美国领土比1783年增加了4倍,人口比1790年增长了10倍。美国领土的扩大和人口的增长为美国基督教会的发展提供了广阔的活动范围和众多的对象。1894年,美国的工业生产跃居世界首位。1913年美国的工业产品已占世界工业产品总量的1/3以上,比英、法、德、日4国工业产品的总和还多。美国经济的飞跃一方面促进了科学技术的发展,加速了宗教的世俗化趋势;另一方面也影响了教会的发展,激发了教会的觉醒运动和社会改良活动。作为美国社会的一个组成部分,美国教会的发展是美国历史长河中不可分割的一部分。1800年美国新教徒占总人口的6.9%,1850年美国新教徒占全国人口的比例增加到15.5%,1900年上升为35.7%,1910年发展到43.4%。从以上数字,我们可以看出19世纪美国新教徒的人数一直呈上升趋势,美国教会的确在社会中占有举足轻重的位置。

一 新教的"第二次大觉醒运动"

同英国和欧洲大陆一样,美国基督教新教各教会的复兴运动,从19世纪至20世纪初一直是美国教会生活的主流,是教会在全国范围内迅速发展的一种方式。被称为教会的"第二次大觉醒运动"。

随着美国疆域的扩大、移民的增加和人们宗教热情的衰减,美国教会感到有必要再次复兴教会生活,激发人们的宗教热情。美国教会史上的"第二次大觉醒"(the Second Great Awakening)运动,最早于1792年出现在新英格兰地区,1800年这一运动达到高潮。第二次大觉醒运动的主要作用,在于把宗教神学和宗教实践集中在信徒的灵性重生,并且把新皈依者组织在教会之中这两个方面。这一运动的领袖们把《圣经》视为最高权威,反对自然神论,抨击一切渎神、道德败坏和宗教冷漠现象,要求信徒重新回到教会生活中去。新英格兰地区公理会觉醒运动的著名领袖有:耶鲁大学的校长德怀特(Timothy Dwight,1752—1817)、布道家比切(Lyman Beecher,1775—1863)和神学家泰勒(Nathaniel W. Taylor,1786—1858)。

第二次大觉醒运动很快从美国东部传到中部、南部和边疆地区。同东部文雅有序的觉醒运动相比,这些地区复兴教会生活的活动主要表现为布道员的巡回讲道和大规模的户外集会。在集会或礼拜仪式上,新皈依者往往通过尖叫、抽泣、喧闹以及多种身体剧烈的动作来表示痛苦的悔罪和皈依后的快乐。长老会牧师查理·芬尼(Charles G. Finney,1792—1875)是19世纪上半叶美国最著名的福音布道家。他在布道中使用苛刻的大众语言,采用指名道姓、延长礼拜时间或在非正常的时间举行礼拜等多种方式,赋予第二次大觉醒运动以新的特点。芬尼的做法迅速在美国东部流传开来。他的著作有《论宗教复兴运动的讲演集》和《论系统神学的演讲》。他提出检验任何教义的标准在于看它是否有助于拯救,从而对改变极端加尔文宗教义产生了一定的影响。

在复兴教会的浪潮中,卫斯理宗、浸礼宗和长老宗在肯塔基、田纳西和俄亥俄等地迅速发展。这些教会大多不重视神职人员的神学教育,并且经常授予普通信徒圣职。这些教会主张基督为所有的人受难,因此人人都能获得神恩,得到拯救。这些教会同中下层群众联系密切,并且吸引了大量的群众加入教会。比如在美国西部,卫斯理宗19世纪初有信徒约3000人,1830年发展到17.5万人,1844年猛增到100多万人。

在"第二次大觉醒"的影响下,19世纪末至20世纪初,美国新教的海外传教运动蓬勃发展,新教各教会通过自己的传教差会在亚、非、拉建立起许多教会组织。1888年成立了"学生志愿海外传道团"(Student Volunteer Movement for Foreign Missions)。这个组织在"这一代要使世界福音化"的口号下,派出数以千计的青年学生基督徒从事海外传教活动,极大地推动了美国的新教教会在全球的传教运动。

二 主要宗派的分化与新教派的出现

19世纪也是美国教会(新教)大发展、大动荡、大分化和大改组的时期。许多教会因神学观点、传教方式和政治观点等方面的分歧而导致组织上的分化。最早发生分裂的是公理会。以亨利·沃尔(Henry Ware,1764—1845)和威廉·钱宁(William Ellery Channing,1780—1842)为首的公理会自由派,宣传上帝一位论的观点,批评原罪教义和预定论。1815年他们采用一位论派(the Unitarians)的名称,并于1825年正式成立了"美国一位论派协会"(the American Unitarian Association)。

托马斯·坎贝尔(Thomas Campbell,1763—1854)原是爱尔兰长老会牧师,1807年移民美国。他主张各教派应重新合一,回到初期教会的式样。他的一个著名原则是:"《圣经》上讲的,我们讲;《圣经》上没有讲的,我们不讲。"1809年坎贝尔在宾夕法尼亚组成"华盛顿基督徒社",后来又发展成为"基督门徒会"(the Disciples of Christ,亦称"基督会"),从长老会中分离出来。

19世纪美国教会分裂最重要的事件是美国最大的两个宗派卫斯理宗和浸礼宗的分裂。分裂的根源是美国19世纪中叶的奴隶制问题。美国卫斯理宗分裂为南、北卫斯理宗。浸礼宗分裂为南、北浸礼宗。上述主要宗派的分裂对美国教会的复兴运动产生了很大的消极作用。

新教派的不断涌现是19世纪美国教会的又一趋势。这一趋势是在美国资本主义经济自由竞争、议会民主制、政教分离、信仰自由和移民运动等多种因素的影响下出现的。1776年美国有26个教派,1916年教派发展到190多个。

威廉·米勒(William Miller,1781—1849)原是浸礼会信徒和农场主,他宣称根据《旧约·但以理书》计算出基督复临和基督千年王国开始的时间为1843—1844年。从1831年起,米勒及其追随者在新罕布什尔、纽约和佛蒙特等地宣传他的预言,创立"基督复临派"(the Adventists)。一时间基督教的"千禧年论"(Millenarianism)在美国广为流传。许多人丢弃财物和家产,爬上房顶坐等基督的第二次临世。然而,米勒预言的落空使人们大失所望。1845年,米勒的追随者召开基督复临派全体会议,陆续分化成一些独立的社团,一些强调守安息日(即星期六)的信徒组成"基督复临安息日会"(the Seventh-Day Adventists)。

基督复临派的信仰对19世纪下半叶许多小教派的产生有很大的影响。"耶和华见证派"(Jehovah's Witnesses)就是其中之一。这一派最初反映了人们对美国资本主义社会制度的强烈抗议。他们宣传教会虚伪的说教、政府的暴政和商业的压迫是撒旦的3个盟友。他们攻击正统的基督教会及其传统神学不守安息日,并且拒绝履行戒酒誓言,拒服兵役,因而吸引了大批下层群众。这个教派的创立者是查理·拉塞尔(Charles Taze Russell,1852—1916)。他宣称基督的复临已于1874年完成,世界末日即将来临,用宗教语言表达了人们对美国现存社会秩序的不满。这一派最初起名为"瞭望塔圣经书册会"(the Watchtower Bible and Tract Society),后改名为"国际圣经学员协会"(the International Bible Students Association),20世纪30年代定名为"耶和华见证派"。20世纪中叶,这一派在出版、福音布道和传教人员培训方面影响较大。耶和华见证派现有成员100万人,他们自称是上帝之国福音的传播者(publishers)。

"摩门教"(Mormons)是美国教会复兴高潮中出现的新教派之一,1830年由约瑟夫·史密斯(Joseph Smith,1805—1844)创立。史密斯声称,他于1827年在纽约曼彻斯特附近发现一卷用古埃及文写成的《摩门经》,系上帝的先知摩门在哥伦布发现美洲前写成的,并由他译成英文。根据《摩门经》,散居世界各地的犹太人将于弥赛亚再次来到之前聚集美洲,上帝将在美国建立新耶路撒冷。摩门教认为《摩门经》与《圣经》同为上帝的话和启示。史密斯死后,这一派在杨伯翰(Brigham Young,1801—1877)的率领下进入犹他州的盐湖城。20世纪前20年,摩门教约有信徒50万人。

19世纪后期,在人们对"精神治疗"兴趣的刺激下,美国出现了许多宗教团体,"基督教科学派"(Christian Scientists)就是其中之一。这一派的创始人艾娣(Mary Baker Glover Eddy,1821—1910)原为公理会信徒。从1862年起,她宣称自己发现了通过祈祷治病的秘诀。1866年组织基督教科学派。1875年她出版了《科学与建康——阅读圣经的指南》(Science and Health, With a Key to the Scriptures)。艾娣强调基督教科学派惟一的真理是,作为精神的神是万有,而且存在于万有之中。世界一切都是精神的,除精神外别无实在。物质是罪恶,是疾病和死亡,是虚幻的。因为神是万有,所以人与神同在,并且永远存在于神里面。基督教科学派只承认基督、不承认作为凡人的耶稣具有神性,认为《圣经》所讲的宇宙创造、人的堕落和救赎都是不真实的。这一派的特点是从不讲道,而且没有神职人员,崇拜礼仪简单,由读经师主持阅读《圣经》;不纪念圣诞节、复活节等;无洗礼等圣事。总部设在波士顿。

三 社会福音派与教会的社会改良运动

19世纪后期,自由资本主义得到充分发展,大工业使社会财富迅速增加,科技、文化、教育事业不断发展,在资本主义社会中造成了一种"乐观"的情绪。伴随着资本主义的发展也产生了众多的社会问题,如工人阶级的贫困化,贫富之间的两极对立,以及酗酒、娼妓、盗窃、凶杀等罪恶现象的增加等。但在上述"乐观"情绪的影响下,资本主义的阴暗面并没有使人感到震惊、恐慌和绝望,相反,人们认为通过某种道德教化,采取一定的社会措施就可以消除各种丑恶的社会现象。社会福音派神学就是在这样的社会背景下产生的,而近代出现的以德国神学家施莱尔马赫为代表的自由主义神学又为社会福音派的出现提供了思想条件。

社会福音派最早的代表是格拉顿(Washington Gladden, 1836—1918)。他出生于宾夕法尼亚,毕业于威廉斯学院,以后担任了公理会的牧师。格拉顿主张把宗教的原则用于解决社会问题,发挥基督教在社会生活中的作用。他把神的拯救理解为对社会的拯救,认为原罪使人背离了神,社会就沦为地狱,神的拯救使人回到神的爱之中,社会就可以变成天国,所以改造社会的关键是使社会"宗教化"。他认为在拯救社会的事业中,教会承担着重要的责任,教会应克服原有的各种弊端,如依赖富有阶级的经济支持,脱离下层的劳苦大众等,通过服务社会使社会上人与人之间建立起伙伴关系,使富人和穷人、资本家和劳动者在社会生活中彼此协调,如同早期教会调和了犹太人和外邦人一样。格拉顿并不想要真正消除不平等现象,认为基督教的社会并不是共产主义或平均主义的社会。只是人与人之间建立了和谐关系的社会。

社会福音派典型的代表是饶申布什(Walter Rauschenbusch,

1861—1918)。他生于纽约,毕业于罗彻斯特神学院,后任该院教授和浸礼会牧师,是一位激进的社会福音派思想家。他认为,基督教的本质和目的就是通过重新调整人与人的关系来改造社会,使社会变成上帝之国,实现社会的基督教化。他批评传统的教会背离了基督教的正确方向,在早期强调回归基督,否定、漠视现实世界,中世纪后发展出脱离现实生活的教条、礼仪和修院制度,进一步与社会隔绝。这使人形成了一系列片面的观念:只消极等待神赐的恩惠,不主动考虑社会问题;只追求天国的幸福、重视苦行修道,放弃了对现实社会的改造等。他认为面对现代工业社会的种种问题必须使教会回到本来的方向,重视忽略已久的社会问题。他提出,改造社会的前途是社会主义,手段是社会的基督教化。因为大资产阶级反对改造社会,中产阶级出于既得利益不愿触动资本主义根本制度,工人要求革命,而革命会造成巨大破坏,所以基督教是改造社会的惟一力量。他主张教会与工人结盟,社会主义应得到基督徒"满怀喜悦的欢迎"。应以基督教的伦理为基础建立社会秩序,以基督教信仰来改造人与人的关系。饶申布什还系统阐述了他的"社会福音神学",他认为以往的传统神学都各有其核心,社会福音神学的核心是在现实世界建立"上帝的国",建立"上帝的国"正是耶稣的主张,是基督教信仰的核心,以前的神学宣传的是个人的宗教、个人的福音,现在应宣传社会的宗教、社会的福音,应使人不只关心个人的得救、重生,而且关心社会的改造,承担共同的社会责任。他甚至提出:爱同伴,为同伴服务就是爱上帝,服务于上帝。

社会福音派的主张把宗教信仰同社会生活联系起来,号召人们积极参与社会活动,以基督教的伦理原则改造社会,使得19世纪末20世纪初美国各新教教会中出现了一个社会改良运动。礼拜时的讲道不再仅仅重复某些传统的教义,而是着重强调道德与社会现实问题,以强化信徒的道德伦理意识,号召信徒抵制不良的社会风气。许多教会还开展了各种慈善活动,教会的志愿人员深入社会为残疾人、孤儿、老人、精神病患者等提供各种服务,一些神职人员到监狱探视罪犯,进行劝化工作。对于失业者,教会也开展了一些救济活动,在此基础上一些教会还建立了某些独立的常设机构,如孤儿院、医院、养老院、失业救济所等,常年提供社会服务。创立于英国的基督教青年会和女青年会传入美国后在社会福音派和社会改良运动的影响下也由原来的向青年传道的组织逐步成为进行广泛社会活动的机构。它以提倡德、智、体、群为标榜,开设了文娱、体育、教育等多项社会活动,范围已远远超出社会救济领域。

美国教会是美国社会的一个组成部分,它的社会改良活动是适应美国社会的需要而产生发展的,对于缓和社会矛盾、调整社会关系起了重要作用,成为资本主义政治、经济制度的一个组成部分。社会福音派的神学观点虽在20世纪30—40年代已逐渐消沉,但在其影响下建立起来的服务于社会的传统和各种组织、设施至今仍发挥着重要的作用。

四 教会在黑人中的发展

美国的黑人大部分是作为奴隶被贩运到美国的,其中绝大多数集中在美国南部。《解放宣言》颁布以前,他们都是奴隶,受到非人的待遇。

最早的黑人教堂出现于18世纪70年代。南北战争前,基督教新教在黑人当中有一定的发展,基督教为那些加入教会的黑人奴隶提供了一种精神安慰和灵魂得救的希望。但是加入教会的奴隶只是少数。许多黑人拒绝接受言行不一的白人的宗教。一些奴隶主感到基督教能使黑人俯首帖耳,纷纷请牧师为奴隶讲道。1860年以前,约有20万奴隶加入了卫斯理宗教会,17.5万黑人加入了浸礼会。在美国南部,黑人教堂受到白人的控制;在美国北部,自由的黑人在教堂受到白人的冷遇和歧视。黑人并没有因为与白人信仰同一个上帝而在宗教上获得与白人同样的待遇。于是,一些黑人基督徒脱离白人教会,组成独立的黑人教会组织,如"非洲裔循道宗教会"(The African Methodist Episcopal Church)和"非洲裔卫斯理宗锡安堂"(the African Methodist Episcopal Zion Church)

等。

南北战争以后,黑人教会成为领导黑人进行斗争的主要组织。亨利·特纳(Henry M. Turner,1834—1915)主教愤怒地抗议美国社会对黑人的不公正待遇,号召黑人返回自己的家园非洲去。另外一些人,如布克·华盛顿(Booker T. Washington,1859?—1915)则主张,黑人通过为社会提供有益的服务来改变在社会中的地位,不赞成黑人进行暴力反抗。1870年近20万黑人信徒脱离拥护奴隶制的美国南方卫斯理宗教会,加入了黑人自己的教会组织。黑人教会在信仰、神学、讲道等方面与白人教会有很多相似之处。20世纪中叶以后,在黑人反对种族歧视、争取种族平等的斗争中,美国的黑人教会开始提出"黑人神学"(Black Theology),并且用它作为武器为争取黑人的合法权利而斗争。

五 19 世纪美国的天主教会

19世纪欧洲天主教移民的大批涌入,使美国天主教会迅速发展。1800年,美国只有1个主教区,信徒5万人。1860年,美国主教区发展到44个,信徒超过200万人。美国的天主教会是由不同民族的移民组成的,它是在克服外来的反天主教势力和解决内部冲突的过程中发展起来的。

美国天主教会的第一名主教是卡洛尔(John Carroll,1735—1815)。1808年,教皇庇护九世在波士顿、纽约、费城等地设立主教区,并把巴尔的摩升为都主教区。美国南北战争以前,天主教会在许多地方都发生了教会财产托管人在教会中的作用问题的争执,反映了掌管教会财产的一般信徒要求与神职人员共同管理教会的民主要求。

19世纪30—50年代,约有100多万爱尔兰移民进入美国,激起新教徒普遍的敌对情绪,新教徒与天主教徒之间的冲突时有发生。1844年,费城的两座教堂被烧毁,造成多人死亡。同时,新教会反天主教的报刊、组织都有所增加。天主教会也不甘示弱,办起《美国天主教杂谈》进行反击。1844年后,美国天主教会开始稳步发展。1851年爱尔兰血统的主教肯瑞克(Francis Patrick Kenrick,1796—1863)晋升为巴尔的摩大主教后,天主教会权力开始逐步落入爱尔兰裔天主教徒手中。

南北战争时期,美国各地天主教会的政治观点基本上与所属的地区一致。为了整顿组织与教规,1866年美国天主教会在巴尔的摩举行第二届全会,会上特别强调教会作为永无谬误的机构的作用和教会基本信条的重要性。1869年美国天主教会的大多数主教参加了第一届梵蒂冈大公会议。几乎所有的美国代表都反对"教皇永无谬误说",许多人提前离会以示不满。

19世纪后期,东、南欧的天主教移民蜂拥而至,1900年美国天主教徒猛增到1200多万人。爱尔兰血统的教徒在教会中的领导地位不断受到挑战。1884年巴尔的摩大主教主持召开了美国天主教第三届全会,目的在于把各民族的教会成员置于标准教规和礼仪的管理之下。但这次会议并未消除教会内部的隔阂。不久,美国教会发生了保守派和美国化派的斗争。保守派以德国和波兰的天主教徒以及部分爱尔兰神职人员为主。他们坚持恪守传统的天主教教义、信条和组织原则,反对教徒参与世俗生活。美国化派则主张在教义和组织原则方面采取灵活的立场,提倡天主教会适应美国社会的现实,同情工人运动,赞成信徒积极参与社会事务。双方的争执时起时落,直到1895年教皇颁布通谕之后才日趋缓和。传统的天主教信条、实践、神学和组织制度仍旧是美国天主教的主流。

1908年教皇庇护十世宣布,美国不再是天主教会的传教区。1911年"美国天主教海外传教差会"成立,玛利诺修道院在纽约附近建成。1918年美国天主教会派出首批传教士到中国从事活动。

六 19世纪美国基督教的主要思潮

19世纪上半叶,加尔文派和阿明尼乌派的神学思想在美国新教会中占主导地位。教会坚持《圣经》字句无谬误的传统观点,把《圣经》视为最高的权威,上帝在6天中创造宇宙万物的观点被普遍接受。随着科学技术和文化领域中学术研究的发展,这种神学观点发生了深刻的变化。

(一)圣经评断学及其影响

19世纪40年代,当德国的圣经评断学传入英国的时候,它在美国丝毫没有什么影响。美国内战又使美国的学者对圣经评断学和德国新教神学的了解推后了好多年。南北战争结束后,一些美国学者前往欧洲学习,接受了德国自由主义神学,特别是利舍尔的神学观点,放弃了传统的神学观点。鲍登·鲍恩(Borden Parker Bowne)、马修斯(Shailer Mathews)和威廉·布朗(William Adams Brown)都是美国当时比较有影响的年轻学者。另外,随着对《摩西五经》研究的广泛展开,《旧约》的权威地位发生了动摇,在人们看来,上帝的启示也似乎成为演变的或进化的。神学观点的分歧导致美国教会中出现了激烈的争端和对异端的审问。在这种压力下,教会与神学院的关系发生了微妙的变化。一些神学院试图摆脱教会的直接控制,而保守的教会对神学院的不信任也日趋增加。《圣经》权威地位的动摇也使美国的许多神职人员逐步把道德问题和社会的犯罪、失业等问题作为讲道的中心,一些人心目中耶稣的形象也发生了很大的变化,耶稣经常被人们比做一位道德改革家。

(二)进化论的影响

由于南北战争的影响,进化论的讨论直到19世纪七八十年代才在美国广泛流行。70年代反对达尔文进化论学说的观点在美国占主导地位。许多人认为进化论是与《圣经》神创万物的说法相抵触的,是要剥夺人特有的宗教性和道德性,是要否定《圣经》的启示真理。这种观点到后来有所缓和,一些人开始试图根据有神论来解释进化论。1876年,约翰·费斯克(John Fiske)在《宇宙哲学》里论证了"进化是上帝行事的方式"的观点。80年代,著名的福音派牧师布鲁克林的亨利·比切(Henry W. Beecher)也接受了进化论,对当时美国东北部的知识分子产生了很大的影响。1897年莱曼·

阿博特(Lyman Abbott)在《一个进化论者的神学》中提出了基督教的进化论。在美国神学自由派的努力下，许多人开始重新思考科学新发现与宗教之间的关系，并且开始相信认识真理的途径并非一种。作为认识真理的途径之一，科学开始逐步被教会接受。

（三）基要主义

伴随着圣经评断学与进化论影响的扩大，美国一些主张自由主义的神学家开始努力调和科学与基督教的关系。但是，美国教会中正统的保守主义者如路德宗的"密苏里会议"和改革宗中来自荷兰和苏格兰的信徒以及"千禧年前论者"依然固守传统的信仰，坚持《圣经》是神的启示，字字句句都是正确的。从19世纪70年代起，他们经常召开《圣经》研讨会，强调对《圣经》作字面意义的解释。这类会议后来以"尼亚加拉圣经会议"而著名。波士顿的戈登(Adoniram Judson Gordon)、詹姆士·布鲁克斯(James Hall Brookes)和威廉·莫海德(William G. Moorhead)等人都是这类会议上的活跃人物。1895年的尼亚加拉会议上所提出的承认《圣经》字句无谬误、耶稣基督是真神、耶稣是童贞女马利亚所生、耶稣为人代死而使人类与上帝和好等5点主张，成为保守派的基本观点。从1909年到1915年，一些保守派神学家编写了12本小册子，总称《基本要道》(The Fundamentals)，广泛分发给各地教会。这些保守派因此被称为"基要派"(the Fundamentalists)，其神学思想被统称为"基要主义"(Fundamentalism)。基要派在美国南部、中西部和太平洋沿岸地区影响很大。基要派与自由派之争是第一次世界大战以前美国神学界最尖锐的争端，但它并未导致福音派内部发生分裂。

第十九章 20世纪的基督教

20世纪是一个社会、政治、经济、文化大变革的世纪。

第一次世界大战后,科学技术得到迅速发展,19世纪自然科学取得的各种成果在生产技术和社会生活领域得到广泛的普及和应用,带来了能源、动力、冶金、机械制造、交通运输等方面的巨大进步。第二次大战后,以原子能、电子技术、合成材料、空间技术为标志的新技术革命以更快的速度迅猛发展,大大提高了社会生产力。物质生活条件的变化必然影响到包括宗教在内的社会精神生活领域,使作为世界主要宗教之一的基督教在20世纪的发展打上了明显的时代印迹。

20世纪也是充满矛盾和各种社会问题的世纪,在世界范围内存在着社会主义与资本主义两种社会制度的竞争与对立;存在着以西方发达资本主义国家为代表的经济发达国家和广大亚非拉发展中国家在政治、经济利益方面的错综复杂的矛盾;劳资冲突时有发生;此外战争的威胁、生态环境的破坏等问题也不断困扰着人类。这一切也必然在宗教领域有所反映,关注各种社会现实问题、介入社会生活,成了20世纪基督教发展的一大特点。

进入20世纪,国际关系发生了巨大变化,经历了两次世界大战,国际各种政治势力、经济利益集团的关系几经调整,终于形成了今天国际政治、经济多元化的局面,传统的"欧洲中心"观念被打破,加之大众传播媒介的多样化、普及化实现了全球范围快捷的信息交流,基督教由传统的西方宗教发展为影响遍及全球的名副其实的世界宗教,在组织形式、神学思想、礼仪制度等方面与各地区、各民族的文化传统相互作用,呈现出多元化的趋势,同时各宗派之间的对话、交流也得到进一步发展。

第一节 20世纪的天主教会

继18世纪末英国工业革命之后,19世纪末,欧洲大陆及北美各国的工业革命也蓬勃开展起来。工业革命给社会结构和人们的生活方式带来巨大变化。最突出的表现是,劳资矛盾成为社会的中心问题。无产阶级反对资产阶级的斗争,由经济斗争发展到政治斗争的阶段,矛头对准了资产阶级的意识形态和政治上层建筑。面对这种严峻的形势,资产阶级除了采用硬的一手外,也不得不对过去的政策作某些调整,以适应新的形势。天主教会一些领袖人物和神学家同样意识到,为使教会在巨变中生存下去,并扩大教会在群众当中的影响,政策调整也在所难免。20世纪的现代主义及第二届梵蒂冈大公会议的召开,便是这种努力的体现。

一 现代主义

天主教自由主义和现代主义,并没有更改传统的教义和教条,只不过是对原有基督教传统的重新解释,以适应现代文化和思想的发展。但是,现代派比自由派走得更远,他们对传统教义以及教会对权威的传统解释提出质疑。现代主义的代表人物主要是一批教会史、圣经评注、哲学等领域的学者,如法国的迪歇斯纳(Louis Duchesne, 1843—1922)、卢瓦齐(Alfred Firmin Loisy, 1857—1940)、拉伯多尼埃(Lucien Laberthonnière, 1860—1932)、英国的蒂勒尔(George Tyrrell, 1861—1909)和法国的布朗德尔(Maurice Blondel, 1861—1949)等。这些人的具体观点尽管各有所异,但都采用历史和批评的方法,都反对经院主义和托马斯主义;对权威至上主义,特别是教皇至上主义,及教会干涉科学自由和独立极为反感。他们甚至认为历史上的耶稣其地位比信仰中的基督地位低得多,他的知识有限,往往意识不到他作为救世主的尊严,教会及其礼仪不是他设立的,罗马教区的首席位置也并非产生于神的意志,他们认为天主教除非成为某种非教义的基督教,否则不可能与科学调和。显然,这些观点与教会的正统思想是截然相悖的。

现代主义者和教会当局冲突的主要问题之一围绕着《圣经》研究,19世纪末,圣经考古学已非常发达,1844—1859年重新发现了《西奈抄本》(*Codex Sinaiticus*),包括4世纪写在羊皮卷上的全部希腊文《新约》。1902年发现了《纳市残卷》(*Nath*),公元前2世纪写于蒲纸上,内有《旧约》残卷。19世纪上半叶至20世纪初,圣经评断家(或圣经批评家)的研究无论从范围上还是深度上都相当可观。德国著名圣经评断学者韦尔豪森(Julius Wellhausen,1844—1918)经过研究认为,《摩西五经》不是摩西所写。这表明,《圣经》与历史和科学研究得出的结论不一致,因而动摇了《圣经》无谬误的传统天主教观念。韦尔豪森的研究改变了圣经评断学的方向,一批圣经学者接踵而起。现代法国圣经学者卢瓦齐在法国巴黎天主教大学讲座的总结中说:"现在的《摩西五经》,不可能是摩西所写。《创世记》的前面章节,不是人类起源确切可信的描述……《圣经》的所有关于历史的记载(包括《新约》)与现代历史著作相比不严谨,不少解释随心所欲……我们不得不揭示《圣经》当中宗教教义发展的真相。"天主教学者当中的圣经评断,在罗马教廷里引起了严重不安。教皇利奥十三世在1893年的通谕中指出,《圣经》没有任何错误,并敦促学者们将古代教父、经院神学家,首先是圣托马斯的著作当做指南。为应付现代派的挑战,教皇于1902年设立教皇圣经委员会,40名委员中绝大多数都是经院学者。尽管如此,卢瓦齐仍继续他的研究。1902年出版的《福音与教会》(*L'Erangile et L'Eglise*)被认为是现代主义宣言。卢瓦齐主张,经过批评和历史性研究表明,查尔西顿公会议维护的所谓基督既有神性又有人性的主张不足为信;基督只是一位先知;教会及其礼仪的创始人是一个历史人物,死的时候并未想到要建立教会,更无意为教会设立礼仪,教会的出现是因为耶稣预言的天国没有到来;以罗马教区主教为首席的教阶制也并非出自耶稣。总之,教会的教义不应该被认为是一成不变的真理,而应该是教会经验的总结。

与此同时,别的一些现代主义者在其他一些领域也提出了与罗马天主教会不同的主张。英国人蒂勒尔(1879年加入天主教会)在其著作中把传统神学比做"死神学",他主张教会实行民主管理,各级神职人员只不过是相应社团的代言人。蒂勒尔在《处于十字路口的基督教》(*Christianity at the Crossroads*,1909)中,就基督教是否绝对的宗教提出疑问,他认为宗教是普世性的,基督教只不过起了酵母的作用。

罗马天主教会最担心的是年轻一代的神职人员受现代主义的影响,因此教会当局对现代主义者的态度越来越强硬。继卢瓦齐的著作被列入《禁书目录》之后,其他现代主义者也遭到了类似的厄运。教皇圣经委员会于1906年又重申,天主教徒必须认为,全部《摩西五经》都是摩西写成。利奥十三世(1878—1903在位)任期内,试图摆脱其前任庇护九世的孤立主义,曾对天主教自由主义和现代主义表示过一定程度的宽容。庇护十世(1903—1914在位)继位之后,对现代主义则始终抱敌视态度,在他任期内,罗马教廷于1907年先后发表《斥现代主义》(*Lamentabili*)和《牧吾羔羊》(*Pascendi*)两个通谕。前者历数现代主义的所谓65条错误并一一驳斥。《牧吾羔羊》则试图从思想体系上指责现代主义,认为现代主义的思想体系是建立在虚假的哲学前提基础上的;现代主义者是内在主义者,声称人的宗教经验始于人内在的宗教需要;现代主义是不可知论者,认为人的知识是随着现象的变化而改变;现代主义又是象征主义者,认为教会的信条和礼仪只是个人主观宗教需要的具体化;现代主义还是进化论者,认为教义、教会、崇拜、经典,甚至信仰本身都会发生重大变化。

为根除现代主义,每个主教区还设立了秘密的特殊机构,负责监视现代主义者的言行。此外,每个主教区还有一个审查委员会,监视所有与教会有关的文献。神学院学生都按中世纪托马斯体系进行神学研究,所有神甫和教师都要发誓反对现代主义,这种情况在意大利尤甚。具有典型意义的还有,罗马教廷为纪念庇护十世任教皇15周年,在1908年6月29日为他颁发的一枚徽章上,饰有一幅刺杀现代主义龙的图案。由于教皇的高压,现代主义作为一个运动几乎崩溃。蒂勒尔因在伦敦《泰晤士报》上撰文谴责《牧吾羔羊》而被革除教籍,至死也没同教会达成和解。卢瓦齐虽未被革除教籍,但死后没能在教堂举行葬礼。整个教会里面,除了那些经院式教科书的作者外,人人自危。其结果是,一直到20世纪中期,在天主教会内部特别在思想领域呈现出一派萧条景象,不少思想家保持沉默或被迫放弃神学研究。天主教自由主义和现代主义运动虽受到沉重打击,但其思想并没销声匿迹,相反,到20世纪五六十年代,以更丰富的形式、更强烈的程度表现了出来。

二 第二届梵蒂冈大公会议

第二届梵蒂冈大公会议(The Second Vatican Council)于1962年10月11日召开,1965年12月8日闭幕,前后经历4年。会议规模之大(共开过168次全体会议、10次公开大会,与会代表每次平均为2200名),颁布了4大宪章、9种法令、3项宣言,共16个文献,内容之多,争论之激烈,在天主教会历史上实属罕见。

1959年1月25日,教皇约翰二十三世(John XXIII,1958—1963在位)为解决"一个以不可改变和反现代主义而自诩的古老教会,如何在经历社会、政治和文化巨变的世界上生存下去"这一问题,发起筹备第二届梵蒂冈大公会议。约翰二十三世出身于意大利北部一个农民家庭,第一次世界大战前任圣职,战争期间在军队当外科医生。此后一直从事罗马教廷的外事工作,先后在贝尔格莱德、安卡拉任高级外交官,还担任过驻巴黎的宗座代表。1953年升任枢机并担任威尼斯宗主教。由于约翰二十三世当选时已76岁高龄,故不少人认为,他的当选是枢机团精心安排的教会"看守政府"。然而,约翰二十三世尽管在位时间短,召开大公会议却是他自己的主张,其改革倾向也是显而易见的。

第二届梵蒂冈大公会议,始终贯穿着教会改革派和保守派之间的斗争。罗马教廷高层官员一开始就想控制会议,为此,他们占据了筹备委员会的关键位置,按他们的想法拟定了各委员会组成人员名单,起草了70条建议供大会审议,把全世界主教所提的建议都丢在一边,并于1962年10月11日举行了隆重的开幕式。可是教皇在开幕词中,不顾教廷对会议的狭隘偏见,敦促主教们复兴教会,对现代社会及教会形势持乐观主义态度。为此,他要求主教们不要搞僵死的学究式辩论,而要为教会的古老教条找出有意义的、积极的新方式加以说明。很显然,教皇的讲话是针对起草委员会70条经院式和过时的建议,并暗示,会议要按教皇的意愿进行,首先必须打破教廷对会议的控制。控制会议的关键在于十个委员会,每个委员会的任务是起草文件,交主教们讨论,根据讨论的结果修改,最后交主教们通过。主教们和教廷之间的权力之争首先表现在各委员会遴选的方式上。主教要求用一段时间来熟悉各代表的情况,再拟出名单。结果教廷内定名单被取消,各委员会由反映各种思想倾向的主教组成。然后,原定的70条供讨论的建议中,除礼仪外,其余69条全部重写。会议讨论的第二个文件是《天主的启示教义宪章》,改革派首先批评了天主教会以往在这个问题上的"不合时宜"的观点,提出因该问题牵涉到广大信徒、其他基督教会以及外部世界,故要通过罗马天主教与其他基督教派别及基督教外部世界三方的对话解决。

会议召开过程中,约翰二十三世去世。保罗六世(Paul Ⅵ,1963—1978在位)继任后仍继续贯彻改革派复兴教会、加强基督教各派的团结、与世界对话的路线。保罗六世出身于意大利北部一中产阶级家庭。他的父亲在第二次世界大战前曾任记者、意大利议员,属罗马天主教保守派。教皇青年时代身体欠佳,不能在神学院住宿。后在罗马深造时被邀到梵蒂冈担任外事职务,在驻华沙使馆工作一段后回梵蒂冈。后来(1924—1954)一直任教廷国务卿,从1954年起任米兰大主教。保罗六世不仅深知罗马教廷的内幕,而且有丰富的外交经验。保罗六世继位后主持了第二次大会(1963年9月29日—12月4日)。大会讨论的主题分别为:普世教会运动、宗教自由、现代通讯和反闪族主义等。大会讨论的第一个文件是《教会宪章》,其中分歧较大的是关于集体领导的教义,即主教在管理教会中的权力问题。在保罗六世的干预下,改革派加强集体领导的议案获得多数票通过。第三次大会(1964年9月14日—11月21日)《天主的启示》的辩论也反映了改革派的主张,接受了现代圣经评断和历史研究的成果,主张教会与现代世界对话;但有些改革派主教提出重新评价婚姻道德,特别是关于人工避孕的传统立场时,曾引起了与会者的激烈争辩。与现代世界对话所面临的另一个问题是宗教自由。传统的天主教会观点认为,国家给予天主教会优先权,对其他宗教或教派只是宽容的问题。改革派坚决反对这一立场。以美国天主教主教们为首的改革派要求教会实行宗教完全自由政策,结果,教廷基督徒合一秘书处按改革派的要求起草了一份声明。这一立场遭到保守派的激烈反对,他们千方百计拖延对这一问题的表决,而保罗六世又不愿得罪保守派,故这一问题一直拖到第四次大会才解决。

改革派主教们对教皇偏袒保守派的立场十分不满。为安抚少数派,教皇对几个主要文件作了修改,如在《教会宪章》中,教皇不顾集体领导的原则,强调教皇首席权和独立性;在《大公主义法令》中,表示对新教不要作过多的让步。因为这些修改是在最后表决前最后几分钟进行的,主教们不得不接受。因为这些文件不合改革派的口味,最后的文件实际上是一个含有各种观点的折衷文件。

在第三和第四次大会间歇中,保罗六世前往孟买参加国际圣体大会(Eucharistic Congress),此举获得了世界普遍关注。教皇回梵蒂冈后,主持第二届梵蒂冈大公会议第四次大会,会上宣布,他本人将前往参加联合国大会,并呼吁和平。第四次大会最重要的议题是宗教自由。经过反复修改,《论教会在现代世界牧职宪章》文件使改革派感到满意。文件重申了宗教信仰和举行宗教仪式的自由,并承认教会过去有时违反这一原则。然而,以西班牙主教为首的一批保守派又一次拖延表决,最后,教皇为了去联合国前能达成关于宗教自由的协议,坚持立即投票。这样,文件以绝对优势获得通过。

第四次大会剩余时间讨论的议题有：主教的牧人职守、反闪族主义、修会更新、神职人员培训、基督教教育、传教差会、平信徒和非基督教宗教等。1965年12月初，第二届梵蒂冈大公会议正式闭幕，出席闭幕式的主教达2399人。

第二届梵蒂冈大公会议是20世纪一个最重大的宗教事件，2000多名世界最大宗教团体的领袖人物，在4年中出席了4次大会，就涉及宗教与现代世界关系的重要问题进行了热烈的辩论。大会制定的16个文献在会上获得多数人拥护而通过，这无疑会给天主教会带来变化。这次大会是天主教教会史上第一次没有受世俗国家干预的大会。一些基督教新教团体的代表也应邀参加会议，这在历史上也是首次。大公会议给天主教会带来的变化，表现在以下几个方面：

第一，最明显的变化是礼仪方面的变化。公会议强调，为使平信徒领会礼仪的含义，布道语言由拉丁语改为本民族语言；

第二，加深了教会自身的理解。以往教会强调制度、律法和教阶制，从平信徒到教皇形成一个金字塔式的统治机构。公会议则强调教会是上帝全体子民的教会，所有信徒在基本使命、尊严和义务方面平等，教会机关为教会社团服务，主教与教皇共同管理教会；

第三，对基督教其他教派的态度有所改变。约翰二十三世任职之前，罗马天主教会不接受新教发起的普世教会运动，认为自己的地位优于新教；而《大公主义法令》中的说法是，大公运动的最终目标，不是要求新教徒回到天主教会，而是应使分开的同宗重新联合。为此，罗马天主教会开展了与基督教其他派别的对话，承认它们是"兄弟教会"，与他们共同举行某些活动，在一些社会问题上尽可能与他们一致行动。罗马天主教会还公开承认自己对教会分裂所应负的责任，并要继续进行内部改革；

第四，公会议关心宗教信仰和教会生活的历史发展。过去教会神学是非历史的经院神学，强调天主教思想不可改变；公会议则强调基督教和人类历史的整体性，即历史条件影响传统的诸方面，甚至经典；

第五，公会议号召罗马天主教教徒与现代世俗世界进行对话。这一方面在《论教会在现代世界牧职宪章》中表明得最清楚。宪章中提到，教会接受现代史上一些进步的文化和社会运动，承认旧的思想形式、感情和社会关系已一去不复返了，并且也承认了人类解放的可能性。

大公会议还有一条引人注目的变化，即开始了所谓"教皇外交"。多少世纪以来，罗马教皇都高居于梵蒂冈城国内，通过其教阶制度、教义教规来行使他对全世界天主教徒的领导权。可是到20世纪60年代梵蒂冈迫切需要认识世界，参与国际社会的各项活动。为此，从保罗六世开始，教皇走出梵蒂冈，以国家和教会元首的姿态，进行频繁的外交活动。他们的足迹遍及世界各大洲，活动不仅限于宗教，也经常出现于政治场合。

第二届梵蒂冈大公会议是在罗马天主教会在内外形势的逼迫下召开的。一些议案，如加强集体领导，全面实行对话等，在改革派的力争下，达成了书面文献；但在教士的性质、神职人员独身、妇女按立圣职、人工避孕等问题上，并没有一致的见解，有不少人甚至在一些重要的教义问题上，仍坚持中世纪精神。即使是书面上的文献，在执行当中在一些地方也并没有认真贯彻。比如宗教自由是第二届梵蒂冈大公会议通过的，可是，罗马教廷在执行中并非如此，特别是教皇约翰·保罗二世（John Paul II,1978—2005）上任后，保守派势力有所抬头，仅1979年一年，罗马教廷就处理了好几位持不同观点的天主教神学家。荷兰神学家爱德华·希勒毕克斯（Edward Schillebeeckx）因在《基督论的一种试验》一书中坚持重新检验基督教教义，被召到梵蒂冈质询两天。德国神学家汉斯·孔（Hans Küng）因为在《永无谬误？一个疑问》等著作中，就基督的位格、教皇首席权等问题发表了与传统教义不同的看法，也受到质询，并且不让他在宗座大学或神学院担任天主教神学教授。受撤职处分的还有美国耶稣会士威廉·卡勒汉（William Callehan），理由是他要求梵蒂冈解除妇女担任圣职的禁令。德国主要解放神学家约翰·巴普慈·梅慈(Johann Bapts Metz)也被撤职,理由是他不同意罗马教廷信理部抨击由美国天主教神学家协会组织的对性道德的研究。对拉丁美洲解放神学家的指责就更多了。

总的来说,自第二届梵蒂冈大公会议以来,罗马天主教会的确发生了历史性转变。在教会生活方面,信徒人数持续增加,已经超过10亿,教会组织基本保持稳定,教会内部的宽容和民主有所扩大。在与现代世界关系方面,教会敢于正视现代世界的挑战,积极参与世俗社会,对世界的需要和问题作出回应,从而赢得世俗社会的尊重。在与其他宗教和教会的关系方面,罗马天主教会主张并积极开展与其他教会和宗教的对话,增进了彼此间的了解。然而,梵二会议毕竟是40年前的重大事件,在这40年里,罗马天主教会和当代世界均发生了巨大改变,教会内部尤其是部分神学家和北美天主教会要求教会进一步改革的呼声一直持续不断,教会内部面临着多重张力。如力求稳定与要求改革的张力,持守正统教义和神学与要求神学创新的张力,维护普世天主教会的统一与扩大地方教会自主权的张力,处于发展中国家和欠发达国家的南方教会与发达的欧美西方教会发展与要求严重不平衡的张力,因神职人员短缺要求授予妇女神职的呼声和要求持守独身男性任神职的传统,等等。总之,在新的世纪里,罗马天主教会依旧是全球最大的有活力的宗教团体,内部保守派、温和派和自由派并存,其张力与矛盾也将持续下去。

第二节　普世教会运动

普世教会运动(Oecumenical Movement,亦称"教会再合一运动")是现代基督教倡导基督教内所有宗派重新合一的运动。在从事这一运动的许多组织中,"世界基督教协进会"(World Council of Churches,亦称"世界基督教教会联合会")的规模和影响最大,它对普世教会运动的发展具有决定性的作用。普世教会运动起源于19、20世纪之间基督教新教一些较大宗派的传教合作与协调活动。

所以,普世教会运动最初主要在新教范围内进行。20世纪20年代以后,一些东正教会也与普世教会运动发生了联系,而且它们在这一运动中的作用和地位也逐步增强。

一 普世教会运动的酝酿

普世教会运动出现的原动力是新教的传教运动。19世纪后期,随着西方资本主义国家的对外扩张,西方各国基督教的海外传教运动也急剧发展。不同国家、不同宗派的传教组织在亚、非、拉主要传教区中的传教区域、活动方式等方面出现了一些矛盾。另一方面,基督教在这些地区的传教活动遭到各国人民日益强烈的抵制和反对。20世纪初,亚、非、拉许多国家兴起的争取民族解放和国家独立的斗争,严重地阻碍了传教活动的进行。在这种情况下,西方教会和传教差会的一些领袖逐渐认识到,各国的传教组织只有打破宗派之间的樊篱,消除分歧,携手合作,共同对付传教中面临的各种困难,才有可能有效地促进传教活动的发展。

1910年,"普世宣教会议"(World Missionary Conference)在英国爱丁堡召开,这被称做"普世教会运动的开端"。与以往类似的会议不同,在这次会议上来自欧洲和北美不同宗派的159个传教组织的1200名与会者第一次不是以个人身份,而是以教会或差会代表的身份参加会议。这次大会把全球传教事业作为一个整体对待,讨论和研究了传教组织的协调与合作、传教区教会的建立、传教士的培养、传教与政府的关系等8个议题,而且还成立了一个"续行委办会"(Continuation Committee)以便贯彻和推广这次大会的精神。1921年在美国的穆德(John Raleigh Mott,1865—1955)和英国的欧德海姆(Joseph H. Oldham)的倡导下,"续行委办会"发展成为超越宗派之上的传教合作组织"国际基督教宣教协会"(International Missionary Council)。这个协会旨在协调欧美各传教组织的活动与关系,并在亚、非、拉民族解放运动高涨的形势下,研究调整过去与殖民主义关系密切的传教方针和策略,为各国传教组织的合作与交流提供了一个讲坛。随着传教区教会的成长,在"国际基督教宣教协会"后来召开的几次大会上,亚、非、拉国家所谓"后进教会"(Younger Churches)的代表人数逐步增加,他们的要求也有所反映。

"生活与工作"(Life and Work)运动是第二次世界大战以前普世教会运动的第二股力量。它针对西方资本主义国家工业化过程中出现的一系列社会问题和国际问题进行思考,试图激发各国教会联合起来,从基督教伦理的立场出发,为解决西方国家共同面临的问题而有所作为,向世俗社会显示教会的存在与作用。早在19世纪后期,欧洲和北美的一些教会就成立起一些较大的从事社会服务的组织。第一次世界大战以前,瑞典路德宗教会的索德伯隆姆(Nathan Söderblom,1866—1931)等人曾谋划召开国际基督教会议,研究西方的社会与国际问题。但是,由于第一次世界大战爆发和战后欧美国家与教会之间矛盾重重,这项建议直到20年代中期才付诸实践。1925年"普世基督教生活与工作大会"(Universal Christian Conference on Life and Work)在斯德哥尔摩举行,包括少数东正教会代表在内的600多名代表出席了会议。在"教义存异、工作联合"的前提下,与会者研究了教会与经济和工业问题、教会与社会和道德问题、教会与国际关系和促进教会间的合作和协调的方式与手段等6个问题。这次会议标志着生活与工作运动的开始。会后产生的"续行委办会"于1930年发展成为"普世基督教生活与工作联合会"(Universal Christian Council for Life and Work)。1937年第二次生活与工作运动大会,即"教会、社团与国家会议"(Conference on Church,Community and State)在牛津召开。这次会议不仅讨论了教会与世俗社会、教会在社会中的作用问题,而且还研究了斯德哥尔摩会议有意回避的一些神学问题,提出了成立世界基督教教会联合会的倡议。

"信仰与体制"(Faith and Order)运动是第二次大战前普世教会运动发展的又一股力量。1910年,在菲律宾进行传教活动的美国圣公会主教布伦特(Charles H. Brent,1862—1929)出席了爱丁堡普世宣教会议,并从中受到启发,认识到不同宗派的教会之间真正的合作只有通过坦率地讨论神学教义问题、消除不同宗派在体制上的差异才能实现。于是他决定呼吁美国圣公会承担起解决教会信仰与体制问题的责任,为召开世界性教会信仰与体制会议作准备。经过长期努力,第一次"世界信仰与体制大会"(World Conference on Faith and Order)于1927年在洛桑召开。400余名代表就广泛的神学教义问题交换了意见,大会提出要与"生活与工作"等从事实践基督教运动的组织进行合作。1929年英国约克大主教威廉·汤朴(William Temple,1881—1944)接替布伦特继任信仰与体制运动续行委办会主席。1937年,这一运动在爱丁堡召开第二次大会,讨论"神恩"、"圣职与圣事"、"教会与上帝的道"和"教会生活与崇拜"等问题,并对"生活与工作"运动提出的成立世界基督教教会协进会的倡议作出积极的反应。

二 世界基督教协进会的成立与发展

20世纪30年代席卷西方社会规模空前的经济危机加剧了资本主义各国经济与政治发展的不平衡。这场灾难不仅导致教会陷入财政危机之中,而且使各国教会也处于混乱、不安和慌恐的境地。就普世教会运动而论,宣教、生活与工作、信仰与体制这3支力量既互相脱节,又相互交叉,而各自的力量又都不够强大,因此,把它们联合起来,共同向世俗社会作见证,从宗教方面为危机四伏的西方社会寻找出路,已经迫在眉睫。

1937年7月,这3支运动的35位代表在伦敦的威斯特费尔德学院聚首,决定将"生活与工作"和"信仰与体制"两个运动合并,并提出成立"世界基督教协进会"的设想。1938年,世界基督教协进会的筹备委员会在荷兰的乌特勒支成立,选举威廉·汤朴为主席,威瑟·霍夫特(Willem Adolf Visser't Hooft,1900—1985)为总干事,并拟定了协进会的章程。

由于第二次世界大战的影响,世界基督教协进会(World Council of Churches,亦称"世界基督教教会联合会")直到1948年才在阿姆斯特丹结束了长达10年的"成立过程"。144个基督教会和东正教会的代表参加了成立大会，其中西方国家的代表占绝大多数。这次大会以"人类的动乱与神的设计"为主题，力图使动乱的人类社会重新回到上帝设计的秩序中。大会通过的章程指出，协进会的主要任务是为各个教会服务，继续开展信仰与体制、生活与工作方面的工作。大会还向各个教会发出了"我们准备聚集到一起"的号召。

1950年，协进会的常务机构中央委员会在加拿大多伦多开会，专门讨论研究颇有争议的会员教会与协进会的性质与相互关系的问题。会后发表的题为"关于教会、各个教会和世界基督教协进会"的声明，从教会论的角度强调指出，协进会是由各个教会组成的教会联谊组织，它本身不是教会，而且也不是超级教会，它对本会会员教会无任何约束力，仅起建议和咨询作用。加入协进会的各个教会，无论属于哪一宗派，无论其人数多寡，其地位一律平等。基督的教会只有一个，目前存在许多教会这一事实是由教会的分裂造成的，协进会从事普世教会运动的目的就是要使所有教会合而为一。

1954年协进会在美国的伊文斯顿举行第二届大会，提出了"一起成长"的口号。1961年在新德里举行的第三届大会上，苏联和东欧社会主义国家的东正教会加入了协进会，改变了过去西方人控制协进会的局面，壮大了东正教会在协进会中的力量。另外，国际基督教宣教协会与世界基督教协进会实现了合并。另一引人注目的事件是罗马天主教会改变了多年来一贯坚持的抵制普世教会运动的态度，首次派观察员列席了大会。这次大会还应东正教会代表的要求对原来的章程总纲作了一些修改，修改后的总纲内容为："世界基督教协进会是按照《圣经》承认主耶稣基督为上帝和救世主，并因此而一起致力于实现他们的共同使命，荣耀惟一的上帝——圣父、圣子和圣灵的各个教会的联谊会。"这个总纲一直沿用至今。

60年代以前，协进会的工作总体上说比较重视欧洲和北美，注意帮助西方国家的教会消除相互之间的"误解"和纠纷，重视西方教会战后的重建、神职人员的培养、东西方冷战以及资本主义和社会主义两种制度下社会的公正与经济的合理等问题。进入60年代后,世界形势发生迅速的变化,许多亚、非国家先后摆脱了殖民主义的束缚,实现了独立。这些国家的教会对西方传教士带给他们的礼仪方式、教会组织形式以及神学理论产生了怀疑,纷纷要求发展"本色教会"。另一方面,这些国家的人民对南北之间经济发展的严重不平衡和美苏两个超级大国控制世界政治和经济,进行军备竞赛表示不满。无论是在国际事务方面,还是在教会活动方面,第三世界作为一支新生力量开始活跃在世界舞台上。这一事实引起了协进会的深切关注。为了适应新形势的需要,在传教方面,协进会提出基督教会的传教工作要同争取社会正义的斗争结合起来,要依靠本地教会的力量向当地的人们宣讲基督教。在社会与国际事务方面,随着第三世界教会力量在协进会中的增加,第三世界人民的呼声在协进会中日益高涨。六七十年代,协进会曾多次召开会议讨论向世俗社会提供服务的问题。1966年在日内瓦举行的"基督徒在当代技术与社会变革中"的会议上,大部分与会者来自第三世界。他们对两个超级大国左右世界局势进行了尖锐的批评,提出基督徒在当今社会革命的高潮中要站在穷人和无权者一边,为争取经济的公正和社会的合理而斗争,为促进社会的激进变革而努力。"参与、发展与和平"一度成为协进会的热门话题。1968年举行的第四届大会甚至发出要"共同斗争"的口号。这段时期,协进会在援助第三世界、帮助解决饥馑、救济难民、资助兴办水利设施和发展初等教育等方面为第三世界做了大量工作。在反对种族主义问题上,协进会旗帜鲜明地站在受压迫的人们一边,声援美国黑人的民权运动,支持南非黑人反对种族隔离与种族歧视的斗争。协进会还多次就反对战争、维护和平、维护人权发表声明和宣言,以便达到影响国际舆论的目的。

60年代到70年代中期,协进会对教会的信仰与体制问题未给予应有的重视,为此受到协进会内外许多人,特别是保守的福音派人士的批评。从1963年协进会的"信仰与体制委员会"主持召开第四次世界信仰与体制大会以来,虽然协进会就教会合一的途径、教会合一的本质等问题进行过讨论,但在信仰与体制问题上没有取得任何进展。1982年,新教、天主教、东正教的许多神学家齐集秘鲁首都利马,一致通过了一个《利马圣礼仪程》(Lima Liturgy),并建议基督教的各个教会在洗礼、圣餐和圣职方面互相认可。1983年,协进会率先在第六届大会上采用《利马圣礼仪程》。这是迄今为止普世教会运动在信仰与体制方面形式上的最大突破。

此外,协进会还开展了基督徒与犹太教、伊斯兰教、佛教、印度教等其他宗教的信徒间的对话,同罗马天主教会发展了对话、合作关系。协进会还每年定期在日内瓦总部的普世研究院(Oecumenical Institute)举办研讨会或培训班。它出版的刊物有《普世教会评论》、《国际宣教评论》和《一个世界》等。

目前,协进会是全世界基督教范围内由教会组成的包容性最广的团体,现有团体会员340多个,分布在100多个国家,其会员教会的基督徒约有4亿人。虽然它主要是由欧美教会创立的,但今天其成员教会多数来自非洲、亚洲、加勒比海地区、拉丁美洲、中东和太平洋地区。在20世纪晚期,随着基督教新教保守的福音派和五旬节派在全球许多地区的扩展和基督教新教所谓"主流教会"在北美的削弱,以及东欧、俄罗斯等国家东正教会的变化,许多协进会的会员教会和基督徒在全球化和世俗化的冲击下,越来越多地将注意力转向自我,结果导致协进会内部无论在神学布道还是社会事务问题上,观点分歧日益扩大,更不要说一致行动了。近年来,协进会对生态保护问题、暴力冲突问题、国际债务问题、儿童和妇女问题、人口和人权问题、艾滋病问题进行了广泛的研究,呼吁教会和国际社会行动起来为建立公正和平的世界而努力。虽然协进会的国际影响今非昔比,无论如何,作为教会间交流的一个论坛,协进会将继续存在下去。

第三节　20世纪基督教的主要神学思想

19世纪,西方基督教会在经历了曲折的发展过程之后,其社会地位似乎有所提高。教会通过其差会,把基督教传播到亚、非、拉,并通过它介入当地社会生活,把势力渗透到所在国的政治、经济、文化各个领域。基督教新教的社会福音运动,罗马天主教的天主教社会运动,都把工作重点放在工人和下层群众之中。同时,教会办的教育、慈善机构,以及基督教思想指导下的工会、政党,如雨后春笋般地在欧美各国建立起来。20世纪初,在美国及大多数欧洲国家出现了许多势力很大的新教团体,其中多数接受自由主义新教神学。这种神学旨在尽量减少基督教中超自然的教条,提出回到"福音"中去的主张,认为《福音书》的主要思想就是天国的思想,而他们更关心的是如何把天国建立在地上。新教的自由主义神学,进一步推动了天主教会的现代主义运动。因此,继19世纪以来,基督教会内一直存在着"调整"与"反调整"之争。

一 新正统派神学

"新正统派神学"亦称"危机神学"、"辩证神学"、"上帝之道神学",其代表人物是瑞士新教神学家卡尔·巴特(Karl Barth,1886—1968)。

19世纪末20世纪初,欧美处于相对和平时期,自由资本主义呈现繁荣景象,乐观的基督教自由主义神学流行于各国。第一次世界大战,及战后希特勒和墨索里尼的崛起,沉重地打击了欧美流行的乐观主义。许多德国的神职人员不得不面对纳粹企图把基督教等同于国家社会主义的事实。这充分说明,基督教自由主义神学所宣扬的主张并不值得人们那样"乐观"。在基督教自由主义神学受到怀疑的同时,各种宗教思想应运而生,在神学思想方面,影响较大者当推"危机神学"。

卡尔·巴特出生于瑞士巴塞尔,先后就学于伯尔尼,德国的柏林、图宾根和马尔堡,1909年任日内瓦德语区归正教会教区牧师。1911—1921年任瑞士西北部一小山村萨菲威尔的牧师。1921—1930年分别在德国的哥廷根、闵斯特和威斯特伐利亚担任大学教授。此后到波恩教授神学,直到1935年被纳粹当局驱逐。从1935

年起,巴特在他的家乡巴塞尔教授神学。巴特的神学著作较多,其中影响较大的有:《罗马人书注释》(1919),《上帝之道与人之道》(1924),《教会教义学》(1936—1968)等。

巴特目睹了第一次世界大战给欧洲带来的经济危机和人民的苦难。在他看来,世界是一个"地狱",西方文化已变成"一片废墟",新教自由派神学家所宣传的那种对前途"有信心"、"有把握"的主张,是"愚蠢",是"欺骗"。巴特提出,上帝的绝对超越性和人的堕落是基督教讲了近2000年的基本教义,不是资本主义危机的神学化。"人的危机"就是"对自己,对人,对人的道德品质,对于道德理想,都彻底地怀疑"。他的神学因此被称做"危机神学"。

巴特的神学核心是"上帝之道"(上帝的话)。他认为,神学的使命是检验教会在"上帝的话"方面说了些什么,教会必须宣讲上帝说过的话;自由派之失败在于强调人关于上帝的话。《圣经》所告诉的不是人关于上帝所说的话,而是上帝对人所说的话,这才是信仰的核心。上帝是"绝对的另一体",人只有通过神的启示才能察觉上帝与人的关系。上帝的自我启示,是"从上面垂直下来的",不能人为"改变",也不能"重复",因为人是罪人,尽管人是按上帝的形象被造的。《圣经》被称为"上帝的话",是因为上帝通过《圣经》讲话。巴特不赞成以往的保守派那样从字面上解释《圣经》,他同意对《圣经》进行评断,但又认为评断不能识别"话中之话",不能以相对的有限的人的理性作为衡量绝对的"上帝之道"的标准。他反对自由派把基督教伦理作为改造世界的理论。在巴特看来,《圣经》只是上帝启示的见证,见证和上帝的自我表明并不同一。教会宣讲上帝的话是一种人的行为,人的行为难免出错。

巴特认为,神学的任务是强调神人之间无限的距离,否则,神学就会蜕变为一种单纯的人类思想意识,成为一般人类文化的产物。在启示与人的自然经验和知识之间,并无连接点,世界的灾难是由于人自比神明,企图靠自我努力来改变处境,因而招致上帝的惩罚。上帝不是如自然神学所主张的那种具有抽象性质的中立存在,上帝有其行动。这种行动表现在上帝通过基督重新与人和好的行为上，人在这些行为上看到了上帝的行动。这样，巴特又回到正统神学的立场，用"原罪说"来解释社会危机。

巴特的"新正统神学"是在批判施莱尔马赫自由派神学的基础上，在奥古斯丁传统、路德神学和克尔恺郭尔神学的影响下，在战后各种社会危机的环境中发展"原罪说"的结果。

巴特生长在瑞士的民主传统中，从30年代起就对希特勒的极权政治表示不满。当希特勒利用法和秩序、"民族自尊"、经济重建并使教会为自己所用时，巴特首先加入德国社会民主党，以图从政治上进行抵抗；后写成《今日神学之存在》(1933)，提出基督徒只能有上帝而没有别的神，《圣经》是惟一的指南。1934年5月，他公开参加"福音教会"(Confessing Church)，并起草教会宣言，反对国家社会主义渗入教会。为此，他被解除教授职务，于1935年回到家乡巴塞尔。第二次世界大战期间，他号召各地基督徒打败希特勒。在他看来，盟国和基督徒的事业是一致的，因此，基督徒支持盟国是正当的。战后，巴特的政治思想表现出某些灵活性，在坚持政教分离的前提下，他提倡基督徒参与"和解"和"重建"工作，甚至提倡社会主义国家的基督徒也应与政府取合作态度，只是不能把基督教与共产党的意识形态相混淆。

二 "上帝已死"派神学

"上帝已死"派神学是继新正统派神学之后出现的一种激进派神学。"上帝已死"这一命题渊源于19世纪德国哲学家尼采(Friedrich Niezsche 1844—1900)的哲学。19世纪晚期随着社会矛盾的日益尖锐，西方传统的价值观发生动摇，在德国诗人海涅(H. Heine, 1797—1856)、俄国作家陀思妥耶夫斯基(Dostievsky, 1821—1881)等人的作品中已有流露。尼采把这种思想情绪推到了极端，他完全否定传统的价值观念，不承认任何普遍的价值(在西方，这种普遍价值最集中的体现就是上帝)，认为个人应该对自己负责，没有也不需要任何外在的因素承担这个责任。在尼采这里，"上帝已死"并不是对上帝是否存在的本体论或认识论意义上的论证,而是在伦理关系上否定包括基督教伦理在内的传统价值观的一种形象化的表述。20世纪40年代以后的"上帝已死"派神学家也大都是在这个意义上使用尼采这一命题的。进入20年代人们经历了第一次大战、经济大萧条、法西斯的兴起、英法的绥靖政策和慕尼黑阴谋、第二次世界大战的爆发等一系列重大事件,看到幸福、自由、正义一再受到践踏,使一些持正统的神正论观点的人不能不产生深深的失落感,上帝怎能容许这些?上帝的公义何在?这是他们时常会提出的问题。"上帝已死"派神学就是在这样的背景下产生的。

朋霍费尔(Dietrich Bonhoeffer,1916—1945)是"上帝已死"派的创始人和典型代表,他生于德国的布雷斯劳,曾就读于图宾根大学和柏林大学,早年受到社会福音派神学和新正统派神学的影响,1930年后任牧师和柏林大学讲师等职,第二次世界大战中因参与反纳粹活动被捕,后被害。他著有《狱中书简》、《门徒的代价》等著作,阐发其神学观点。朋霍费尔认为,以往的时代是"宗教时代",那时人们幼稚、软弱、有依赖性。为了摆脱绝望、恐惧,得到内心平安就把希望寄托于上帝。这种信仰是自私的,是权宜之计。而当代已是"非宗教时代",人类已经成熟了,人们可以独立自主,运用自由意志,对自己承担责任。于是人们不再需要通过一位上帝来解释世界了。他认为以往人们的上帝观是虚假的,他们把上帝看做是可以干预、影响、支配人们生活的超自然的存在,实际上是把上帝当成了戏剧中扭转剧情的机关布景(deux ex machina,戏台上用机关操纵的神),进入"非宗教时代"后,虚假的上帝观念的消失为《圣经》中真正超越的上帝开辟了道路。作为人倚靠对象的上帝,人们顶礼膜拜的上帝"死了",上帝"自己退出这世界",这就给了人以机会,使人们学会过一种不需要上帝的生活,这也正是当代上帝给人的教导。朋霍费尔认为,一个人只要能勇敢地独立面对生活,承担社会责任,经历生活中种种成功与失败、欢乐与痛苦,特别是一次次经历孤立无援之感,他就"参与了上帝的苦难",就与上帝同在。从这个意义上讲,一个人只有完完全全生活在现实的世界里,才能真正地知道信仰上帝。为了使人真正照上帝要求的方式生活,就必须否定上帝,而否定上帝,上帝才真的存在和起作用。

与这种新的上帝观相联系,朋霍费尔提出要"重新认识耶稣基督"。他在《狱中书简》中指出:"耶稣并不是号召人去信仰一种新的宗教,而是获得生命。"他认为耶稣并没有号召人们放弃社会责任,消极躲避世上的恶,去被动地接受所谓"廉价的恩典",而是要人们挺身而出,勇于自我牺牲,与世界上的恶开展斗争,他认为耶稣基督就是这种人生的榜样。作为真正的基督徒就要追随基督,成为新人(即获得生命),这是一种"重价的恩典"。由于上帝在当代对人们的要求集中体现在耶稣基督的人生上,所以"退出了"世界的上帝又在耶稣基督及其真正的追随者们为他人、为人类的奋斗和牺牲中回到了世界。朋霍费尔本人也是这种人生观的积极的实践者。他在德国历史最黑暗的年代里毅然返回德国,积极参加反抗法西斯统治的地下斗争,"参与上帝的苦难",以至于被捕、被杀,他以自己的生命实践了他的主张:"为他人而生活就是参与上帝的存在。"

朋霍费尔还试图用上述神学思想改造教会,他认为以往教会把世界一分为二,即分为神圣的和世俗的,并认为前者有更高的价值而忽视了后者,于是陷入自我封闭、与世隔绝的境地,导致教会中许多人口称主名而不行主的诫命,成了徒有其表的信徒。朋霍费尔声称自己宁可与不信者交友也不愿与这种人为伍。他主张教会应带着上帝的印记进入世界,告诫信徒这世界上没有哪个领域是不属于基督的,应通过自己的努力拯救这个世界,把上帝对世界的爱彰显出来。他认为现代人类的世俗化倾向正是人类成熟的标志,这正是教会的黄金时代。他希望否定宗教的形式,保留基督教的精神,建立"非宗教的基督教"(Christianity, not Christian Religion)。

综上所述可以看到,朋霍费尔的"上帝已死"观点并不是无神论。相反,他的整个理论都是建立在基督教信仰的基础上的,只是对基督教基本教义的某些方面有所侧重。朋霍费尔本人也有着很深的宗教情感,他在《狱中书简》中多次提到祈祷、读经、唱诗给他带来的安慰。朋霍费尔的神学观点在基督教思想界产生了重要影响,20世纪60年代出现了"上帝已死"派神学的又一个高潮。

1963年,英国圣公会主教约翰·罗宾逊发表了题为《对上帝诚实》的著作,揭开了新一代"上帝已死"派神学的序幕。他号召人们根据当代的神学和世俗知识对自己的上帝观作一个严格的反省、思考。他用通俗的语言介绍蒂利希和朋霍费尔的思想,认为20世纪必须有新的上帝形象,不能再把上帝看做"外在于"或"上居于"另一个超自然王国中的形而上的实体。他把神学解释为"对一切'用爱来解释'的经验的深层的分析",认为它没有上帝存在也能够成立。他认为信仰耶稣也不是信仰一位同具神、人二性的人,而是信仰一位"为了别人而生存的人",这个人充满爱心,为别人作出了牺牲。

与罗宾逊几乎同时,美国天普大学神学系教授保罗·范布伦(P. van Buren,1924—)出版了《福音的世俗意义》(*The Secular Meaning of the Gospel*)。在逻辑实证主义经验证实原则的影响下,他通过语言分析指出,有关上帝的语言不再有意义,因为这些论断不能证实也不能证伪,因而"上帝"这个词不具有清楚的或有意义的语词对象,"上帝"这个词已死了。现在人们关于上帝的谈论是一种非认识性的语言,上帝的问题"几乎完全位于我们时代主要关切的那些问题的边缘",人们谈论上帝只是"借以说明基督教关于人和人的生活、人的历史所想说的话"。

60年代美国"上帝已死"派的典型代表是汉密尔顿(William Hamillton,1924—)和阿尔提泽(T. Altizer 1927—)。他们合著了《激进神学与上帝之死》(*Radical Theology and the Death of God*),发表了更为激进的神学观点。他们认为宗教先验论已经破产,人类不但无法在人类经验中证明上帝存在,甚至也无法假定上帝存在,人根本不需要上帝。人类已经长大成人,一致"要求……上帝死亡"。他们自命为"人道主义者",认为"上帝之死"是人类解放的条件。阿尔提泽认为"在世界上人的生命的完满和激情的超验的敌人,正是上帝自己,只有通过上帝之死,人性才能得到解放"。这样,他们不但否定了作为形而上实体的上帝,也否定了蒂利希所主张的作为人存在本身的根据的上帝。

他们否定上帝,但又自称是基督徒,理由是他们对待邻人的态度(也即他们的人生观)不仅是根据现世的关怀,而且"这也是耶稣基督所制定的,是他对邻人的态度",认为神学家应该离开上帝转向世界,特别是转向作为人的耶稣。接受耶稣不是将其视为存在的依据或人生的意义,而是把他视为有道德的人的榜样,从这个意义上讲可以说,他们是把否定上帝作为肯定耶稣的条件。阿尔提泽还运用"道成肉身"这一神学语言解释他们的上述观点,"道成肉身"可以理解为"原先的神的死亡"是神性"自我放弃的过程",通过这一途径内在的神化身为基督而再生了。他们认为,以耶稣为榜样,就应关心社会,通过解决社会问题来满足人的需要,而不是倚靠上帝,神学家应"呆在世界上,呆在城市里,呆在既有贫苦的邻人也有仇敌的地方"。

美国哈佛神学院教授哈维·考克斯(H. Cox, 1929—　)从其著作《世俗之城》(*The Secular City*)中通过分析社会世俗化过程讨论了"上帝已死"的问题。在这本书中他力主对福音实行世俗化解释,指出3种世俗化过程的重要性,即:从世间生活中去掉神圣形式;发展人的创造力;放弃对存在终极意义的关怀。他强调,世俗化是"福音之果",是一种积极现象,城市生活能把现代人从封闭、盲目崇拜的价值体系中解放出来,因此,宗教不应谴责世俗化,而应看到世俗化为宗教提供了新机会,因为世俗化是一种解放过程,而基督教的本质是上帝赋予的自由。与此同时,他对传统基督教,特别是对传统的上帝观进行了抨击。他认为,基督教关于上帝的教义都是神秘的,上帝不"露面"却向人表明他在历史中行动,他作为达不到的"本体"与人相遇。正是由于上帝这个词与古老的偶像崇拜有关系,所以已经无用了。

"上帝已死"派力图把神学问题解释为伦理问题,但在人们还无法摆脱宗教情感的今天,伦理学说也不可能真正取代宗教的位置,否定上帝肯定耶稣也无助于使人接受他们的观点,因为在基督教教义中,耶稣的自我牺牲、"为他人而生存"正是以他作为上帝的独生爱子作为前提的,所以在经过60年代的一阵热烈讨论之后,"上帝已死"派又很快沉寂了。

三 解放神学

20世纪50年代末、60年代初,美国掀起了声势浩大的民权运动,领导人是美国黑人牧师马丁·路德·金。金牧师一生反对种族隔离,谋求种族平等,曾带领美国南部黑人群众两次向华盛顿进军,以废除种族歧视制度。在当时的美国,教会里的种族隔离达到了惊人的地步,黑人只能进黑人教堂,而他们的正常宗教生活又往往得不到保障。基督教宣扬博爱,按照教义,人应当从种族歧视的制度中解放出来。美国南部黑人教会是民权运动的中坚,支持民权运动的还有北部的部分白人教会。解放神学便是源于民权运动的,包括黑人神学和女权主义神学等。

黑人神学(Black Theology)直到1969年金牧师被暗杀后才被正式提出。黑人神学的代表是科恩(James H. Cone, 1938—)。科恩是纽约协和神学院教授,著有《黑人神学与黑人权力》(1969)、《黑人解放神学》(1970),《被压迫者的上帝》(1975)等。

女权主义神学(Feminist Theology,亦称"妇女神学"),其创始人是波士顿天主教学院教授玛丽·达莉(Mary Daly, 1928—)。达莉于1965年出版《教会与第二等性》(*The Church and the Second Sex*),书中抨击教会,特别是天主教会把妇女视为劣等而加以歧视。女权主义神学不仅向教会传统神学提出了挑战,而且还向上追溯,对《圣经》中的"大男子主义"进行批评。女权主义神学第一次提出把基督教从性别的偏见中解放出来。

源于美国民权运动的解放神学,很自然地为第三世界不少神学家所接受。这就出现了一些第三世界神学:亚洲的解放神学、非洲的解放神学、拉丁美洲的解放神学。其中拉丁美洲解放神学影响较大。

拉丁美洲解放神学兴起的原因是：第一，全世界有几乎 2/3 的天主教徒在拉丁美洲，罗马天主教会的前途，正如教皇约翰·保罗二世在拉丁美洲的一次谈话中指出的，在很大程度上取决于拉美天主教徒是否忠于罗马；第二，拉丁美洲洲外有超级大国及资本主义国家的经济侵略和军事干涉，内有反动军人政权的残酷统治，民族矛盾和阶级矛盾相互交织，人们以各种方式表示对现存社会的不满与反抗，而解放神学便是其中的一种斗争方式。第三，梵二会议鼓励教会参与和关注社会世俗生活，关注穷人，关注社会正义。这一点给予拉丁美洲教会，尤其是一般神职人员极大的鼓舞，促使他们思考，于是拉美天主教解放神学应运而生。

拉丁美洲解放神学是 20 世纪六七十年代由拉美一批神学家所倡导的，主要代表人物是秘鲁天主教神学家古斯塔沃·古铁雷斯（Gustavo Gutiérrez），巴西的休戈·阿斯曼（Hugo Assmann）等人。他们把如何使拉丁美洲这个长期保持教会传统和权威地区的贫苦民众获得解放作为神学的最重要课题。古铁雷斯曾说："对解放进程和革命进程的责任心，使基督徒进入一个新的公义世界，使他们经历一种非常不同的现实，从这一现实出发，他们开始从不同角度体检和思考他们的信仰。我认为，这就是解放神学。"拉美解放神学强调解放的实践，要求改变现行的不公正的社会结构。在神学上，主张从"救赎论"教义出发，并根据耶稣基督的教诲，使人类得到改造。与此同时，他们要求采用所谓新的解经方法，即在基督教信仰的基础上，对传统的教会布道和对教徒的社会实践进行批判性思考。古铁雷斯认为，除政治转化外，还要有文化上的转化，这包括两个方面：一、神学家必须同那些把基督徒的实践局限于个人或纯精神范围的思想意识决裂，神学理论不能限制在抽象化、一般化和非世俗化的范围之内；二、神学家必须与传统的认识方法决裂，应该听取穷人和那些同情穷人的神学家们的见解。总之，解放神学主要把政治社会的解放与神学救赎的解放统一起来。

罗马教廷对解放神学持批评态度。早在 1979 年，罗马教廷就曾调查古铁雷斯和巴西神学家波夫（Leonardo Boff）等人的言论和行为。教廷面对拉丁美洲解放神学的蓬勃发展,进而于1984年6月和1986年4月,先后发表了两个文件:即《关于解放神学某些方面的指示》(Instruction on Certain Aspects of the Theology of Liberation),《基督教自由和解放的指示》(Instruction on Christian Freedom and Liberation)。文件均经教皇约翰·保罗二世同意由信理部红衣主教拉辛格(Joseph Ratzinger)签署。第一份文件批评解放神学受马克思主义的影响,认为马克思主义歪曲耶稣的信息,从而不可避免地导致阶级斗争和暴力。文件要求神职人员、神学家和所有信徒,警惕那些毫无批判地运用马克思主义思想观念的人,称这些人为离经叛道者。文件认为,"解放神学"这一提法是可行的,因为人类从文化、经济、社会和政治奴役下得解放,是《新约》、《旧约》的根本主题;但是,一些宣传解放神学的人歪曲了这一主题,运用马克思主义阶级分析法,并将这种方法用于教会,还杜撰了所谓"人民的教会",那就更要抛弃,因为这是对现存教会的严重挑战,这种解放将导致社会主义。因此,不能接受这种观点,否则,罗马教廷就成了不可依靠的剥削阶级。第二份文件分5章,基本内容与第一份文件类似,文件强调:拯救应该是"整体性的",即包括整个人类;要关心穷人,神学家应按教会本身的经验来解释信仰;基层教会应与普世教会保持一致;神职人员不要直接参与社会的政治和组织建设;劳动高于财产……

　　罗马教廷对解放神学的批评绝非仅仅是上面所提到的两份文件,约翰·保罗二世本人也直接参与了对解放神学的干涉,足迹所到之处无不留下他对解放神学的斥责声。如他访问拉丁美洲时,就多次警告天主教会不要暴力和马克思主义,不要参加政党活动。在他的批准下,不少解放神学家及其同情者被召到罗马进行质询,其结果是有的被免职,有的被革除教籍。然而,就像罗马教廷过去对待教会内自由派神学那样,其行政措施可能得势于一时,但从长远看,罗马天主教会内的保守派和革新派之争还将进行下去。

第四节 基督教新教的主要教派

一 路德宗

路德宗(Lutherans),亦称"信义宗",16世纪欧洲宗教改革运动时期产生的基督教新教的主要宗派之一,是对以马丁·路德的宗教思想为依据的各个教会的统称。它强调"因信称义",认为人得救不在于遵行教会礼仪与善功,而在于对上帝的信仰与上帝的恩赐;信徒可以直接与上帝交通,而不需要神职人员作中介;只承认《圣经》的权威,不接受教皇的权威;主张简化崇拜仪式;教会的组织形式应由各地方教会自行决定;神职人员可以结婚。该宗产生于德国,后来主要传播于德国北部和北欧各国,18世纪随着德国移民传入美国,在近代基督教传教运动中传入亚、非、拉地区,鸦片战争后传入中国。

二 加尔文宗

加尔文宗(Calvinists),亦称"归正宗"(Reformed Churches)或"长老宗"(Presbyterians)。宗教改革运动中产生的新教主要宗派之一,是对以加尔文的宗教思想为依据的各个教会的统称。强调"因信称义"及"预定论",认为人得救或被弃绝都由上帝预定;相信《圣经》是判断一切传统的标准,是信仰的惟一源泉;主张由教徒推选长老和牧师共同治理教会。该宗于16世纪欧洲宗教改革时期产生于瑞士,后来逐渐传播到荷兰、法国、英国、东南欧国家和北美等地,在基督教传教运动的过程中传入亚、非、拉地区,鸦片战争后传入中国。

三 安立甘宗

安立甘宗(Anglicans),亦称"圣公宗"(Episcopalian Churches),16世纪欧洲宗教改革时期产生于英国,与路德宗、加尔文宗合称新教三大主流教派。该宗自称与天主教、东正教同是使徒所传古老公教会的一支。赞成宗教改革,但强调尊重《圣经》及教会传统,在教义、礼仪和组织制度方面较其他各派更多地保留了罗马天主教会的传统,但不承认教皇的绝对权威。英格兰圣公会为英国国教会。后来在加尔文宗教会的影响下又产生了许多教派。在英国的殖民扩张活动过程中,该宗逐渐传入北美、亚洲、非洲和大洋洲各国,19世纪中叶传入中国。

四 公理宗

公理宗(Congregationists),16世纪后期产生于英国。它坚持《圣经》是信仰的权威,强调个人信仰自由,主张各个教堂由会众组成独立的教会,教会由教徒公众管理,不赞成设立统辖各教会的上级机构,只可建立教会横向自由参加的联谊性机构。17世纪它随英国移民传入北美,19世纪初传入中国。该宗在英语国家中影响较大。

五 浸礼宗

浸礼宗(Baptists),17世纪前期产生于英国和流亡于荷兰的英国侨民中。它反对给婴儿施洗,认为受洗者必须达到能够理解洗礼意义的成年期才能领洗,坚持受洗者全身浸入水中,因而得名。它在教会组织制度上采用公理制,反对教阶制和教区制。该宗在英国和美国影响较大,19世纪中叶传入中国,从美国南方传来的称"浸信会",从美国北方传来的称"浸礼会",从英国传来的称"英国浸礼会"。

六 卫斯理宗

卫斯理宗(Wesleyans),亦称"循道宗"(Methodists),是以该宗创始人英国神学家约翰·卫斯理的宗教思想为依据的各个教会的统称。它18世纪产生于英国,原为安立甘宗的一派,主张社会改良,着重在下层群众中开展传教活动;强调按《圣经》的教训过循规蹈矩的生活,故被称为"循道宗"。在神学上该宗认为人得救既靠神恩又靠个人选择,相信圣灵有使人信仰的力量,信仰的核心是人与神的切身联系。该宗主要分布于英、美等国。美国的卫斯理宗教会采用会督制(近乎主教制),英国的卫斯理宗教会多数不赞成会督制而采用总议会制。该宗鸦片战争后传入中国,传自美国北方的称"美以美会",传自美国南方的称"监理会"。1941年,中国的卫斯理宗各教会联合为"中华卫理公会"。

七 公谊会

公谊会(Society of Friends),亦称"教友派"或"贵格会"(Quakers)。该会宣称教会和《圣经》都不是绝对的权威,每个信徒都可以受圣灵的感动进行讲道。在教会体制与礼仪方面,反对设立牧师,不举行洗礼、圣餐等仪式,礼拜也没有固定的程序。该宗提倡和平主义,反对一切暴力和战争。它主要分布于英、美等国。19世纪传入中国。

八 基督复临派

基督复临派(Adventists),19世纪30年代由美国人威廉·米勒创立。该派宣传"末世论",相信世界末日已近,基督不久将第二次降临;强调守安息日(今星期五日落至星期六日落),行浸礼,过有节制的生活等。它主要流行于美国。该派有一些小教派,如"基督复临安息日会"、"来复会"、"神的教会"等。19世纪末至20世纪初传入中国。

九 五旬节派教会

五旬节派教会(Pentecostal Churches),产生于19世纪末20世纪初,主要流传于美国。它主张继承使徒们当年在五旬节(即"圣灵降临节")接受圣灵的传统,故名。该派包括一些在组织上不相统属的独立教会,如"神召会"、"使徒信心会"、"圣洁会"等。20世纪下半叶,五旬节派在第三世界发展迅速,至今已超过1亿多人。

十　新教的边缘教派

摩门教(Mormons)，亦称"耶稣基督后期圣徒教会"，是新教的一个边缘教派，1830年由美国人史密斯创立。它主要信奉《摩门经》，宣称《摩门经》乃先知摩门所记，预言弥赛亚再次降临前上帝将在美国建立新耶路撒冷；相信"启示"的连续性、摩门山上上帝的预许和"千年王国"的临近。教制上不分神职人员和平信徒；生活上戒烟酒，重秩序与道德，但主张多妻制（教内对此有争议）。教徒主要分布在美国，其余分布在墨西哥、加拿大、英国等地。

耶和华见证会(Jehovah's Witnesses)是新教的一个边缘教派。19世纪后期产生于美国。该派否认基督教的正统教义，主张得救依赖于信仰救赎、浸礼、传教和过道德的生活，认为《圣经》是该派的理论依据，预言末日来临，反对教会体制化，反对世俗权威和商业化的社会。成员每周聚会一次，不举行崇拜仪式，只讲解和讨论本会发行的书刊。它主要分布在美国。

基督教科学派(Christian Scientists)是新教的一个边缘教派，1879年由美国人艾娣创立。它认为物质是虚幻的，疾病与痛苦来自虚幻的意识，只有靠调整精神才能治愈，并称之为"基督教的科学"。该派提出物质、罪恶和苦难都是虚幻的，反对《圣经》关于创世、堕落和救赎的教义，认为除了精神，一切都不是真实的存在。该派不设立圣职，礼仪由读经师主持。成员集中在美国，总部设在波士顿。

第五节　20世纪的东正教会

由于所处环境的限制，中世纪后的几百年中东正教在斯拉夫地区以外的传教活动一直没有大的进展，更没有出现类似于天主教和新教的近代传教活动高潮。进入20世纪后，随着国际局势的演变，民族独立运动的兴起，全球性的移民活动的发展，东正教也发生了一定的变化，出现了某些新的情况。

一　20世纪的俄罗斯正教会

十月社会主义革命于1917年取得了胜利之后,苏维埃政府就宗教问题制定了一系列的政策和法令。1918年1月23日人民委员会颁布了《关于教会同国家分离和学校同教会分离的法令》,规定"教会同国家分离";"在共和国内,禁止发布任何排斥或限制信仰自由,或以公民的宗教信仰为理由而规定任何优先权或特权的地方性法律或决议"。这就意味着,每个公民都有权信奉或不信奉任何宗教。在俄国有史以来,第一次保障了无神论者有信仰自由的权利。法令还规定:"废除因宗教原因而进行的任何国家压制和排挤","禁止教会强制征收捐款和课税,禁止教会对本组织的成员采取强制手段或惩罚措施"。"保障举行宗教仪式的自由,但以不破坏社会秩序和不侵犯苏维埃共和国公民的权利为限。"法令宣布"学校同教会分离","停发国家给神职人员的工资和给宗教团体的费用","任何教会和宗教组织都无权占有财产","任何教会和宗教组织都不享有法人的权利"。

以上措施严重地打击了东正教会,限制了它的活动,剥夺了它的财产、特权和地位。这就很自然地引起了教会及其神职人员的强烈不满和仇恨。东正教会人士宣称苏维埃工农政府的宗教政策是"对教会权利的侵犯",是对信仰的"压制"。因此,他们借口保卫宗教和教会,极力煽动教徒反对苏维埃政权,与此同时,他们还同天主教、犹太教、伊斯兰教以及其他教派联合起来,共同反对新生的革命政权。

东正教会为了进一步对付苏维埃国家,在莫斯科召开了全俄东正教大会,大会决定恢复牧首制,选举都主教吉洪为牧首。吉洪上台后,立即公开咒骂革命者,说他们是一群"狂人"、"恶徒"、"愚昧无知者"等等。唆使许多神职人员在国内战争年代和外国武装干涉时期站在反革命一边,跟白卫军和外国武装干涉者勾结在一起反对新生的苏维埃共和国。

东正教会首领们不仅号召教徒反对新政权的各项措施,而且具体组织"耶稣军"、"圣母军"等队伍,配合白卫军和外国侵略者进攻年轻的苏维埃共和国。

1921—1922年,苏维埃共和国遇到了饥荒,苏维埃政府处于困境。因此,苏维埃政权决定没收教会财产,解决人民饥饿问题。吉洪牧首强烈反对这一措施,号召神职人员进行抵制和破坏活动,使苏维埃政权处于被动局面。吉洪牧首及其追随者的反革命活动遭到打击,吉洪等人被捕入狱。1923年6月16日,吉洪致函联邦最高法院,承认立场错误,表示悔过自新,请求政府赦免,并号召神职人员和教徒跟政府进行合作,在政治上忠于苏维埃共和国。

尽管如此,反苏维埃政权的思想情绪后来在部分东正教神职人员中间仍然时有出现。东正教神职界对新生政权态度的彻底转变是在苏联社会主义完全取得胜利以后。

卫国战争年代,东正教会对苏联共产党和政府表示了自己的忠诚,从战争开始起,教会领导人就站在爱国主义的立场,号召全体教徒跟德国法西斯侵略者作斗争,动员各级神职人员和广大教徒为国家捐献钱财,制造飞机、大炮、坦克和其他武器。鉴于他们的爱国行动,1943年9月苏联政府发表了公报,同意东正教会召集会议,选举空缺多年的牧首(原牧首吉洪死于1925年,自那时起,一直没有牧首)。同时,准许教会开办神学院,培养神职人员,解决后继乏人问题;允许教会出版发行宗教刊物,供教徒使用。接着,在同年9月,大会选举谢尔盖都主教为俄罗斯东正教会牧首。这些问题的解决,使得教会同国家的关系趋于正常化。苏联政府于同年成立了直属部长会议的东正教事务委员会,处理有关教会问题。

1944年,谢尔盖牧首因病去世。翌年,苏联东正教会举行会议,选举列宁格勒教区都主教阿列克赛为新任牧首。同时,根据新的情况,会议制定了新的"教会管理条例"。当时,战争虽然尚未完全结束,但是参加这次会议的人除本国各地区的主教外,还有来自世界各地的东正教会代表,其中有亚历山大里亚教区和安提阿教区的牧首。这说明,这次会议受到全国东正教人士和普世教会人士的重视和注意。

第二次世界大战以后,俄罗斯正教会一直同苏联政府保持着比较协调的关系。教会主动配合政府对内对外政策,宣传"东正教同共产主义有共性",号召信徒遵守法律,积极参加国家建设。教会还改变了过去反对科学、歧视妇女、轻视劳动的传统观念,放弃了某些脱离社会、脱离时代的清规戒律,改善了与基督教其他宗派的关系。教会在国内有列宁格勒等4个督主教区,在美国、加拿大、拉丁美洲、中欧、西欧等地还有7个督主教区,这些教区的主教由俄罗斯正教会牧首任命,在耶路撒冷等地还设有教会使团或办事处。俄罗斯正教会的机关刊物是《莫斯科牧首公署杂志》、《东正教通报》等,此外在美、法、英等国还发行了一些定期刊物。

二 20世纪的其他东正教会

进入20世纪后,随着奥斯曼帝国的瓦解和民族独立运动的兴起,许多国家的东正教会先后脱离君士坦丁堡牧首区的管辖成为独立的自主教会。同时由于各民族、国家和地区间人员交流日渐频繁、移民活动遍及全球,给东正教的传播发展提供了有利条件,一批新的教区相继建立。教会的独立和海外教区的建立构成了20世纪东正教的两大特点,形成了15个独立正教会(包括俄罗斯正教会)和两个自治正教会。

东正教最早的教会组织君士坦丁堡、安提阿、亚历山大里亚和耶路撒冷等4大牧首区在20世纪没有大的发展。随着奥斯曼帝国的衰落、瓦解,原属君士坦丁堡牧首管辖的一些教会相继独立,君士坦丁堡牧首只保留了在东正教会中荣誉上的首席地位,称"新罗马君士坦丁堡大主教和普世牧首",驻伊斯坦布尔,下辖4个都主教区、1个大主教区和芬兰自治正教会,在南美洲、北美洲、澳大利亚、新西兰等地设有主教区。亚历山大里亚牧首称"亚历山大里亚和全非的教父和牧首",管辖非洲地区的正教会。随着希腊和叙利亚正教徒向北非地区的迁移,相继在的黎波里、亚的斯亚贝巴、喀土穆等地建立了主教区,并向乌干达、肯尼亚、坦桑尼亚等地发展,信徒达数十万人。牧首座堂在希腊的基菲西亚。安提阿牧首称"安提阿和全东方牧首",驻叙利亚大马士革,管辖叙利亚、黎巴嫩等地的正教会,进入20世纪后在澳大利亚、智利、墨西哥设立了3个都主教区,在美国、巴西、阿根廷、土耳其等国设立了主教区。20世纪后,原由希腊人担任的高级神职均改由阿拉伯人担任。耶路撒冷牧首区辖巴勒斯坦、约旦、西奈等地的正教会,信徒大部分为阿拉伯人,少数为住在该地的希腊人,信徒约7万人,牧首称"耶路撒冷圣城和全巴勒斯坦牧首",牧首和主教均由圣墓兄弟会的希腊血统修士担任。

古老的塞浦路斯正教会虽于1448年宣布独立,但在奥斯曼帝国瓦解后才逐渐获得自主地位。塞浦路斯正教会在塞浦路斯独立运动中起了领导作用。1960年塞浦路斯宣告独立时主教马卡里奥斯三世曾为该国第一任总统。该教会信徒多为塞浦路斯的希腊族人,仪式用希腊语。主教称"新查士丁尼安和全塞浦路斯大主教",驻尼科西亚。

希腊正教会原属君士坦丁堡牧首管辖。1830年获得独立。1850年得到君士坦丁堡牧首的承认,所属各教区在名义上仍属君士坦丁堡牧首管辖。希腊独立后,希腊正教会成为国教会,信徒人数占全国人口的90%以上,在希腊社会生活的各个领域具有影响,所属的阿托斯山修道院、帕罗斯岛的隆哥法达隐修院和帕特摩斯隐修院在希腊正教中也享有很高地位。第二次世界大战后希腊出现了以神学家兄弟会为代表的自发传教运动,在希腊境外产生了一定影响。希腊正教会首脑称"雅典和全希腊大主教",驻首都雅典。

在巴尔干地区,随着奥斯曼帝国的瓦解,塞尔维亚正教会和保加利亚正教会相继脱离君士坦丁堡牧首管辖,恢复了自主地位。塞尔维亚正教会成为南斯拉夫最大的教会组织,信徒主要分布在塞尔维亚、黑山和马其顿3个地区。所辖31个主教区中,还有3个主教区在国外。奥斯曼帝国统治末期保加利亚正教会曾因支持民族独立,要求教会自主被君士坦丁堡牧首判为"异端",1945年这一指控被撤消,1953年该教会获得完全独立,实行牧首制,牧首管辖

11个教区,教会中心在首都索非亚。

阿尔巴尼亚正教会成立于1922年,1937年取得自主地位,举行宗教仪式时使用本民族语言,也有少数人使用希腊语。在美国有两个主教监管区。教会总部在首都地拉那。教会负责人是全阿尔巴尼亚大主教。据报道,霍查于1967年宣称阿尔巴尼亚为第一个无神论国家,取消教堂,监禁教会领导人,禁止宗教活动,因此,公开的宗教活动停止。由于形势的变化,目前教会又恢复了活动。

在东欧,波兰正教会原由君士坦丁堡教会牧首领导。1839年被俄国沙皇强迫并入俄罗斯正教会。1924年自动脱离俄罗斯正教会而独立,但未被俄罗斯正教会承认。第二次世界大战后,由于情况的变化,莫斯科牧首公署于1948年正式宣布承认其独立,但要求与俄罗斯正教会保持一种"母女教会"关系。多数信徒属乌克兰族和小俄罗斯族。用古斯拉夫语举行宗教仪式。该教会有4个主教区,3个男女修道院,教会中心设在首都华沙。教会首脑称"华沙和全波兰都主教"。

捷克斯洛伐克正教会建立于19世纪,归属关系屡经变迁。1951年开始独立,设4个主教区,信徒多系捷克人和斯洛伐克人及少数乌克兰人、俄罗斯人、保加利亚人和希腊人。教会首脑称"布拉格和全捷克斯洛伐克的都主教",驻首都布拉格。

罗马尼亚正教会在信徒人数上仅次于俄罗斯正教会,原受君士坦丁堡正教会牧首领导,1885年获自主地位,1925年自选牧首,摆脱君士坦丁堡牧首控制。在罗马尼亚,信教者多为东正教徒,教会礼仪使用罗马尼亚语。1948年罗马尼亚的东仪天主教会并入正教会,现设12个主教区,牧首驻布加勒斯特。

美国正教会是独立自主的正教会中最年轻的教会。原由俄侨列昂季依都主教领导,属俄罗斯正教会管辖。它的历史可以追溯到18世纪。当时,俄罗斯正教会的主教公会决定派遣第一届传教士团到阿拉斯加传教。19世纪70年代,俄罗斯正教会传教士团在阿拉斯加和阿留申建立了主教区,当时阿拉斯加已被沙俄政府出卖给美国了。1905年,阿留申和北美主教区中心移至旧金山,后又迁到纽约。1907年成立了北美俄罗斯正教会。1933年,在南北美洲设立了莫斯科牧首公署领导下的督主教管辖区。1970年,俄罗斯正教会牧首根据美国正教会的要求,同意该教会独立进行活动,不再受其管辖。美国正教会由都主教领导。都主教府设在纽约,管辖9个主教区。这些主教区分别管理350个本堂区,分布在美国、加拿大、阿根廷、巴西、秘鲁、委内瑞拉。该教会在南北美洲有6座修道院、2所神学院校,举行宗教仪式时使用英语。

除上述15个独立的正教会(包括俄罗斯正教会)外还有两个自治的正教会:

芬兰自治正教会。原属君士坦丁堡教会管辖,1957年开始自治。目前,该会有2个主教区、32座教堂、54座小教堂、3所修道院、1所宗教学校,有信徒7万人。举行宗教礼仪时,使用斯拉夫语和芬兰语。教会中心设在奥皮欧。教会领袖称"卡累利阿和全芬兰大主教"。

日本自治正教会。原属俄罗斯正教会管辖,1861年由俄国东正教修士大司祭尼古拉创建。俄国十月社会主义革命后,该教会脱离俄罗斯正教会,宣告自治。第二次世界大战后,它与美国正教会关系密切。1970年,苏联俄罗斯正教会正式承认日本正教会为自治教会,日本教会同意恢复两教会间的关系,在教务上愿意接受俄罗斯正教会的指导。目前,该教会拥有3个主教区,它们分别管辖79个教区,教会总部设在东京。教会首脑为都主教。

第二十章 中国早期的基督教

第一节 唐代的景教

7世纪初,正当基督教在欧洲向边远地区扩展的时候,被基督教正统派斥为异端的聂斯托利派,经过两个世纪在波斯和中亚一带的流传和发展,沿着丝绸之路传入了中国。在中国,这个教派自称为景教,意为"光明正大之教"。教外典籍称之为"波斯经教"、"弥施诃教"或"弥诗诃教"(即"弥赛亚教")。

一 景教在唐代的传播

唐代初年,奉行"中国既安,四夷自服"的国策,致力于内政的改善,并与各国及西域各民族睦邻友好,丝绸之路贸易十分繁盛,长安成为东方最繁华的国际都市。唐太宗对宗教采取兼收并容的方针,除道教与久行中国的佛教外,异域的宗教也受到优容,如贞观五年(631),就曾下诏在长安建立袄教寺。

贞观九年(635),波斯的景教僧阿罗本到达长安,这是第一位来华的景教传教士。他抵达长安时,唐太宗命中书令房玄龄迎于西郊。他进入京城后便呈上景教经典,并向皇帝解释教义。房玄龄与魏徵曾帮助他"宣译奏言"。

贞观十二年,太宗敕令以国帑建寺度僧,自此景教传入民间。《唐会要》卷四九记载:"贞观十二年七月。诏曰:道无常名,圣无常体,随方设教,密济群生。波斯僧阿罗本,远将经教,来献上京;详其教旨,玄妙无为,生成立要,济物利人,宜行天下。所司即于义宁坊建寺一所,度僧二十二人。"这道诏令在1623年于西安附近出土的《大秦景教流行中国碑》中也有记载。

义宁坊景教寺建成后,唐太宗还下令属下将其画像送往寺中绘于壁上,以示优渥。

唐高宗李治继位后,于诸州各置景寺,尊崇阿罗本为镇国大法主。唐代分全国为十首,景教则有"法流十道""寺满百城"之盛。在长安、洛阳、沙州、鳌屋、成都等地,都建有景教寺。

武则天当政后,佛教徒曾于圣历年间在洛阳对景教进行攻讦。唐玄宗即位的先天元年(712)末,景教徒又在西安受到指责,全赖"僧首罗含,大德及烈"等人"共振玄纲,俱维绝纽"。当时,及烈从海路来华,"广造奇器异巧以进",以图博得玄宗的欢心。唐玄宗曾命其兄弟宁国等五王"亲临福宇建立坛场",又命高力士送唐代开国后的5位皇帝的画像供奉于寺内,并"赐绢百匹"。景教又恢复了昔日的尊荣。天宝四年(745),大秦国景教大德僧佶和来朝。玄宗命景教僧罗含、普论等17人与他一起在兴庆宫修功德(即做弥撒)。玄宗亲自为景教寺题了匾额,并下诏:"波斯经教、出自大秦,传习而来,久行中国。爰初建寺,因以为名,将欲示人,必修其本。其两京波斯寺,宜改为大秦寺。天下诸府郡置者亦准此。"这是由于佶和的来朝,使玄宗更了解了景教的源流,且当时除了唐代以前就传入中国的祆教之外,摩尼教也在景教之后传入了中国。它们同是传自波斯,为了区别景教与其他两教,所以更名。

安史之乱时,肃宗李亨因景教僧伊斯在中书令、朔方节度使郭子仪麾下"为公爪牙,作军耳目",对平定安史之乱有功,命在灵武等五郡重建景寺。伊斯官至金紫光禄大夫,同朔方节度副使,试殿中监,赐紫袈裟。

代宗李豫时,"每于降诞之辰,锡天香以告成功,颁御馔以光景众"。

唐德宗建中二年(781),景教徒建立了《大秦景教流行中国碑》。此碑记录了唐初景教在中国流传146年的情况,碑上还列有70多位景教士的叙利亚文姓名。撰碑文者为景净。叙利亚文称其为"省主教兼中国总监督亚当司铎"。景净还曾将30部景教经典译为汉文,他所译的几部汉文经典后世发现于敦煌石室。

这块碑建立后历经六代王朝,景教仍流传不衰。至唐武宗会昌五年(845),皇帝听信道士赵归真的话,下令灭佛,景教也受株连。当时佛教僧尼还俗的有26万多人,景教与回教、祆教还俗的有二三千人,其中外国教士被"送还本国收管"。大约在这时,景教碑被埋入地下。武宗灭佛后1年便死了,继位的是他的叔父宣宗。宣宗废止了灭佛之命,重建佛寺。景教经这次打击,似乎一蹶不振。只在北方草原及南方沿海港口等处尚有流传。据阿拉伯作家阿布·泽德(Abu Zayd)所著《东游记》一书记载:唐僖宗乾符五年(878),黄巢起义军围攻广府(一说即今广州)时,有12万回教、祆教、犹太教和景教徒被杀。到了唐末,景教除了在北方草原民族中尚有流传外,在中国基本绝迹了。

二 唐代景教的典籍、教义及教会组织

唐代传世的景教文献非常少,也非常珍贵。现摘要略述:

1. 《大秦景教流行中国碑》:有汉文1780字,并叙利亚文教士名单70余条。大秦寺僧景净撰,吕秀岩手书。碑文阐述了景教的教理及流传中国的历史,为唐代景教最珍贵的一份文献。

2. 《序听迷诗所经》:又称《移鼠迷诗诃经》(即耶稣弥赛亚经),敦煌石室写本。2800余字。大约写于唐代初期至中期。主要内容为基督教教理及耶稣一生行迹。

3. 《一神论》:敦煌石室写本。7000余字。共分3部分:一天论第一,喻第二,世尊布施论第三。内容主要是阐述万物为一神所造,并引用《新约》中《马太福音》的一些章节。大约成书于641年,作者来自拂林(东罗马帝国)或波斯。

4. 《景教三威蒙度赞》:敦煌石室写本。共309字,成文于800年前后。内容主要是赞颂三位一体的天主。文中称天主的3个位格为"慈父、明子、净风王",即圣父、圣子、圣灵。"三威"指天主三位一体。"蒙度"为得蒙救度之意。

5. 《尊经》:敦煌石室写本。与《三威蒙度赞》写在同一卷上。

全文 360 字。在天主圣三之后列举了 31 位法王(圣徒)的名字,如瑜罕难(约翰)、庐伽(路加)、明泰(马太)、宝路(保罗)等人。后一部分列汉译景教经典 35 种。在附记中有一段非常珍贵的教史资料,记载了自阿罗本入华后的译经情况。文中所列汉译《宣元至本经》、《志玄安乐经》也在敦煌发现,可资佐证。

6.《志玄安乐经》:敦煌石室写本。为晚唐所抄。全文 2600 余字。内容是以弥师诃与岑稳僧伽对话的方式阐明景教教理,岑稳是西门之异译。全文体裁模仿佛经,也夹杂一些道教用语,是景教入华后受佛、道教影响的产物。

7.《大秦景教宣元至本经》:敦煌石室写本,为残卷。现存前 10 行与后 30 行。卷后注明"开元五年十月廿六日。法徒张驹,传写于沙州大秦寺"。据此日期,可知此卷虽列于"尊经",但非景净所译。

8.《大秦景教大圣通真归法赞》:敦煌石室写本。卷末注明"沙州大秦寺法徒索元定传写教读。开元八年五月二日"。为景教在耶稣显圣日的弥撒用赞美诗。

9. 景教祈祷书断片:20 世纪初在新疆高昌故城获得,共 4 页。前 3 页为叙利亚文,后一页为叙利亚文拼写的粟特文,是晚唐至五代的遗物。

上述景教经典所阐发的教义中有一点很值得注意,即其中并没有明确宣扬聂斯托利的二位二性说,而是阐发了基督教的正统教义。如上帝造人,人有原罪,上帝遣圣灵降孕于马利亚,救世主耶稣的降生及所行神迹,救世主为拯救世人而献出生命等等。

景教的教会组织,由于文献的缺乏,只可知教士分为数级,最高为宗主教,《景教碑》称之为法主。《景教碑》建立前的一位法主是巴格达的景教宗主教哈南宁恕(Hanan-jsus,774—780 在职),下有主教,在中国称为大德。大德以下还有地区主教与司铎。主教以下可以婚娶。教士又分为常居修院的修士与在俗司铎。

景教教士一律落发留须,不蓄奴婢,不聚货财,行洗礼,敬十字。教士每七日一礼拜,每日诵经 7 次,行礼向东方,击木为号。景教的礼仪除落发礼为其独有外,其余与正统天主教很相似,即使其每日所诵之经如《三威蒙度赞》等,也与天主教神甫们举祭时所诵之经十分相像。

唐代景教的传播有两个特点。首先是紧紧依附于朝廷,带有浓厚的"奉敕传教"的特点。在最初传入的阶段是靠"翻经书殿,问道禁闱"而得以敕建波斯寺。以后历代的景教僧则利用其天文、医学等方面的特殊技艺为朝廷服务,同时,进奉奇器异巧取悦皇室。武则天当政时,还在洛阳督造了"大周万国颂德天枢"。景教僧中也曾有数人受封于朝廷,如阿罗本被封为"镇国大法主"。伊斯为"金紫光禄大夫,同朔方节度副使,试殿中监,赐紫袈裟"。业利为"试太常卿",也赐紫袈裟。这种政治上的依附,导致了他们在各代随朝廷的好恶而沉浮,一旦被禁,即遭致命打击。

其次,景教虽作了一些努力,但始终未能"中国化"。为了使景教能在民间传播,景教僧曾施过一些"善行",景教碑称之为:"饥者来而饭之,寒者来而衣之,病者疗而起之,死者葬而安之。"为了能够与其他各教融洽相处,景教僧不但在翻译经典时大量引用了佛、道教术语,主教景净还曾帮助从印度新来的佛教法师翻译佛经。在流传后世的道教经典中也混有一些景教的赞美诗。但景教既不像道教是中国土生的宗教,又不像佛教那样逐渐认同于中国文化,其教义、礼仪与中国传统文化距离较大,而所译经典又多艰涩难懂。所以,景教虽然在中国流传了200余年,但始终被称为"夷教",其信奉者也以西域及中亚各国人为主。随着景教传教母国的被征服及唐末中国内乱和中西交通的阻隔,景教终于在中国湮灭无闻了。

第二节 元代的也里可温教

12世纪,亚洲的东部崛起了一个强大的游牧部族——蒙古族。1206年,成吉思汗铁木真统一了大漠南北的蒙古诸部,建立了大蒙古国。在以后的几十年中,他们西讨东征,征战于欧洲大陆。1271年,元世祖忽必烈迁都至大都(今北京),定国号为元,开始了近百年的元朝统治。

元代时景教再度兴起,但与唐代的景教没有直接承继关系。罗马天主教也首次传入中国。元代对基督教的各派多不加详辨,统称为也里可温教,或十字教。教堂被称为十字寺。教徒被称为"迭屑"或"也里可温"。

"迭屑"一词译自波斯语,原意为"敬畏神的人"或"虔诚人",是波斯人对基督徒的称谓。唐代的《大秦景教流行中国碑》中写作"达娑"。"也里可温"也作"阿尔开温",译自蒙古语,本意为"福分人",转而专称"信奉福音的人",即基督徒。

一 元代的景教

唐朝末年,景教虽在中原地区遭禁绝,却在西部与北部边疆地区流传不辍。蒙古族兴起前后,在大漠南北有4个部族是全体或部分信奉景教的。

1. 克烈部:在大漠以北,杭海岭(今蒙古人民共和国境内杭爱山)与鄂尔寒河(今鄂尔浑河)上游一带。其族属至今未有定论,多数学者认为是突厥族之一支。该部于11世纪皈依景教。

2. 汪古部:在大漠以南,阴山以北的黑水(今内蒙古达尔罕茂明安旗安不盖河)附近,属突厥语族。汪古部曾为金朝驻守长城,突厥语称长城为汪古,因而得名。

3. 乃蛮部:在克烈部以西,为突厥语系部族。

4. 蔑尔乞部:在鄂尔寒河,薛良格河(今色楞格河)下游一带。北临大泽(今贝加尔湖),属蒙古语族。

在蒙古族崛起的初期,成吉思汗就率部攻灭或兼并了这些邻近的部族。族中的一些妇女被纳为后妃。如成吉思汗的第九后为蔑尔乞部将之女,第十后原是乃蛮酋长之妻。成吉思汗之第四子托雷又娶克烈部酋长汪罕的侄女唆鲁禾帖尼为妻。她就是蒙哥、忽必烈和旭烈兀的母亲别吉太后。皇室的侍臣中也有一些景教徒。

蒙古族历来崇奉萨满教,但他们在攻杀征战之中陆续接触到多种有悠久历史的宗教文化。成吉思汗对各种宗教都采取了宽容的政策,希望借此得到各路神明的佑护。蒙古人攻灭南宋以后,实行了种族压迫政策,将臣民分为蒙古人、色目人、汉人、南人4等。但他们对于汉民族所崇奉的道教与佛教也予以宽容。景教历来在色目人与一部分蒙古人中流传,因而也受到优待。

元朝设礼部掌管各种宗教。礼部之下设宣政院以辖制佛教徒,设贤院掌管道教徒,又特置崇福司以管理景教徒。《元史》卷八九,《百官志》记载,"崇福司秩二品,掌领马尔哈昔,列班,也里可温十字寺祭享等事"。"至元二十六年(1289)置,延祐二年(1315)改为院,省并天下也里可温掌教司七十二所,悉以其事归之,七年(1320)复为司。""马尔"为叙利亚文 Mar 之译音,意为主教,在唐代称为"大德";"哈昔"为圣徒或修士;"列班"是叙利亚文 Rabban 之音译,意为长老、法师;"掌教司七十二所",即72所教堂。崇福司长官的官品稍低于宣政院的官员。

景教教堂与教徒在元朝时分布很广。根据中国史料及出土文物和元代来华的西方人马可·波罗、鄂多立克(Odoricda Pordenone)等人的记载,可知在中国的北部及西部的沙州、肃州、甘州、凉州及河套地区有许多景教徒和景教教堂。《元史》记载,忽必烈的母亲别吉太后死后,便停灵于甘州十字寺中。今内蒙古百灵庙一带也曾发现大量景教徒的墓,并出土了许多十字碑。在上都和林及大都也有不少景教徒。大都附近房山的十字寺有至正二十五年(1365)敕赐十字寺碑记,并有刻着十字架的石块两方,上刻叙利亚文:"仰望之,将以之而获所愿。"大同是另一个景教徒集中的地区,据载这里是景教主教的驻节地。在中国的南方及长江流域,景教徒的人数及教堂较西部及北部地区为少,主要分布于沿海省份蒙古人与色目人集中的地区,如泉州、福州、温州、杭州、扬州、镇江等处。在泉州和扬州,曾出土过景教徒的墓碑。扬州、镇江、泉州等地还曾有景教的十字寺。镇江的景教教堂为当地的副达鲁花赤马薛里吉斯所建。他还在丹徒等地修建景教寺,共有7座。

由于文献缺乏,对元代景教徒的人数很难估计。《至顺镇江志》中,有一段关于镇江至顺年间(1330—1332)也里可温人数的珍贵文献。当时镇江有也里可温 23 户,口 106 人,躯(寄居者)109人。其时共有侨寓户(外来户,包括蒙古人、色目人及北方汉人)3845 户、口躯 13503 人。平均 167 户中有 1 户也里可温,63 人中有 1 名也里可温教徒。

也里可温在元代受到善待。至元十九年(1282),元世祖忽必烈曾诏敕也里可温依僧例给粮,即教士可食官禄。有些地区的也里可温还曾免从军籍及免纳赋税。延祐四年(1317)七月,崇福院还奉圣旨到扬州的也里可温十字寺降御香,并赏赐掌教者。

不过,也里可温在当时的地位不如佛、道二教。蒙哥汗曾评论过一次宗教冲突,说:"今先生言道门最高,秀才言儒门第一,迭屑人奉迷失诃,言得升天。答失蛮(回教徒)叫空谢天赐与。细思根本,皆难与佛齐。"在温州,也里可温在祝圣祈祷班次上与道士争先,受到朝廷斥责。马薛里吉斯于至元十六年(1279)在镇江修建的景教云山寺与聚明山寺,于至大四年(1311)被改为佛教的金山下院。仁宗皇帝降旨:"也里可温擅作十字寺于金山地,其毁拆十字。"并命集贤学士、著名书法家赵孟頫撰文立碑,令"金山也里可温子子孙孙勿争,争者坐罚以重论"。

元代景教徒中的著名人物除马薛里吉斯外,还有著名文人马祖常、崇福使、秦国公爱薛和也里牙父子。高唐王阔里吉斯在皈依天主教之前也是一名景教信徒。

景教徒中有两名闻名于西方的僧侣,即畏吾尔人拉本·扫马(Raban Sauma)及汪古部的马可(Marcos)。扫马曾在大都附近的山中隐修。马可慕名拜其为师。两人于 1275 年或 1276 年结伴西行朝圣,历经千山万水到达西亚拜见了宗主教马·登哈,但因战乱未能到达耶路撒冷。1281 年,马可被推选为新的宗主教——马·拉巴哈三世。拉本·扫马则受伊儿汗王阿鲁浑差遣出使罗马。1287—1288 年,他率使团在欧洲先后谒见了法兰西王、英国国王及新当选的教皇尼古拉四世(Nicholas Ⅳ,1288—1292 在位),并携带教皇书信和礼物回伊儿汗国复命。后来,他们两人一直受到阿鲁浑王的尊敬。

二 元代的天主教

元代,天主教首次传入中国。罗马教皇与蒙古大汗之间的联络早在元朝迁都大都之前便已开始,其契机是席卷欧亚大陆的"蒙古旋风"。

成吉思汗定都和林之前,罗马天主教已进行了 4 次十字军东侵,意欲征服地中海东岸的伊斯兰教国家。正在双方激烈征战之时,蒙古铁骑席卷西来。1219 年,蒙古军首次西征,攻灭花剌子模,打败了斡罗思和钦察联军,版图扩展到里海一带。1235 年,成吉思汗之孙拔都再次率军西征,一直深入到勃烈儿(波兰)与马扎儿(今匈牙利),震撼了整个欧洲。

同时,关于约翰王的传说也流传于欧洲。据说东方有一个信仰基督教的国君,名叫约翰王。其实这只是关于身为景教徒的汪古部首领汪罕的传说。

罗马教廷与世俗权贵希望能利用宗教的力量打动蒙古大汗,阻止其对西欧的进攻,决计派使节出使蒙古。以此为肇端,罗马教廷与中国皇朝之间进行了一个多世纪的往还。

1245 年,教皇英诺森四世在法国里昂召开会议,决意遣使蒙古。同年 4 月 16 日,意大利方济各会士柏朗嘉宾(Jean de Plan Carpin,1182—1252)等一行自里昂出发东行。他们于次年 7 月横跨欧亚大陆到达上都和林,适逢窝阔台去世。8 月,贵由汗继位。不久,他们受到大汗召见,呈上教皇的信。教皇信中指责蒙古人入侵基督教国家,"所过杀戮,千里为墟,血流盈壑",并询问蒙古大汗以后的意向。贵由汗认为来使是"讲和之人",他在复信中写道:"既欲讲和,尔教皇、皇帝、国王及各城市之有权有势者,皆须火速来此议和,听候朕之回答及朕之意旨。"对于教皇的指责,他答道:"尔等居住西方之人,自信以为独奉基督教而轻视他人。然尔知上帝究将加恩于谁人乎?朕等亦敬事上帝,赖上帝之力将自东徂西,征服全世界也。"

这次交涉未能达到教皇预期的目的。柏朗嘉宾于1246年11月起程返欧。贵由汗的母亲是景教徒,待柏朗嘉宾等人甚善,临行时各赐貂皮缎袍。1247年7月,柏朗嘉宾等返抵里昂向教皇复命。后来,柏朗嘉宾有《蒙古史》一书行世,使欧洲人得以略知东方的地貌民情。

柏朗嘉宾之后,又有多明我会士及方济各会士奉教皇或法王路易九世之命出使蒙古,皆收效甚微。

元世祖忽必烈时期(1260—1294),意大利威尼斯富商波罗一家充任了元朝与罗马教廷的中间人。

13世纪,威尼斯因为与东方的贸易关系而富甲全欧。波罗(Polo)一家有三兄弟,长兄死于1260年,尼古拉·波罗(Nicolo Polo)与马飞奥·波罗(Mafio Polo)即前往其兄在黑海北岸的商号。后来他们继续东进,于1265年或1266年到达蒙古上都。忽必烈从他们口中了解了西方的风土民情,并委托他们带信给罗马教皇,要求派100名通晓七艺(即中世纪博士所学的文法、伦理学、修辞学、算学、几何学、音乐及天文学)并善于阐发教理的教士东来。

1269年,波罗兄弟二人返抵欧洲,受到新任教皇格列高利十世(Gregorius Ⅹ,1271—1276在位)的接见。教皇命他们与二位传教士携带复信前往蒙古。他们4人携带尼古拉·波罗之子——年方15岁的马可·波罗(Marco Polo,1254—1323)同行。途中两位传教士滞留不进。波罗一家经过三年半的艰苦跋涉于1275年抵达中国。元世祖忽必烈闻讯派使臣到40日路程之外去迎接。他们受到很高的礼遇。马可·波罗曾在朝居官,并到各地游历。他在中国生活了17年,于1291年奉命扈送公主乘船远嫁伊儿汗国。1295年,马可·波罗返抵威尼斯,3年后在威尼斯与热那亚的战争中被俘。他在狱中口授东方异域见闻,由同狱的罗斯底加诺(Rusticano)写成《游记》一书。此书影响极大,成为中古时代最著名的著作之一。

1289年,意大利方济各会士约翰·孟高维诺(J. de Monte Covino,1247—1328)受教皇尼古拉四世的派遣,携带教皇致伊儿汗国王阿鲁浑及元世祖忽必烈的信件前往东方传教。在波斯与印度，他各逗留了一段时间，并在当地传教。1293年，他在泉州登陆，然后北上大都。孟高维诺受到元朝皇帝的礼遇，并获准在大都留居传教。13年后，罗马教廷才得到他的消息。1307年，教皇克雷芒五世致信孟高维诺，任命他为汗八里（即大都，今北京）主教区的总主教。同时，他还派遣7位方济各会士前往中国，以帮助孟高维诺传教。这7人中只有3人抵达大都，其余4人皆死于途中。

孟高维诺于1328年辞世，享年81岁。他在大都传教30余年，共有3封寄往欧洲的信札传世，其中有两封信于1305年及1306年寄自大都。信中记述了他在大都传教的一些史实。

孟高维诺于1299年和1305年在大都修建了两座教堂，其中一座与皇宫仅隔一街，内中有可容纳200人的礼拜堂。他在1305年以前已为6000余人施洗。他认为，如果没有景教徒的极力干扰，他可为3万人施洗。由他施洗的教徒中，最显赫的一位是汪古部首领、高唐王阔里吉斯。他原是一个景教徒，后来听从孟高维诺的劝告率部众皈依了天主教。他曾资助过孟高维诺，并在其领地内建造了一座大教堂，命名为"罗马教堂"。不过，阔里吉斯死后，他的兄弟又率部众回归了景教。孟高维诺曾将《新约》及《旧约》的《诗篇》译为蒙文。他还收养了一批儿童，教他们学习拉丁文及教会礼仪，并组成唱诗班，在教堂中演唱。

孟高维诺在大都传教的最后几年里，意大利方济各会士鄂多立克曾在大都居住过3年。他曾在东南沿海及大运河沿线游历，约在1330年回到欧洲。他著有《东游录》一书，书中提到他在汗八里随主教谒见元朝皇帝一事。鄂多立克是与马可·波罗齐名的中世纪四大游历家之一，他的游记也影响甚广。

此外，教皇派赴中国的3名方济各会士杰拉德（Gerardo Albuini）、贝勒格里诺（Peregrino da Castello）和安德鲁（Andreas de Perugia）都曾在大都协助孟高维诺传教。

元代，泉州是东方著名商港，也是东西方各种宗教的汇集地，佛教、景教、伊斯兰教等都同时在此传教。1313年，泉州有一位亚美尼亚的贵妇人出资修建了一座华美的天主教堂。杰拉德受命前往担任首任主教。他死后,贝勒格里诺继任,后于1323年去世。安德鲁又前往赴任,并受皇帝特许,一直领取俸禄。安德鲁在泉州又修建了一所小教堂。1326年,他有一封信寄往欧洲,谈到在泉州传教的情况,并提及当时在中国各种宗教都可以自由传播。

除了汗八里和泉州外,扬州、杭州及山东临清等地都曾有天主教士居住过。

孟高维诺逝世5年后,教廷才得知他去世的消息。教皇约翰二十二世决意派巴黎大学教授尼古拉(Nicolas)为汗八里总主教。次年,他偕26人来华,但在途中不知所终。

1336年,元顺帝派遣一个使团赴欧,于1338年抵达阿维农。元顺帝在致教皇的信中请他代为祈福,并希图得到西方良马及珍奇之物。使团还携带有元帝的侍臣、基督徒阿兰人的信札。信中申述自8年前孟高维诺主教去世后,一直未有继任者。这使他们"行动无所依,精神无所寄",因而请求派来继任者。同年12月,教皇本笃十二世(Benedict Ⅻ,1334—1342在位)派修士马黎诺里(Giovanii de Marignolli)等人携复信及礼物东行,于1342年抵达汗八里。马黎诺里一行在汗八里期间颇受优遇。他们于1346年启程,在泉州登棹西归,于1352年回到阿维农,向教皇英诺森六世(Innocentius Ⅵ,1352—1362在位)复命。他所写的有关中国的记载,在布拉格的教堂中放置了400年之久不为人知,直到1768年才出版。

元代后期,各地民众纷纷起事反抗。欧洲的天主教方面也因教廷的分裂及黑死病的大流行,无力向东方传教。虽然教廷曾派遣数人东行,但无一人到任。在中亚,也因战事和痢疫,约有2/3的修士死去,许多教堂空无一人。元代曾以完善的驿路制度闻名,但由于元末中亚战事频仍,中西交通又告断绝。元亡后,明太祖曾于洪武四年(1371)召见佛菻国商人捏古伦,命其回国通报大明已代元而立。以后大约有两个世纪之久,西方与中国的联系中断。西方人对中国的概念十分模糊,直到新航路开辟后,才重新燃起寻找东方的热忱。

代元而立的明代统治者,在起事的时候便以反对元朝的种族压迫为号召,一俟定鼎中原,便于洪武初年"诏胡服、胡语、胡姓一切禁止"。也里可温这种在蒙古人及色目人中信奉的宗教自无再存立的可能。元亡后,景教与天主教均在中国绝迹了。

第三节　明末和清朝的天主教

自1368年元朝被明朝取代之后,中国有200余年没有基督教的任何活动。除了欧洲天主教的分裂与衰落和明朝实行闭关政策等因素外,欧亚交通的阻隔也是重要的原因之一。在欧洲与中国连接的丝绸之路上,东有帖木儿帝国勃兴,西有奥斯曼帝国称雄。陆路交通因战乱而阻塞。1453年,奥斯曼土耳其人占领了君士坦丁堡,经红海、波斯湾前往东方的海路也被阻隔。

在这200年中,欧洲发生了两件大事,即宗教改革运动和"新航路"的开辟,它们都直接促进了天主教向东方的传播。在宗教改革的巨大压力下产生的天主教修会——耶稣会,除了在欧洲与新教对抗外,还积极向远方传教。"新航路"的开辟,则为他们提供了向东方传播的可能性。1498年,葡萄牙人达·伽马绕过好望角,到达印度西南岸的卡里库特(Calicut)。1510年,葡萄牙人占领了印度西岸的果阿(Goa),作为总督的驻地,以后又向东占领了马六甲等地。1514年,葡萄牙船只出现于中国海岸。他们发现到中国贩卖香料有厚利可图,因此极力想进入中国市场。当时明朝海禁很严,一些葡萄牙人就勾结倭人和中国的土匪侵扰浙江、福建的沿海一带,并试图在宁波附近的双屿建立贸易殖民地。1553年,葡人强行租占了澳门,以此为据点,垄断了欧洲与中国和日本的贸易。

"新航路"开辟后,欧洲的天主教传教士乘着贸易船只络绎东来。根据1493年罗马教皇亚历山大六世的通谕和1494年及1529年所签订的条约,葡萄牙享有对东方的保教权,从欧洲经海路东来的传教士均要从里斯本出发,经果阿再到亚洲各地。16世纪中叶,

/第二十章/ 中国早期的基督教

欧洲传教士开始叩打中国的门户。

一 明代末年的天主教

"新航路"开辟后,第一位到东方传教的是耶稣会创始人之一方济各·沙勿略,他于1542年到达果阿以后在马六甲及日本等地传教。在日本,他了解到中国文化是东亚文化的发祥地,因此决意先向中国传道。1552年,他偕同一名中国水手到达珠江口外的上川岛。因中国海禁甚严,未能登上大陆,于1552年12月死于岛上。

继沙勿略之后,著名传教士利玛窦(Matteo Ricci,1552—1610)来到中国。利玛窦生于意大利中部玛切拉达城,1571年入耶稣会。他天资聪颖,曾就学于罗马学院,对数学很有研究。1578年,他奉派至印度传教。1582年,奉耶稣会远东视察员范礼安(Alexandre Valignani)之命到达澳门,在那里研究中文。翌年9月,他与耶稣会士罗明坚(Michaele Ruggieri,1543—1607)一起到达肇庆。他们向知府王泮自称为来自天竺国的僧人,向慕中国政治昌明,愿得一块清静地建屋造堂,不问澳门商务,终身事奉天主。他们还献上自鸣钟等礼物,获准择地建堂,供奉耶稣之像。数年后罗明坚回欧洲,利玛窦便独自留居肇庆。

利玛窦学识渊博,交游甚广。为了适应中国的环境,他穿僧服讲华语,将西洋的自鸣钟、三棱镜和自绘的《山海舆地全图》公开展出,吸引了不少人前来参观。1584年《山海舆地全图》印行,以后多次被人翻刻。这幅图使中国的学者第一次接触到五大洲的观念,利玛窦也因此声名远播。他在传教方面则谨慎从事,在最初7年中只吸收了七八十名教徒。1589年,他北迁韶州,与官员瞿太素私交很好。受瞿的劝告,知道在中国和尚地位低下,因而改僧服为儒服,蓄发留须。在这一时期,他攻读儒家经典,中文长进很大。他还首次将中国的《四书》译为拉丁文。

利玛窦认为:在中国严密有秩的政治制度下,只有获得皇帝的准许,天主教才能迅速发展。因此,北京便成为他向往的地方。1595年利玛窦前往南京,希图北上未果,只好退居南昌。在那里他结交了皇戚建安王,并撰写了他的第一部中文著作《交友论》,讲述西方交友之道,在学者中影响很广。

1601年,利玛窦终于达到了留居北京的目的。他向明神宗呈上自鸣钟、万国图志、天主及圣母图像等贡品。万历皇帝非常欣赏自鸣钟,为了便于修理,他允许利玛窦留居京师,由礼部供应膳宿。利玛窦自此在北京度过了他最后的10年。

尽力适应中国文化,是利玛窦传教思想的基本特点。1603年,他最著名的宗教著作《天主实义》在北京刻印成书。书中博引中国的古籍经典来阐发天主教的教义,以此说明中国的礼教与天主教并无枘凿不入之处。这本书后来被多次翻刻,影响很大。利玛窦还对中国祭祖祀孔的礼俗表示理解,认为它不具有宗教性质,因而与天主教礼仪不相牴牾。这样许多著名的学者、士大夫都有兴趣了解天主教,并对西方传教士表示友好。利玛窦也因此结交了许多朋友。

以传播西学来提高天主教在民众心目中的地位,是利玛窦传教的主要方法之一。明代末期,社会动荡,许多有识有学的士大夫不满于理学明心见性的空谈之风,提倡"实学",因此利玛窦介绍的西方天文、数学、地理等学科深受他们的欢迎。利玛窦与徐光启、李之藻等进士合作翻译了《几何原本》、《同文算指》、《测量法义》、《圜容较义》等大量科学书籍。他的渊博的学识在京城名闻遐迩,人们称他为"利子"。他的住所常年宾客不绝,甚至有时忙得无暇做礼拜。利玛窦的声誉也为后来的传教士能顺利进入北京奠定了基础。

1610年5月11日,利玛窦病逝于北京,终年57岁。在传教士与士大夫的请求之下,皇帝赐葬于阜成门外滕公栅栏的一处墓地。

利玛窦逝世时,中国各地约有教徒2500人。在南昌、南京、韶州等地都有教士宣教。他的继任人龙华民(Niccolo Longobardi,1559—1654)于1613年派金尼阁(Nicolas Trigault,1577—1628)回欧洲向教皇汇报中国教务。金尼阁除了将利玛窦的《天主教传入中国史》一书整理出版外,还在欧洲四处游说,为中国教会募捐组织传教士来华。1620年他偕8名传教士抵达澳门,携来7000余册西文书。这些人中有著名的科学家邓玉函(Jean Terrenz,1576—1630)和日后蜚声中外的传教士汤若望(Johann Adam Schall von Bell,1591—1666)。

耶稣会士在中国的活动,引起了一部分官绅的反对。在1616年和1621年两次著名的"南京教案"中,南京礼部侍郎沈㴶几次上疏指控传教士窥伺两京图谋不轨,以西法修历是变乱中国纲纪等。皇帝下令禁教,敕令传教士出国。南京的传教士王丰肃(Alphon. Vagnoni)、谢务禄(Alv. de Semedo)被用囚笼押解出境,北京的庞迪我(Diego. de Pantoja)、熊三拔(Sabbathinus de Ursis)也被逐至澳门,教徒多人被捕。徐光启上《辩学章疏》,为传教士辩护。在北京和杭州等地,一部分传教士受到奉教士大夫的保护,得以留居。不过,传教士在明末能在中国立足传教,主要还是由于朝廷对他们有两项紧迫的需求。

其一是历法亟需修定。在当时颁布历法是一件国家大事,是皇帝作为真龙天子代天行道的具体体现。皇帝每年将星象节气、日月蚀、吉凶日等普告公下。只有钦天监有测定天象历法的权利,民间严禁私下传习。明朝所本的是大统、回回两种天文推算方法。到明末,这两种方法久已失修,日月蚀常推测不准,颇损皇帝的尊严。在徐光启、李之藻等人的极力推荐下,皇帝同意西洋人以西法参与修改历法。崇祯二年(1629)于北京宣武门内首善书院旧址设历局,由徐光启统领,传教士龙华民、邓玉函、罗雅各(Jacobus Rho)和汤若望等人先后参与其事。到崇祯末年,传教士与中国学者一起,翻译辑录了与天文、历法、数学等有关的136卷书籍,名为《崇祯历书》。自那时起,传教士以精通天文历法闻名中国,先后执掌修历工作近两个世纪。朝廷任用传教士修改历法,便等于默许传教士留居中国。西方传教士精于天文历算的声望也为传教带来了便利,不少人愿意与他们交往,甚至汤若望在明末的宫廷中也发展了一批教徒。

朝廷对传教士的第二方面的需求是由于边疆的危机。明末,努尔哈赤率女真人崛起于关外。自万历四十六年(1618)开始,连年冲击明朝的边境。这些精于骑射的猛士屡屡战胜手持粗造火器的明朝官兵。皇帝深恐社稷不保,各方征求对策。在徐光启的建议下,朝廷自1620年起派人至澳门购炮。以后东北局势再度吃紧,女真人连克沈阳、辽阳两城。天启皇帝只好传召传教士进京辅佐造炮。汤若望在崇祯朝也曾参与其事。由汤若望口述,焦勗整理的《火攻挈要》一书,成为铸造西式火器的经典著作。传教士也因此受到朝廷的宽容。

由于上述因素,明末天主教发展较快,到崇祯末年,已有3.8万人奉教。多明我会、方济各会等也先后进入中国。

明代信奉天主教的著名人物有徐光启、李之藻和杨廷筠,他们被称为明末教会的"三大柱石"。

徐光启(1562—1633),上海人。1596年开始与传教士有接触,1603年入教。1604年在北京考中进士后任翰林院庶吉士。他注重经世致用之学,曾跟随利玛窦学习西方科学知识,并帮助传教士翻译科学著作。在南京教案期间,他坚持为传教士辩护。1628年,徐光启的著名科学著作《农政全书》完成。他在崇祯朝升任礼部尚书、东阁大学士。先后主持修历和督造火炮等事。

李之藻(1569—1630),浙江人。1598年中进士,官至光禄寺少卿。他协助传教士翻译过多种科学著作,并对1623年西安附近出土的"大秦景教流行中国碑"作过最早的考证,1610年在北京由利玛窦付梓。

杨廷筠(1557—1627),浙江人。1592年中进士。1598年擢任监察御史。1611年受洗,在南京教案期间曾著书为传教士辩护,并在家中庇护传教士多人。

此外,明末尚有不少信奉天主教的著名人物如王徵、瞿式耜、孙元化、韩霖等人,正是在他们的支持和帮助下,天主教在明末有了较大的发展。

二 清代初年的天主教

西方传教士为中国皇帝效力的目的是传教。因此,在满清入主中原的大动荡时期,当南方的毕方济(Francesco Sambiasi)和瞿纱微(Andre X. Koffler)等传教士还在辅佐南明诸帝抗清之时,北京的汤若望已经成为顺治皇帝的客卿了。

清军1644年6月攻入北京,限居于内城的汉族人在3天内全部迁出,以驻扎旗兵。宣武门内的教士住所也在应迁出之列,汤若望呈上奏文言明天文仪器无法搬走,竟得睿亲王多尔衮特许,安为原处。顺治元年,汤若望因准确地预测了日蚀,被任命为钦天监正。西洋人在中国朝廷中任官,汤氏是第一人。他以西法修历,时称《时宪历》。1650年,顺治皇帝拨地赐金,襄助汤若望修建天主堂。1652年,宣武门内南堂落成,顺治皇帝赐"钦崇天道"匾额。这座西洋风格的建筑物在北京城内十分引人注目。

顺治帝很尊敬汤若望,呼之为"玛法"(满语称呼长辈用语)。汤若望可出入内廷,甚至曾在顺治的寝宫中彻夜长谈。皇帝也曾驾临天主堂看望汤若望。汤若望极力规劝顺治帝入教,但终未成功。顺治年间,汤若望屡次被晋封,先后任太常寺卿,通议大夫,并加封其父祖为通奉大夫,母与祖母为二品夫人。后又任他为通政使司通政使,晋为一品,加封三代。并得赐号"通玄教师"。汤若望所受到的礼遇,也提高了天主教的声誉。

1661年,顺治皇帝病逝。康熙皇帝以冲龄继位,由四大臣辅佐。徽州人杨光先对以西洋新法历书取代大统历和回回历不满,于1664年上疏礼部,参劾汤若望历法荒谬,邪说惑众,潜谋造反。汤若望、南怀仁(Ferdinand Verbiest, 1623—1688)等4位传教士被捕入狱,各省教士由地方官拘禁。汤若望定罪凌迟,后逢地震,在太皇太后和皇太后的干预下获释,居于北京八面槽的东堂内。1666年,汤若望病逝。这次著名的"历狱"的结果是废止西洋新法,严厉禁教。杨光先出任钦天监正后,数年之内,历法屡错。康熙皇帝亲政后,命南怀仁与监官质辩,并同赴天文台测验。南怀仁皆获胜。康熙下令将杨光先革职遣返,任南怀仁为钦天监副,发还南堂,并遣官谕祭汤若望,恢复他生前的职衔。

康熙给汤若望昭雪冤案后,对传教士渐生好感,允许北京南、东两堂恢复宗教生活。1670年,康熙下谕开释拘押于广东的25名传教士,令其各返本堂,但只可在洋人中传教。他还征调3名传教士进京修改历法。实际上被释放的传教士只有19人,因其中6人已瘐死狱中。

南怀仁因通晓数学与历法,很受康熙的重用。康熙曾命他负责勘测万泉河引水工程,以西洋滑车牵引重达10万斤的大石料过卢沟桥,并负责监造天文仪器。1673年,三藩之乱爆发,康熙倾其全力调兵平叛。但南方山高水隔,给擅长马上作战的旗兵带来很大不便。康熙便于1680年降旨令南怀仁制造轻便火器。南怀仁先后试制了可放置在马背上的小铜炮和木炮,康熙曾亲临卢沟桥炮场观看试炮,颇为称许。由于上述功绩,南怀仁在康熙一朝颇受重用,除负责钦天监外,还被加封为太常寺卿、工部右侍郎、通政使司通政使等官爵。

康熙对西方的科学颇有兴趣。他曾命南怀仁、徐日昇(Thomas Pereira,1645—1708)、闵明我(Philippe M. Grimaldi)等人轮流进讲天文、地理、数学、音律等知识。康熙经常演算习题,用功读书到深夜,即使是在到关东等地巡幸期间,也命南怀仁等人扈从。1682年,南怀仁秉承康熙之意致函欧洲,张罗通晓科学的传教士来华。南怀仁的声望给各地的传教士也带来了便利。据说当时入华的传教士,只要举着上书"工部右侍郎南"的旗帜,便可畅行无阻。

1688年,南怀仁病逝。在他病重期间,康熙频频差遣太医诊治,派侍卫问候。南怀仁逝世后,康熙赐银安葬,又让国舅亲往墓地致祭,赐谥号"勤敏"。在来华的西方传教士中,南怀仁是惟一享有谥号的人。

南怀仁逝世前后,法王路易十四派了5名通晓科学的传教士入华。为了抵制葡萄牙的保教权,他们在宁波登陆。重病中的南怀仁向皇帝举荐了他们。这5人奉旨进京后,白晋(Bouvet Joach,

1656—1730)和张诚(Jean-Francois Gerbillon,1654—1707)被康熙留下,余3人出京传教。

1689年,中俄签订《尼布楚条约》。康熙命张诚和徐日昇随同前往。康熙对他们很信任,并建议以拉丁文为正式文本。在谈判中,两位传教士虽然希图能对双方都"竭尽棉薄",但并未有辱使命。《尼布楚条约》是中国与西方国家签订的第一个平等条约。康熙对他们大加褒奖。

康熙由于喜爱西方科学而看重西方传教士。1690年,他用西洋笔写下"西洋人心最实,皆因学问有根也。"他又因信任传教士而对天主教逐渐宽容,题写了"万有真原"的匾额,命悬挂于天主堂内。他还题过"敬天"之匾,并解释说敬天即是敬天主。1692年3月22日,康熙终于下令准许天主教在中国人中传播。这就是闻名于西方的《1692年康熙保教令》,内称:"查得西洋人仰慕圣化,由数万里航海而来。现今治理历法,用兵之际力造军器火炮,差往阿罗素诚心效力,克成其事,劳绩甚多。各省居住西洋人,并无为乱恶行之处,又并非左道惑众,异端生事。喇嘛、僧、道等寺庙尚容人烧香行走,西洋人并无违法之事,反行禁止,似属不宜。相应将各处天主堂俱照旧存留,凡进香供奉之人,仍许照常行走,不必禁止。俟命下之日,通行各省可也。"1693年,康熙患疟疾,太医束手无策。张诚献上"金鸡纳霜",服后立愈。康熙在皇城内赐地修建了一座天主堂,即北堂。据统计,在1701年时,中国有澳门、南京和北京3个主教区,有130位传教士和约30万教徒。不过教徒中以平民居多,利玛窦要使中国知识界归化天主的理想,终未能实现。

三 "中国礼仪之争"与清朝后期的禁教政策

礼仪之争是明清之际天主教关于中国礼仪的一场争论,其实质是天主教应否适应中国文化。这场争论从教内发展到教外,从东方发展到西方,持续了100多年,最后引起了中国皇帝与罗马教廷的正面冲突,在历史上是颇有影响的。

争论的焦点是关于"造物主"译词的争议和关于中国祭祖祀孔

礼俗的争论。

利玛窦的成功在于他能适应中国文化。他借用儒家语言,从中国经书中找出"上帝"、"天"、"天主"等词来翻译拉丁文"造物主"(Deus)一词。利玛窦死后,龙华民反对这种译法。因据日本耶稣会的报告,日本人用朱熹的学说评价《天主实义》一书,认为"天"与"上帝"不能代表创造万物的尊神。于是耶稣会中意见分歧,初则于1621年和1628年在澳门、嘉定两地集会讨论,继而致函欧洲研究。1630年后,方济各、多明我会士也进入中国。耶稣会与多明我会在组织形式、传教方式和神学传统上均有不同。多明我会士在福建、山东二省的农村中传教也绝少读中国古籍,因此对耶稣会在华的传教方针不满,继而将译名问题与礼俗问题一并送交罗马教廷裁决。

利玛窦认为中国民间的祭祖祀孔礼俗没有宗教意义,只是崇敬先人,尊重先师而已,因而允许教徒保持这种礼俗。龙华民认为这些礼仪有宗教成分。多明我会士则认为耶稣会的成功是基于对异教的妥协,1635年,派人向罗马教廷控告耶稣会,未有结果。1643年,多明我会士黎玉范(Juan Baptista de Morales, 1567—1644)向教皇乌尔班八世上书。后因教皇逝世,继任的英诺森十世于1645年下令禁止中国天主教徒祭祖祀孔。中国耶稣会旋派卫匡国(Martin Martini, 1614—1661)赴罗马申辩。教皇亚历山大七世(Alexander Ⅶ, 1655—1667在位)于1656年下令允许中国教徒祭祖祀孔,这两个谕令使争论的双方各有所恃。1669年,多明我会士鲍良高(Juan de Polanco)前往罗马询问上述谕令是否具有同等效力。教皇克雷芒九世(Clement Ⅸ, 1667—1669在位)答复:它们具有同等效力,但要视具体情况而定。

1693年,进入中国福建传教的巴黎外方传教会主教颜珰(Charles Maigrot)发布禁令,不许教徒称造物主为"上帝"、"天"或"陡斯"(Deus),只可称"天主"。教堂内不许挂"敬天"匾额,禁止教徒祭祖祀孔等。

这场争论传至欧洲,在各国引发了一场空前的辩论。1700年,在法国、意大利、比利时等地，人们均热衷于谈论此事。巴黎大学先后举行了 30 次会议，支持颜珰，反对在华的耶稣会士的观点，有许多文章问世。

北京的耶稣会士为了取得对这个问题的权威论据，于 1700 年 11 月 19 日联名上疏请教康熙。康熙于 30 日接见了他们，并正式答复："中国供神主，乃是人子思念父母养育……圣人以五常百行之大道、君臣父子之大伦，垂教万世，使人亲上死长之大道，此至圣先师之所应尊应敬也。"12 月，由法国耶稣会士李明（Louis de Comte）将康熙的答复和 17 位钦天监官员的证明书送往罗马。这更引起反对者的抨击，认为教内问题交由异教皇帝裁决，实属不当。

1704 年，教皇克雷芒十一世发布上谕，严禁中国教徒祭祖祀孔。教皇特使铎罗（Charles Thomas Maillard de Tournon, 1668—1710）于 1705 年 12 月到达北京。康熙皇帝优礼以待，向他解释祭祖祀孔的意义，并希望能有一位久居中国，熟悉朝廷事务的人担任中国总主教。铎罗不敢正面与康熙冲突，遂请康熙接见颜珰。康熙在接见颜珰时发现他既不会官话也不太认中国字，斥责他"愚不识字，擅敢妄论中国之道。"铎罗只好辞行离京。他走到南京时发表致在华传教士公函，申明教皇克雷芒十一世的禁令，触怒了康熙。康熙宣布教化王（指教皇）无权干涉中国事务，将铎罗解押至澳门拘禁，并下令凡是想在中国传教的人，均要向内务府领取"永居票"。"永居票"上面除姓名、年岁、入华日期等项外，还写明永不回复西洋。不领票者则一律不许留居。自此，在中国的传教士开始分化，一部人拒领永居票，恐犯教规；另一部分人申请永居票，恐失去在华传教的机会。至 1717 年，共有 47 位传教士领了票。

1715 年，教皇克雷芒十一世发布《自登极之日》通谕（即《禁约》）重申前禁，违者与异端同罪。康熙大为震怒，下令禁止传教。1719 年，克雷芒十一世再次派特使嘉乐（Carlo A. Mezzabarba）来华。1720 年 12 月，嘉乐到京。康熙先后接见他 13 次，嘉乐请求康熙皇帝允许传教士及教徒遵守教皇《禁约》，康熙看了《禁约》后批示:"览此告示,只可说得西洋人等小人,如何言得中国之大理?况西洋人等无一通汉书者,说言议论,令人可笑者多,今见来臣告示,竟与和尚道士异端小教相同。彼此乱言者,莫过于此。以后不必西洋人在中国行教,禁止可也,免得多事。"嘉乐见此,只好将教皇通谕私自变通为"准行八条",准许教徒举行非宗教性质的祭祖祀孔,并于1721年起程返欧。康熙为了澄清事实,将嘉乐访华言行汇为《嘉乐来朝日记》,除让嘉乐带走外,还派传教士从陆路送往罗马。1742年,教皇本笃十四世(Benedictus XIV,1740—1758在位)颁布通谕,废除嘉乐的"准行八条",绝对禁止祭祖祀孔。清廷也毫不退让,严禁传教,直至1842年。1939年,罗马教廷最后撤消了一切关于中国礼仪的禁令。

中国礼仪之争持续了约100年,有200多部有关著作问世,还有大量的日记文书和手稿。天主教从此在中国日趋衰落,尤其是读书人再难以入教,因为读书人均需敬拜孔子,而且不入祠堂祭祖,则被视为大逆不道。因而教徒往往被摒弃于家族、社会及仕途之外。

不过,中国礼仪之争在欧洲却成为中国思想文化西传的契机。一些学者开始热衷于研究中国的历史、经典、文学与社会等,对当时的欧洲社会影响不小。

雍正朝以后,一直到鸦片战争均实行禁教政策。雍正皇帝于1724年下令封闭教堂,除在北京留下20余名"有技艺之人"外,其余的传教士只能居于广东。当时全国有教堂300余间,自此以后,大部分改为公廨及仓库等。1727年,雍正下谕:"中国有中国之教,西洋有西洋之教。西洋之教不必行于中国,亦如中国之教岂能行于西洋?"乾隆年间,仍准许传教士供奉朝廷,但对传教并不宽容。1765年,教徒减至12万人,比1701年减少了60%。不过各地仍有传教士在秘密传教,至1775年,共有49位外籍传教士在中国。

1773年,教皇克雷芒十四世下令解散耶稣会。两年后,此令传到北京,一些耶稣会士决定留下来继续服务。

1783年,教廷指派法国遣使会(Lazaristes,亦称"辣匝禄会")来华接替耶稣会工作。1785年,罗广祥(Nicolas J. Raux)等几位遣使会士到京。他们接替了耶稣会士在钦天监等处的工作。后来,还有一些葡萄牙遣使会传教士来华传教。至19世纪初,天主教在中国已很衰微。法国大革命后,法国传教士也很少东来。1811年,嘉庆皇帝再次发布禁教令。北京的西堂被卖,东堂失火,教士居于南北二堂。1826年,葡萄牙遣使会士毕学源(G. G. Pires Pereira)因病辞去钦天监职,从此再没有传教士在钦天监任职。1838年,毕学源病死。北京的南堂及藏书交与俄国东正教传教团。不过1840年时,各地还有秘密潜入传教的几十名传教士,信徒不足20万人。

四 东正教在中国的活动

17世纪中叶,沙俄帝国利用中国明清两朝交替、清军主力入关之机,派遣武装人员占领了黑龙江流域的雅克萨,建立了要塞。1685年和1686年,康熙皇帝先后两次派兵攻打雅克萨,收复了失地,俘虏了一批俄人。一部分战俘被遣送回国,另一部分战俘45人(一说近百人)被押送北京。这部分战俘住在北京东直门内胡家圈胡同,享受和旗人同等的优厚待遇,允许他们保持原来的宗教信仰。

康熙皇帝为了使他们过好宗教生活,将北京东北隅的一座庙宇(俗称"罗刹庙")赐给他们做教堂。他们把这座庙改称为索非亚教堂,因为这个名字象征君士坦丁堡东正教。这座教堂又称尼古拉教堂,因为里面挂着一幅俘虏们从雅克萨带来的尼古拉圣像。在这里主持宗教礼仪的是战俘中的马克西姆·列昂捷夫司祭。他在北京的活动很快引起了俄国东正教会的注意。1695年,俄国西伯利亚行政中心托博尔斯克东正教区都主教伊格那提专门派人送给马·列昂捷夫一份证书,正式承认北京的东正教堂,并指示他今后"不仅要为沙皇祈祷,而且也要为中国皇帝祈祷"。马·列昂捷夫遵照这一指示,在北京积极开展传教活动,不久便得到沙皇彼得一世的重视。1698年,彼得一世曾批示:"此举甚佳。为了上帝,要干得小心一些,切勿鲁莽,更不要因此激怒中国官吏和已在那里筑巢多年的耶稣会士。我们应当在那里有一些不是过于博学,而是机智、有礼貌的战士,以免因过度骄傲而使这一神圣的事业像在日本那样遭到毁灭和失败。"1700年6月18日,彼得一世又向西伯利亚托博尔斯克东正教区发布"特谕",要教区向中国派遣传教士团。1715年,彼得一世征得康熙的同意后决定向中国正式派遣东正教传教士团。1716年,第一届传教士团到达北京,住在尼古拉教堂,这里就成了俄罗斯"北馆",在这里正式成立了"中国东正教会",其活动经费由沙俄政府供给。传教士团实际上也是沙俄政府驻北京的外交机构。东正教传教士的这种官方身份是同期在北京的其他天主教传教士所不具有的。

1727年,中俄签订了《恰克图条约》,中国东正教会得到了清政府的承认。清政府于1732年出资为俄国传教士团在北京东江米巷(今东交民巷)兴建了新的东正教堂,命名为"奉献节教堂",这就是俄罗斯"南馆"。从此以后,来华的俄国使臣、商人等都住在这里并在这里过宗教生活。

五 传教活动与中西文化交流

在明清之际200余年时间中,有几百名传教士来到中国,形成了一场中西文化的大规模的接触与交流,这对当时的东西方社会和后世都有较大的影响。

西方传教士介绍到中国的西洋学术文化,简言之,可分为6类:

1. 以西洋天文历法修正大统历和回回历的错误,翻译、编纂了《崇祯历书》等大型天文历法丛书,为明清两朝培训了一些懂得近代测量方法的钦天监官员。

2. 制造精密仪器。1634年,我国第一架望远镜"窥筒"制成。1673年,南怀仁监造了一批大型天文仪器,如天体仪和黄赤道经纬仪等。南怀仁还曾于1678年制造过以燃汽轮推动的车船,比欧洲同类试验早了100多年。此外,传教士为宫中造过许多精密钟表和机器人。明末邓玉函口授、王徵笔录的《奇器图说》是我国最早的一部机械工程学著作。

3. 介绍近代地理学及以新法测绘地图。利玛窦的《山海舆地全图》介绍的地理学新概念有:地为圆形,有南北二极及赤道,按气候分为五带,陆地分为五大洲等。人们从此知道了中国在世界上的地理位置。自1691年起,康熙命传教士测绘中国地图。这项浩大工程历时27年,有雷孝思(J. B. Regis)等10余名传教士参加工作。他们以三角网测量法,辅以天文仪器观测。当时欧洲各国尚未开展全国性测绘,传教士在中国完成如此大业,实属不易,康熙对此《皇舆全览图》非常满意。

4. 制造新式铳炮。明末,火器的制造已不如西方精良。汤若望、南怀仁等传教士曾监制过大小型火器多种。汤若望著《火攻挈要》,介绍火器的铸造及火药的配制。南怀仁著《神威图说》讲解西式火器。

5. 介绍西方数学理论。明清传教士翻译了大量的数学书籍,几何、三角、代数等都是在那时传入的。在他们的影响下,中国许多士大夫都喜谈数历,出现了一些杰出的数学家。

6. 介绍西洋建筑、绘画及音乐。在西式建筑中以圆明园的西洋楼最负盛名,设计人是供职于内廷的传教士郎世宁(Giuseppe Castiglione, 1688—1766)和蒋友仁(Michel Benoist)。在音乐方面,传教士曾多次以西洋乐器为康熙演奏,传教士徐日昇著乐理书《律吕正义》曾作为钦定书发行。

此外,传教士也介绍了西洋生物学、医学及水利学等。邓玉函的《人身图说》是最早介绍西方人体解剖学的著作。熊三拔的《泰西水法》介绍了西方的水利学。此外,清初宫中有多名西洋医生供职,曾施行过西式外科手术并以奎宁治愈了康熙的疟疾,这在中国均是首次。

在中学西渐方面,以下列三项最为突出。

1. 介绍中国的历史和现状。卫匡国、曾德昭、白晋等传教士著有《鞑靼战纪》、《中华帝国志》、《康熙帝传》等多部著作,在欧洲颇有影响。法国耶稣会士寄回国的大量资料,使法国成为19世纪欧洲汉学的中心。1735年出版的杜赫德(du Halde)主编的《中华帝国全志》,1702—1776年间出版的30余册《耶稣会士通讯录》及1776—1814年间出版的14册《中国丛书》是三套最有影响的书籍。

2. 中国经典的翻译和西传。自利玛窦以后,有不少传教士翻译过《四书》和《五经》。《五经》中最受注目的是《易经》,康熙皇帝曾命白晋、傅圣泽(J. F. Foucquet)等人学习与研究《易经》,历时6年之久。白晋将《易经》介绍到欧洲,引起了著名哲学家莱布尼兹的极大兴趣。一些欧洲的哲学家认为中国所信奉的是"自然宗教",而不同于欧洲的"超自然宗教"。中国社会的安定,文明的悠久,全源于"自然宗教"。因而中国哲学在18世纪的欧洲成为"唯物论"、"无神论"者的武器。法国的"百科全书派"也受到影响。此外,魁奈(Francoie Quernay 1694—1774)的重农主义也受中国影响不小。

3. 介绍中国语言文字。金尼阁所著《西儒耳目资》是以西文拼音标注汉字的中西文字典。此外柏应理(Philippe Couplet, 1624—1692)编过《拉丁汉文小辞典》,钱德明(J. J. M. Amiot)著的《满汉辞典》,马若瑟(J. H. M. de Premare)著的《汉学札记》都是有影响的语言学著作。

第二十一章 中国近现代的基督教

清代雍正朝以后,天主教在中国的势力逐渐衰落。19世纪初叶,伴随着英、美等新兴的资本主义国家海外扩张事业的迅速发展,基督教新教首次传入中国大陆。天主教也在西方列强与中国签订的不平等条约的保护下再度复兴。中国近代史充满了屈辱与不平的记载,在这种背景下传入中国的基督教新教与天主教,必然地受到中国民众的抵制。因而这一段历史,也是自基督教传入中国后民教冲突最为激烈的一段历史。同时,基督教自身也在激烈的冲突中得到了发展。

第一节 基督教新教的早期传播

英国自1588年在海上击败西班牙无敌舰队以后,国力渐强。18世纪,英国的海外贸易及殖民事业暴兴。1708年,伦敦商人东印度贸易管理公司易名为东印度公司,1715年(康熙五十四年),在广东设立了永久性的商馆。1792年(乾隆五十七年),英王乔治三世(George Ⅲ)派马戈尔尼(George Macartney)出使中国。翌年,马戈尔尼抵达北京,向乾隆皇帝提出增开通商口岸,派驻公使和传教的请求,均遭拒绝。此时英国正值工业革命、殖民扩张和海外传教之风日盛。18世纪末,基督教宣教差会纷纷成立,如1792年成立了浸礼会差会(The Baptist Missionary Society),1795年成立了由圣公会及长老会等支持的伦敦会(The London Missionary Society)等。

1807年,马礼逊受伦敦会委派赴华传教,成为基督教新教来华的第一位传教士。马礼逊于1782年出生于苏格兰北部,1804年加入伦敦会,进入高思博传道学院学习。为了到中国传教,他聘请了一位中国教师,并从大英博物馆找到仅存的一本中文《新约圣经》节抄本,每日苦学中文。数月之间,竟将此书及皇家拉丁文中文字典全部抄录。由于东印度公司严禁船只搭载传教士前往印度与中国,马礼逊只好乘船先赴纽约,然后换船绕过美洲,横渡太平洋,于1807年9月7日抵达广州。

当时,中国只开广州一口岸通商,洋商的行动受到严格控制,传教士更在严禁之列。马礼逊最初隐居于广州的一所洋行内学习中文,1809年起供职于澳门的英国东印度公司,并继续他的《圣经》翻译工作。1813年,马礼逊的《新约全书》中译本在广州问世,发行了2000本。同年,伦敦会派传教士米怜(William Milne,1785—1822)入华。在他的帮助下,马礼逊于1819年译竣《旧约全书》,并于1823年在马六甲出版。中国自有基督教以来,从唐代的景教到清代的天主教都有教士翻译《圣经》,但将全部《新旧约全书》完整地介绍到中国,马礼逊当推第一人。马礼逊还历时7年,编著了《华英字典》,共6本,4500余页,成为沟通中英两种语言文化的得力工具。

马礼逊在华劝化的第一个教徒是印刷工蔡高,1814年在澳门受洗。1816年,印刷工梁发在马六甲受洗。1824年,马礼逊按立他为第一位中国传道人。梁发著有许多宣教的小册子,他的《劝世良言》一书对后来的太平天国领袖洪秀全影响颇大。1824年,马礼逊回英国休假,受到英王乔治四世的接见和嘉奖。1826年马礼逊再度来华,并于1834年任英国驻华商务监督律劳卑(William John Napier)的秘书兼译员。不久,他病逝于广州,葬于澳门。

继伦敦会入华的是美国美部会(The American Board of Commissioners for Foreign Missions)。1830年2月,美部会传教士裨治文(E. C. Bridgman,1801—1861)到达广东,他是第一位来华的美国传教士。至1842年,英、美、荷兰等国共有7个差会的24名传教士在广州、澳门之间传教。这些传教士主要从事文字传教,收集资料和兴医办学等传教准备工作。同时,其中的一些人鼓吹武力传教,为此搜集情报,并在鸦片战争中为侵略者效力。

早期来华的新教传教士因中国法律所禁,不能进入内地传教,因而以中文著述传播基督教教义,便成为他们的主要工作之一。在传教士中,有14人写过中文书刊239种。除了《圣经》及诠释《圣经》的著作外,主要是一些教理书,布道小册子,及少量历史、地理及医学书籍。1815年马礼逊和米怜在马六甲主办的《察世俗每月统纪传》(*The Chinese Monthly Magazine*),是传教士创办的第一份中文刊物。1833年在广州出版的《东西洋考每月统纪传》(*Eastern Western Monthly Magazine*),由郭士立(Karl Fredrich Gutzlaff,1803—1851)主编,裨治文协办,是在中国境内创办最早的基督教中文期刊。

在西文期刊方面,裨治文于1832年在广州创办的《中国丛报》(*The Chinese Repository*)记录了鸦片战争前后20年间中国社会各方面的情况,具有较高的历史价值。同时,它也是英、法等国制定对华侵略战争政策的主要情报来源之一。

办学兴医是早期传教士为传教作准备的又一项重要工作。中国的第一所西式学校和第一所西医院都是由新教传教士创办的。1818年,马礼逊和米怜在马六甲创办了"英华书院",以中、英两种语言文字施教,课程有神学、数学、历史、地理等科,1843年迁往香港。1839年,著名的"马礼逊学堂"在澳门创办,除了上述课程外,还开办物理、化学、音乐等课。中国近代第一批留美学生如政治改良家容闳和名医黄宽等,都是从这里毕业的。1834年,美国美部会传教士伯驾(Peter Parker,1804—1888)医生到达广州。次年,他在新豆栏街开设了一所眼科医馆,称"博济医院"。这是中国第一座西医院,开业第一年,即诊治了2152名病人。东印度公司的郭雷枢(Thomas Richardson Colledge)医生等人也抽暇相助。1838年,成立了"在华医药传道会"(The Medical Missionary Society in China),郭雷枢和伯驾先后主持其事。该会在成立宣言里曾解释医药传道的两点益处：其一是将医学科学移植于中国可能产生有益的效果；其二是可以利用这种方法为传教士和商人收集情报，因为病人在医生面前都是坦率的。因此，传教士兴医办学虽然有利于中国近代医疗教育事业的发展，传教士的目的却更加着眼于传教和为本国的商务利益服务。

鸦片战争之前，一些传教士鼓吹应以强硬的武力手段叩开中国的门户。有的人为此收集情报并亲自参加了对中国的侵略战争，其中，以郭士立较为典型。郭士立是普鲁士人，由荷兰传道会派来远东，后于1829年脱离该会做自由传道人。自1831年起，他曾10次乘船考察了中国的东南沿海，收集了大量情报。他发现清政府防务松懈，武器落后。他的结论是："如果我们是以敌人的身份到这里来，整个中国的抵抗不会超过半小时。"在鸦片战争中，他曾任英国侵略军头目义律（Charles Elliot）的首任译官，并随军北犯江浙一带。他曾任美国侵略军在定海、宁波、镇江等地的民政长官，欺压当地的老百姓。他还和马礼逊之子马儒翰（John R. Morrison）一起，在签订《中英南京条约》时作为翻译和谋士，起了很坏的作用。

美国传教士伯驾、裨治文、卫三畏（Samuel Wells Williams, 1812—1884）等人对签订《中美望厦条约》也出力不少。美国凭借此项不平等条约，得以均沾英国通过侵略战争所获得的利益。伯驾等人也因此受到美国政府的器重。伯驾曾任美国驻华专员的一等参赞和代办。他是最早提出"只有战争能开放中国给基督"的人。他主张美国以武力占领台湾，作为通往中国的基地，其利益会比英国占领香港更大。他还访问过英、法两国的外交部长，提议三国联合派舰北上，胁迫清朝开放各地通商，允许自由传教。这些主张因美国总统换届并任命新的驻华公使而未能实施。

此外，一些传教士还帮助英国向中国走私鸦片并从中获利。郭士立曾为此献策说："朝廷命官多嗜好鸦片，故倘以贿赂扩张贩路，必能达到目的。"在向中国倾销鸦片和发动侵略战争等问题上，传教士是维护其本国政府和商人的利益的。

第二节 不平等条约和19世纪后半叶基督教在华的活动

在《中英南京条约》及其补充条款中,英国取得片面最惠国待遇,并得以在通商的五口租地建屋、永久居住。1844年签订的《中美望厦条约》规定可以在通商口岸建礼拜堂。同年签订的《中法黄埔条约》除规定可以在通商口岸建教堂外,还加上"倘有中国将佛兰西礼拜堂、坟地触犯毁坏,地方官照例严拘重惩"。天主教和新教传教士对这些条约均表欢迎。因为历时100余年的禁教已开始松动了。法国特使拉萼尼(de Lagréne)进而要求两广总督耆英奏请道光皇帝对天主教弛禁,获准。1846年,道光发布上谕,宣布:"所有康熙年间各省旧建天主堂,除改为庙宇民居者毋庸查办外,其原旧房屋各勘明确实,准其给还该处奉教之人。"不过仍规定"外国人概不准赴内地传教"。根据这道上谕,上海将南门外一处天主堂给了法国教会。各地也引起不少"给还旧址"的交涉。一些教会房产在100多年中辗转易手,有些已颓倾毁坏,房主曾出资重修,在索还时却得不到补偿,甚至有将农民田中未熟庄稼一并收索的。这些举动引起百姓"怒目相向,俨若仇敌"。

1856年,法国借口马赖(A. Chapdelaine)神甫在广西西林县被杀一事,联合英国发动了第二次鸦片战争。1858年,英法联军攻陷大沽口炮台,清政府被迫与英、法、俄、美等国签订《天津条约》,允许传教士自由进入内地传教。1860年,英法联军攻入北京。清政府又被迫与英、法、俄等国签订了《北京条约》。在《中法北京续约》中,法方私自加上"任佛(法)国传教士在各省租买土地,建造自便"。自此,外国传教士便可以公开在中国内地购地置房,建堂传教了。法国又是天主教国家中惟一在北京设立公使馆的,因而取得了天主教在华的"保教权"。

在不平等条约的保护下,新教、天主教和东正教的势力在19世纪下半叶都增长很快。在有统计资料的25个省中,有21个省是在

1860年至1900年间传入新教的。1807年至1842年间,在华的新教传教士有24人,受洗教徒却不足20人。至19世纪末,有新教传教士约1500人,教会团体61个,教徒约9.5万人。新教的几大宗派,如信义宗、长老宗、圣公宗、公理宗、浸礼宗、监理宗等都已传入中国。此外,还有跨宗派的对华传教组织,如英国传教士戴德生(Hudson Taylor,1832—1905)创建的内地会等。

这一时期著名的新教传教士有英国的戴德生、李提摩太(Timothy Richard,1845—1919),美国的林乐知(Young John Allen,1836—1907)和丁韪良(William Alexander Parsons Martin,1827—1916)等人。戴德生于1854年受英国"中国布道会"的派遣到达上海,曾在上海、汕头、宁波等地传教。1865年,他创建了"中华内地会"。这个会的特点是:跨宗派;国际化;传教的目的不在吸收教徒而是以最快的速度传布福音;要求传教士要有不计报酬的献身精神并尽量"中国化"。内地会成为深入中国内地传教的先遣队,每到一省,就建立起传教站,然后迅速向四周扩展,一直深入到最偏远的地区。到19世纪末,内地会在中国约有650名传教士,270个传教点,教徒约5000人,成为新教在华的最大团体。1905年,戴德生在长沙去世。

与戴德生的传教方针迥然不同的是英国浸礼会传教士李提摩太倡导的走上层路线和文化传教的方针。李提摩太于1869年入华,在中国生活了45年。他主张应从上层官绅和知识阶层入手,自上而下地传教,认为这样做比在贫苦大众中传教成效更大,因为官绅阶层是统治贫苦大众的。他先后在山东、山西等地募捐赈灾,并以此与各级官绅接触。他曾与李鸿章、张之洞、康有为、梁启超等人有交往,并极力倡导变法维新。他力主以文字传教,认为"要感化中国,没有比文字宣传来得更快的方法了"。自1891年起,他主持"广学会"20余年。广学会创立于1887年,以介绍新书、开发民智为宗旨,目的是"志在通商与传教"。广学会先后发行了246种、73万册书刊。其中李提摩太译的《泰西新史览要》和林乐知编著的《中东战纪本末》等,在知识界影响很大。戊戌变法的主将梁启超说过,他的新知识来自"几部教会的译书",便是指广学会的书。

此外,美国长老会的丁韪良曾出任清朝"同文馆"的总教习20余年,并于1898年出任北京大学的前身——京师大学堂的首任总教习。林乐知曾多年任《万国公报》的主编,并创立了东吴大学。

对于戴德生和李提摩太、林乐知等人的传教方法,教会中人士也褒贬不一。多数人认为戴德生的方法更为正统和成功。李提摩太的方法过于迂回,效果欠佳。因为中国的知识分子虽然对他所传播的西方科学文化感兴趣,皈依基督教的人数却远没有他们所期望的那样多。

天主教在华的传教活动在19世纪下半叶也有较大发展。1842年时,全国大约有外籍神甫50余人,中国籍神甫80余人。他们只能在各地秘密传教。天主教修会有多明我会、巴黎外方传教会、方济各会、遣使会等,耶稣会自1814年恢复后,也于1842年再度入华。教徒共约有20万人。1846年,道光皇帝对天主教弛禁的上谕发布后,传教士进入内地传教仍为非法。自1842年至1856年,有15名传教士自内地被驱逐。1860年以后,天主教士可以公开进入内地传教。米兰外方传教会、圣母圣心会、圣言会、苦修会及圣母昆仲会的传教士也相继入华。奥斯定会传教士在相隔了一个多世纪之后,又重入中国。此外,自1842年仁爱会的修女们入华后,又有多个女修会的修女们到学校、医院及孤儿院等教会附设机构中工作。至19世纪末,约有传教士400人,教徒74万人。

东正教传教士在签订不平等条约中也出力不少。1860年,俄国驻北京第14届传教士团的大司祭固里·卡尔波夫除了向联军提供北京地图和情报外,还参加了《中俄北京条约》的谈判,迫使清政府将乌苏里江以东约40万平方公里的领土割让给俄国。沙皇俄国实现了他们在100多年中派传教士团进驻北京的真正目的。从1878年的第16届传教士团开始,东正教才注目于在华传教。东正教在北京、内蒙、汉口等地有所传播。根据1892年北京传教士团的教徒名册,共有教徒459人,其中包括俄人及其后裔149人、中国教徒也多为在俄国驻京机构中服务的人或居住于安定门外俄国墓地村的人。

第三节 太平天国运动与基督教

鸦片战争以后,我国因国弱民贫,社会矛盾加剧。1851年,洪秀全在广西金田村揭竿而起,建号太平天国。这场轰轰烈烈的农民革命持续了14年,震撼了清王朝的统治。它与以往农民起义的不同之点是以一种衍变了的基督教教义作为信仰。

洪秀全最初接触基督教是在1836年。他赴广州应考不中,得梁发所著《劝世良言》。翌年再考不中,大病一场,据说梦见异象。1843年再读《劝世良言》,受到启示,与冯云山创立拜上帝会,以宗教组织形式团结民众。1847年,洪秀全与族弟洪仁玕到广州,师从美国浸礼会牧师罗孝全(R. I. J. Roberts,1802—1871)学基督教义。回家后,将儒道思想与基督教教义相搀和,创立了一种中西合璧的宗教。与基督教相比,其同异之处有:

一、将基督教的"十诫"改写为"十款天条",如"七日礼拜颂赞皇上帝","不好讲谎话","不好起贪心",等。

二、称上帝为爷火华,粤语称父为爷,因而称上帝为天父、名火华,又避讳为烧或花。以耶稣为天兄,洪秀全自称为天父之次子。根据中国"不孝有三,无后为大"的伦理观念,将自己的儿子过继给耶稣,兼祧两房。

三、对"三位一体"的教义,根据马礼逊译本将圣灵译为"圣神风",认为圣灵是天父使用的工具,不能与天父、天兄同体,因而将此名赠予东王杨秀清,相信上帝降托在杨的身上,杨可代其传言。

四、洗礼以清水洗胸,表示洗心革面。礼拜时神桌上置灯二盏、茶三杯。男女分坐左右,唱颂歌,听讲道,向阳光入室处下跪祈祷。如遇吉凶大礼,则以食品祭献,祭毕共食之。

五、太平天国之名,取自福音书登山宝训,意为建在地上的天国。

六、刻印《圣经》。《旧约》称为《旧遗诏圣书》,《新约》称为《新遗诏圣书》。

对于太平天国,当时的传教士中多数认为他们是异端邪教,并根据传教士在中国的利益,支持外国军队帮助清朝镇压太平天国。不过,也有外国人,如英国人呤唎(A. F. Lindley),美国人白齐文(H. A. Burgevine)等支持太平天国,认为他们是上帝的信徒。1864年,太平天国在中外势力的联合镇压下失败,它所创立的宗教也随之消亡。

第四节　反洋教斗争与义和团运动

19世纪后半叶,是中国历史上的教案多发期,其根本原因在于这一时期的基督教并未遵循宗教传播的正常途径,而是在不平等条约的庇护下,以武力为后盾强行进入中国内地的。这样一种侵略式的传教方式,自然引起国人的极大反感。在大量涌入中国的传教士中"贤否不齐",有些人依恃着本国船坚炮利的势力及享有的治外法权,行为逾分,对地方官员倨傲不恭;大量吸收的教徒中也良莠不齐,其中虽不乏虔诚的信徒,但也有不少人并无信仰,只图教会周济,被称为"吃教"的;更有一些杂众芜民为逃避诉讼而入教,而传教士往往利用其享受的治外法权来庇护教徒,动辄以"条约"要挟地方政府,一些地方官则慑于洋人的势力而袒教抑民。这样,就酿成了大量的民教冲突。另一方面,一部分教案则是中西两种文化碰撞的结果。基督教的一些礼仪与中国传统社会习俗格格不入,如男女同堂礼拜,行洗礼,领圣体,施终傅等,在一般民众看来,不但有悖伦常,而且往往被衍义为采生折割、采阴补阳及挖目吸髓以制药饵等。这样,宗教问题与政治侵略及文化冲突紧紧交织在一起,使得19世纪后半叶成为中国基督教历史上教案发生最多的时期。

这一时期共发生大、小教案约400余起,其中较大的有几十起,如1870年的天津教案,1886年至1898年间的3次大足教案及1897年的山东巨野教案等。这些教案的结果都是腐败的清政府赔银割地、丧权辱国。如天津教案后,处死百姓20人,赔付法、英、美等国 50 余万两白银。其他的许多教案也是以杀死中国百姓及大量赔款结案。此外,有些教案是帝国主义国家为了实现其侵占中国领土的目的而蓄意制造的。如 1897 年的山东巨野教案即是如此。教案发生后,德国舰队便以此为借口强占了胶州湾,并强迫清政府签订了《胶澳租界条约》,"租借"胶州湾 99 年,并享有修建胶济铁路和开采沿线矿产等特权。

19 世纪末,帝国主义列强瓜分中国的企图已日益明显。中国人民面临着信仰、民族和生存三大危机,终于爆发了义和团运动。义和团竖起"扶清灭洋"的大旗,从山东到直隶、山西,到处攻打教堂、杀死教士和教徒。1900 年,义和团进入北京,攻打教堂和外国使馆。清朝西太后最初想利用义和团攻打洋人,以发泄平日受洋人挟制的恶气,待八国联军攻入北京之际,她又仓皇出逃,将义和团出卖。八国联军对义和团及无辜百姓包括教民进行了残酷野蛮的报复,烧杀奸淫,远较义和团为甚。有些传教士直接参预了八国联军洗劫北京的军事行动。1901 年,清政府被迫签订了空前屈辱的《辛丑条约》。帝国主义列强利用这个条约进一步践踏了中国的主权。

义和团运动是民族矛盾空前激化所引发的政治性运动,而不是宗教运动。不过,在这场运动中的确也杀害了不少教士和教徒。据统计,天主教方面被杀的有主教 5 人,教士 43 人,中国教徒近 3 万人。新教方面被杀的有教士 143 人,儿童 52 人,其中 1/3 是内地会传教士及家属。新教徒约有 2 万人被杀。东正教也约有 200 教徒被杀。被杀害的人中固然有一部分是不法传教士和教徒,不过,相当一部分传教士、儿童和绝大多数中国教徒都是无辜的,他们不幸成了帝国主义在华侵略政策的替罪羊。被八国联军残杀的数十万中国百姓,则更是帝国主义侵略者的刀下冤魂。

义和团运动成为全国性反洋教斗争的高潮,对后世有至为深远的影响。为基督教文明而战的联军不仅进行一般的烧杀,而且野蛮地践踏中国人的做人尊严并侮辱中国文化的象征。据英国目击者朴笛南姆尔《庚子使馆被困记》中所记述,联军不仅抢劫、放火、奸淫,甚至祸及教民,且有欲强奸教会学校女生于宿舍者。龚书森《宣教事业与清末政治》记载:"尚书崇绮奔走保定,他的眷属则尽为联军所据,驱逐到中国朝廷祭天的神圣地天坛,次第轮奸以为戏乐,少长老幼无得免者。"这种事迹,令中国有头脑的人产生一个疑问:基督教的根本教义便是爱上帝与爱人如己,甚且如上帝的纯爱博施于一切好人坏人那样,要爱仇敌如同爱自己;然而基督教文明所培育出来的、为保护基督教传教事业而战的军队,乃至不少有过"重生"经验的西方传教士,却是如此充满对同类的仇恨,那么基督教教化的好处究竟何在呢? 此种理想与现实的分歧,不易为中国人所理解,大概也有文化上的原因。中国文化重实践,重知行合一,重听其言而观其行,往往并非依靠哲学论证的有效性,而是靠履践来检验真理之真伪。总之,需要知道近百年来西方在中国强力传教以及护教军队在中国人心灵中所造成的极端痛苦与屈辱的残伤,方能理解何以20世纪20年代在中国知识界中发生如此广阔的反基督教运动,50年代在中国教会中发生如此深刻的反帝爱国运动,以及至今许多知识分子对西方基督教的本能警惕心理。

第五节　20世纪初基督教在中国的发展

20世纪初叶是中国历史上一段剧烈动荡的年代。中国经历了辛亥革命,建立民国及军阀混战等一系列大的事件。基督教为了适应中国社会的急剧变革,相应地改变了传教方针和方法,教会较19世纪后半叶有很大发展。

一　20世纪初的天主教

19世纪末,法国在华的保教权受到了德国等国家的挑战,1906年,法国宣布只受理本国传教士的案件。1922年,教皇庇护十一世(Pius XI, 1922—1939在位)为了加强教廷在华势力,派遣刚恒毅(Celso Costantini)为驻华首任代表,保教权之争遂告一段落。义和团运动以后,天主教采取了一系列应变措施:首先是对传教士的活动予以一定限制,尽量不涉嫌卷入教徒的诉讼争端,以免激起公愤；再则是扩大文化教育和慈善事业以争取民众。1903年，著名天主教学者马相伯先生在上海创办了震旦大学，后为法国耶稣会士把持。1922年，耶稣会在天津开办了工商学院。1926年，美国本笃会在北京创办了辅仁大学，1933年由圣言会接管。天主教还开办了不少中、小学，并在上海土山湾、河北献县等地设印书馆，发行了大量的书刊。在社会慈善事业方面，天主教除开办一些医院外，尤以孤儿院、育婴堂和养老院著称。此外，教会还开始注重培养中国神职人员。1926年，首批中国主教6人在罗马祝圣。

由于上述应变措施，天主教在20世纪初发展得很快。1935年，教徒发展到290万人。1946年，罗马教皇擢升青岛主教田耕莘为枢机，并于翌年宣布在中国建立圣统制。全国设20个总主教区。至1948年，全国约有5800名神甫，其中中国神甫约2700名。此外，还有7400余名修女。教徒有320余万人。多数教会及附属机构仍然由外国神甫和修女主持。

二　20世纪初的新教

新教的传教方针与天主教有所不同。天主教重视吸收教徒，中下层民众占教徒的大多数。新教重视扩大影响，因而比天主教更注重开办文化教育和医疗事业，同时，也更注重在青年与学生中传教。世界基督教学生同盟主席、著名美国布道家穆德从1895年至1928年间，曾6次来华布道，仅在1913年就在14个城市对13万人进行了演讲。他抓住"五四"以后民众向往科学与民主的心理，宣讲"基督教与科学"，在当时很有影响。此后，一些中国牧师起而效尤，除基督教教理以外，还宣讲一些普通常识及处世之道，也受到欢迎。

新教较天主教更注重办教育，尤其是高中级学校。20世纪初叶，新办或由学堂扩展为大学的就有多所，其中最著名的有上海圣约翰大学、杭州之江大学、苏州东吴大学、北京燕京大学、山东齐鲁大学、南京金陵大学、广东岭南大学、四川华西协和大学和湖南湘雅医学院等。此外，还创办了大量的中小学。在1949年以前的20

年中,教会大学的毕业生占全国大学毕业生的1/10。一些教会学校强迫对学生进行宗教教育并灌输奴化思想,因此,在20年代曾有声势浩大的非教运动——收回教育权运动发生。

新教还特别重视医药传教事业。1936年时,有260所教会医院。新教所办的教会医院中有些很有名气,如北京协和医院、南京鼓楼医院及长沙湘雅医院等。我国最早的一批受过现代西医教育的医生和护士,也多是从教会所办的医学院和护士学校中毕业的。在当时缺医少药的情况下,这些医院为许多患者解除了病痛。当然,新教开办医疗事业的目的还是为了传教。

20世纪上半叶,新教的发展速度比天主教更快。到1920年,教会团体有130余个,教徒有36万人。1935年,教徒达到51万人,至1948年,则达到70余万人,比1900年时增长了6倍。

三 20世纪初的东正教

东正教在20世纪初叶也有所发展,至1906年,共有教徒3万人左右,分布在东北、新疆,及北京、天津、上海等地。不过,东正教始终保持着"侨民教会"的特点。1917年,俄国十月革命胜利以后,大批白俄流亡到中国,这种特征就更加明显。十月革命后,苏联政府颁布了"教会与国家分离"的法令。在中国的东正教会采取了敌视苏维埃政权的立场,于1922年宣布断绝和莫斯科牧首区的隶属关系。1924年,苏联政府与中国政府签约,规定将东正教教产移交给苏联政府。东正教会起而反对,宣布改称"中国东正教"。不过,在此后的20余年中,东正教仍然主要在俄国人和俄裔中信奉,是一个对中国社会鲜有影响的"侨民教会"。

第六节 自立教会与本色教会运动

20世纪初叶,中国社会经历了剧烈的动荡。辛亥革命和五四运动在民众中输入了民主思想,复苏了民族自决意识。基督教作为一种与帝国主义在中国的侵略活动有千丝万缕联系的"洋教",

自然受到了极大的冲击。五四运动后知识界盛行的科学实证思想,对宗教更是一种挑战。知识界强烈呼吁在中国建立以民主和科学为本的新文化、新思想和新道德,摆脱宗教的束缚。1922年,世界基督教学生同盟准备在北京清华大学举行第十一届大会。北京大学一群学生首先发起反宗教运动,而后上海、保定、长沙等地的学生纷纷起来响应,成立了"非基督教学生同盟"等组织。在北京,李大钊等79名学者及知名人士联名发表宣言,成立"非宗教大同盟"。在宣言中提出:"我们深恶痛绝宗教之流毒于人类社会,十倍千倍于洪水猛兽。"在这些组织的号召下,全国形成了一个非宗教运动,其中最积极的参与者是青年学生。

在这背景下,基督教自立教会运动和本色教会运动应运而生。自立教会运动是指一些原属于外国差会系统的地方教会,尤其是华南、华东和京津地区的部分教会实行的完全去除对外国差会组织和经济上的依赖性,建立纯粹由中国基督徒和牧师组成的自立教会的运动。其中比较突出的自立教会有山东中华基督教自立会、广州兴华浸信自理会、广州长老会自立会、广州救世自立浸信会和上海中国耶稣教自立会等。俞国桢牧师是上海中国耶稣教自立会主要领导人之一,于1911年创办《圣报》月刊,"鼓吹自立,调和民教,激起爱家爱国爱人之思想",以推动自立运动。1920年耶稣教自立会召开第一次全国大会时,自立教会已有80多处,到1924年,自立教会总会已有分会330多处。这一时期的自立教会处于自发分散状态,力量相当薄弱,相互之间存在一定差异。有些彻底断绝了与外国传教士的关系,实行完全的自治、自养和自传;有些则偏重自理和自养,主张尊重传教士,与之保持联系。

这一时期的本色教会运动则偏重从神学思想上去除西方文化色彩,力主基督教的教义、礼仪、表达方式要与中国的传统文化相结合。而且中国的本色教会运动深受20世纪初西方基督教普世教会合一运动的影响,一些中国教会本色运动的领导人如余日章、诚静怡、赵紫宸、刘廷芳也是普世教会合一运动的积极参与者。1922年5月在上海召开的"基督教全国大会"正式提出"本色教会"主张,认为中国教会的前途在于"合一、本色、成圣三端"。随后成立的"中华全国基督教协进会"便成为推进本色教会运动的主要工具。时任"中华全国基督教协进会"总干事的诚静怡曾经表示,"当今举国皆闻的'本色教会'四字,也是协进会所提倡。一方面力求使中国信徒担负责任,一方面发扬东方固有的文明;使基督教消除洋教的丑号"。

在本色教会运动的推动下,基督教许多不同教派的教会纷纷在华组成联合会,统一名称,协调行动。长老会、公理会和伦敦会组成了"中华基督教会";信义宗各教会成立了"中华信义会";浸礼宗成立了"中华浸礼联会";圣公会各教会统一成立了"中华圣公会";属于卫斯理宗的监理会、美以美会、美普会合并为"中华卫理公会"。中国教会出版了《基督教进解》、《圣保罗传》等著名的神学著作。《生命》、《真理》、《青年进步》、《真光》和《文社月刊》等基督教刊物就教会的本色化开展了广泛的讨论。教会礼拜使用的赞美诗也被谱上了民族曲调。这些成就对后来基督教在中国的演进产生了一定的影响。

附　录

一　基督教大事记

公元前 6 年　相传耶稣诞生

约 30 年　相传耶稣被钉死在十字架上；耶稣的门徒开始传教，成立原始基督徒社团

36 年　保罗皈依基督

64—68 年　罗马皇帝尼禄迫害基督徒

70 年　罗马帝国军队攻陷耶路撒冷

135 年　基督教与犹太教分裂成为一个独立的宗教

311 年　罗马帝国颁布《宽容敕令》

313 年　罗马帝国颁布《米兰敕令》

325 年　第一次公会议（尼西亚第一次会议）召开

约 340—420 年　基督教圣经学家哲罗姆生卒

约 354—430 年　基督教神学家奥古斯丁生卒

381 年　第二次公会议（君士坦丁堡第一次会议）召开

392 年　罗马帝国皇帝狄奥多西一世承认基督教为罗马帝国国教

397 年　第三次迦太基宗教会议以教会名义确定《新约圣经》的内容和目次

431 年　第三次公会议（以弗所会议）召开

432 年　基督教传入爱尔兰

445 年　罗马主教利奥一世自称教皇

451 年　第四次公会议(卡尔西顿会议)召开

496 年　法兰克国王克洛维皈依基督教

529 年　本笃会成立

553 年　第五次公会议(君士坦丁堡第二次会议)召开

597 年　基督教传入英国

635 年　聂斯托利派传入中国,称"景教"

681 年　第六次公会议(君士坦丁堡第三次会议)召开

692 年　君士坦丁堡第四次会议召开

726 年　东方教会发生圣像破坏运动

756 年　教皇国成立

781 年　"大秦景教流行中国碑"立于长安

787 年　第七次公会议(尼西亚第二次会议)召开

863—867 年　发生"福提乌斯分裂"

864 年　基督教传入保加利亚

910 年　克吕尼修会成立,发起克吕尼改革运动

950 年　基督教传入波希米亚

955 年　基督教传入匈牙利

967 年　基督教传入波兰

988 年　基辅罗斯皈依基督教

1008 年　基督教在瑞典确立

1054 年　东西方教会大分裂,产生了罗马公教与东正教

1056 年　"主教叙任权之争"开始

1077 年　发生"卡诺莎事件"

1095 年　克莱蒙宗教会议发动十字军东侵

1096—1291 年　十字军东侵

1098 年　西多会成立

1122 年　《沃尔姆斯宗教协定》结束"主教叙任权之争"

1156 年　加尔默罗会成立

1198—1216 年　教皇英诺森三世在位,教皇权势达到顶峰

1210 年　教皇批准成立方济各会

1217 年　教皇批准成立多明我会

1220 年　教皇批准成立宗教裁判所

约 1225—1274 年　神学家托马斯·阿奎那生卒

1256 年　奥斯定会成立

1289 年　约翰·孟高维诺来中国传教

1309—1377 年　教廷自罗马迁往阿维农,史称"阿维农时期"

1317 年　教皇颁布《教会法典》

1378—1417 年　天主教会大分裂

1419—1434 年　胡斯战争(捷克农民起义战争)

1431—1449 年　巴塞尔宗教会议

1458 年　天主教传入冈比亚

1491 年　天主教传入刚果

1492 年　天主教传入萨尔瓦多

1517 年　马丁·路德发表《九十五条论纲》,宗教改革运动开始

1518 年　茨温利开始在苏黎世倡导宗教改革

1524 年　天主教传入墨西哥

1525 年　德国农民战争失败,闵采尔牺牲

1530 年　路德宗提出《奥格斯堡信纲》

1532 年　法雷尔在日内瓦倡导宗教改革

1534 年　再洗礼派举行起义,建立闵斯特公社,遭镇压;法王法兰西斯一世镇压新教徒,史称"海报年";英国国会通过《至尊法案》,规定国王为英格兰教会最高首脑

1536 年　加尔文在日内瓦领导宗教改革

1540 年　教皇批准成立耶稣会

1542 年　日内瓦大议会批准加尔文的《教会宪章》;方济各·沙勿略入印度果阿传教

1545—1563 年　罗马天主教会举行特兰托会议

1546 年　约翰·诺克斯开始领导苏格兰的宗教改革

1549 年　天主教传入日本

1552 年　天主教传入菲律宾

1553 年　加尔文在日内瓦以异端罪处死医学家塞尔维特

1555 年　德国新、旧教诸侯缔结《奥格斯堡宗教和约》,路德派教会被正式承认

1560 年　天主教传入安哥拉

1562—1594 年　法国胡格诺战争

1568 年　天主教传入佛罗里达

1571 年　英国国会通过法案把《三十九条信纲》作为国教会的正式信条,安立甘宗最终确立

1572 年　法国发生"圣巴托罗缪惨案"

1581 年　罗伯特·勃朗创立公理会

1583 年　利玛窦到广东肇庆传教

1589 年　阿明尼乌派创立

1597 年　方济各会传入新墨西哥

1598 年　法王亨利四世颁布《南特敕令》,定天主教为法国国教

1603 年　徐光启受洗入教

1611 年　英王詹姆士一世钦定本《圣经》问世;约翰·斯密创立浸礼会

1620 年　英格兰首批清教徒乘"五月花号"到达北美

1622 年　汤若望抵达广州

1623 年　"大秦景教流行中国碑"在陕西盩厔县(今周至县)出土

1628 年　詹森派创立

1635 年　多明我会会士向教皇指控耶稣会在华传教方针,引起"中国礼仪之争"

1643—1648 年　英格兰威斯敏斯特会议制定《威斯敏斯特信纲》

1652 年　乔治·福克斯创立贵格会

1653 年　巴黎外方传教会成立;尼康开始改革俄罗斯正教会

1659 年　南怀仁来华传教

1682 年　法王路易十四掀起"限制教皇权力运动"

1685 年　东正教传入中国

1720 年　北美开展大觉醒运动

1773 年　耶稣会被解散

1792 年　北美开展第二次大觉醒运动

1795 年　卫斯理宗脱离英国国教会成为独立宗派;英国"伦敦传教差会"

成立

1807 年　马礼逊抵达中国

1810 年　美部会成立

1814 年　耶稣会恢复活动

1827 年　史密斯开始宣传摩门教

1831 年　基督复临派在美国创立

1833 年　英国牛津运动开始

1844 年　第一个基督教青年会在英国成立

1869 年　李提摩太来华传教

1869—1870 年　第一届梵蒂冈公会议召开

1870 年　教皇国灭亡

1872 年　拉塞尔开始宣传耶和华见证派教义

1879 年　艾娣组织基督教科学派

1880 年　救世军正式定名

1893 年　教皇利奥十三世发表《新事》通谕

1895 年　美国尼亚加拉圣经研讨会提出"五点基本要道",被视为"基要主义"的开端

1901 年　五旬节运动在美国开始

1910 年　普世宣教会议在英国爱丁堡召开,普世教会运动开始

1911 年　"美国天主教海外传教差会"成立

1921 年　国际基督教宣教协会成立

1925 年　第一次"普世基督教生活与工作大会"在斯德哥尔摩召开

1927 年　第一次"世界信仰与体制大会"在洛桑召开

1929 年　教皇与意大利政府签订《拉特兰条约》

1937 年　"教会、社团与国家会议"在牛津召开

1948 年　世界基督教协进会在阿姆斯特丹成立

1954 年　中国基督教三自爱国运动委员会成立

1957 年　中国天主教爱国会成立

1962—1965 年　第二届梵蒂冈公会议召开

1963 年　约翰二十三世发表《世上和平》通谕

1964 年　保罗六世与君士坦丁堡牧首在耶路撒冷会面,双方宣布取消

1054 年的"绝罚"决定
1965 年 保罗六世在联合国演讲
1969 年 保罗六世访问世界基督教协进会日内瓦总部
1974 年 世界福音化国际大会在洛桑举行,制订《洛桑盟约》
1978 年 波兰人沃依提瓦约翰保罗二世继任教皇
1980 年 中国天主教主教团成立;中国基督教协会成立
1981 年 约翰·保罗二世与美国著名布道家葛培理会面
1986 年 世界主要宗教领袖在意大利阿西西为世界和平祈祷
1993 年 世界宗教议会通过《走向全球伦理宣言》
1999 年 信义宗教会与罗马天主教会签署《成义教理联合声明》
2000 年 中国天主教会祝圣 5 位主教,罗马教廷册封 120 位中国天主教圣人
2005 年 4 月 2 日,教皇约翰·保罗二世去世;4 月 19 日,罗马天主教枢机团选举德国枢机约瑟夫·拉辛格为第 265 任教皇,取名为本笃十六世。

二 天主教来华部分传教士名录

西文姓名	中文姓名	来华年份	逝世年份	所属修会	国别
Francoi Xavier	方济各·沙勿略	1552	1552	耶稣会	西班牙
Michaele Ruggieri	罗明坚	1580	1607	耶稣会	意大利
Matteo Ricci	利玛窦	1583	1610	耶稣会	意大利
Lav. Cattaneo	郭居静	1594	1640	耶稣会	意大利
Niccolo Longobardi	龙华民	1597	1645	耶稣会	意大利
Jean de Rocha	罗如望	1598	1623	耶稣会	葡萄牙
Diego. de Pantoja	庞迪我	1599	1618	耶稣会	西班牙
Alphon. Vagnoni	王丰肃	1605	1640	耶稣会	意大利
Nicolas Trigault	金尼阁	1610	1628	耶稣会	法国
Emm. Diaz	阳玛诺	1610	1659	耶稣会	葡萄牙
Julio Aleni	艾儒略	1613	1649	耶稣会	意大利
Francesco Sambiasi	毕方济	1613	1649	耶稣会	意大利
Alv. de Semedo	谢务禄	1613	1658	耶稣会	葡萄牙
Jean Terrenz	邓玉函	1621	1630	耶稣会	瑞士
J. A. Schall von Bell	汤若望	1622	1666	耶稣会	日耳曼
Jacobus Rho	罗雅谷	1624	1638	耶稣会	葡萄牙
Juan B. de Morales	黎玉范	1633	1664	多明我会	西班牙
Ant. de Gouvea	何大化	1636	1677	耶稣会	葡萄牙
Franc. Brancati	潘国光	1637	1671	耶稣会	意大利
Louis Buglio	利类思	1637	1682	耶稣会	意大利
Gab. de Magalhaens	安文思	1640	1677	耶稣会	葡萄牙
Martin Martini	卫匡国	1643	1661	耶稣会	意大利

西文姓名	中文姓名	来华年份	逝世年份	所属修会	国别
J. Nicolas Smogolenski	穆尼各	1646	1656	耶稣会	波兰
Ferdinand Verbiest	南怀仁	1659	1688	耶稣会	比利时
Philippe Couplet	柏应理	1659	1692	耶稣会	比利时
Jean D. Gabiani	毕嘉	1659	1696	耶稣会	意大利
Prosp. Intorcetta	殷铎泽	1659	1696	耶稣会	意大利
Christ Henriques	恩理格	1660	1684	耶稣会	奥地利
Philippe M. Grimaldi	闵明我	1669	1712	耶稣会	意大利
Thomas Pereira	徐日昇	1672	1708	耶稣会	葡萄牙
J-Fr. Gerbillon	张诚	1687	1707	耶稣会	法国
Jcan de Fontaney	洪若翰	1687	1710	耶稣会	法国
Louis de Comte	李明	1687	1728	耶稣会	法国
Bouvet Joach	白晋	1687	1730	耶稣会	法国
Cl. de Visdelou	刘应	1687	1737	耶稣会	法国
Charles Maigrot	颜珰	1681	1730	巴黎外方传教会	法国
Louis Appiani	毕天祥	1699	1732	遣使会	意大利
J. B. Regis	雷孝思	1698	1738	耶稣会	法国
J. F. Foucquet	傅圣泽	1699	1740	耶稣会	法国
Jean Mourao	穆敬远	1700	1726	耶稣会	葡萄牙
J. M. A. de Mailla	冯秉正	1703	1748	耶稣会	法国
Xavier Fridelli	费隐	1705	1743	耶稣会	意大利
Giuseppe Castiglione	郎世宁	1715	1766	耶稣会	意大利
Ignace Koegler	戴进贤	1716	1746	耶稣会	日耳曼
Antoine Goubil	宋君荣	1722	1759	耶稣会	法国
A. de la Charme	孙璋	1728	1767	耶稣会	法国
Florian Bahr	魏继晋	1738	1771	耶稣会	日耳曼

西文姓名	中文姓名	来华年份	逝世年份	所属修会	国别
Antoine Gogeisl	鲍友管	1738	1771	耶稣会	日耳曼
Aug. de Hallerstein	刘松龄	1738	1774	耶稣会	奥地利
Michsel Benoist	蒋友仁	1744	1774	耶稣会	法国
J. J. M. Amiot	钱德明	1750	1793	耶稣会	法国
Louis de Poirot	贺清泰	1770	1814	耶稣会	法国
Charles Praris	巴茂正	1785	1804	遣使会	法国
Jean J. Ghislain	吉德明	1785	1812	遣使会	比利时
G. Pires Pereira	毕学源	1800	1838	遣使会	葡萄牙
Joseph M. Mouly	孟振生	1835	1868	遣使会	法国
Auguste Chapdelaine	马赖	1852	1856	巴黎外方传教会	法国
P. M. A. Favier	樊国樑	1862	1905	遣使会	法国
S. F. Jarlin	林懋德	1884	1933	遣使会	法国
Vincent Lebbe	雷鸣远	1901	1940	遣使会	比利时

三 新教来华部分传教士名录

西文姓名	中文姓名	来华年份	逝世年份	所属传教差会
Robert Morrison	马礼逊	1807	1834	伦敦会
William Milne	米怜	1813	1821	伦敦会
Walter H. Medhurst	麦都思	1817	1857	伦敦会
David Abeel	雅裨理	1830	1846	美部会
Elijah C. Bridgman	裨治文	1830	1861	美部会
Karl. F. A. Gutzlaff	郭士立	1831	1851	荷兰传道会
Samuel W. Williams	卫三畏	1833	1884	美部会
Peter Parker	伯驾	1834	1889	美部会
J. Lowis Shuck	叔未士	1835	1863	美国浸礼会
R. I. J. Roberts	罗孝全	1836	1871	美国浸礼会
William W. Lockhart	雒魏林	1839	1896	伦敦会
James Legge	理雅各	1839	1897	伦敦会
William J. Boone	文惠廉	1840	1864	美国圣公会
Matthew Tyson Yates	晏玛太	1850	1916	美国浸礼会
William A. P. Martin	丁韪良	1847	1888	内地会
James Hudson Tayler	戴德生	1854	1905	美国长老会
John L. Nevius	倪维思	1854	1893	美国长老会
John Griffith	杨格非	1855	1912	伦敦会
Young John Allen	林乐知	1860	1907	美国监理会
John Fryer	傅兰雅	1861	1928	英国圣公会
Ernst Faber	花之安	1864	1899	同善会
Calvin W. Mateer	狄考文	1864	1908	美国长老会
Devello Z. Sheffield	谢卫楼	1869	1931	美国公理会

西文姓名	中文姓名	来华年份	逝世年份	所属传教差会
Timothy Richard	李提摩太	1869	1919	英国浸礼会
Arthur H. Smith	明恩溥	1872	1932	美国公理会
William S. Ament	梅子明	1877	1909	美国公理会
Gibert Reid	李佳白	1882	1927	美国长老会
L. H. Pott	卜舫济	1886	1947	美国圣公会
Frank J. Rawlinson	乐灵生	1902	1937	美南浸礼会
John R. Mott	穆德	1895	1955	美国基督教青年会
John L. Stuart	司徒雷登	1904	1962	美南长老会
James G. Endicot	文幼章	1925		加拿大监理会

四 参考文献

一、英文部分

1. A. R. Vidler. *The Church in an Age of Revolution*, 1789 *to the Present Day*, Penguin Books, 1976.
2. Alexander Clarence Flick. *The Rise of the Medieval Church, and Its Influence on the Civilization of Western Europe from the First to the Thirteenth Century*, Burt Franklin, New York, 1973.
3. Bob Whyte. *Unfinished Encounter: China and Christianity*, Fount Paperbacks, London, 1988.
4. David Knowles and Dimitri Obolensky. *The Christian Centuries*, Vol. 2, *The Middle Ages*, Darton, Longman and Todd, London, 1979.
5. Enrique Dussel. *A History of the Church in the Latin America: Colonialism to Liberation (1492 – 1979)*, William B. Eerdmans Publishing Company, Grand Rapids, 1981.
6. G. R. Elton(ed.). *Renaissance and Reformation 1300 – 1648*, Third Edition, Macmillan Publishing Co., Inc. New York, 1976.
7. Georgesp. Fisher. *History of the Christian Church*. Charles Scribners' Sons, New York. Several Editions.
8. H. Jedin(etc.)ed. *History of the Church*, Vol. 10, *The Church in the Modern Age* Crossroad, New York, 1981.
9. H. Chadwick. *The Early Christian Church*, Penguin Books, 1978.
10. Hans Lietzmann. *The Beginnings of the Christian Church*. Lutterworth, London, several editions.
11. Harold E. Fey. *The Ecumenical Advance, A History of the Ecumenical Movement* Vol. 2, 1948 – 1968, World Council of Churches, Geneva, Second Edition, 1986.
12. Henry Bettenson(ed.). *Documents of the Christian Church*, Oxford, London, Several Editions.

13. Hubert Jedin and John Dolan (ed.). *Handbook of Church History*, Vol. 3, *The Church in the Age of Feudalism*. Vol. 4, *From the High Middle Ages to the Eve of the Reformation*, Palm Publishers, Montreal, 1970.
14. J. C. Livingston. *Modern Christian Thought*, Macmillan Publishing Co., Inc. 1971.
15. Joseph Schmidlin. *Cathclic Mission History*, Mission Press, Illinois, 1933.
16. K. S. Latourette. *A History of Christian Missions in China*, SPCK, London, 1929.
17. K. S. Latourette. *History of the Expansion of Christianity*, Vol. 3, *Three Centuries of Advance A. D. 1500 – A. D. 1800*, Vol. 4, *The Great Century in Europe and the United States of America*, A. D. 1800 – A. D. 1914. Vol. 7, *Advance Through Storm A. D. 1914 and after with Concluding Generalization*, Harper & Row Pub. New York, 1945.
18. Owen Chadwick. *The Reformation*, Penguin Books, Several Editions, latest, 1985.
19. Paul Tillich. *A History of Christian Thought, From Its Judaic and Hellenistic Origins to Existentialism*, Edited by Carl E. Braaten, Simon & Schuster, New York, 1968.
20. R. W. Southern. *Western Society and the Church in the Medieval Ages*, Penguin Books, 1986.
21. Robert T. Handy. *A History of the Churches in the United States and Canada*, Clarendon, Oxford, 1976.
22. Ruth Rouse and Stephen C. Neil. *A History of the Ecumenical Movement, 1517 – 1948*, The Westminster Press, Philadelphia, 1967.
23. Stephen Neil. *A History of Christian Missions*, Penguin Books, 1979.
24. Steven Ozment. *The Age of Reform, 1250 – 1550*, Yale University Press, New Haven and London, 1980.
25. W. H. C. Frend. *The Rise of Christianity*. Fortress Press, Philadel-

phia,1986.
26. Williston Walker. *A History of the Christian Church*. Scribncrs' Sons, New York, Several Editions. Fourth,1985.
   威利斯顿·沃尔克:《基督教会史》。中译本根据英文 1970 年第 3 版译出,中国社会科学出版社,北京,1991 年。
27. Gerald R. Cragg. *The Church and the Age of Reason*,1647-1789, Penguin Books,1977.

二、中文部分

1. 陈垣:《陈垣学术论文集》第一集,中华书局,北京,1980 年。
2. 德礼贤:《中国天主教传教史》,商务印书馆,上海,1934 年。
3. 顾保鹄编著:《中国天主教史大事年表》,光启出版社,1970 年。
4. 江文汉:《中国古代基督教及开封犹太人》,知识出版社,上海,1982 年。《明清间在华的天主教耶稣会士》。知识出版社,上海,1987 年。
5. 穆尔:《一五五〇年前的中国基督教史》,郝镇华译,中华书局,北京,1984 年。
6. 唐逸:《西方文化与中世纪神哲学思想》,三民书局,台北,1991。7. 王治心:《中国基督教史纲》,青年协会书局,上海,1940 年。
8. 吴盛德、陈增辉合编:《教案史料编目》,燕京大学宗教学院出版,1941 年。
9. 徐宗泽:《中国天主教传教史概论》,上海书店影印本,上海,1990 年。
10. 杨森富:《中国基督教史》,台湾商务印务馆,1968 年。
11. 张钦士选编:《国内近十年来之宗教思潮》,华北公理会出版部,1927 年。

五　人名索引

A

阿伯拉尔(Pierre Abélard)
　　96
阿博特(莱曼,Lyman Abbott)
　　306
阿布·泽德(Abu Zayd)
　　346
阿达尔达格(Adaldag)
　　73
阿尔伯特(Albrecht of Brandenburg)
　　100
阿尔伯特(大)
　　164
阿尔伐
　　191,192
阿尔诺德(Arnaud)
　　118,119
阿尔琴(Alcuin)
　　80
阿尔提泽(T. Altizer)
　　329
阿丰索九世(D. AFoneso Ⅸ)
　　88
阿卡西乌(Acacius)
　　56
阿夸比瓦(Aquaviva)
　　258
阿克达修(Acdesius)
　　143
阿克顿(John Emerich Edward Dalberg Acton)
　　250,251
阿里斯托布鲁
　　7
阿历克塞一世(Alexius Ⅰ)
　　107
阿利斯梯迪斯
　　45,46
阿利乌(Arius)
　　50—52,67,68,72
阿列克赛(Aleksiĭ)
　　339
阿列克赛耶维奇(费多尔)
　　138
阿鲁浑
　　351,353
阿罗本
　　344,345,347,348
阿明尼乌(Jacobus Arminius)
　　215—218,238,305
阿奎那(托马斯,Thomas Aquinas)
　　96,98—104,125,151,163,209,253
阿斯伯里(弗朗西斯,Francis Asbury)
　　226,239,240
阿斯曼(休戈,Hugo Assmann)
　　332
阿塔纳修(Athanasius)

52,68,143,147,249

阿泽里(V. S. Azariah)
　　269

埃庇法尼乌斯(Epiphanius)
　　21

艾贝尔
　　244

艾丹(Aidam)
　　71

艾娣(Mary Baker Glover Eddy)
　　300,337,389

艾克(约翰,Johannes Maier Eck)
　　168

艾琳(Irene)
　　59

艾斯图尔夫(Aistulf)
　　79

艾希尔伯特(Ethelberht)
　　70,71

爱比克泰德(Epictetus)
　　15

爱德华·赛姆
　　196

爱德华六世(Edward Ⅵ)
　　196,197,200

爱德华兹(乔纳森,Jonathan Edwards)
　　236,237

爱克哈特(Eckhart)
　　126,162,163

爱利尼阿斯
　　47

安德鲁(Andreas de Perugia)
　　354,355

安东尼(马可·奥勒留,Antoninue)
　　15

安瑟伦(Anselm)
　　85,96,98－101

安斯卡(Anskar)
　　73,74

安提哥那
　　8

安条克三世
　　7

安条克四世
　　7

安托宁
　　45,46

奥古斯丁(Aurelius Augustinus)
　　60－64,70,71,75,82,98,103,
　　126,163,214,215,326

奥拉夫二世(Olaf Ⅱ)
　　74

奥拉夫一世(Olaf Ⅰ)
　　74

奥里略
　　43－45,47

奥利金(Origenes)
　　20

奥利金(教父,Origen)
　　68

奥斯瓦尔德(Oswald)
　　71

奥斯维(Oswy)
　　71

奥托一世(Otto Ⅰ)
　　73,74,81

B

巴波
  142
巴多罗买(Bartholomew)
  25,142
巴尔·扫马(Bar Sauma)
  142
巴拿巴
  34—36,67
巴特(卡尔,Karl Barth)
  275,276,324—326
拔都
  352
白晋(Bouvet Joach)
  362,369,370
白尼涅(Jacques Benigne)
  242
白齐文(H. A. Burgevine)
  379
柏克尔斯生(Jan Beuckelszoon)
  184,185
柏朗嘉宾(Jean de Plan Carpin)
  352,353
柏纳波
  92
柏应理(Philippe Couplet)
  370
班扬(约翰,John Bunyan)
  218
保罗(Paulus Samosata)
  67
保罗二世(Paulus Ⅱ)
  316,332,333
保罗六世(Paulus Ⅵ)
  313,314,316
保罗三世(Paulus Ⅲ)
  173,195,203,205,207—210,255,259
保罗四世(Paulus Ⅳ)
  203,204,209,210
鲍恩(鲍登,Borden Parker Bowne)
  306
鲍尔(Ferdinand Christian Baur)
  275,277,278,280,294
鲍里斯一世(Boris Ⅰ)
  132
鲍良高(Juan de Polanco)
  364
贝尔干(路易,Louis de Berguin)
  154
贝勒格里诺(Peregrino da Castello)
  354,355
贝伦加里(Berenger)
  96,97
贝斯拉帕特(Beth Lapat)
  142
本丢·彼拉多
  8
本笃(阿尼安的,Benedict of Aniance)
  116
本笃(努西亚的,Benedict of Nusia)
  115
本笃十二世(Benedict Ⅻ)
  355
本笃十三世(Benedict XIII)

94

本笃十四世(Benedict XIV)
　　262,366

比切(Lyman Beecher)
　　297

比切(亨利,Henry Beecher)
　　306

彼得·伦巴德(Peter Lombard)
　　96,100

彼得·韦尔多(Pierre Valdes)
　　121

彼得罗二世
　　88

彼得一世(Peter Ⅰ)
　　138,139,367,368

毕方济(Francesco Sambiasi)
　　361,391

毕学源(G. G. Pires Pereira)
　　367

庇护九世(Pius Ⅸ)
　　247,251—253,296,304,311

庇护六世(Pius Ⅵ)
　　243,245

庇护七世(Pius Ⅶ)
　　206,245,246

庇护十一世(Pius Ⅺ)
　　381

庇护四世(Pius Ⅳ)
　　61,208

庇护五世(Pius Ⅴ)
　　209,210

边沁(Jeremy Bentham)
　　293

波夫(Leonardo Boff)
　　332

波罗(马飞奥,Mafio Polo)
　　353

波罗(尼古拉,Nicolo Polo)
　　353

波特流斯(Proterius)
　　68

伯尔刀都(Bertold)
　　126

伯尔纳(Bernard of Clairvaux)
　　109,117—120

伯驾(Dr. Peter Parker)
　　373—374

伯尼法斯(Boniface)
　　73

勃朗(Robert Browne)
　　198

博莱斯拉夫一世(Boleslaw Ⅰ)
　　74

博纳德(Louis Gabriel de Bonald)
　　249

卜尼法斯八世(Bonifacius Ⅷ)
　　90—91

布拉·马他迪
　　257

布朗(威廉,William Adams Brown)
　　306

布朗德尔(Maurice Blondel)
　　309

布里松涅(Briconnet)
　　186

布林格尔(Heinrich bullinger)

178

布鲁克斯(詹姆士,James Hall Brookes)
307

布鲁诺(科伦的,Bruno of Cologne)
117

布伦特(Charles H. Brent)
319—320

布鲁图斯(哈罗德,Harald Bluetooth)
73

C

参巴拉
5

查理曼(Charlemagne)
80,81,116

查士丁尼二世(Justinianus Ⅱ)
57

查士丁尼一世(Justinianus Ⅰ)
56,144

查士丁一世(Justin Ⅰ)
56

成吉思汗
348—350,352

茨温利(Huldreich Zwingli)
176—178,180,181,184,186,190,208,387

D

达莉(玛丽,Mary Daly)
331

达马苏一世(Damasus Ⅰ)
61

达太(Thaddeus)
25,142

达文波特(James Davenport)
237,238

大卫(David)
2—4,10,12—14,19,29

戴奥多拉(Theodora)
60

戴德生(Hudson Taylor)
376,377,394

戴克里先
47,48

戴塔普尔(Jacques Lefever of Etaples)
186

戴修斯
47

但丁(Dante Alighieri)
149

德·桑里托(Luis de Sanvitores)
262

德尔图良(O. S. F. Tertullianus)
45,50

德怀特(Timothy Dwight)
297

德芒纳(Demanet)
261

邓斯·司各脱(Johannes Duns Scotus)
96,102,103

邓玉函(Jean Terrenz)
359,368,369

狄奥多尔(Theodore)
71

狄奥多西二世

53,54

狄奥多西一世
  49,52

迪歇斯纳(Louis Duchesne)
  309

蒂勒尔(George Tyrrell)
  309,311,312

蒂瑞达特三世(Tiridates Ⅲ)
  144

丁韪良(William Alexander Parsons Martin)
  376,377

丢斯库若(Dioscarus)
  54,55

多林格(Ignaz von Dollinger)
  250,251

多米尼克(Domingo)
  125,126

铎罗(Charles Thomas Maillard de Tournon)
  365

E

鄂多立克(Odoric da Pordenone)
  350,354

F

法兰西斯一世
  185－187,207

法雷尔(Guillaume Farel)
  154,179,180

法内塞(亚历山大)
  193

法纳姆(Farnham)
  228

范布伦(保罗,P. van Buren)
  329

范礼安(Alexandre Valignani)
  357

费斯克(约翰,John Fiske)
  306

腓力二世(Philip Ⅱ)
  87,88,110,190－193,211

腓力四世(Philip Ⅳ)
  90,91

腓特烈一世(红胡子,Frederick Ⅰ)
  85,86,89,110,119,122

斐理克斯二世(Felix Ⅱ)
  56

斐洛(Philo)
  16,19

费克斯(约翰,John Fiske)
  306

芬尼(查理,Charles G. Finney)
  298

佛提乌(Photius)
  76

夫拉维安(Flavian)
  54

弗莱林休森(Theodore Frelinghuysen)
  234,235,237

弗莱修(马蒂亚斯,Matthias Flacius)
  212

弗兰克(August Hermann Francke)
  264

弗朗西斯科(Francesco)

123,124

弗洛德(Richard Hurrell Froude)
291

弗门蒂乌(Fiumentius)
143

福克斯(乔治,George Fox)
221

傅圣泽(J. F. Foucquet)
370

G

冈恩(Rev. Gun)
228

刚恒毅(Celso Costantini)
381

高尼罗(Gaunilon)
99

戈登(波斯顿的,Adoniram Judson Gordon)
307

戈尔(Charles Gore)
293

戈勒斯(Joseph von Gorres)
249

哥伦巴(Columbanus)
70,72

哥伦巴(小,Columbanus)
72

哥尼流(Cornalius)
43

哥普(尼古拉,Nicholas Cop)
179

格拉顿(Washington Gladden)

301

格兰维尔(Granvelle)
191

格雷贝尔(Conrad Grebel)
184

格列高利二世(Gregorius Ⅱ)
79

格列高利九世(Gregorius Ⅸ)
89,90,112,124,127

格列高利七世(Gregorius IIV)
83,84

格列高利三世(Gregorius Ⅲ)
59,79

格列高利十六世(Gregorius XVI)
247

格列高利十世(Gregorius Ⅹ)
353

格列高利十五世(Gregorius XV)
255

格列高利十一世(Gregorius XI)
91—93,156

格列高利一世(Gregorius Ⅰ)
60,64,65,70,75,82

格林德尔(Edmund Grindal)
198

格伦维赫(Nicolai Fredericke Severin Grundtvig)
286

格罗生(威廉,William Grocyn)
153

古铁雷斯(古斯塔沃,Gustavo Gutierrez)
332

谷腾堡(约翰)
　　163
郭雷枢(Dr. Thomas Richardson Colledge)
　　373
郭士立(Karl Fredrich Gutzlaff)
　　373—374

H

哈德良
　　45,46
哈德良四世(Hadrian Ⅳ)
　　119
哈该
　　5,11
哈莱斯(Gottlieb Christoph Adolf von Harless)
　　283
哈纳克(阿道夫,Adolf von Harnack)
　　281
哈南宁恕(Hanan-jsus)
　　347
哈钦森(安妮,Anne Hutchison)
　　330
海尔曼(Wilhelm Herrmann)
　　281
海涅(H. Heine)
　　326
汉密尔顿(William Hamillton)
　　329
汉斯·孔(Hans Kung)
　　316
豪格(Hans Nielsen Hauge)
　　286,287

郝伐克特(路德维希,Ludwig Hofacter)
　　283
郝伐克特(威廉姆,Wilhelm Hofacter)
　　283
何西乌(Hosius)
　　51
赫尔基生(Paul Helgesen)
　　201
赫科恩一世
　　74
赫伦娜(Helena)
　　58
亨利·吉斯
　　188,189
亨利八世(Henry Ⅷ)
　　153,194—197,228
亨利二世(Henry Ⅱ)
　　87,187
亨利七世(Henry Ⅶ)
　　194
亨利三世(Henry Ⅲ)
　　82,189,206
亨利四世(Henry Ⅳ)
　　82,83,84,189,206,241
亨利五世(Henry Ⅴ)
　　84,85
亨利六世(Henry Ⅵ)
　　86—88
亨利一世(Henry Ⅰ)
　　81,85
洪诺留三世(Honorius Ⅲ)
　　88,124,125,127

忽必烈
    348-351,353,354
胡克(理查德,Richard Hooker)
    199
胡普麦耳(Balthasar Hubmaier)
    184
胡斯(约翰,Jan Hus)
    94,158,163,168,170,177
华尔特(Walter)
    108
华盛顿(布克,Booker T. Washington)
    304
怀特菲尔德(乔治,George Whitefield)
    224,227,237-240
霍查
    342
霍夫特(Willem Adolf Visser't Hooft)
    320

J

加百列(Gabriel)
    58
加尔文(Jean Calvin)
    174,176,178-183,186,187,190
    -193,196-200,209,212-216,
    218-220,222,227,230,232,
    238,276,287,298,305,334,335
加勒里乌
    48
加里安努
    47
嘉乐(Carlo A. Mezzabarba)
    365,366

蒋友仁(Michel Benoist)
    369
杰拉德(Gerardo Albuini)
    354,355
杰拉斯二世
    85
金口约翰(Joannes Chrysostom)
    67,147
金尼阁(Nicolas Trigault)
    358,370
金斯克利夫(Kings Cliffe)
    225
金斯莱(Charles Kingsley)
    292
居鲁士
    5
君士坦丁
    52
君士坦丁四世(Constantine Ⅳ)
    57
君士坦丁五世(Constantine Ⅴ)
    59

K

卡尔弗特(乔治,George Calvert)
    230
卡拉法(Giovanni Pietro Caraffa)
    203,204
卡勒汉(威廉,William Callehan)
    316
卡立克斯特斯(Calixtus Ⅱ)
    85
卡利斯都

43

卡罗依昂
88

卡洛尔(John Carroll)
304

卡洛曼(Carloman)
73

卡纽特(Canut)
74

卡斯塔特
170,171

卡特赖特(托马斯,Thomas Cartwright)
198

卡叶坦(Cajetanus)
167

凯布勒(John Keble)
291

凯里(威廉,William Carey)
266,268

凯利安(Caelian)
70

凯瑟琳(热那亚的,Catherine of Genoa)
150

凯瑟琳(锡耶纳的,Catherine of Siena)
150

恺撒
8,13

坎贝尔(托马斯,Thomas Campbell)
299

康德(Immanuel Kant)
273—276,280,286,294

康士坦蒂乌
52

康士坦斯
52

考克斯(哈维,H. Cox)
330

柯勒律治(Samuel Trylor Coleridge)
294

柯列特(约翰,John Colet)
153

科恩(James H. Cone)
331

科尔特斯(Hernan Cortes)
258,259

科克(托马斯,Thomas Coke)
226

科伦索(John William Colenso)
295

科斯莫斯(Cosmos)
68

克兰默(Thomas Cramer)
195,196

克雷芒八世(Clement Ⅷ)
255

克雷芒九世(Clement Ⅸ)
364

克雷芒七世(Clement Ⅶ)
93,178,195,256

克雷芒三世(Clement Ⅲ)
84

克雷芒十四世(Clement XIV)
206,241,264,366

克雷芒十一世(Clement Ⅺ)
215,365

克雷芒五世(Clement Ⅴ)
　　90,91,92,354
克雷芒一世(Clement Ⅰ)
　　79
克里斯丁二世(Christian Ⅱ)
　　201,202
克洛维(Clovis)
　　72
肯瑞克(Francis Patrick Kenrick)
　　305
夸得拉都(Quadratus)
　　45
魁奈(Francoie Quernay)
　　370
拉蒙纳(Felictt Robert de Lamennais)
　　248,249

L

拉本·扫马(Raban Sauma)
　　351
拉伯多尼埃(Lucien Laberthonniere)
　　309
拉萼尼(de Lagrene)
　　375
拉塞尔(Charles Tare Russell)
　　389
拉斯·卡萨斯
　　257,258
拉辛格(Joseph Ratzinger)
　　333
兰顿(Stephen Langton)
　　88
郎世宁(Giuseppe Castiglione)
　　369
劳(威廉,William Law)
　　225
劳德(威廉,William Laud)
　　218,219
勒费弗(雅克,Jaques Lefevre)
　　154
雷孝思(J-B. Regis)
　　369
黎士留(Armand de Richelieu)
　　242
黎玉范(Juan Baptista de Morales)
　　364
李明(Louis de Comte)
　　365
李提摩太(Timothy Richard)
　　376,377
李文斯顿(David Livingstone)
　　266,270
李锡尼
　　48,49
李之藻
　　358—360
理查五世(Richard Ⅴ)
　　172
理查一世(Richard Ⅰ)
　　110
利奥九世(Leo Ⅸ)
　　76,82
利奥三世(Leo Ⅲ)
　　58,59,76,80
利奥十二世(Leo Ⅻ)
　　249

利奥十三世(Leo XIII)
　　102,247,252,253,310,311
利奥十世(Leo X)
　　125,150,164,167,185,195,201,
　　202,209
利奥一世(Leo I)
　　54,55,75,78
利玛窦(Matteo Ricci)
　　357,358,360,363,364,369,370
利舍尔(Albrecht Benjamin Ritschl)
　　279－281
林乐知(Young John Allen)
　　376,377
林奈克(托马斯,Thomas Linacre)
　　153
呤唎(A. F. Lindley)
　　379
龙华民(Niccolo Longobardi)
　　358,359,364
卢瓦齐(Alfred Firmin Loisy)
　　309－312
卢修斯三世(Lucius III)
　　121－122
路济安(Lucianus)
　　67
路希林(约翰,Johannes Reuchlin)
　　152
路易九世
　　112,113,123,353
路易十三
　　242
路易十四
　　189,242,243,362

路易四世(Louis de Bariere)
　　104
律劳卑(William John Napier)
　　372
罗贝尔(Robert)
　　117
罗宾逊(约翰,John Robinson)
　　329
罗波安(Rehoboam)
　　3
罗伯斯庇尔
　　244
罗广祥(Nicolas J. Raux)
　　367
罗明坚(Michaele Ruggieri)
　　357
罗斯底加诺(Rusticano)
　　353
罗雅各(Jacobus Rho)
　　359
罗耀拉(伊纳爵,Ignacio de Loyola)
　　204,205
洛色林(Roscellinus)
　　96,97

M

马·登哈
　　351
马·拉巴哈三世
　　351
马采耶维奇(阿尔谢尼)
　　140
马蒂尼亚纳(Martiniana)

245

马丁(亨利,Henry Martin)
　　268

马丁·路德(Martin Luther)
　　152,154—155,163—167,170,
　　172,174—178,180,186,194,
　　207,284,334

马丁五世(Martin Ⅴ)
　　94

马丁一世(Martin Ⅰ)
　　57

马尔太(查理,Charles Martel)
　　72

马戈尔尼(George Macartney)
　　371

马格纳斯一世(Magnas Ⅰ)
　　74

马加伯(西门)
　　7

马加伯(犹大)
　　7

马卡里奥斯三世
　　341

马可(Marcos)
　　68

马可·波罗
　　350,351,353,354

马克西米连
　　167,213

马拉伯哈(Marabha)
　　142

马赖(A. Chapdelaine)
　　375

马力耶(Jean Marie)
　　248

马黎诺里(Giovanii de Marignolli)
　　355

马礼逊(罗伯特,Robert Morrison)
　　372—374,378

马利亚
　　22,23,52,53,55,58,147,215,
　　223,255,258,291,307,347

马儒翰(John R. Morrison)
　　374

马若瑟(J. H. M. de Premare)
　　370

马太斯(Jan Matthys)
　　184

马西安(Marcianus)
　　54,78

马歇尔(Daniel Marshall)
　　238

马修斯(Shailer Mathews)
　　306

马薛里吉斯
　　350,351

玛丽(女王)
　　196,200

玛塔提雅
　　7

迈克尔三世(Michael Ⅲ)
　　76

麦尔皮乌斯(Meropius)
　　143

麦尔契斯(Melchites)
　　68

麦尔维勒(Andrew Melville)
　　201
曼宁(Henry Edward Manning)
　　296
曼兹(Felix Manz)
　　184
梅慈(约翰·巴普慈,Johann Bapts Metz)
　　317
梅肯米(弗兰西斯,Francis Makemie)
　　232
梅兰西顿(Philip Meanchthon)
　　212
梅利托
　　45
梅斯特(Joseph de Maistre)
　　249
美多迪乌(Methodius)
　　132
蒙哥汗
　　351
蒙塔朗贝(Charles Rene Forbes Montalembert)
　　251
孟高维诺(约翰,J. de Monte Covino)
　　354,355
孟他努(Montanus)
　　47
孟特祖玛
　　258
米埃茨斯拉夫(Mieczyslaw)
　　74
米尔提兹(Karl von Miltitz)
　　167
米哈依洛维奇(阿列克赛)
　　135,137,138
米迦勒(Michael)
　　58
米勒(威廉,William Miller)
　　299
米怜(William Milne)
　　372—373
闵采尔(托马斯,Thomas Munzer)
　　174—176
闵明我(Philippe M. Grimaldi)
　　362
闵斯特(J. P. Minster)
　　173,286,324
莫尔(汉纳,Hannah More)
　　228
莫尔(托马斯,Thomas More)
　　152
莫费特
　　266,270
莫费特(罗伯特,Robert Moffat)
　　270
莫海德(威廉,William G. Moorhead)
　　307
莫勒(J. A. Mohler)
　　250
莫里斯(萨克逊选侯)
　　208
莫里斯(约翰,John Frederich Denison Maurice)
　　208,216,217,292
穆德(John Raleigh Mott)

318,382

N

拿破仑
   245,246,248,249,263,266,282,
   284,287
南怀仁(Ferdinand Verbiest)
   361,362,368,369
尼布甲尼撒
   4,5
尼采(Friedrich Niezsche)
   273,326,327
尼古拉(Nicolas)
   343,353
尼古拉(库萨的,Nicholas of Cusa)
   355
尼古拉二世(Nicholas Ⅱ)
   82
尼古拉四世(Nicholas Ⅳ)
   351,353
尼古拉五世(Nicholas Ⅴ)
   150,256
尼古拉一世(沙皇,Nicholas Ⅰ)
   76,140
尼康(牧首)
   135—137
尼禄(Nero)
   20,37,45
尼尼安(Ninin)
   70
尼希米
   5,6,11,12
聂斯托利(安提阿的,Nestorius)

52,53,55,56,67
纽曼(John Henry Newman)
   250,251,291,292,296
诺贝利(Robert de Nobili)
   260
诺克斯(约翰,John Knox)
   199,200,201
诺瓦替安(Novatianus)
   43

O

欧德海姆(Joseph H. Oldham)
   318
欧默尔(Omer)
   69

P

裨治文(E. C. Bridgman)
   373,374,
伯尼法斯(Boniface)
   73
帕德伯(Paderborn)
   80
帕克尔(Parker)
   197,198
帕斯卡二世(Paschal Ⅱ)
   84,85
帕特里克(Patrick)
   70
庞迪我(Diego. de Pantoja)
   359

庞培
 7,13
培根(罗吉尔,Roger Bacon)
 96
佩恩(威廉,William Penn)
 230
佩吉拉二世

佩脱拉克(Francesco Petrach)
 149
朋霍费尔(Dietrich Bonhoeffer)
 327—329
丕平(矮子,Pepin the Short)
 72
丕平(赫斯塔尔的,Pepin of Heristal)
 72
皮由兹(Edward Bouverie)
 291
坡里卡普(Polycarpus)
 42
普罗提诺(Plotinos)
 16

Q

瞿纱微(Andre X. Koffler)
 361
齐根鲍格(Bartholoaus Ziegenbalg)
 264
齐诺(Zeno)
 56
钱德明(J. J. M. Amiot)
 370
钱宁(威廉,William Ellery Channing)
 298
乔伊特(本杰明,Benjamin Jowett)
 294
乔治三世(George III)
 371

R

饶申布什(Walter Rauschenbusch)
 301,302
若奥三世
 259
若泽(Jośe)
 241

S

撒旦
 58,169,175,299
撒迦利亚
 5,11
萨伏那洛拉(Savonarola)
 126,150
萨伏依
 178,179
萨姆纳(约翰,John Bird Sumner)
 289
塞尔维特(Miguel Serveto)
 180
塞佛鲁·卡拉卡拉
 45,47
塞鲁拉里(迈克尔,Michael Cerularius)
 76
塞涅卡(Seneca)
 15

赛尔苏(Celsus)
  47
扫罗(Saul)
  2,34
沙尔陶(Henrik Schartau)
  287
沙勿略(方济各,Francisco Xavier)
  259,260,357
施莱尔马赫(Friedrich Danie Ernst Schleiermacher)
  275,276,278,282,285,294,301,326
施莱格尔(Friedrich Schlegel)
  249
施特劳斯(David Friedrich Strauss)
  275,277—279,294
施维格勒(Albert Schwegler)
  277
斯蒂芬二世(Stephen Ⅱ)
  80
斯蒂芬九世(Stephen Ⅸ)
  82
斯蒂芬一世(Stephen Ⅰ)
  74
斯密(约翰,John Smith)
  217
斯特恩斯(Shubal Stearns)
  238
斯托达德(Solomon Stoddard)
  236
斯托皮兹(Johannes von Staupitz)
  163
史密斯(Joseph Smith)
  300,337
苏艾托尼乌斯(Suetonius)
  20
所罗巴伯
  5
所罗门(Solomon)
  3,10,12—14
索德伯隆姆(Nathan Soderblom)
  319
索夫罗纽(Sophronius)
  69

T

塔西佗(Tacitus)
  20
台彻尔(Johannes Tetzel)
  164,167
坦南特(William Tennent)
  234,235
泰勒(Nathaniel W. Taylor)
  297
汤朴(威廉,William Templ)
  320
汤若望(Johann Adam Schall von Bell)
  359—362,369
唐·约翰
  193
陶勒尔(Tauler)
  126,162,163
陶生(汉斯,Hans Tausen)
  202
特劳赤(Ernst Peter Wilhelm Troetsch)
  281,282

特纳(亨利,Henry M. Turner)
　　304
提摩太(Timothy)
　　376
提摩太(绰号"猫者",Timotheus)
　　68
帖木儿
　　143,356
廷得尔(马修,Matthew Tindal)
　　194
廷得尔(威廉,William Tyndale)
　　225
图拉真
　　21,33,46
图密善
　　46
陀思妥耶夫斯基(Dostievsky)
　　326

W

华尔特(Walter)

瓦拉(罗伦左,Lorenzo Valla)
　　79,149,151
瓦伦丁尼三世(Valentinianus Ⅲ)
　　78
王丰肃(Alphon Vagnoni)
　　359
威尔伯福斯(威廉,William Wilberforce)
　　289
威斯哈特(George Wishart)
　　200
威克里夫(约翰,John Wicliffe)
　　155
威利布罗德(Willibrord)
　　73
威廉(奥卡姆的,William of Occam)
　　104
威廉(香蒲的,Guillaume de Champeaux)
　　97
威廉三世(William Ⅲ)
　　222,223,284,285
威廉斯(罗杰,Roger Williams)
　　231
威瑟斯庞(John Witherspoon)
　　235
韦尔豪森(Julius Wellhausen)
　　310
韦斯科特(Henry Scott Holland Westcott)
　　293
维恩(亨利,Henry Venn)
　　225
维吉里(Vigilius)
　　56
维克多二世(Victor Ⅱ)
　　82
维克多三世(Victor Ⅲ)
　　84
维克多四世(Victor Ⅳ)
　　86
维谢恩(Johann Hinrich Wichern)
　　283
卫匡国(Martin Martini)
　　364,369
卫三畏(Samuel Wells Williams)

374

卫斯理(查理,Charles Wesley)
224

卫斯理(约翰,John Wesley)
224

味增爵(Vincent de Paul)
261

沃尔(亨利,Henry Ware)
298

乌尔班八世(Urbanus Ⅷ)
215

乌尔班二世(Urbanus Ⅱ)
215,255,364

乌尔班六世(Urbanus Ⅵ)
93

乌尔班五世(Urbanus Ⅴ)
93

乌尔西
195

乌格利诺(Hugolino)
124

X

西尔维斯特一世(Silvester Ⅰ)
79

西拉
36

西莱斯丁五世(Celestine Ⅴ)
91

西莱斯丁一世(Celestine Ⅰ)
53

西利尔(Cyril)
132

西门(查理,Charles Simeon)
289

西门·巴乔拉
9

西门·孟福尔
122,123

西门斯(门诺,Menno Simons)
185

希尔德布兰(Hildebrand)
82,83

希尔坎(约翰)
7,8

希勒毕克斯(爱德华,Edward Schillebeeckx)
316

希勒根费尔特(Adolf Hilgerfeld)
277

希律(Herod)
8,23

希律·亚基老
8

奚利尔(Cyrillus)
53,54

奚普利安(T. C. Cyprianus)
43

夏多勃里昂(Francis Rene de Chateaubriand)
248,249

小普林尼(赛西琉,Gaius Pinius Caecilius Secundus)
33,46

肖美特
244

谢尔盖
　　339
谢务禄(Alv. De Semedo)
　　359
幸(Sin)
　　261
熊三拔(Sabbathinus de Ursis)
　　359,369
徐光启
　　359,360
徐日昇(Thomas Pereira)
　　363,369

Y

威廉(约翰)
　　266
雅各(亨利,Henry Jacob)
　　218
雅各·巴拉丢(Jacob Baradaeus)
　　67,144
亚达薛
　　5
亚历山大大帝
　　6
亚历山大二世(Alexander Ⅱ)
　　83
亚历山大六世(Alexander Ⅵ)
　　209,255,356
亚历山大七世(Alexander Ⅶ)
　　364
亚历山大三世(沙皇)
　　140
亚历山大三世(Alexander Ⅲ)
　　86,87,121,122
亚历山大五世(Alexander Ⅴ)
　　94,158
亚他利亚
　　4
颜珰(Charles Maigrot)
　　364,365
杨伯翰(Brigham Young)
　　300
杨廷筠
　　360
耶罗波安(Jeroboam)
　　3
耶稣
　　19—41,43,50,51,53,58,62,63,
　　67,69,82,87,96,101,116,119,
　　120,136,143,145,148,149,154,
　　204—206,211,213—215,230,
　　241,246,250,255—260,262—
　　264,266,268,277—280,282,286,
　　287,289,294,301,302,306,307,
　　309—311,316,321,328—333,
　　336,339,346,347,356,357,359,
　　364—370,377,378,382
也里可温
　　348—351,356
叶卡捷琳娜二世
　　139
伊拉斯谟(Desiderius Erasmus)
　　152,153,162,179
伊利莎白(女王)
　　197,199
伊利亚(科托纳的,Elias of Cortona)

124

伊西多尔(Isidorus Hispalensis)
79

依纳爵(Ignatius)
67,76

以斯拉
5,6,11

义律(Charles Elliot)
374

英诺森二世(Innocentius Ⅱ)
117

英诺森六世(Innocentius Ⅵ)
355

英诺森三世(Innocentius Ⅲ)
87,88,90,111,112,121—123,125,127

英诺森十世(Innocentius Ⅹ)
215,364

英诺森十一世(Innocentius Ⅺ)

英诺森四世(Innocentius Ⅳ)
89,90,112,124,126,157,352

优迪克斯(Eutyches)
54

优西比乌(Eusebius)
42,61,68

尤金三世(Eugenius Ⅲ)
109,118,119

约翰(大马士革的)
60

约翰·保罗二世(John Paul Ⅱ)
316,332—333

约翰二十二世(John XXII)
92,104,355

约翰二十三世(John XXIII)
94,158,312,313,315

约翰逊(Gisle Johnson)
286

约瑟弗斯(Josephus)
19,20

约西亚
4,10

约雅敬
4

Z

詹姆士二世
222,223

詹姆士六世
201

詹姆士一世
206,217—219,229

詹森(Cornelius Otto Jansen)
214,215

张诚(Jean-Francois Gerbillon)
363

哲罗姆(Jerome)
60,61,208,209

芝诺(Zenon)
15

朱里亚二世(Jules Ⅱ)
150

朱里亚三世(Jules Ⅲ)
208

新版后记

本书原系上个世纪80年代末应国家教委委托,由中国社会科学院世界宗教研究所基督教研究室的几位同仁,并邀请北京外国语大学文庸先生及北京联合大学石明培先生,共同编写完成的一本以大学文科学生为对象的教科书。作者期望以质朴明快的笔触,给读者提供一幅完整而扼要的图景,以叙述基督教自古及今发展嬗变的基本情形。全书由几位作者分头执笔,唐逸先生披阅全稿,为尊重各位作者的独立工作,并未硬性统一全书各部分的处理方式,仅取其内容叙述承接而已。呈献给读者的是一部切实可用的教科书,至若基督教史的深入研究,尚有待于来日。

本书第一章至第四章由文庸先生撰写;其中"七次大公会议"一节由乐峰先生及文庸先生撰写。

第五章至第八章及第十章至第十三章由段琦女士及文庸先生撰写。

第六章中"经院哲学"一节由石明培先生撰写。

第九章由乐峰先生撰写。

第十四章及第十五章由颜昌友先生撰写。

第十六章至第十九章及"基督教大事记"由王美秀女士编写。

第二十章至第二十一章以及"天主教来华部分传教士名录"、"新教来华部分传教士名录"由张小青女士编写。

唐逸先生负责组织制订提纲、披阅全稿、删订乃至改写部分章节。书中一些节段,如"耶稣的基本主张"、"新约的形成"、"东派教会的形成与发展"及"上帝已死派神学"等经石明培重写。

  此书1993年初版至今已十年有余,感谢江苏人民出版社有意修订再版此书。此次再版前王美秀女士和文庸先生审阅了全稿,王美秀还对第十九章、第二十一章及"基督教大事记"作了补充或改写。书中舛误之处在所难免,敬乞读者指出,以便及时订正。

作 者

2005年9月28日